本书是教育部人文社会科学重点研究基地重大项目"英国社会转型研究"（项目批准号：16JJD770026）的成果之一，得到南开大学世界近现代史研究中心资助

国家出版基金项目
国家"十三五"重点图书出版规划项目
教育部人文社会科学重点研究基地重大项目

英国社会转型研究丛书

主 编 钱乘旦

近代英国人口、婚姻与家庭

傅新球 著

南京师范大学出版社

图书在版编目(CIP)数据

近代英国人口、婚姻与家庭 / 傅新球著. —南京：南京师范大学出版社,2021.3
(英国社会转型研究丛书 / 钱乘旦主编)
ISBN 978-7-5651-4756-2

Ⅰ.①近… Ⅱ.①傅… Ⅲ.①人口-问题-研究-英国-近代 ②婚姻问题-研究-英国-近代 ③家庭问题-研究-英国-近代 Ⅳ.①D756.181

中国版本图书馆 CIP 数据核字(2021)第 045161 号

丛 书 名	英国社会转型研究丛书
丛书主编	钱乘旦
书 名	近代英国人口、婚姻与家庭
著 者	傅新球
策划编辑	郑海燕 朱海榕
责任编辑	王雅琼
出版发行	南京师范大学出版社
地 址	江苏省南京市玄武区后宰门西村 9 号(邮编:210016)
电 话	(025)83598919(总编办) 83598412(营销部) 83598712(编辑部)
网 址	http://press.njnu.edu.cn
电子信箱	nspzbb@njnu.edu.cn
照 排	南京开卷文化传媒有限公司
印 刷	上海雅昌艺术印刷有限公司
开 本	787 毫米×1092 毫米 1/16
印 张	22.5
字 数	354 千
版 次	2021 年 3 月第 1 版 2021 年 3 月第 1 次印刷
书 号	ISBN 978-7-5651-4756-2
定 价	882.00 元(第 1 辑 9 册)
出 版 人	张志刚

南京师大版图书若有印装问题请与销售商调换

总　序

钱乘旦

《英国社会转型研究丛书》由南京师范大学出版社出版,这是英国史研究领域的又一项成果,通过这项研究,我们希望对英国工业革命以来社会方面的各种变化进行深入的探讨,进而寻找一些对中国现代化有益的启迪。

作为世界上第一个完成现代转型的国家,英国确实很值得了解。工业革命改变了社会结构,原有的社会体系容不下新的变化,于是冲突就出现了,造成了许多社会问题,比如劳工问题、妇女问题、犯罪问题、贫穷问题、教育问题、儿童问题、人口结构问题等等。这些问题在传统的农业社会是被自然消化的,溶解在农村共同体之中。工业革命把它们分解成一个一个单独的问题,而且每一个问题都可能变得非常严重,影响国家的整体发展。由于英国是现代化的先行者,它是在茫然中逐步意识到这些问题的,用了很长的时间才发现在经济迅速发展的情况下社会也是快速变化的,单凭积累财富无法解决社会问题;而社会问题不予解决,就会引发混乱,影响国家大局稳定,造成严重后果。在弄清楚这个道理后,英国又用更长的时间去设法解决这些问题,而解决的过程又非常艰难曲折,充满挑战,绝非一蹴而就。所以,了解这些过程和解决问题的办法就很有必要了,它能提供很好的知识参照,为思考中国的问题开启路径。

我们这套丛书的目的就是通过深入的学术研究,了解英国的那些问题,探讨其解决方案,评估其结果。从历史的发展看,英国在解决社会问题方面是基本成功的,工业革命造成的一系列严重的社会问题到20世纪下半叶差不多都解决了,从那个时候起,英国社会就一直相对稳定,很少发生严重冲突。当然,新的问题也会产生,比如英帝国解体遗留的有色人种移民问题,由此引发的种族隔阂和文化差异问题等,这些问题又需要人们寻找新的解决方案。

我曾多次说过:任何国家的现代化必须完成三项任务,一是建立现代国家,二是发展现代经济,三是建设现代社会。建立现代国家是现代化的前提,没有这个前提,便不能展开现代化。发展现代经济是现代化的关键内容,由此而形成工业社会。建设现代社会是现代化过程中最艰巨的任务,随着工业社会的出现,整个社会都要发生变化,引发一系列深刻的社会变革;而现代化能否成功,往往取决于社会现代化能不能完成。在英国,建立现代国家的过程从都铎王朝就开始了,经历漫长的变化到18世纪才基本结束。接下来就进入了经济快速发展的时期,启动了工业革命,使英国成为世界上第一个工业化国家。第三项任务几乎与工业革命同时出现,但人们的认识非常滞后,一直到19世纪下半叶才认真执行,进入了所谓的"改革年代"。由此,我们看到了一系列的社会改革,逐一解决了工业革命带来的许多问题。经过大约一个世纪的努力,第三项任务才大体完成了,一个比较清晰的现代国家在英国出现。为完成这三项任务,英国差不多用了五百年时间!

英国是第一个进入现代转型过程的国家,因此它不慌不忙(事实上是不知不觉)地完成了这三项任务;而且,这三项任务几乎是一项接一项出现的,因此相比于其他国家,英国的发展过程相对悠闲(而且缓慢)。然而对其他国家来说,就不能如此不慌不忙、不紧不慢了,因为作为现代化的后来者,它们必须"追赶",才能跟上时代的步伐。所以在其他国家,现代化的三项任务经常是重叠的,也就是一项任务套一项任务,也许同时呈现在人们面前。如此之下,英国的经历就相当重要了,我们看一看英国的经历,就应该知道现代化需要解决哪些问题,以及会碰到哪些问题,还有英国是如何解决的。后起国家的领导者们尤其需要了解这些,以便他们在领导国家的过程中多有远见,少走弯路。

中国现代化面对着这种情况,中国的现代化有一种紧迫感。就目前而言,中国现代化大体上处在第一项任务基本完成、第二项任务成绩斐然、第三项任务刚开始被人们意识到并开始打算去完成的阶段上。为此,这套书就把重点放在英国社会转型研究方面了,以期对读者们有所启示。

2020年2月2日,于北大

目 录

1   总　序/钱乘旦

6   导　论

30   第一章　人口变化

32   一、人口稳定增长

41   二、工业革命时期人口快速增长的原因

54   三、人口结构与人口的分布及流动

64   四、小结

65   第二章　婚姻状况

68   一、择偶标准

94   二、择偶自主权

121   三、禁止离婚

133   四、小结

135   第三章　家庭结构与规模

137   一、家庭的定义及分类

146   二、家庭结构

164   三、家庭规模

184   四、小结

186	第四章　夫妻关系
188	一、夫妻角色分配
206	二、妻子地位卑微
219	三、妻子顺从丈夫
228	四、双重道德标准
236	五、夫妻感情深厚
247	六、小结
249	第五章　亲子关系
251	一、童年观念
256	二、父母之爱
298	三、亲子关系融洽
312	四、小结
315	结　语
323	参考文献
343	译名对照
357	后　记

导　论

家庭组织源远流长,在人类社会发展的历史长河中,它一直是人类社会的基本群体,是人类社会生活最为普遍的组织形式。人自呱呱坠地就生活在各自的家庭中,从牙牙学语到蹒跚学步,都要依赖父母;在家庭中和父母兄弟姐妹共处,接受教育和启迪,相互间耳濡目染、潜移默化,逐渐长大成人,走入社会;到了一定的年龄要寻找配偶,组建自己的新家庭,生儿育女,繁衍后代,重复自己父母做过的事情;即使到了垂暮之年,他们也大多希望和配偶及子女相依相伴,得到扶助、赡养和慰藉,以获得生活上的保障和精神上的安宁。家庭和每一个人息息相关,它满足了个人的基本需求,是人的本来归宿。而对整个社会来说,家庭又是人的再生产、人的社会化的基本单位,是对人的各种行为进行社会控制的一个机构。在任何一个社会中,家庭的重要性都是不言而喻的。它既是一个社会细胞,又是个人活动的一个舞台;既是涉及人们生活、经济和文化的重要组织,又是衡量社会发展的重要标志。因此,对家庭进行研究具有重要意义。

事实上,家庭作为一个基本的社会单位,社会科学工作者特别是人类学家和社会学家对它的分析和考察比对其他任何人类行为的研究所做的努力都要多。据一项对从20世纪初开始到1964年为止出版物的统计,关于家庭研究的题目超过12 000个,不过归入历史类的却只有250个左右。[1] 也就是说,在很长的一段时期内,历史学界对于家庭的研究没有给予太多的重视。即使有对家庭史的研究,也存在许多局限:在资料上,缺乏足够的历史资料,对于历史问题的阐述过于依赖人类学、社会学资料;在理论上,深受进化论思维定势的影响。正如迈克尔·安德森(Michael Anderson)所说:"20世纪50年代中期以前,我们今天所知的家庭历史学几乎是不存在的。"[2]

---

[1] Peter Laslett, "Introduction: The History of the Family", in Peter Laslett and Richard Wall, eds., *Household and Family in Past Time*, Cambridge: Cambridge University Press, 1972, p.1.
[2] Michael Anderson, *Approaches to the History of the Western Family, 1500 - 1914*, Cambridge: Cambridge University Press, 1995, p.4.

年鉴学派(Annales School)的吕西安·费弗尔(Lucien Febvre)说,"历史学是关于人的科学,是关于人类过去的科学","从最广泛的意义而言,历史只能是人的历史"①。也就是说,历史应该是以往社会人类的全部生活。而对过去的人而言,他们生活的绝大部分并不是热衷于政治和宗教,正如阿兰·艾维里特(Alan Everitt)所言,"地方社区的大部分时间并不是被政治生活所支配,而是被购物、销售、做爱、结婚、养家糊口以及各种各样与家庭生活密切相关的小事情所占据"②。历史并不只是由风云人物来写就,也不是轰轰烈烈的大事的简单组合。历史的每一个角落里都有并不引人注意的小人物存在,他们都或多或少、或浓或淡地影响着历史的进程。从某种意义上说,恰恰是这些小人物的日常生活构筑了真实的历史,而在这种日常生活中,家庭生活占据主导地位。

然而,在传统的历史中人们看到的只是精英人物的政治、军事史,作为社会普通人的日常生活特别是家庭生活根本没有显现出来。这就长期形成了这样一个格局,有关历史上的家庭的理论和观点,实际上都是人类学家和社会学家的观点。这种状况直到20世纪50年代"新社会史学"的兴起,才发生了根本转变。在法国年鉴学派的推动下,社会史学在西方蔚为大观,占据了西方史坛的中心地位。它重建普通人的生活方式,把他们当作社会变迁中的行动者和客体。在这一关注下,历史研究开始发掘探索曾被忽略的人类经历的某些范畴,如成长、求爱、结婚、生养孩子、在家庭中生活、变老、死亡等。③ 它的发展推动了当代西方史学在各个层面上的深入,促进了当代西方史学与其他社会科学学科的交叉结合,带动了当代西方史学的许多新兴学科的诞生。家庭史学就是其中的一朵奇葩。

---

① 何兆武、陈启能主编:《当代西方史学理论》,北京:中国社会科学出版社,1996年,第497、498页。
② Christopher Durston, *The Family in the English Revolution*, Oxford: Basil Blackwell, 1989, p.2.
③ Tamara K. Hareven, "The History of the Family and Complexity of Social Change", *The American Historical Review*, Vol.96, Iss.1 (1991), p.95.

西方家庭史学是当代西方社会发展变化的产物。20世纪60年代以来，性解放的浪潮曾一度席卷西方社会，婚外性行为剧增，离婚率上升，家庭道德松弛，人口出生率下降；同时，女权运动在欧美社会蓬勃发展，许多已婚妇女走出家庭，进入劳务市场，由此出现所谓的"家庭危机"。面对这一系列问题，人们寻求解答，想知道过去家庭生活的实际情况究竟是怎样的，希望通过对家庭历史的了解来正确处理和认识现实家庭问题。在此以前是否有过家庭的黄金时代？还是仅存在大男子主义专制、虐待孩童、冷酷无情、经济剥削、感情淡漠和性失意的悲观记录呢？克里斯托弗·希尔(Christopher Hill)说："家庭作为一种制度突然变得这么时髦，是妇女解放运动的一个副产品。"① 再加上思想界对于二战后许多发展中国家在建设现代化过程中经历的反思，让越来越多的历史学家不仅希望从经济、政治的层面揭示西欧首先崛起的原因，还希望从社会、文化的层面进行探讨。家庭演变与西欧社会近代转型和工业化进程的关系尤其引起历史学家的浓厚兴趣。英国家庭史学家杰克·古迪(Jack Goody)所提出的问题就说明了历史学界的这种倾向："家庭与天主教会内部和外部的改革，与资本主义的成长和工业社会的到来是什么关系？这个问题具有世界性的广泛意义，它与吸引了马克思以及无数其他人的智慧和想象力的问题——'西方的崛起'与'西方的独特之处'是密切相关的。在这一时期内，家庭和婚姻究竟发生了什么变化？先前家庭的哪些方面可能促进了西方的崛起？从社会—经济组织的新形式中产生了哪些重要特征？……早期的家庭、亲属关系和婚姻是否真的鼓励了流动、储蓄、'双边性''爱'和个人主义，这些被视为现代世界的特征？这些是欧洲、西欧、西北欧甚至英国所特有的吗？"② 在这两种因素的推动下，家庭史学迅速发展，到20

---

① Christopher Hill, "Sex, Marriage, and the Family in England", *The Economic History Review*, New Series, Vol.31, Iss.3 (1978), p.450.
② Jack Goody, *The Development of the Family and Marriage in Europe*, Cambridge: Cambridge University Press, 1983, p.1.

世纪八九十年代,家庭史学已成为西方历史研究中的一门显学。家庭史学的研究范围已遍及世界各地,研究者的触角已深入与历史上的家庭生活有关的各主要领域,研究方法也有了根本性改变。

英国作为工业革命的发源地和第一个工业化国家,在"西方的崛起"中发挥了无可替代的作用,在整个西方范围内,都具有典型性和独特性。在16—19世纪,英国正处于为工业革命做准备并使之迅速发展的时期。它的政治、经济、宗教、思想、文化等各个领域都发生了深刻的变革,逐步从一个传统的农业社会向一个现代的工业社会转型。在这种社会结构的转型中,作为社会基本细胞的家庭与这种变化之间具有怎样的联系?家庭受到了怎样的冲击?它的存在形式、功能、结构、内部关系等发生了怎样的变化?这些是许多历史学家非常感兴趣的问题。他们对这一时期的英国人口、婚姻与家庭进行了各方面的研究,希望通过再现"我们失去的世界"来解决现实问题,因为"历史学者最有能力做的是,使人们建立起与过去的各种联系,借此而解析现在的疑难,启发未来的潜能"[①]。

经过学者们对英国社会转型时期的家庭进行了半个多世纪的学术研究,涌现出一大批学术价值非常高的成果,使我们对这一时期的英国家庭史有了许多重要认识。曾经由"神话"占主导地位的领域现在被各种研究的事实和合理的解释充实。比如,我们现在有了家庭人口的极宝贵资料,知道了不同人口的平均结婚年龄、婚姻持续时间的长短、再婚率和终生未婚人口的比例,知道了过去家庭有多少孩子,这些孩子多少是在婚内生育的、多少是在他们成人前死亡的。[②] 在这些数据和事实之外,我们也了解

---

① [美]乔伊斯·阿普尔比、林恩·亨特、玛格丽特·雅各布:《历史的真相》,刘北成、薛绚译,北京:中央编译出版社,1999年,第9—10页。
② 主要著作有 Peter Laslett, *The World We Have Lost: Further Explored*, London: Metheun, 1983; Peter Laslett and Richard Wall, eds., *Household and Family in Past Time*, Cambridge: Cambridge University Press, 1972; E. A. Wrigley and R.S.Schofield, *The Population History of England, 1541-1871: A Reconstruction*, Cambridge: Cambridge University Press, 1989.

到恋爱和结婚的习俗以及婚姻解体的历史。[①] 我们也了解到不同的生命周期,从童年和青少年到老年的经历[②],了解到过去男女的不同经历以及产生和促使这种经历的法律和习俗[③]。但如果我们想要了解英国家庭史发展的综合进程,则会不知所措。因为这些研究并没有形成一致的观点,而是存在着很多的争论和分歧。主要的分歧集中在"近代以来英国的家庭结构与规模、家庭关系、家庭情感史是以变化的过程为主,还是一种长期的延续",并对"小家庭,主要是核心家庭,家庭成员间的亲密情感关系,独立于广阔的亲属网络等,是朝向现代化发展进程中的产物,还是一种长期的结构、是英国从近代以来就具有的类型"这一问题产生了白热化的争议。学者们对这一问题的争论反映了他们对英国社会变化的不同看法。持"变迁论"观点的学者认为,经济变化,特别是市场的兴起和早期工业革命改造了社会结构,包括家庭结构及其内部关系。[④] "延续论"坚持者则认为,社会结构具有高度的弹性,整个西欧的兴起特别是英国的兴起,应该被解释

[①] 主要著作有 R. B. Outhwaite, ed., *Marriage and Society: Studies in the Social History of Marriage*, London: Europa Publications Limited, 1981; Keith Wrightson, *English Society 1580 – 1680*, New Jersey: Rutgers University Press, 1984; Ralph A. Houlbrooke, *The English Family 1450 – 1700*, London and New York: Longman, 1984; John R. Gillis, *For Better, For Worse: British Marriage, 1600 to the Present*, Oxford: Oxford University Press, 1985; Lawrence Stone, *Road to Divorce in England 1530 – 1987*, Oxford: Oxford University Press, 1990.

[②] 主要著作有 Peter Laslett, *Family Life and Illicit Love in Earlier Generations*, Cambridge: Cambridge University Press, 1977; Linda A. Pollock, *Forgotten Children: Parent-Child Relations from 1500 to 1900*, Cambridge: Cambridge University Press, 1983; Lynn Botelho and Pat Thane, eds., *Women and Ageing in British Society since 1500*, London: Longman, Pearson Education Limited, 2001.

[③] 主要著作有 Lloyd Bonfield, Richard M. Smith and Keith Wrightson, eds., *The World We Have Gained: Histories of Population and Social Structure*, Oxford: Basil Blackwell, 1986; Amanda Vickery, "Golden Age to Separate Spheres? A Review of the Categories and Chronology of English Women's History", *The Historical Journal*, Vol.36, Iss.2 (1993), pp.383 – 414; Anthony Fletcher, *Gender, Sex and Subordination in England 1500 – 1800*, New Haven: Yale University Press, 1995; Hannah Barker and Elaine Chalus, eds., *Gender in Eighteenth-Century England: Roles, Representations and Responsibilities*, London and New York: Longman, 1997; Robert B. Shoemaker, *Gender in English Society, 1650 – 1850*, London and New York: Longman, 1998.

[④] William Jack Goode, *World Revolution and Family Patterns*, New York: Free Press, 1963, pp.10 – 18.

为原先存在的社会结构与资本主义"契合"的结果。①

研究家庭人口和家庭规模,是重构历史上家庭结构的前提。这种研究类型也被称为"人口学的家庭史",其包含的人口出生率、死亡率、结婚率和家庭人口规模、预期寿命等要素,与历史人口学的关联十分紧密,是整个家庭史研究的重要基础。

这一领域最具代表性的研究群体是彼得·拉斯莱特(Peter Laslett)及其所领导的剑桥大学人口与社会结构史研究小组(The Cambridge Group for History of Population and Social Structure)。1964 年,拉斯莱特领导成立了剑桥大学人口与社会结构史研究小组,他们通过教区登记、人口普查、遗嘱、日记、土地让渡契约等资料,整理人口统计数据,运用"家庭重建法"(Family Reconstitution)②考察工业化以前英国的家庭规模、住户结构等,重建历史上普通人家的家庭形态。他们出版了极具开拓性的成果,最主要的代表作有拉斯莱特的《我们失去的世界》和《我们祖先的家庭生活和非法之爱》,拉斯莱特与理查德·沃尔(Richard Wall)主编的《历史上的户与家》,大卫·列文(David Levine)的《新生资本主义年代中的家庭形式》③,里格利(E. A. Wrigley)和斯科菲尔德(R. S. Schofield)合著的《1541—1871 的

---

① Alan Macfarlane, *Marriage and Love in England*, Oxford: Basil Blackwell, 1986, pp.322 - 323.
② 这一方法是 1956 年由法国学者路易·亨利(Louis Henry)和米歇尔·弗勒里(Michel Fleury)首创的。就是采用数学统计方法和电子计算机技术,对从某个或某些教区内获得的关于教区成员受洗、结婚和丧葬的记录进行整理,排除以上三项登记残缺不全的记录,提取登记完整、连贯的个体或家庭的数据,"重建"一个家庭的框架。这些数据告诉研究者某个人的出生时间、结婚年龄以及再婚情况、生育子女的年龄、生育间隔、绝育时间、孩子总数、人的寿命。从这些最基本的情况,历史人口学家可以推算出家庭的人口结构和规模,还可以统计结婚率、生育率、死亡率、未婚先孕率、预期寿命等。如果研究者拥有某一个教区足够数量的资料,就可以估算出该教区历史上某一时期的人口状况。同样,也可以由此得知一个国家的人口统计数据。这样,从前使用传统描述性方法单独进行研究的历史学家无法加以充分利用的史料被挖掘出来了,从而有力地推动了家庭史的发展。因此,我国学者俞金尧认为,西方家庭史学是在历史人口学的推动下发展起来的。(见俞金尧:《从历史人口学到家庭历史学》,《历史研究》1995 年第 1 期,第 92 页)
③ David Levine, *The Family Formation in An Age of Nascent Capitalism*, New York: Academic Press, 1977.

英国人口史:一种重建》,里格利、戴维思(R. S. Davies)及斯科菲尔德等人合著的《英国人口史 1580—1837》①等。另外他们还在《人口研究》《经济史评论》等杂志上发表了大量的论文。这些研究成果对英国历史上的结婚率、结婚年龄、生育率、死亡率、家庭结构与家庭规模等都有了新的发现。

工业化之前英国家庭结构的类型及其与欧洲其他地区的差异,是这些历史学家们研究的主题。从 19 世纪中叶开始,关于家庭发展的社会学理论就形成了一种共识,即存在一种从大家庭到小家庭的变化趋势,工业化过程普遍被认为是带来这种变化的决定性因素。当时的社会学界普遍认为,随着农业社会向工业社会转变,家庭形态也发生相应的变化,即从过去的家长制大家庭转变为主要由父母与他们未婚子女组成的核心小家庭。这是由 19 世纪法国社会学家弗雷德里克·勒普莱(Frédéric Le Play)首先提出来的,在一本较早的社会学名著《家庭的构造》中,勒普莱区分了三种家庭类型:第一种是父权的扩展家庭,以传统和血缘关系为基础,具有专制性的特点;第二种是不稳定的核心家庭,它具有一种强烈的个人主义和世俗主义色彩,且极不稳定;第三种是主干家庭,是父权制家庭制度和个人优势的有机结合。勒普莱认为这三种家庭展现为一种逐渐收缩的过程,即从中世纪早期的氏族转变为近代的主干家庭,最后转变为工业化的核心家庭。勒普莱的家庭理论具有保守主义倾向,他对现代小家庭中的利己主义和个人主义等进行了批评。② 还有一些注重家庭结构的社会学家把家庭结构从大到小的变化视为一种进步。塔尔科特·帕森斯(Talcott Parsons)就认为,核心家庭结构增强了家庭与工业制度的相容性,是一种进步。③

---

① E. A. Wrigley, R. S. Davies, J. E. Oeppen and R. S. Schofield, *English Population History from Family Reconstitution*, 1580 - 1837, Cambridge: Cambridge University Press, 1997.
② Michael Mitterauer and Reinhard Sieder, *The European Family: Patriarchy to Partnership from the Middle Ages to the Present*, Translated by Karla Oosterveen and Manfred Horzinger, Oxford: Basil Blackwell, 1982, p.25.
③ Talcott Parsons, "The Kinship System of the Contemporary United States", *American Anthropologist*, Vol.45, Iss.1 (1943).

无论认为核心家庭制度是颓废的还是进步的,社会学家的研究成果将工业化前后的家庭模式"两分"为大家庭和小家庭的形态,在很长一段时期里形成了一个固定而鲜明的观点:现代社会的显著特征是核心家庭占主导地位,而父系制度下扩大的亲属群体则是传统社会的普遍特征。在当代家庭史学兴起以前,这种有关家庭发展的现代化理论得到某些历史学家的认可,他们认为在社会转型时期,英国的家庭结构和规模确实如社会学家所言经历了一个由大变小、由复杂到简单的过程,最终确立了现代的小型核心家庭。如艾里·扎拉茨基(Eli Zaretsky)认为,在 18 和 19 世纪工业兴起以前,英国普遍的家庭形式是"家长制大家庭"。① 劳伦斯·斯通(Lawrence Stone)是此观点最典型的代表人物,他认为英国的家庭经历了开放的世系家庭—受限的家长制核心家庭—封闭的专注家庭生活的核心家庭的发展过程,并认为家庭是从扩大的结构向缩小的结构逐渐变化的。② 伦道夫·特朗巴赫(Randolph Trumbach)通过对英国贵族家庭的研究得出了与斯通相同的结果,认为 18 世纪时,英国贵族家庭逐渐由父权制家庭向平等家庭转变、由大家庭向核心家庭变化。③

20 世纪 60 年代,工业革命导致家庭小型化、核心化的理论首先遭到了社会学界内部的质疑。1961 年,格林菲尔德(S. M. Greenfield)的论文《社会学理论中的工业化和家庭》通过比较研究认为,在西方文明中,围绕机器技术成长起来的特定社会体系是小型的核心家庭在工业革命之前就已存在的结果。④ 而此时兴起的家庭史学家,则以充分的史实证明核心家庭在工业革命之前早已存在。大批历史学家特别是以拉斯莱特为代表的

---

① Eli Zaretsky, *Capitalism, the Family and Personal Life*, New York: Harper and Row, 1976, p.38.
② Lawrence Stone, *The Family, Sex and Marriage in England 1500 – 1800*, London: Penguin Books, 1979.
③ Randolph Trumbach, *The Rise of the Egalitarian Family: Aristocratic Kinship and Domestic Relations in Eighteenth-Century England*, New York: Academic Press, 1978, pp.119 – 134.
④ Sidney M. Greenfield, "Industrialization and the Family in Sociological Theory", *American Journal of Sociology*, Vol.67, Iss.3 (1961).

剑桥大学人口与社会结构史研究小组打破了这种家庭结构的神话。他们通过研究认为,从近代以来,英国就一直以小规模的核心家庭为主,并不存在以大规模的扩展家庭为主导的情况。

1965年,拉斯莱特出版《我们失去的世界》一书,考察了英国工业化前的户数。他的研究表明,虽然英国很多家庭都有佣人,但一般都不包含夫妇式家庭以外的亲族成员,从16世纪开始英国就是一个核心家庭占主要地位的国家,平均一个家庭只有2—3个孩子。① 由此,他对强调工业化与核心家庭有必然联系的观点提出了异议。从此,围绕这一观点的进一步研究便一发不可收拾。1969年,剑桥大学人口与社会结构史研究小组发起并召开了一次关于家庭和住户结构的国际学术会议。这次会议的主要观点和研究方法基本上遵循了拉斯莱特的思路,讨论欧亚北美等国家和地区历史上的家庭形式。本次会议的论文后来被编辑出版,即《历史上的户与家》,研究者形成了一个共识:在工业化到来之前,小规模的核心家庭几乎在各个地方都是占主导地位的家庭形式。拉斯莱特在研究中发现,英国的平均家庭规模为4.75人,并没有出现一个大的、扩展型的、共同居住的传统农民家庭让位于小的、核心的、以婚姻为基础的现代工业社会家庭的过程。② 拉斯莱特还认为,英国从来就不存在一种联合或扩展家庭。英国一直就是以核心家庭为主;在从传统社会向工业社会转变的过程中,结构更为复杂的户不是减少而是增多了。③ 艾伦·麦克法兰(Alan Macfarlane)的研究同样认为,英国一直就以核心家庭为主,很少出现联合家庭,哪怕是以财产权、生产与消费方面的运作来定义的联合家庭也不存在。④

以拉斯莱特等为首的剑桥大学人口与社会结构史研究小组对家庭史

---

① Peter Laslett, *The World We Have Lost: Further Explored*, p.119.
② Peter Laslett and Richard Wall, eds., *Household and Family in Past Time*, p.126.
③ Peter Laslett, *Family Life and Illicit Love in Earlier Generations*, pp.22 - 25.
④ Alan Macfarlane, *The Origins of English Individualism: The Family, Property and Social Transition*, Oxford: Basil Blackwell, 1978.

的研究结果破除了学术界有关"主干式家庭"向"核心家庭"过渡是工业化产物的假说,打破了前工业社会是由大而复杂的家庭占主导地位的神话。但是这作为一种开拓性研究方法存在一些缺陷,因而许多学者对这种研究方法及其结论提出了批判。希尔认为,拉斯莱特所使用的教区登记数据并不能真实地反映历史情况。[1] 汉斯·麦迪克(Hans Medick)认为,拉斯莱特的结构标准并不能反映家庭和户在生产、生育和消费中的"基本过程",不能反映出整个社会广阔的社会经济背景下这种家庭单位的功能。[2] 芬尼(Finley)教授认为,"所有关于结婚年龄、家庭规模、私生率的可能数据并不能总和为家庭的历史"[3]。理查德·格拉斯比(Richard Grassby)则认为,家庭不是一个固定的结构,而是一个过程,扩展家庭本身不过是家庭发展周期中的一个阶段而非一种类型;家庭结构的变化主要体现在变化的程度而非类型的转变。[4] 其中最主要的批判观点认为,他们得出来的结论并不能反映家庭内部情感和关系的变化;同时,在理论上认为这种人口学方法将家庭从广阔的社会结构中分离出来,不能反映社会经济的变化。[5] 的确,把家庭的规模和组成作为家庭结构的一个指数并不能揭示在特定的时间和地点家庭关系构建的方式。家庭不仅仅是一个居住单位,同时还是一个经济单位和一个法律单位。最重要的是,就其作为用以证明身份和情感投入的组织而言,它是一个"道德社群"[6]。这种功能的多重性就引起一些

---

[1] Christopher Hill, "Sex, Marriage, and the Family in England", *The Economic History Review*, New Series, Vol.31, Iss.3 (1978), pp.451–453.

[2] Hans Medick, "The Proto-Industrial Family Economy: The Structural Function of Household and Family During the Transition from Peasant Society to Industrial Capitalism", *Social History*, Vol.1, Iss.3 (1976), p.295.

[3] 转引自 Christopher Hill, "Sex, Marriage, and the Family in England", *The Economic History Review*, New Series, Vol.31, Iss.3 (1978), p.455.

[4] Richard Grassby, *Kinship and Capitalism: Marriage, Family, and Bussiness in the English-Speaking World, 1580–1740*, Cambridge: Cambridge University Press, 2001, pp.389–390.

[5] 对人口学方法的批判详见 Michael Anderson, *Approaches to the History of the Western Family, 1500–1914*, pp.14–24.

[6] James Casey, *The History of the Family*, Oxford: Basil Blackwell, 1989, p.14.

问题,因为经济单位、情感单位、居住单位和别的单位可能不一致。因此,一个基于共同居住的指标并不能告诉我们最需要知道的关于家庭内部的情况。麦迪克指出,同是扩展家庭,其内部关系和功能却大不一样:"无产者的'扩展家庭'的功能是作为一个私人机制通过亲属体系来重新分担核心家庭中的贫困;而农民的'扩展家庭'却是作为财产保有和照顾家庭老年成员的一个工具而发生作用。"[1]不过,时至今日,16—19世纪英国的家庭结构与规模是否经历了剧烈的变化以及经历了何种变化仍然是学者们研究和探讨的问题之一。

在20世纪60年代和70年代初,对家庭结构和规模的研究是家庭史学研究的重点。但自20世纪70年代末起,家庭关系成为西方家庭史学家关注的主要领域。麦克法兰指出,长期以来,人类学家一直将家庭亲属关系作为了解社会的核心问题,但是历史学家对此的反应却显得迟钝。基思·莱特森(Keith Wrightson)更尖锐地指出,历史学家对这方面的问题知之甚少,"几乎尚未揭开它的表面",然而"最终将证明它比原先的家庭结构问题具有更为重要的意义"。[2] 这样就导致了对家庭内部情感与内部关系的研究。对人口、家庭结构与规模的研究转向将家庭关系与社会变迁联系起来考察,构成了新家庭史研究的一个显著特征。

这种情态史研究方法最初的目的在于发现"现代"社会关系的产生,其理论依据仍然是来自社会学领域的现代化理论。其开创者是法国历史学家菲利普·阿里耶斯(Philippe Ariès),1960年他出版了著作《儿童的世纪》。这本书谈论的主要是关于儿童的历史,但是他的真实目的是要关心家庭观念的历史,回答有关家庭的现代性问题。在他看来,儿童的被发现

---

[1] Hans Medick, "The Proto-Industrial Family Economy: The Structural Function of Household and Family During the Transition from Peasant Society to Industrial Capitalism", *Social History*, Vol.1, Iss.3 (1976), p.295.
[2] David Cressy, "Kinship and Kin Interaction in Early Modern England", *Past and Present*, Vol. 113, Iss.1 (1986), p.39.

与现代夫妇式家庭的兴起紧密联系在一起。他认为在近代以前的英国和法国,家庭与外界的联系是不可分离的,家庭是一个开放性的社会组织,其核心在于它的社会性。17世纪末18世纪初随着家庭社会性的消失,现代家庭出现了。① 阿里耶斯在《儿童的世纪》中设想了两种极为不同的、可以相互对照的社会和家庭体系,一种是传统的,另一种是现代的。他从研究儿童观念的起源入手,着重研究家庭内部现代情感、观念的产生,研究家庭与外部社会的关系。与家庭史在人口学方面的研究不同,它不是用一系列的统计数据去证明核心家庭结构的存在,把典型的核心家庭当作现代家庭,而是把现代家庭看成是由许多现代的情感和观念为核心而组织起来的社会组织,通过分析日常的家庭行为,揭示以情感和隐私为特点的现代家庭的起源。它开辟了家庭史研究的一个新的方面,后来的许多历史学家正是遵循了这样一种思路,寻求现代家庭的兴起和现代家庭情感的产生。这方面比较突出的著作除爱德华·肖特(Edward Shorter)的《现代家庭的形成》②、斯通的《1500—1800年英格兰的家庭、性与婚姻》外,还有弗兰德林(Jean-Louis Flandrin)的《历史上的家庭》③和特朗巴赫的《平等家庭的兴起》。④ 他们不承认在近代早期这一社会转型时期的英国家庭变化能从有限的人口数据推断出来。他们把家庭作为一种观念,而不是作为一种现实来研究。

这些著作的共同兴趣主要是关心"现代"社会关系的出现,对性、童年、父母身份、亲属关系等给予关注,强调"家""隐私",甚至对"家庭"等观念的象征性意义进行分析。这些学者认为,在16世纪时,把核心家庭

---

① Philippe Ariès, *Centuries of Childhood: A Social History of Family Life*, Translated from the French by Robert Baldick, New York: Vintage Books, 1962.
② Edward Shorter, *The Making of the Modern Family*, New York: Basic Books, 1975.
③ Jean-Louis Flandrin, *Families in Former Times*, Translated from the French by Richard Southern, Cambridge: Cambridge University Press, 1979.
④ Randolph Trumbach, *The Rise of the Egalitarian Family: Aristocratic Kinship and Domestic Relations in Eighteenth-Century England*.

当作一种明显不同的单位、有权维护自己的隐私的概念在所有的社会阶层都是不存在的。① 直到18世纪时才开始强调家庭的隐私性、注重家庭生活;婚姻关系与亲子关系更趋向于情感化,追求幸福是婚姻的主要目的,而不再注重物质和其他利益的考虑;人们在选择配偶时具有了较大的自主权,择偶标准也主要以情感和爱为主,18世纪时出现了"罗曼蒂克的革命"。例如阿里耶斯认为:"17世纪的家庭还不是现代家庭,它与后者的区别在于它保留了大量的社会交际活动。"② 肖特认为:"核心家庭是一种情感状态,而不是某一种特别的结构或住户安排,不能用亲戚关系的图解和家庭规模的数字去理解,真正把核心家庭与西方家庭生活模式区分开来的东西,乃是一种把该家庭组织从其周围的社会中分离出来的牢固的、特别的情感;家庭成员感到,与家庭以外的任何人相比,他们之间更加休戚相关,他们感受到必须通过隐私、封闭,才能保护自己免受外界侵扰的特别的情感氛围。"③ 所以,他认为家庭史的核心恰恰是情感的编年史。④ 斯通则认为,1750年时,在英国中上层社会当中形成了现代家庭的四个关键性特征:强化了的核心纽带代替了邻里之间、亲属之间的纽带;追求幸福时强烈的个人自主意识和个人自由权利;将性愉悦与罪恶和丑行相提并论的情况减少;保护个人隐私的愿望增加。⑤ 弗兰德林认为:"今日最普遍意义上的家庭的概念只存在于我们西方文化中,并且不是很久远的事。"⑥

针对人口学研究方法脱离广阔的社会背景、混淆了不同经济和社会群体的差异性的缺陷,斯通、肖特等学者在著作中都强调,地区和社会阶层的差异与社会和文化的发展密切相关,只是在新的情感方式出现的具体时间

---

① Michael Anderson, *Approaches to the History of the Western Family, 1500 - 1914*, pp.27 - 28.
② Philippe Ariès, *Centuries of Childhood: A Social History of Family Life*, p.390.
③ Edward Shorter, *The Making of the Modern Family*, p.205.
④ Edward Shorter, *The Making of the Modern Family*, p.9.
⑤ Lawrence Stone, *The Family, Sex and Marriage in England 1500 - 1800*, p.22.
⑥ Jean-Louis Flandrin, *Families in Former Times*, p.9.

和具体阶层上存在分歧。斯通、特朗巴赫和阿里耶斯一样,将现代家庭出现的时间定在17世纪末和18世纪初,而肖特则认为是在18世纪末19世纪初。斯通、阿里耶斯、特朗巴赫等人认为这种家庭情感首先出现在中上层社会,而肖特则认为首先出现在农民和工人当中。[①] 在斯通看来,这一变化首先出现于18世纪的城市资产阶级和乡绅中,慢慢地向贵族阶层传播,直到20世纪初都没有影响到下层社会。斯通认为在17世纪时,由于清教主义和国家父权制权威的影响,妻子顺从丈夫是常理,而到了18世纪,丈夫对妻子和孩子的权威开始削弱,强调个人的自主,所有的家庭成员都有较高的地位,在家中能做决定。与此同时,个人主义和与孩子情感联系的增加导致了两性活动的分离领域(separate sphere)的发展:女人从经济活动中撤退出来,她们将自己置身于督促仆人、照顾孩子和休闲活动中。这样,女人变得与男人更为平等,但也与男人更为分离。特朗巴赫和斯通一样认为18世纪是转变的关键时期,但与斯通不同的是,他认为这一转变不是首先发生在中等阶层,而是发生在贵族阶层中。特朗巴赫认为,17世纪末18世纪初时家庭经历了一个独特的转变,即家庭关系从父权制向一种平等的家庭体系转变。人人生而平等的观念深入人心,孩子的独立存在也获得了一定认可。在18世纪的英国,平等观念深刻地影响了贵族的家庭生活。男人和女人的平等增加了夫妻间的真正和平等友谊的可能性。浪漫而非包办婚姻成为一种理想和行动,在婚后,丈夫和妻子都期望彼此长久友爱。已婚女子的财产权力有所增加,离婚也成为一些女子逃避无爱婚姻的一种方法。贵族女子开始自己哺乳孩子,不再给孩子使用襁褓,花更多的时间和孩子待在一起来与孩子们建立亲密的关系。而贵族男子也在一定程度上对孩子感兴趣,关心孩子们的身体健康和教育。

---

① Michael Anderson, *Approaches to the History of the Western Family*, 1500 – 1914, pp.46 – 48.

如果说这种家庭情感和家庭关系变化的观点是20世纪六七十年代的主流，当时也还存在另外一种声音，虽然这种观点还不足以改变阿里耶斯、肖特、斯通和特朗巴赫等人的观念对人们的影响。其中最具代表性的是麦克法兰，他通过对拉尔夫·乔斯林（Ralph Josselin）日记的研究，认为乔斯林的经济行为是高度"理性"和以市场为导向的，他自己以及孩子们的婚姻都不是由亲戚来安排的，而是建立在自由选择的基础之上，他与妻子和孩子们的家庭生活远不是"父权制"的。而这一切都不符合农业社会的特征，因而，他认为英国早在15世纪之前就已经进入了非农业社会。[1] 麦克法兰不赞成以浪漫的爱情为基础的婚姻模式是18、19世纪的创造的观点，也不同意核心家庭是一个新生事物。他认为，历经黑死病、宗教改革、内战、工业化和城市化，英国的亲属和婚姻体系没有多大变化，反而相当持久而灵活。[2] 凯瑟琳·戴维斯（Kathleen M. Davies）的研究也表明，在整个近代早期，英国人的婚姻观念、择偶标准、夫妻双方的劳动分工、夫妻间的地位关系并没有发生什么变化。[3]

20世纪80年代以来，许多学者对于家庭观念和情感发生了急剧变迁的观点提出了强烈的批判，他们认为，近代以来英国家庭中的情感关系并没有发生多大的变化，而是以延续性为主导。家庭中的顺从、权威主义、男子对妻子儿女的监督一直都是存在的，家庭中父母与子女间的亲密关系、夫妻间的爱在每一阶层也一直都存在，婚姻中的爱情一直都被强调，但这些并不是工业化或现代化的产物，以斯通等人为代表的学者过分简化了他们所描述的变化。这一派的主要代表人物和著作有莱特森及其《1580—

---

[1] Alan Macfarlane, *The Family Life of Ralph Josselin, An Essay in Historical Anthropology*, Cambridge: Cambridge University Press, 1970.
[2] Alan Macfarlane, *The Origins of English Individualism: The Family, Property and Social Transition*, p.198.
[3] Kathleen M. Davies, "Continuity and Change in Literary Advice on Marriage", in R. B. Outhwaite, ed., *Marriage and Society: Studies in the Social History of Marriage*, London: Europa Publications Limited, 1981.

1680 年的英国社会》①、琳达·波洛克(Linda A. Pollock)及其《被遗忘的孩子:1500—1900 年的父母—子女关系》②、拉尔夫·豪尔布鲁克(Ralph A. Houlbrooke)及其《1450—1700 年的英国家庭》③、麦克法兰及其《1300—1840 年英国的婚姻与爱》④、罗斯玛丽·奥黛(Rosemary O'Day)及其《1500—1900 年的家庭和家庭关系》⑤、威尔·科斯特(Will Coster)及其《1450—1800 年的家庭和亲属关系》⑥、劳米·塔德莫(Naomi Tadmor)及其《18 世纪英国的家庭和朋友》⑦、安敦尼·弗雷切(Anthony Fletcher)及其《1500—1800 年英国的性别、性和顺从》⑧、玛丽·阿波特(Mary Abbott)及其《家庭纽带:英国家庭 1540—1920》⑨。他们采用相同的研究方法,运用大量同质的资料,却得出了相反的结论。

如关于择偶,斯通等人认为父母的干涉在 18 世纪时削弱,年轻男女较以前有了较大程度的自由去选择自己的配偶。而休玛克(Robert B. Shoemaker)通过对 1650—1850 年期间英国社会的性别研究表明,这种自由和控制在 19 世纪以前一直都是存在的,并没有多少变化:有许多人仍然受到控制,也有许多人和以前一样享有较大的自主权。⑩ 麦克法兰则走向另一极端,他的研究表明,这种"婚姻是一桩契约,只涉及夫妇自身"的原则,从 12 世纪起就完全确立起来了,并且直到 18 世纪中叶都没有发生变

---

① Keith Wrightson, *English Society 1580 - 1680*.
② Linda A. Pollock, *Forgotten Children: Parent-Child Relations from 1500 to 1900*.
③ Ralph A. Houlbrooke, *The English Family 1450 - 1700*.
④ Alan Macfarlane, *Marriage and Love in England 1300 - 1840*.
⑤ Rosemary O'Day, *The Family and Family Relationships, 1500 - 1900: England, France and the United States of America*, London: Macmillan, 1994.
⑥ Will Coster, *Family and Kinship in England 1450 - 1800*, Harlow and New York: Longman, 2001.
⑦ Naomi Tadmor, *Family and Friends in Eighteen-Century England: Household, Kinship, and Patronage*, Cambridge: Cambridge University Press, 2001.
⑧ Anthony Fletcher, *Gender, Sex and Subordination in England 1500 - 1800*.
⑨ Mary Abbott, *Family Ties: English Families 1540 - 1920*, London and New York: Routledge, 1993.
⑩ Robert B. Shoemaker, *Gender in English Society, 1650 - 1850*, p.92.

化。婚姻的决定权主要掌握在年轻人而非他们的父母手中,①即父母对子女婚姻并不干涉。而莱特森通过研究则认为:"很少有证据表明,在最上层社会之外存在着毫无感情的'包办'婚姻。即使在最上层社会,由父母主动提出结婚的情况也不能一概而论,而且在此类情况下,子女们通常也有拒绝的权利。而在贵族、上层乡绅和城市富豪之下的阶层,实际的主动权常常掌握在年轻人手中。"②

关于婚姻的情感基础,斯通、特朗巴赫等人认为,英国中上阶层直到18世纪才开始重视婚姻的情感基础,而艾略特的研究则认为,英国的婚姻一直就是建立在爱情和物质因素的共同基础之上,情感是人们在择偶时的一个前提条件,即使在最功利的婚姻中,爱也并不必然缺乏。假定的关于充满了个人主义、夫妻之情和父母之爱的家庭理想在前现代时期就已经存在了。③ 麦克法兰也认为,英国历来就强调婚姻应以爱为基础,他甚至认为,中世纪时,英国夫妇即是朋友(married friends)的现象十分普遍。④ 埃里克·约瑟夫·卡尔森(Eric Josef Carlson)考察了英国都铎时期城市及乡村民间的婚姻状况,亦很肯定地说:"爱是至高无上的。"⑤

关于夫妻关系,虽然斯通和特朗巴赫等人认为,18世纪时英国夫妻间的关系逐渐平等起来,而且形成了男主外、女主内的分离领域,但休玛克的研究表明,整个社会转型时期,英国家庭内部夫妻间的地位关系并没有发生多大的改变,具有极大的延续性:尽管妻子为家庭经济做出了不可缺少的贡献,但是相对于她们的丈夫而言,妻子的地位总是卑下的。正是由于妻子的这种卑下地位,在家庭关系中,大都是丈夫处于权威和支配地位,妻

---

① Alan Macfarlane, *Marriage and Love in England*, p.125; Alan Macfarlane, *The Culture of Capitalism*, Oxford: Basil Blackwell, 1987, pp.146 – 154.
② Keith Wrightson, *English Society 1580 – 1680*, pp.78 – 79.
③ [英] F.R.艾略特:《家庭:变革还是继续?》,何世念等译,北京:中国人民大学出版社,1992年,第61—63页。
④ Alan Macfarlane, *Marriage and Love in England*.
⑤ Eric Josef Carlson, *Marriage and the English Reformation*, Oxford: Basil Blackwell, 1994, p.42.

子则要服从丈夫。① 连先前坚持变迁观点的斯通在他后期的研究中也承认,在父权制价值体系下,直到19世纪,一个已婚妇女在一个自由社会中最接近于一个奴隶。她的一切都被置于丈夫的绝对控制之下。② 凯瑟琳·格里德(Kathryn Gleadle)的研究也表明:"尽管各阶级的妇女在家庭生活中都居于中心地位,父权制的傲慢仍交织在19世纪的男性气质中,这使得真正的平等关系即使到了19世纪末仍是例外而非常态。"③虽然妇女们为家庭经济做出了很大的贡献,但不管是涉及财产、家庭暴力、双重标准,或者分居与离婚,男子总是处于优势地位。

当然,夫妻之间社会分工的差异以及地位的不平等并不意味着他们之间没有感情,延续派学者们的研究表明,在整个社会转型时期,每一阶层都存在感情深厚的夫妻。大量证据表明父权权威和爱并不冲突,"人们总是认可夫妻关系中丈夫的权威,同时也期望夫妻俩形成一种以爱和友谊为基础的关系"④。

20世纪80年代以后,随着家庭史研究中延续论观点成为主导,家庭中的亲子关系也以延续论为主导。1983年波洛克出版著作《被遗忘的孩子:1500—1900年的父母—子女关系》,使亲子关系的研究出现了转型,该书不仅有效地推翻了很多以前提出来的不实假设,还给出了在16—19世纪父母对子女态度具有高度延续性的证据。她的研究结果与斯通、阿里耶斯、肖特、德·毛斯和迪莫斯等人的观点完全不同。她认为,从16世纪到19世纪,父母的关爱和孩子的生活都没有什么变化,几乎所有的孩子都是被父母疼爱的,父母对于孩子成长阶段中的点点滴滴都十分关注。他们尽其所能地关心和爱护孩子,为孩子的发展创造有利条件。父母与子女的关系并不拘谨、疏

---

① Robert B. Shoemaker, *Gender in English Society*, 1650 - 1850.
② Lawrence Stone, *Road to Divorce in England 1530 - 1987*, p.13.
③ Kathryn Gleadle, *British Women in the Nineteenth Century*, New York: Palgrave, 2001, p.189.
④ Robert B. Shoemaker, *Gender in English Society*, 1650 - 1850, p.102.

远,而是十分的亲密。① 之后,更多的学者研究发现,欧洲人历来有"童年"的观念,父母对于子女有强烈的感情。他们关心孩子的特别需要,关怀他们的成长。父母与子女间的关系并没有出现急剧的变迁。莱特森在其《1580—1680年的英国社会》中通过很多事实表明,那种认为在17世纪的历史进程中,父母对子女的态度或对子女的期望发生过根本性改变的观点是没有道理的。每一时期的父母都想方设法以那一时期的方式来培养自己的子女,为他们提供条件使之自立。② 古迪在其《欧洲家庭与婚姻的发展》一书中也提到,以孩子为中心的家庭从很早时期开始就是基督教会宗教观念的本质。③ 豪尔布鲁克利用阿里耶斯所用的证据却描绘了有关亲子关系的重大延续性,无论是从父母对孩子纯洁本质的描绘还是从孩子们受教育程度和得到爱护的程度上来看,都表明,父母对于孩子特殊需求的满足和爱护是一种延续。④ 坎宁汉(Hugh Cunningham)也认为阿里耶斯所持的中世纪不存在"童年"观念的论断是不能成立的。强有力的证据表明,在古典社会和中世纪,"童年"被作为人类生存的一个独立阶段。父母对年幼的孩子倾注爱心,父母与子女,特别是母亲与子女之间的关系十分亲密、充满爱意。虽然不同的时期父母采用的教育方式不同,但父母对子女的爱却是一样的。⑤

20世纪80年代末,这种是"延续"还是"变迁"的学术论争的火花逐渐暗淡下来。在许多方面,延续派获得了胜利,不过,认为在社会转型时期英国家庭的发展经历了巨大变迁的观念并没有完全失去魅力。无论学者们认可哪一种观点,也不论他们用情态史研究方法、人口学研究方法还是家庭结构研究方法,当代家庭史学家们都不再得出简单的结论,而是试图把

---

① Linda A. Pollock, *Forgotten Children: Parent-Child Relations from 1500 to 1900*.
② Keith Wrightson, *English Society 1580 – 1680*, p.118.
③ Jack Goody, *The Development of the Family and Marriage in Europe*, p.153.
④ Ralph A. Houlbrooke, *English Family 1450 – 1700*, pp.127 – 156, 166 – 195, 254.
⑤ Hugh Cunningham, *Children and Childhood in Western Society since 1500*, London and New York: Longman, 1995.

人类的经历重新放到历史研究中去,更多地强调历史变化的复杂性。正如哈雷文(Tamara K. Hareven)所说:"现代化理论提出的社会呈线性变化的观点越来越受到质疑。工作场所的现代化并不自动地导致家庭行为的'现代化'。尽管家庭为适应其新的工作角色和城市生活经历了巨大的变化,家庭行为并没有与工厂中工人的行为同步现代化。家庭既是传统的保持者,同时又是变化的行为者。"①

在我国史学界,对于西方家庭史学的了解是从 20 世纪 80 年代开始的,到现在,许多学者著文对西方家庭史学的研究状况(包括方法、手段、取得的成就、局限性、研究新取向等各方面)都做了介绍,②在一些介绍西方史学特别是新史学发展的著作中也对家庭史研究着笔甚多,③此外还有一批西方婚姻家庭史学研究的译作。④ 这对于我们了解西方家庭史学的发

---

① Tamara K. Hareven, "The History of the Family and Complexity of Social Change", *The American Historical Review*, Vol.96, Iss.1 (1991), p.115.
② 对西方家庭史学做介绍的学术论文包括彭卫:《西方的家庭史研究》,《史学情报》1987 年第 2 期;杨杰:《家庭史学派》,《世界史研究动态》1987 年第 2 期;王渊明:《西方家庭史学》,《世界史研究动态》1989 年第 7 期;杨豫:《西方家庭史研究的发展现状和未来趋势》,台北《新史学》1990 年 9 月 1 卷 3 期;俞金尧:《从历史人口学到家庭历史学》,《历史研究》1995 年第 1 期;俞金尧:《西方儿童史研究四十年》,《中国学术》2001 年第 4 期;陈勇:《近代早期英国家庭关系研究的新取向》,《武汉大学学报》(人文科学版)2002 年第 1 期;傅新球:《变迁还是延续——欧美学者关于英国社会转型时期的家庭史研究》,《世界历史》2006 年第 2 期;俞金尧:《西方家庭史研究概况》,《光明日报》2000 年 12 月 15 日;赵中维:《家庭重构方法与历史人口学研究》,《世界历史》2011 年第 2 期;米红、解孟源:《西方历史人口学前沿研究评述》,《国外社会科学》1997 年第 3 期;王孝俊:《历史人口学定义及其学科体系问题刍议》,《河南社会科学》2012 年第 1 期。
③ 如庞卓恒主编:《西方新史学述评》,北京:高等教育出版社,1992 年,第三章;于沛主编:《现代史学分支文学科概论》,北京:中国社会科学出版社,1998 年,第五章;徐浩、侯建新:《当代西方史学流派》,北京:中国人民大学出版社,2009 年第 2 版,第五章。
④ 主要有[奥]迈克尔·米特罗尔、雷因哈德·西德尔:《欧洲家庭史》,北京:华夏出版社,1987 年;[英]伯特兰·罗素:《婚姻革命》,北京:东方出版社,1988 年;[美]马克·赫特尔:《变动中的家庭——跨文化的透视》,杭州:浙江人民出版社,1988 年;[芬兰]韦斯特马克:《人类婚姻简史》,北京:商务印书馆,1992 年;[英]F.R.艾略特:《家庭:变革还是继续?》,北京:中国人民大学出版社,1992 年;[奥]赖因哈德·西德尔:《家庭的社会演变》,北京:商务印书馆,1996 年;[加]罗德里克·菲利普斯:《分道扬镳——离婚简史》,北京:中国对外翻译出版社,1998 年;[法]安德烈·比尔基埃等主编:《家庭史》三卷本,北京:生活·读书·新知三联书店,1998 年;[英]劳伦斯·斯通:《英国的家庭、性与婚姻 1500—1800》,北京:商务印书馆,2011 年。

展,借鉴其研究方法,利用其资料发展和充实我国的家庭史研究具有重要意义。在涉及对英国婚姻家庭史的具体研究方面,也取得了一定的成果[①],丰富了我国的英国史和世界史研究。但对于英国从传统的农业社会向现代工业社会转型中的家庭,没有学者做过系统研究;即使是涉及这一时期的研究论文,绝大部分也都强调它的变化,基本上没有论及其延续性特征。

笔者认为,在从传统农业社会向现代工业社会转变的过程中,英国的婚姻家庭生活绝非一成不变,它的确发生了许多变化:人口增加迅速,家庭的经济功能发生了变化,从自给自足的自然经济向为市场而生产转变,并逐渐从一个生产与消费单位变为一个纯消费单位;社区对家庭生活的监督衰落,隐私性增加。这些变化在历史学家中间达成了一致。但是在这一时期,英国家庭在家庭结构、家庭情感、家庭内部关系方面更多地呈现出延续性特征。家庭的变化和延续是英国社会发展进程中共同存在的特征,如同一枚硬币的两面,缺一不可。鉴于英国家庭史研究的巨大分歧和资料的丰富,本书只着重对社会转型时期英国家庭的延续性特征进行系统的论述。笔者深知家庭史的研究并不简单,且不说原始资料的缺乏,单是能够收集到的证据也是十分零碎而迷乱的,对它们的分析也在模棱两可之间摇摆。

---

① 主要有杨杰:《英国农业革命与家庭农场的崛起》,《世界历史》1993年第5期;刘永涛:《对英国伊丽莎白时代婚姻社会的分析和思考》,《复旦学报》(社会科学版)1994年第1期;谢天冰:《近代化和英国家庭体制的变迁》,《世界历史》1994年第3期;钱乘旦:《20世纪英国的妇女与家庭问题》,《世界历史》1996年第5期;蔡骐:《论英国宗教改革和社会生活的变迁》,《湖南师范大学社会科学学报》1999年第4期;舒小昀:《变动社会中的家庭——以1778年英国韦姆沃西教区家庭为个案》,《东方论坛》(青岛大学学报)2000年第1期;舒晓昀:《英国工业革命时期的家庭类型分析》,《青海师范大学学报》(哲学社会科学版)2000年第2期;舒小昀:《英国工业革命时期的家庭生产》,《史学月刊》2000年第3期;郭俊、梅雪芹:《维多利亚时代中期英国中产阶级中上层的家庭意识探究》,《世界历史》2003年第1期;钱乘旦教授论著《第一个工业化社会》(四川人民出版社1988年版)特辟专章(第13章)对婚姻家庭和妇女问题进行了阐述;马嬑:《工业革命与英国妇女》(上海社会科学院出版社1993年版)对在工业革命影响下的英国妇女的家庭地位与作用及其家庭内部的夫妻关系也进行了阐述;俞金尧:《西欧婚姻、家庭与人口史研究》,北京:现代出版社,2015年;陈志坚:《论"家产析分契约"的性质和作用——兼评英国家庭史研究中的"变革与延续之争"》,《世界历史》2008年第4期;宋佳红:《近代早期英国婚姻观念的变迁》,广州:世界图书出版公司,2015年。

但笔者仍然希望通过本书来抛砖引玉,丰富和拓展我国的英国史研究;同时,也期望通过对第一个现代化社会转型时期的研究来正确理解我国当今现代化发展所面临的一些问题。从这两个方面来说,本书的研究还是具有理论意义和现实意义的。

在结构安排上,本书采用了历史学研究的一般做法,将英国的人口、婚姻与家庭放在英国从传统农业社会向现代工业社会转型的历史长河中(16—19世纪)予以考察,对人口变化、婚姻状况、家庭结构与规模、夫妻关系、亲子关系等专题进行研究。全书正文分为五章:第一章主要论述英国社会转型时期的人口状况,概述人口增长的情况,分析工业革命时期人口增长的原因,并对人口的结构和分布状况进行描述和分析。第二章主要分析这一时期英国人的择偶标准、择偶自主权及婚姻解体情况。这一时期择偶标准十分复杂,但每一阶层都不会忽视婚姻的物质和情感基础,都主张有爱的婚姻,同时也都强调经济与社会地位的"门当户对";不过上层社会较之下层社会更为注重经济物质利益。在择偶自主权上,上层社会较之下层社会受到的控制更多,下层社会比较自由,并且中上层社会的女子要比男子受到更多的限制。婚姻一旦缔结就是终生的,不允许离婚,但是存在许多非正式的婚姻解体形式。第三章主要论述英国转型时期各阶层的家庭结构与规模,指出这一时期英国的家庭结构一直以核心家庭为主,家庭规模较小,但同时指出上层社会的家庭结构相对要复杂,规模相对要大;并对"家庭"与"户"这两个相互关联但又有差别的概念进行了区分和界定。第四章主要论述家庭内部丈夫与妻子间的关系,在角色分配上,一直以男主外、女主内的模式为主导,夫妻共同协作,每一阶层的妻子都要为家庭经济做出贡献;但是夫妻间的权力地位关系仍是丈夫为主导,丈夫掌握权威,妻子则地位卑微,顺从丈夫;不过这种权力地位关系与夫妻感情没有直接联系,每一阶层都有感情深厚的夫妻。第五章则论述家庭中父母与子女间的关系,重点在于父母与孩童的关系,笔者认为,从16世纪以来,"童年"的观念就一直存在,人们渴望有孩子,父母对子女倾注最大的爱心,为子女的安危、健康而操心,因他们的夭折而悲痛,为他们的教育殚精竭虑;父母与子女间有着深厚的感情。结语总结全书,提出在英国从传统的农业社会向现代的工业社会转型过程中,家庭作为一个基本的社会细胞,在这种剧烈的社会生活中,其经济功能虽然发生了变化,但是它形成的基础、它的外在形式以及内部的情感关系都具有极大的延续性特征,并对全书的研究结果提出一些思考。

"历史和文学一样,是为了直接探索人类经验而写的。但是历史以想像力重温往事,却要用具体的事实为开门之钥。"① 本书写作所用资料主要来自南京大学历史学院英国史特藏室、中国国家图书馆、北京大学图书馆、南京大学图书馆、武汉大学图书馆和网上数据库资源(http://www.jstor.org/journals),部分来自英国东安格利亚大学图书馆(University of East Anglia Library)、北京师范大学图书馆、复旦大学图书馆、山东财政学院图书馆,所有这些资料大致可分为以下几类:(1) 国内外研究婚姻家庭的专著;(2) 有关英国史的中英文著作;(3) 中英文期刊。

"没有一个学科或一门学问能独揽婚姻家庭领域。婚姻和家庭研究本身带有学科交叉的性质。"② 确实,家庭问题关系到人类生活的方方面面,它的研究需要人类学、人口学、社会学和历史学等学科的视角交叉结合,其结果才有可能是全面的,如果没有这些相关学科的知识,任何了解都只能是肤浅和片面的。虽然本书在写作时运用了跨学科研究方法:以社会学的理论为指导,把家庭当作一个微观的社会组织来进行研究,力图揭示它与宏观社会历史进程的关系,但是不再坚持社会学的进化论观点,而是通过客观的历史研究来分析历史上的家庭概况,同时在研究中借用了社会学、人口学、人类学、经济学、法学的概念、术语和方法。笔者深知自己学识的浅陋,个别错误在所难免,不当之处,敬请批评指正。

---

① [美]乔伊斯·阿普尔比、林恩·亨特、玛格丽特·雅各布:《历史的真相》,第134页。
② [美]J.罗斯·埃什尔曼:《家庭导论》,潘允康等译,北京:中国社会科学出版社,1991年,第39页。

第一章
人口变化

18世纪60年代始于英国的第一次工业革命是生产力发展史上的一次空前飞跃。到1856年,随着英国将近三分之一的劳动力从事制造业,以及铁路网络体系的完成,英国从各方面来说都已经成为一个成熟的工业国家。[①] 在生产力极大发展、社会关系发生巨大变革的过程中,英国人口以前所未有的速度增长,人口爆炸与工业革命同时发生。

---

① Robert Charles Oliver Matthews, C. H. Feinstein, John C. Odling-Smee, *British Economic Growth*, *1856-1973*, Stanford: Stanford University Press, 1982, p.4.

一、人口稳定增长

18世纪中叶以前,英国人口增长缓慢。据统计,1651—1751年的100年间,英格兰人口从522万增加到577万。① 18世纪40年代以后,人口增长速度逐渐加快,1741—1751年的10年间增长率约为3.5%,1751—1761年增长速度加快,增长率约为7%,之后一直保持这一速度增长,1781—1791年的10年间增长率约为10%,19世纪20年代达到增长率的最高峰,约为16%。② 从1751年至1851年的100年间,英格兰人口从577万增加到1673万,③增长了190%。(人口增长的具体数据参见表1-1)

从表1-1可知,在整个18世纪,英格兰人口基本保持平衡增长的态势,但从60年代开始,增长的速度加快,特别是在18世纪80年代至19世纪30年代这一阶段,英格兰人口呈突飞猛进之势,尤其是1811—1821年的10年间,人口增加了16.25%,人口年增长率达到1.52%。这10年中,苏格兰人口

---

① E. A. Wrigley and R. S. Schofield, *The Population History of England*, *1541 - 1871: A Reconstruction*, pp.528 - 529.
② Phyllis Deane, *The First Industrial Revolution*, Cambridge: Cambridge University Press, 1979, p.33.
③ E. A. Wrigley and R. S. Schofield, *The Population History of England*, *1541 - 1871: A Reconstruction*, p.529; Michael Anderson, "Population Change in North-Western Europe, 1750 - 1850", in Michael Anderson, *British Population History: From the Black Death to the Present Day*, Cambridge: Cambridge University Press, 1996, p.209.

也增加了至少 16%,①这种前所未有的人口增长速度被称为英国"人口革命"。

表 1-1 1701—1851 年英格兰人口总数和增长率②

年份	人口总数/百万人	相比前 10 年人口增长百分比	相比前 10 年人口年增长百分比
1701 年	5.058	2.58%	0.26%
1711 年	5.230	3.40%	0.34%
1721 年	5.350	2.29%	0.23%
1731 年	5.263	−1.63%	−0.16%
1741 年	5.576	5.95%	0.58%
1751 年	5.772	3.52%	0.35%
1761 年	6.147	6.50%	0.63%
1771 年	6.448	4.90%	0.48%
1781 年	7.042	9.21%	0.89%
1791 年	7.740	9.91%	0.95%
1801 年	8.664	11.94%	1.13%
1811 年	9.886	14.10%	1.33%
1821 年	11.492	16.25%	1.52%
1831 年	13.284	15.59%	1.46%
1841 年	14.970	12.69%	1.20%
1851 年	16.736	11.80%	1.12%

英国 18 世纪中叶以来的人口增长一直稳定持续到 19 世纪,英国从 1801 年开始进行首次人口普查,通过之后每 10 年一次普查的数据可以看

---

① Michael Anderson, "The Social Implications of Demographic Change", in F. M. L. Thompson, ed., *The Cambridge Social History of Britain 1750 - 1950*, Vol.2: *People and Their Environment*, Cambridge: Cambridge University Press, 1990, p.1.
② E. A. Wrigley, "Marriage, Fertility and Population Growth in Eighteenth-Century England", in R. B. Outhwaite, ed., *Marriage and Society: Studies in the Social History of Marriage*, p.139.

出,人口增长非常明显。相关数据参见表1-2和表1-3:

表1-2　1801—1901年英国人口普查情况表①

普查年份	人口/百万人	普查年份	人口/百万人
1801年	10.5	1861年	23.1
1811年	12.3	1871年	26.1
1821年	14.1	1881年	29.7
1831年	16.3	1891年	33.0
1841年	18.5	1901年	37.0
1851年	20.8		

表1-3　1801—1911年英格兰和威尔士人口增长百分比②

年份	人口增长百分比
1801—1811年	14.0%
1811—1821年	18.1%
1821—1831年	15.8%
1831—1841年	14.3%
1841—1851年	12.7%
1851—1861年	11.9%
1861—1871年	13.2%
1871—1881年	14.4%
1881—1891年	11.7%
1891—1901年	12.2%
1901—1911年	10.9%

---

① M. W. Flinn, *An Economic and Social History of Britain since 1700*, London: Macmillan Education Limited, 1975, p.151; Francois Crouzet, *The Victorian Economy*, London: Methuen, 1982, p.20.
② W. D. Eubinstein, *Wealth and Inequality in Britain*, London and Boston: Faber and Faber, 1986, p.113.

从 1821 年到 1851 年,大不列颠和爱尔兰的人口增长了 31%,且这种人口的增长是不断"英格兰化"的。1821 年英格兰人口占大不列颠总人口的 54%,1851 年占 62%,[①]到 1901 年英格兰人口占大不列颠总人口的 82%。[②]而爱尔兰人口由于受到马铃薯收成的影响,升降十分明显。爱尔兰人口在 1845 年达到全盛期,当时人口数为 830 万,占到了联合王国人口的 30%。[③] 1845 年爱尔兰发生大饥荒(The Great Famine),饿死了 50 万至 70 万人,并迫使 100 万爱尔兰人在 1846—1851 年移民。在 1841 年和 1851 年的两次人口普查中,爱尔兰人口从 820 万下降到 660 万,之后一直未从这场灾难中恢复过来,加上晚婚和大量成年人单身导致生育率很低,因而人口持续下降。到 1911 年时,爱尔兰人口只有 440 万,占联合王国总人口的比例也从 1841 年的近 30% 下降为 1911 年的不足 10%。[④](见表 1-4)

表 1-4　1781—1911 年英国人口数[⑤]

(单位:百万人)

年份	大不列颠	爱尔兰	联合王国
1781 年	8.900	4.100	13.000
1791 年	9.700	4.800	14.500
1801 年	10.686	5.216	15.902
1811 年	12.147	5.956	18.103
1821 年	14.206	6.802	21.007
1831 年	16.368	7.767	24.135

---

① Thomas William Heyck, *The Peoples of the British Isles: A New History from 1688 to 1870*, Belmont: Wadsworth, 1992, p.275.
② Robert Woods, *The Population History of Britain in the Nineteenth Century*, Cambridge: Cambridge University Press, 1995, p.11.
③ Phyllis Deane and W. A. Cole, *British Economic Growth, 1688 - 1959: Trends and Structure*, Cambridge: Cambridge University Press, 1962, p.9.
④ Francois Crouzet, *The Victorian Economy*, p.23.
⑤ Phyllis Deane and W. A. Cole, *British Economic Growth, 1688 - 1959: Trends and Structure*, p.8.

续 表

年份	大不列颠	爱尔兰	联合王国
1841 年	18.551	8.200	26.751
1851 年	20.879	6.514	27.393
1861 年	23.189	5.788	28.977
1871 年	26.158	5.398	31.556
1881 年	29.789	5.146	34.934
1891 年	33.122	4.680	37.802
1901 年	37.093	4.446	41.538
1911 年	40.918	4.381	45.299

从上表可以发现,工业革命时期(18世纪下半叶至19世纪上半叶)英国人口增长速度最快,是人口大膨胀的时期。这得益于"光荣革命"后政局比较稳定,没有大动乱。政府把强国富民作为基本国策,鼓励发展经济。在这种政治气候下,天下相对太平,人民相对安居乐业,天灾人祸都比较少,人口的增殖也就比较容易。[①]

工业革命时期出生率很高,婴儿及儿童存活率也越来越高,在英格兰南部农村,贵格教徒的婴儿死亡率在1700—1749年男女两性分别为135‰和114‰,在1750—1799年分别为125‰和117‰,在1800—1850年则分别为93‰和83‰。1—4岁年龄组的儿童死亡率则从1700—1749年的106‰(男性)和89‰(女性)分别下降为1750—1788年的76‰、80‰和1800—1850年的51‰、48‰。希罗普郡(Shropshire)北部农村婴儿(0—1岁)的死亡率在16世纪中叶至18世纪中叶间在200‰左右摆动,18世纪末下降为130‰,到19世纪40年代则下降为110‰。在林肯郡(Lincolnshire)的利克(Leake)和瓦朗格(Wrangle)的沼泽地(Fenland),婴儿死亡率自18世纪末起开始显著下降。在西莱丁(West Riding)和梅思利

---

① 钱乘旦:《第一个工业化社会》,成都:四川人民出版社,1988年,第67页。

(Methley),尽管 18 世纪下半叶儿童(1—14 岁)的死亡率比上半叶高,但婴儿死亡率和成人死亡率很低。① 母亲自己为婴儿哺乳是英国婴儿死亡率相对其他欧洲国家较低的重要因素。弃婴行为的不普遍也是因素之一。弃婴在英国和其他新教国家从来没有得到制度性的支持,不像其他天主教国家那样。在英国只有一个弃婴院,是 18 世纪 40 年代由托马斯·科拉姆(Thomas Coram)在伦敦建立的。而在 18 世纪末的法国,城市中就有 50 多个这样的弃婴院,弃婴院在西班牙和意大利也很普遍,它们从中世纪开始就存在。②

人们的平均预期寿命也在缓慢提高,在 18 世纪 50 年代大约为 36—37 岁,到 19 世纪 50 年代达到 40 岁。在英国贵族中,女子的平均预期寿命从 18 世纪上半叶的 36—37 岁上升为 1750—1774 年的 45 岁,在 18 世纪最后 25 年为 49 岁,在 1800—1824 年超过 51 岁。贵族中的婴儿死亡率从 16、17 世纪的 200‰下降为 1775 年后的 80‰。汉普郡(Hampshire)和北安普敦郡(Northampton)乡村家庭中男性出生时的平均预期寿命从 1681—1730 年的 37 岁上升为 1731—1780 年的 48 岁和 50 岁。③ 婴儿死亡率降低,平均预期寿命提高,这些都使得 19 世纪的家庭规模普遍很大,几代同堂的现象十分普遍。1851 年,每个家庭的平均人口是 4.7 人,但 60 年代以后迅速增加到 6.2 人。④

虽然从 18 世纪晚期开始到 19 世纪早期的人口增长速度特别快,但这种趋势并没有长期维持下去,约从 19 世纪 20 年代开始,人口增长的速度开始下降。在 1801—1825 年,英格兰和威尔士的粗生育率是 40.2‰,到 1851—1875 年,下降为 35.8‰。⑤ 下降的原因之一在于死亡率的上升,且

---

① N. L. Tranter, *Population and Society 1750 - 1940: Contrasts in Population Growth*, London and New York: Longman, 1985, p.46.
② Peter Laslett, *The World We Have Lost: Further Explored*, p.118.
③ N. L. Tranter, *Population and Society 1750 - 1940: Contrasts in Population Growth*, p.45.
④ 钱乘旦:《第一个工业化社会》,第 352 页。
⑤ W. D. Rubinstein, *Britain's Century: A Political and Social History 1815 - 1905*, London: Arnold, 1998, p.264.

死亡率存在着明显的地理差异。随着城市化的加速,城市里的环境非常恶劣,干净住房、纯净水的供应和公共卫生设施的建设都严重滞后于城镇居民人数的增加。直到 19 世纪末,市政委员会才开始努力改善城市的卫生状况。在英国,那些因为工业化和城市化导致环境非常恶劣的地区,死亡率在 18 世纪末 19 世纪初上升较快。在 18 世纪下半叶,盖恩斯伯勒(Gainsborough)市镇的婴儿死亡率是哈特兰(Hartland)偏远和分散的沿海教区的 3.5 倍。在伦敦,婴儿死亡率也非常高。[1] 在莱斯特郡(Leicestershire)的谢普谢德(Shepshed),因家庭编织工业(domestic framework knitting industry)导致的恶劣环境由于 1825 年后严重的经济萧条而更加恶化,婴儿和儿童死亡率急剧上升:在 1825—1849 年出生的孩子,其平均预期寿命要比在 1750—1824 年出生的孩子少 7 岁,比 17 世纪和 18 世纪初出生的孩子则少 12 岁。[2] 在卡莱尔(Carlisle),粗死亡率从 18 世纪 80 年代的 25‰上升为 19 世纪 40 年代的 27‰,而且如果不是这一地区居民的年龄结构转变使死亡率下降,死亡率还会进一步上升:0—4 岁年龄组和 15 岁以上年龄组的死亡率分别上升了 20%和 25%,大部分上升都发生在 1813 年之后。[3] 死亡率的阶级差异也很明显:一般而言,工人阶级的死亡率高于农业劳动者,城市死亡率高于农村。[4]

到了 19 世纪晚期,死亡率才开始下降,从 19 世纪 70 年代的 22‰下降为 1900 年的 16‰;婴儿死亡率从 1801—1825 年的 167‰下降为 19 世纪最后 25 年间的 150‰。[5] 但同时,死亡率的地区和职业差异却更为明显,

---

[1] Michael Anderson, "The Social Implications of Demographic Change", in F. M. L. Thompson, ed., *The Cambridge Social History of Britain 1750 - 1950*, Vol.2: People and Their Environment, pp.20 - 21.

[2] N. L. Tranter, *Population and Society 1750 - 1940: Contrasts in Population Growth*, p.45.

[3] N. L. Tranter, *Population and Society 1750 - 1940: Contrasts in Population Growth*, p.45.

[4] Charles More, *The Industrial Age: Economy and Society in Britain 1750 - 1995*, London and New York: Longman, 1997, p.95.

[5] W. D. Rubinstein, *Britain's Century: A Political and Social History 1815 - 1905*, p.266.

如 1861 年苏格兰四个主要城市的粗死亡率为 28.1‰，其他的城镇只有 23.4‰，全体农村地区只有 17.9‰，在凯思内斯郡（Caithness）、奥克尼（Orkney）和设得兰群岛（Shetland）则只有 15.5‰。① 1861 年，苏格兰的农村死亡率只有城市死亡率的 64%，1891 年为城市死亡率的 84%。从 19 世纪下半叶开始，由于城市化速度放慢，城市环境也逐步得到改善，城市和农村地区间的死亡率差异开始缩小。不过，与城市和农村以及地区间的差异相比，职业间的死亡率差异更大。从获得的 19 世纪与职业相关的死亡率数据来看，最健康的群体是居住在乡村、过着中产阶级生活的教士。而最糟糕的职业不是一般的工厂工作，而是高危险的古老而繁重的手工技术工作。② 将 1900—1902 年的数据与 1860 年的相比较，让人印象深刻的是，所有男性的死亡率明显下降，从 11.3‰下降为 8.4‰，但职业间的死亡率差距扩大了。如，锉刀制造者仍大量死于因粉尘和铅中毒引起的呼吸道疾病；烟囱清洁工仍然排在癌症死亡名单的首位；陶器和锡矿工人依旧大量死于被灰尘加剧的结核病环境；水手、渔民、船员、码头工人、铁路工人和扳道工在事故名单上仍高居榜首；旅馆老板和旅馆的服务员则大量死于过量饮酒和肺结核——他们死亡的可能性是神职人员的 15 倍以上。③ 当然，19 世纪晚期后，尽管有些行业的死亡率非常高，但从 20 世纪初开始，随着传染病的控制和减少，全体国民的死亡率大大下降。

与此同时，从 19 世纪 70 年代中期开始，英格兰和威尔士的出生率进入一个长期持续下降的阶段，从 19 世纪 70 年代的 35‰下降到 1900

---

① Michael Anderson, "The Social Implications of Demographic Change", in F. M. L. Thompson, ed., *The Cambridge Social History of Britain 1750－1950*, Vol.2: People and Their Environment, p.20.
② Michael Anderson, "The Social Implications of Demographic Change", in F. M. L. Thompson, ed., *The Cambridge Social History of Britain 1750－1950*, Vol.2: People and Their Environment, pp.20－21.
③ Michael Anderson, "The Social Implications of Demographic Change", in F. M. L. Thompson, ed., *The Cambridge Social History of Britain 1750－1950*, Vol.2: People and Their Environment, pp.21－22.

年的 25‰。① 众所周知,19 世纪早期,生育率并没有显示出明显的阶级差异,每个社会阶层的父母都生育很多子女,构成很大的家庭。但 19 世纪晚期生育率的下降则呈现出明显的阶级差异,从 19 世纪 70 年代中期到一战的爆发,出生率下降最多的群体是雇主、专业人员和熟练工人,其次是非熟练手工工人,下降最少的是农业工人和矿工。②

出生率从 19 世纪下半叶开始明显下降的原因之一是未婚人口比例上升。从 18 世纪开始急剧减少的未婚人口数量到 19 世纪时期又开始显著增多。到 19 世纪 60 年代,大约有 11% 的 40—44 岁的人从未结婚,比五六十年前的比例增加了一倍。随着城市化的发展,工作时间延长,工人受到更严格的监管,恋爱的机会大大减少,这些导致未婚人口增多。③ 但从 19 世纪 70 年代开始,生育率的下降更多的是婚内生育控制带来的结果。教育进步和工厂改革使孩子从有利可图的"资产"转变为费用支出昂贵的"累赘",加之 19 世纪晚期生活水平的提高使人们对孩子的健康、教育和幸福有了更人性化的态度,妇女也开始反对承担过多生育孩子的苦役和重负。而医学的进步使父母实行家庭计划的愿望能够付诸实践,其他形式的爱好——运动、汽车、家用电器和教育——也增加了人们缩小家庭规模的愿望。为了维护体面的生活方式,中等阶层首先开始实行生育控制。④ 同时,教育水平的提高、科学知识的传播,也逐渐解除了宗教在生育方面的神秘影响。避孕器具不再被看作邪恶的发明,人们开始大量使用避孕器具节制生育。⑤ 不过工人阶级对中等阶层的做法却持怀疑的态度,他们仍然维持传统的大家庭,直到 1900—1914 年才开始控制他们的家庭规模。

---

① W. D. Rubinstein, *Britain's Century: A Political and Social History 1815 - 1905*, p.265.
② N. L. Tranter, *Population and Society 1750 - 1940: Contrasts in Population Growth*, p.61.
③ W. D. Rubinstein, *Britain's Century: A Political and Social History 1815 - 1905*, p.264.
④ Thomas William Heyck, *The Peoples of the British Isles: A New History from 1870 to the Present*, p.14.
⑤ 钱乘旦:《第一个工业化社会》,第 352 页。

二、工业革命时期人口快速增长的原因

一般而言,人口增长受出生率、死亡率和迁移率的影响,虽然移民活动从未停止过,但它并不是18世纪时人口变化的主要因素。① 18世纪末开始,人口迁移对英格兰人口增长的趋势产生一定影响。如在1780—1844年,有178万人离开爱尔兰,其中40%的人口到了英国大陆。② 但这部分迁移来的人口只占1851年英国总人口的4%左右,因此对此时期英国人口的增长率影响不是太大。在迁移率不影响人口变化的情况下,要实现人口较快速度的增长,只能通过以下几种方式:一是在生育率大致稳定的情况下,死亡率出现明显的下降;二是在死亡率基本稳定的情况下,出生率进一步上升;三是死亡率下降和出生率上升同时发生。以上任何一种情况都可以使人口以较快的速度增长。工业革命时期影响英国人口增长速度的主要原因,一直以来都是学者们感兴趣的重点。在学术界,对这个问题也存在很大分歧:一种观点认为,工业革命时期人口增长速度的加快,主要是死亡率下降的结果;另一种观点则强调出生率上升对人口增长的作用。事实上,英国的平均粗出生率从1670—1689年的30.7‰上升到1810—1829年

---

① E. A. Wrigley, "The Growth of Population in Eighteenth-Century England: A Conundrum Resolved", *Past and Present*, Vol.98, Iss.1 (1983), p.126.

② N. L. Tranter, *Population and Society 1750-1940*, *Contrasts in Population Growth*, p.37.

的39.6‰,而同期死亡率则从30.7‰下降到24.5‰。① 可见人口增长率的加速得益于出生率的上升和死亡率的下降,但是究竟哪一个因素更重要呢?

18世纪中叶以后英国人口忽然增长加快,对此学界有几种理论来予以解释。一种是"人口转变理论"(Demographic Transition Theory),这种理论认为人口增长的关键变量是死亡率。18世纪中叶以前,高生育率被高死亡率所平衡,后来由于健康状况的改善、瘟疫的消失,死亡率下降,而出生率仍持续不变,所以人口增长;一个世纪之后,由于生育控制的出现,人口增长保持平衡。在这一理论中,最重要的研究论题是健康与疾病,生育率不太重要。瘟疫的消失、儿童健康状况的改善、预防接种的发明、医药护理的发展,都使得死亡率下降,从而导致人口增长。死亡率下降的原因可归结为两类:一为自动机制,即人类无法控制的力量,比如气候条件的变迁,动物数量的减少,人类自身对疾病的抵抗力等;另一为人类自身的活动引起的,即医药实践的创新——新药品、新的治疗方法、医疗机构增多,公共健康水平的提高——好的住房条件、良好的洗浴设备、纯净水的供应、环境的整洁、空气的净化、优质的食物,圈地运动减少了疾病从动物向人传播的概率,个人卫生的改善,人类营养水平的提高,等等。② 学者们还认为在这一时期人类自身的免疫力有了些许提高,医疗设施的发展也十分显著。③ 接种疫苗防止天花在18世纪中叶以前是不为人所知的,但到了下半叶则发展成为一项十分安全的技术。到18世纪60年代,单单苏顿家族(the Suttons)就预防接种了40 000人。到18世纪末,在教区济贫官和私人慈善家的资助下,预防接种十分普及。到19世纪早期,预防接种和爱德

---

① E. A. Wrigley, "The Growth of Population in Eighteenth-Century England: A Conundrum Resolved", *Past and Present*, Vol.98, Iss.1 (1983), p.130.
② N. L. Tranter, *Population and Society 1750–1940: Contrasts in Population Growth*, p.65.
③ N. L. Tranter, *Population and Society 1750–1940: Contrasts in Population Growth*, pp.68–74.

华·詹纳(Edward Jenner)新的种痘技术为与生命初期最大的危险做斗争提供了积极有效的治疗方法。① 也就是说,这种观点的持有者认为,18世纪中叶以来英国的死亡率普遍降低主要得益于医疗水平的进步。

另一种为部分人所接受的理论则认为人口增长的关键在于生育率。马尔萨斯(Malthus)在其《人口原理》中曾提到,人口增长的直接原因是出生人数超过死亡人数。人口增长率或人口翻一番所需的时间取决于出生人数超过死亡人数的部分在总人口中所占的比例。② 1929年,马歇尔(T. H. Marshall)正式提出这种观点。他认为孩子经济价值的上升以及对学徒、佣人结婚限制的减弱导致结婚年龄下降,从而使得生育率提高。这种观点得到了哈巴库克(Habakkuk)的支持,他在1953年的文章中表示,新的经济机遇和资源导致结婚年龄下降,从而促使人口增长。1965年,约翰·哈伊纳尔(John Hajnal)提出"欧洲婚姻模式"(European Marriage Pattern)这一概念,认为该模式存在两个特征:晚婚和大比例的未婚人口。1966年,里格利在一篇文章中提到英国妇女结婚特别迟,在德文郡(Devon)的科里顿(Colyton),1560—1750年的初婚年龄在26—30岁左右摆动,他还发现,在婚姻内生育率特别低,以致他都怀疑德文郡的家庭使用了节育方法来控制生育。③ 而特兰特(N. L. Tranter)则认为,"在一个缺乏有效规范婚姻中生育水平的社会里,婚姻发生时间和程度的变化是限制生育率水平以使人口与基本资源之间保持平衡的唯一方法。在前工业世界,结婚年龄的变化和结婚比例在决定婚内生育水平上起着十分重要的作用。18世纪末19世纪初英国婚内生育率的上升主要归因于结婚率的上升"④。随着无产阶级化(proletarianization),农民和工匠转变为无产的挣工资者,

---

① N. L. Tranter, *Population and Society 1750 - 1940: Contrasts in Population Growth*, p.76.
② [英]马尔萨斯:《人口原理》,朱泱等译,北京:商务印书馆,1992年,第192页。
③ Alan Macfarlane, *Marriage and Love in England*, pp.20 - 24.
④ N. L. Tranter, *Population and Society 1750 - 1940: Contrasts in Population Growth*, p.100.

这削弱了传统社会对财产拥有者及有一技之长的人的婚姻和生育率的控制。对于没有技能可学和没有财产要保有的人来说，没有必要晚婚和控制生育率。在18世纪和19世纪初的英国，婚姻状况和生育率呈现地区差异，这与工业发展步伐的地区差异成正比关系。甚至到1861年，英国婚姻模式的地区差异仍与居住和就业条件紧密关联。尽管城市化对结婚率的影响并不一致，但毫无疑问，通过从农村向城镇地区迁移、从农业就业向非农业就业的转变，男女两性的结婚前景都得以改善。在农业区域，人们的结婚年龄较大，独身比例比较高，而在制造业和工资劳动为主体的区域，人们的结婚年龄相对小一些，独身的比例也低一些。[①]

剑桥大学人口与社会结构史研究小组的研究也支持"生育率上升"的理论。里格利和斯科菲尔德发现，英国在工业化时期的人口增长，与其说是由于死亡率的下降，不如说是由于出生率的上升。据他们估计，从1751年到1816年英国的总生育率提高了31%。[②] 他们还认为这种生育率的上升不是由于婚后怀孕密度的提高，而是由于结婚人数的增多。在工业化后期，更多的是由于女子乃至男子婚龄的提前。[③] 他们在《英国人口史：1541—1837》中提到，16—18世纪英国的婚内生育率较低，但人口中未婚人口比例下降。在17世纪的下半叶，40—44岁的男女人口中，22.9%的人处于未婚状态，而到了18世纪的下半叶，同样年龄群体的未婚人口只占9%，从占人口的约四分之一下降为约十分之一。如果死亡率相对低，而结婚的人口比例增长，则对人口增长率有重大影响。因此里格利和斯科菲尔德得出结论，即18世纪下半叶的人口增长得益于婚姻行为的变化，即未婚

[①] N. L. Tranter, *Population and Society 1750 – 1940: Contrasts in Population Growth*, pp.103 – 104.
[②] J. A. Goldstone, "The Demographic Revolution in England: A Re-Examination", *Population Studies*, Vol.40, Iss.1 (1986), p.5.
[③] ［英］彼得·拉斯莱特：《工业化之前和工业化时期的英国人口与社会结构》，参见王觉非主编：《英国政治经济和社会现代化》，南京：南京大学出版社，1989年，第240页。

人口比例下降和平均初婚年龄降低。① 丹尼尔·昆兰(Daniel C. Quinlan)和珍·沙克尔福德(Jean A. Shackelford)也持这种观点。他们在考察上层地主阶级家庭的论文中也表示，18世纪上层地主阶级的生育率上升是由结婚率上升引起的，但他们同时也认为，妇女婚后怀孕密度的提高也是一个重要原因。②

确实，婚姻状况是英国人口变迁的关键。英国婚姻模式的独特之处在于大比例的终生未婚人口和结婚年龄较大。霍林思沃斯对英国贵族的研究表明：出生在1680—1829年的人口，20岁和50岁仍独身的男子分别占95%和20%，20岁和50岁仍独身的女子分别占75%和14%，男子的平均婚龄在28岁以上，女子在24岁以上。③ 1600—1649年男子的平均初婚年龄在赫特福德郡(Hertfordshire)为29.1岁，在莱斯特郡的波特斯福德为29.2岁，在德文郡的科里顿为27.4岁，在兰开郡(Lancashire)的霍克西德为27.8岁，在剑桥郡(Cambridgeshire)的威林汉姆为26.7岁。同时期各郡的女子平均初婚年龄则分别为25.3岁、25.9岁、27.3岁、24.8岁、24.8岁。④ 虽然人们一般认为贵族盛行早婚，但事实上，"16世纪末时只有6%的贵族在15岁及以下结婚，17世纪时只有5%。大比例的人口都是在20岁以上结婚"⑤。

而从18世纪中叶开始，随着工业化的兴起与发展，婚龄并没有如正统的社会学观点所说会随工业化上升，反而出现了相反的结果：平均初婚年龄下降，终生未婚人口的比例也下降。列文认为，一旦财产所有权不再是生产的条件，晚婚和限制家庭规模的必要性就被去除，而仅仅通过劳动本

---

① Alan Macfarlane, *Marriage and Love in England*, p.25.
② Daniel C. Quinlan and Jean A. Shackelford, "Economy and English Families, 1500 - 1850", *Journal of Interdisciplinary History*, Vol.24, Iss.3 (1994), p.454.
③ 庞卓恒主编：《西方新史学述评》，北京：高等教育出版社，1992年，第122—123页。
④ Keith Wrightson, *English Society 1580 - 1680*, p.68.
⑤ Lawrence Stone, *The Crisis of the Aristocracy 1558 - 1641*, Oxford: Oxford University Press, 1967, p.294.

身就可获得收入意味着能够抓住早婚的机会。① 1750 年以前,女子的平均婚龄为 26 岁(男子为 27.5—28 岁),从 18 世纪开始结婚年龄下降,为 24.9 岁,1800 年之后则为 23.4 岁(男子分别为 26.4 岁和 25.3 岁)。终生未婚人口的比例在 17 世纪 80 年代、90 年代最高,达 27%;在工业革命时期最低,仅为6.8%。② 在 1675—1699 年和 1800—1824 年,男子的平均初婚年龄从 27.7 岁下降为 25.5 岁,女子的平均初婚年龄则从 26.6 岁下降为 23.7 岁,分别下降了 2.2 岁和 2.9 岁。③ 通过对 13 个分布广泛的教区的重建,可以看到初婚年龄在 18 世纪的下半叶下降了 1—2 岁,并持续下降到 19 世纪初。在伍斯特郡(Worcestershire)的波威克(Powick),男子的平均初婚年龄从 1663—1700 年的 31.8 岁下降为 1751—1775 年的 22.4 岁,女子的平均初婚年龄则从30.5岁下降为 24.3 岁。在德文郡的科里顿,男子的平均初婚年龄在 1720 年为 27.7 岁,到 19 世纪 30 年代中期则下降为 25 岁,女子的平均初婚年龄在 1720 年为 29.6 岁,到 18 世纪末时则为 26 岁,到 19 世纪 20 年代和 30 年代则为 23 岁。④ 女子的平均初婚年龄在埃文河(Avon)畔的斯特拉特福(Stratford)的城镇中从 1745—1754 年的 27.4 岁下降为 1790—1794 年的 26.8 岁和 1795—1799 年的 23.8 岁;在沃里克郡(Warwickshire)的纳普顿(Napton)则从 1715—1749 年的 27.3 岁下降为 1750—1779 年的 26.3 岁、1780—1800 年的 25.9 岁和 1820—1829 年的 23.5 岁;在埃文河畔的彼德福郡(Bidford)则从 1750—1769 年的 27.7 岁下降为 1780—1799 年的 24.5 岁。总之,婚龄的下降在英国 18 世纪末 19 世纪初的生育率上升过程中起着十分重要的作用。⑤

---

① David Levine, *The Family Formation in an Age of Nascent Capitalism*, pp.9 - 15.
② [英]彼得·拉斯莱特:《工业化之前和工业化时期的英国人口与社会结构》,参见王觉非主编:《英国政治经济和社会现代化》,第 241 页。
③ E. A. Wrigley, "Marriage, Fertility and Population Growth in Eighteenth-Century England", in R. B. Outhwaite, ed., *Marriage and Society: Studies in the Social History of Marriage*, p.147.
④ N. L. Tranter, *Population and Society 1750 - 1940: Contrasts in Population Growth*, p.50.
⑤ N. L. Tranter, *Population and Society 1750 - 1940: Contrasts in Population Growth*, p.51.

在笔者看来,确如剑桥大学人口与社会结构史研究小组研究结果显示的那样,英国18世纪人口增加主要归因于结婚年龄的降低以及独身人口比例的下降,结婚年龄的降低导致出生率上升、家庭规模变大。在17世纪末至19世纪期间,特别是在1750年之后英国平均初婚年龄的降低,是这一时期总出生率上升的主要原因。与此同时,过了生育年龄而仍从未结婚的女子比例在18世纪里减少了一半。结婚年龄的降低和独身人口比例的下降综合起来导致了18世纪末19世纪初英国出生率的上升。① 结婚年龄的降低是对物质条件和前景的普遍改善,特别是对食品充裕和价格下降的一个反应,而不是仅仅因为在工业中增加了就业机遇。在此应该强调的一点是,虽然18世纪末以后人们的婚龄普遍降低,但相对来说仍属于晚婚。正如威廉·古德(William Goode)所说:"在英国工业化的初始阶段,结婚的年龄并没有发生多大的变化。"②因为在英国工业化早期,尽管年轻人在工厂内工作,但对于大部分年轻人来说,他们是通过亲戚获得工作的,并且常常要处于父亲的监督之下。他们并不是独立的工人,那个时代的传统要求他们将劳动所得交给他们的父母。直到他们能自己得到工作,脱离父母或亲戚的干涉,他们才能自己决定选择什么样的配偶,以及在何时结婚。尽管如此,并没有出现工业化使结婚年龄提高的情况,相反,婚龄持续下降。女性的结婚年龄持续下降直到19世纪中叶,但这种下降幅度是十分小的。她们的结婚年龄仍维持在25岁左右,比20世纪女性的结婚年龄都要高,20世纪时女性一般在22岁左右结婚。对于出生率和总人口的趋势来说,更为重要的是到19世纪70年代时,结婚变得十分频繁和普遍,终生未婚人口的比例迅速下降。③

结婚率上升,无疑使社会的出生率也上升,正是由于这种婚姻模式的

---

① N. L. Tranter, *Population and Society 1750-1940: Contrasts in Population Growth*, p.53.
② William Jack Goode, *World Revolution and Family Patterns*, p.43.
③ F. M. L. Thompson, *The Rise of Respectable Society*, London: Fontana Press, 1988, p.52.

变化,在 1840 年之后的 40 年中,总人口的粗生育率维持在 35‰,在 15 岁至 44 岁的育龄女性中,每千名女性的生育率从 19 世纪 40 年代初的 135 人提高到 19 世纪 70 年代中期的最高水平 156 人,这种生育率的增长几乎完全是结婚率上升导致的。①

英国人口在 18 世纪的增长并不是唯一现象,但是引起其增长的原因却是独一无二的。其他地区较低的死亡率在人口增长中产生了关键性影响。相比之下,英国人口的增长主要是由结婚年龄的突然大幅下降导致生育率上升而引起的。这种独特的现象似乎与英国同样独特的工业化经历有关,当时英国的农业劳动力基本上是无产阶级化的。② 乡村工业的发展导致人们结婚较早,每对夫妇生育孩子的数量也相对增加。亚瑟·扬认为"就业是人口的灵魂"——"走开!我的儿子——去生孩子吧,他们比任何时候都值钱"。德比郡(Derbyshire)的儿子们听从了这一命令:整个村庄中平均每一桩婚姻中的洗礼数目为 4.1,要高于英格兰的平均水平 3.6。③ 在 1696 年时,人口生育率低,9% 的人口超过 60 岁,31% 的人口低于 15 岁。到 1786 年,经过几年生育率的增长,60 岁以上的人口比例没有发生多大变化,为 8%,但 15 岁以下的人口占总人口的 35%,④所以 18 世纪的家庭构成与 17 世纪末相比,平均每个家庭的孩子数量更多。由于出生率的上升,英国的人口从 1720 年时开始缓慢增长,到 1740 年后,飞速加快,1741 年为 550 万,到 1800 年则达到了 850 万。英国人口的这种增长,被称为"无言促进增长"⑤。

---

① F. M. L. Thompson, *The Rise of Respectable Society*, p.53.
② J. A. Goldstone, "The Demographic Revolution in England: A Re-Examination", *Population Studies*, Vol.40, Iss.1 (1986), p.30.
③ J. D. Chambers, "The Vale of Trent 1670–1800: A Regional Study of Economic Change", *The Economic History Review*, Supplement 3(1957), p.56.
④ Richard Wall, Jean Robin and Peter Laslett, eds., *Family Forms in Historic Europe*, Cambridge: Cambridge University Press, 1983, p.504.
⑤ [法]安德烈·比尔基埃等主编:《家庭史——现代化的冲击》,袁树仁等译,北京:生活·读书·新知三联书店,1998 年,第 24—25 页。

在土地所有者阶层,这种初婚年龄的降低和未婚人口比例的下降是经济发展变化的一个重要结果。毋庸置疑,经济的变化对家庭的人口模式产生了影响。以上层地主阶级为例来进行分析,16、17 世纪以来农业生产的重组不断给地主阶级施加压力导致家庭的重组。圈地运动使更多的人逐步依赖市场。失去土地的农民成为农业工人或手工工人,另一些人从圈地运动中获利,成为大的土地主或贵族的大佃农,他们被迫进入市场支付工资,剩下的用以维持生计或再投资。通过这种方式,地主与自耕农(lord and yeoman)的前途逐渐由市场来决定,因而他们有了动力去加强管理并采用更好的技术提高生产力和扩大生产。这样,亲戚、仆从和过多的孩子对有地者而言成为一种经济负担。在 1600—1750 年,特别是在 1640 年后,这一阶段的孩子死亡率一直高于 16 世纪末,上层乡绅和贵族的生育率从每一对初婚夫妇生 5 个以上孩子下降为大约 3.8 个,再婚夫妇所生的孩子数也从平均 0.8 个变为 0.5 个。这种生育率的下降似乎是初婚年龄上升、结婚率和再婚率下降、妇女生育孩子的速度放慢等结合在一起的结果。在这一阶段,上层地主阶级初婚的中位年龄升高,男子从 24 岁变为 28—29 岁,女子从 19 岁变为大约 23 岁;尽管贵族男性的结婚率不稳定,在 82%左右摇摆,贵族女性后代和上层贵族男性的结婚率稳步下降,贵族女性后代的结婚率从 17 世纪的第一个 25 年的 95.8%下降为 1725—1750 年的几近 74%,贵族男性的结婚率则从 1600—1650 年的 95%降为 18 世纪上半叶的 84%。[①] 在 16 世纪末时贵族女性结婚的平均年龄约为 20 岁,在 17 世纪末和 18 世纪时则提高至 22—23 岁;贵族男性结婚的年龄在作为继承人的长子和他的弟弟之间有很大的差别。英国地主阶级继承人的初婚年龄中位数在 16 世纪初为 21 岁,16 世纪末为 22 岁,17 世纪和 18 世纪初时则从 24

---

① Daniel C. Quinlan and Jean A. Shackelford, "Economy and English Families, 1500 – 1850", *Journal of Interdisciplinary History*, Vol.24, Iss.3 (1994), p.436.

岁上升为26岁,18世纪末和19世纪初则为27—29岁。① 非长子迟婚的原因,既在于自由择偶风气的到来,也在于他们上中学、大学的年限延长了;此外,需要多年才能攒够结婚费用也是原因之一。有很多一直未攒够钱的非长子,宁肯终生不娶。他们的这种做法,使当时独身女的数量大幅增加。16世纪,地主阶级中女性独身的比例是5%,到18世纪,增加到25%。因为社会地位高,她们不肯做工,有的宁可到姐妹家里当家庭女教师过一辈子,有的则靠一小笔养老金过活,住在一所小房子里,孤守空房以终余年。1600—1750年地主阶级经历的生育率和结婚率下降以及初婚年龄上升主要是因为地主阶级在资助年幼的继承人方面遇到了很大的困难。租金和土地价值的不景气、缓慢下降的利率、周期性的国内和国际危机、女儿出嫁时嫁妆的激增都使得地主阶级家庭面临很大的压力,从而减少生育和推迟孩子们的婚期。

但在18世纪末,英国上层地主阶级特别是贵族阶级的生育率长期下降突然迎来反转。婚内生育率上升,平均每一对已婚夫妇生育孩子的数量从3.8个上升为5.0个。由于男性和女性结婚率都继续上升,生育率也上升,在1700—1724年出生的贵族,他们所生孩子的数量平均为0.82个,而在1800—1825年出生的贵族,他们所生孩子的数量平均是1.39个。② 这种出生率的略微上升不能直接归因于初婚年龄的降低,因为贵族家庭中男孩的初婚年龄中位数降低了六分之五岁,而女性的初婚年龄中位数又增加了2岁。成人死亡率下降也不是可能的原因,贵族血统的女性从20岁开始的平均寿命从1699年到1724年之间的27.8岁上升到1775年到1799年之间的28.4岁。这种生育率的上升可部分归因于结婚率的上升。尽管在1720—1840年已婚的继承人比例基本未变,非长子结婚的比例从

---

① Lawrence Stone, *The Family, Sex and Marriage in England 1500 - 1800*, pp.40 - 42.
② Daniel C. Quinlan and Jean A. Shackelford, "Economy and English Families, 1500 - 1850", *Journal of Interdisciplinary History*, Vol.24, Iss.3 (1994), p.454.

1700—1719 年出生人群的 58.6% 上升到 1820—1839 年出生人群的 73.0%，女性结婚率从 1700—1724 年出生人群的 73.3% 上升到 1800—1824 年出生人群的 79.9%。① 这种结婚率的上升，可能是初婚年龄有所降低的结果，但主要还是因为经济好转增加了结婚的概率。由于在地主阶级圈子之外扩展合适配偶的候选人范围，以及体面的、高收入的职业逐渐增多，18 世纪与军事、教会、国家管理等专业相关联的职业家庭在数量、财富和声望方面都快速增长，使得没有继承权的年轻人能够创造足够的资源来建立自己的新家，使终生未婚人口的比例大幅下降，结婚率上升，从而出生率也上升。

  经济的变化对下层社会的家庭人口模式同样也产生影响。和 20 世纪的婚姻一样，18 世纪的婚姻也需要一笔不小的开销才能缔结。一对未婚男女一旦结婚就要在经济上独立，因此人们总是谨慎地推迟结婚直到拥有足够的财富。在 18 世纪中叶，经济机遇的扩展鼓励人们早婚。具有重大意义的是，工业地区的生育率比农村地区高。18 世纪 40 年代和 50 年代大部分的人口增长都发生在工业繁荣的郡，如兰开郡、沃里克郡和约克郡（Yorkshire）的西莱丁。在 18 世纪早期，莱斯特郡的纺织行业仍是一种工匠职业，纺织工匠只能推迟结婚。但从 1730 年开始，资本主义生产方式的组织开始引入，导致纺织工匠的缓慢无产阶级化。在 1750—1815 年的工厂兴盛期，家庭形式方面发生了根本性的变化。纺织工人的婚姻提早发生，婚内生育率上升。另外，纺织工人的孩子很早就被送到工厂工作以增加家庭收入，孩子越多，从他们身上得到的就越多，这种丰厚的收入提高了家庭生活水平。正是由于在工业革命的早期阶段大量使用童工（在棉织厂，14 岁以下的工人比例呈现上升趋势，到 1835 年时占所有劳动力的 13%②），孩子

---

① Daniel C. Quinlan and Jean A. Shackelford, "Economy and English Families, 1500 - 1850", *Journal of Interdisciplinary History*, Vol.24, Iss.3 (1994), p.454.
② Geoffrey Alderman, *Modern Britain 1700 - 1983: A Domestic History*, London: Croom Helm, 1986, p.40.

能为家庭经济做贡献,所以在大量使用童工的纺织工业区,生育率要比农村地区高,家庭规模也比农村地区要大。当1815年之后国民经济处于停滞状态时,出生率则保持稳定。1825年之后经济出现了严重萧条,导致了引人注目的结果:家庭开始控制生育,许多人迁出莱斯特郡,结婚人口减少,私生率提高。

总而言之,出生率上升是工业革命时期英国人口增长的主因,而出生率的上升是因为经济变化使得人们的婚姻模式发生变化。英国工业革命时期出现的这种经济和人口双"起飞"绝非一个偶然的历史现象,这表明人口增长和经济发展之间有着极其密切的联系。一方面,工业革命时期英国人口的迅速增长,根本原因是经济的发展变化。工业化和现代农业的发展加快了经济增长的步伐,生产了大量廉价生活品,能够养活更多的人,同时提供了更多的就业机会。工业革命还改变了传统的婚姻家庭的形成规范和就业形式,这些变化使旧的人口控制机制失效,因而导致英国人口史无前例地高速增长。因此有学者认为,工业化进程本身就是人口增长的一个强有力因素。[1] 另一方面,工业革命时期英国人口的迅猛增长是英国工业革命启动、加速进行和实现经济起飞的必要条件之一。[2] 人口的增长扩大了市场,增加了需求,刺激了工业发展,给工业革命以很强的推动力。可以说,没有这时期人口迅速增长,英国的经济起飞是难以实现的。

当然,并非人口增长越快对经济发展的促进作用就越大,人口增长速度必须与生产力发展水平相适应,不能超过生产所能承受的压力,否则只会给社会增加不安定因素。从历史长时段来看,英国人口变化的最显著特

---

[1] Phyllis Deane and W. A. Cole, *British Economic Growth, 1688–1959: Trends and Structure*, p.117.
[2] 人口的迅速增长提供了工业革命和经济起飞所必需的劳动力,扩大了国内市场。参见王渊明:《历史视野中的人口与现代化》,杭州:浙江人民出版社,1995年,第177—182页。

征就是英国的社会和经济能力与这种前所未有的人口增长相得益彰。① 工业革命过程中英国人口增长速度比以前明显加快,平均每年人口增长率达到1%以上,但一般未超过1.5%。而且,经济发展的速度更快。② 可见,工业革命初期,英国人口的增长与经济的发展进入一个"良性循环"状态,因而保证了第一次工业革命的顺利完成。

---

① Michael Anderson, "The Social Implications of Demographic Change", in F. M. L. Thompson, ed., *The Cambridge Social History of Britain 1750-1950*, Vol.2: *People and Their Environment*, p.2.
② 王渊明:《历史视野中的人口与现代化》,第182页。

三、人口结构与人口的分布及流动

人口自由而不受限制地流动,既是工业化的前提,又是工业化的结果。所有传统社会都用超经济力量控制人口流动,不许劳动力自由迁徙。但工业社会需要"自由的"劳动力,需要劳动力受经济规律支配,而不受各种行政力量的束缚,因此限制人口流动的各种措施都会阻碍工业化发展。[①]

英国早在 14 世纪就出现人口流动的现象。当时黑死病造成劳动力短缺,农奴可以逃离庄园,到报酬较高的地方工作。农奴制虽然没有宣布废除,但事实上已经解体了,农民取得了自由选择工作地点的权利。16 世纪的圈地运动剥夺了一部分农民的土地,造成许多无业流民。这些人在当时不能被手工业吸收掉,结果造成很大的社会压力,国家于是用行政方法禁止人口流动,都铎王朝颁布了许多惩治流浪汉的法令。[②] 随着生产力水平的进步,到 17 世纪末,五分之四的人口住在城市郊区或乡村,第一批工厂就建在那里。18 世纪下半叶,当工业生产需要进一步的集中时,迁徙的方向倒过来了,大量人口来到城市。在大庄园持续扩张的压力下,雇农、小农场主甚至自耕农都不得不迁离乡村。他们永远地离开了村庄,进入工业城

---

① 钱乘旦:《第一个工业化社会》,第 76 页。
② 钱乘旦:《第一个工业化社会》,第 76—77 页。

镇,为了生活而出卖劳力。①

从这时人口的地理结构来看,工业区的人口远比农业区增长快,在任何社会里,经济发达地区必然是人口稠密区。当农业是主要经济产业时,最适宜耕种的地区人口最稠密。在英国,当一个工业中心突然迫切需要劳动力时,附近农村就会成为劳动力来源地,形成四周向中心流动的向心型转移;而周围农村因流动而形成的劳动力短缺又由更远的地区来填补。在这里,每一个劳动力预先的"自由"就极为重要。人口的这样一种自然流动有助于平衡地区间的差别,较偏远地区也能逐渐分沾工业发展带来的好处。② 在工商业区和矿区增加的人口中,很大一部分来自附近的乡村,这是 19 世纪人口流动与 18 世纪人口流动的一大差异。以前,大量的农村人口流动主要是在村庄之间进行的,许多年轻的流动工人结婚成家之前在农庄里做佣人。工业化与城市化给农村人口提供了更多的工作机会,农村人口逐渐流向工业区和城市。矿区也是一个特别的迁入中心,因为繁荣阶段的煤矿业为非熟练工人提供了大量高薪的工作机会。比如,南威尔士的煤矿在 19 世纪末期吸引了中部威尔士甚至英格兰西部的人来到这儿。在这方面,因铁路发展形成的便利交通发挥了重要作用。在 19 世纪的前 80 年,从农村向城市的迁移一直保持强劲而稳定的势头。③

当工业成为国民经济的基础后,工商业区域逐渐成为人口聚居的集中区。在英国如果以沃希湾(Wash)—塞汶河(Severn)为界画一条线,那么其以南地区是农业区,以北地区是工业区。古老的农业各郡主要集中在塞汶河与沃希湾之间的东南地带(不包括伦敦、萨里和密得塞克斯),1801 年时容纳了全国人口的 44%,到 1881 年时,这一比例下降为 29%,并且一直保

---

① [法] G. 勒纳尔、G. 乌勒西:《近代欧洲的生活与劳作(从 15—18 世纪)》,杨军译,上海:上海三联书店,2012 年,第 65 页。
② 钱乘旦:《第一个工业化社会》,第 79—80 页。
③ Phyllis Deane and W. A. Cole, *British Economic Growth, 1688 - 1959: Trends and Structure*, p.10.

持到 1931 年。与此同时,伦敦及其两个卫星郡容纳的人口比例从 14% 上升为 19%。塞汶河—沃希湾一线(Severn-Wash line)的西北地区各郡容纳的人口从 1801 年的 45% 上升为 1881 年的 53%。人口向工业区域集中的趋势与某些郡的人口快速增长紧密关联。比如,1911 年时,兰开郡的人口是 1801 年的 6 倍多,达到了 476 万。但是从增长的比例来看,萨里郡(Surry)、蒙茅斯郡(Monmouthshire)、达勒姆郡(Durham)、米德尔塞克斯郡(Middlesex)和格拉摩根郡(Glamorgan)这几个郡的人口增长比例都要超过兰开郡,它们都增长了近 15 倍。单从威尔士的格拉摩根郡看,其人口 1801 年时占威尔士人口的 13%,到 1911 年时,占到了威尔士人口的 55%。①

在苏格兰的工业与商业中心地带——这个区域包括埃尔郡(Ayrshire)、丹巴顿郡(Dumbartonshire)、拉纳克郡(Lanarkshire)、伦弗鲁郡(Renfrewshire)、克拉克曼南郡(Clackmannanshire)、斯特灵郡(Stirlingshire)、法夫郡(Fife)、洛锡安区(Lothians)以及敦迪(Dundee)——尽管它只覆盖苏格兰土地面积的 14%,但 1755 年时集中了苏格兰人口的 37%,到 1821 年时集中了苏格兰人口的 47%,1911 年甚至达到了 68%,1931 年达到 75% 的最高峰。人口的绝对增长和相对增长水平最高的都是拉纳克郡,1801—1911 年,其人口增加了 125 万多,将近 9 倍。与此相对的北部各郡,面积约占全苏格兰的四分之三,1755 年时人口占全苏格兰人口的一半,1951 年仅仅只占苏格兰人口的五分之一。②

---

① Michael Anderson,"The Social Implications of Demographic Change", in F. M. L. Thompson, ed., *The Cambridge Social History of Britain 1750 - 1950*, *Vol.2: People and Their Environment*, pp.2 - 3.
② Michael Anderson,"The Social Implications of Demographic Change", in F. M. L. Thompson, ed., *The Cambridge Social History of Britain 1750 - 1950*, *Vol.2: People and Their Environment*, pp.2 - 3.

由于人口从农村流向工商业区和矿区，人口越来越集中于城镇，大城市人口膨胀。以伦敦为例，1750年时，整个英格兰和威尔士人口的九分之一居住在伦敦，其成为容纳人口达到67.5万的欧洲大城市。另外34万人（约占5.5%）居住在人口超过1万的城市中。伦敦人口在整个19世纪继续膨胀，1811年达到100万（约占全国总人口的10%），1851年超过200万，60年代超过300万，80年代超过400万，之后继续增长，最高峰时占到了全国人口的15%，1901年时，其人口为450万。[1] 其他大城市在1871年以前没有确切的人口数字，但直到1811年人口普查时，除伦敦外，很少有其他城市人口超过10万，之后，城市化速度加快。1851年时，包括伦敦在内，英格兰和威尔士人口的23%居住在人口10万及以上的大城市，35%居住在人口2万及以上的城镇中。到1911年，35%的英格兰和威尔士人居住在人口10万及以上的大城市中。

　　苏格兰也经历了同样的变化。1755年时，苏格兰人很少生活在大的城市里，而是广泛分散在农村地区，爱丁堡及其郊区人口约为5.7万，格拉斯哥（Glasgow）及其郊区人口约为3.2万，阿伯丁（Aberdeen）人口约为1.6万，敦迪人口约为1.2万，这些是1755年人口超过1万的城镇，另外还有其他四个城镇可能聚集了5 000人。以上这些地方的人口加起来只占苏格兰人口的八分之一，剩下的人口分散在乡村及大量的小自治市里，有的人口不超过几百人，还有的住在通常只有六七户家庭的狭小定居点。1801年人口普查之时，情况虽然发生了一些变化，但变化仍然不大。尽管爱丁堡和格拉斯哥的人口都超过了8万，而且全国五分之一的人口居住在超过5 000人的城镇之中，但苏格兰依然没有超过10万人口的城市。1851年时，苏格兰52%的人口生活在城市中，大城市也开始增多，10万人口及以

---

[1] Michael Anderson, "The Social Implications of Demographic Change", in F. M. L. Thompson, ed., *The Cambridge Social History of Britain 1750–1950*, Vol.2: *People and Their Environment*, p.5.

上的城市容纳了全苏格兰人口的17%,1911年,36%的人口居住在10万人口及以上的城市中,到1951年,这一比例达到38%。① 1901年,英国完全成为以大工商业城市为主的城市化国家。可以说19世纪英国的人口分布具有典型的工业化特征:工业区与农业区差异明显,工业区繁荣,农业区凋敝,大城市逐渐增多。

工业化伴随着人口年龄结构的变化,首先是人口老龄化趋势明显,尤其60岁以上群体的比例变化明显。1766年,这一年龄群体所占总人口的比例不到十二分之一,1826年时这一比例下降为十五分之一。之后,在整个19世纪,老年人口的比例稳步上升,到1911年超过十三分之一,1931年几近八分之一,到1951年时约为六分之一。在这些数据中,高龄老人(75岁及以上)的比例在整个19世纪非常稳定,1801年为1.04%,1826年为1.03%,1851年为1.07%,之后有缓慢增长,1911年达到1.45%。② 表1-6是英格兰和威尔士人口年龄结构的分布情况:

表1-6 英格兰和威尔士人口年龄结构分布情况(占总人口百分比)③

年份	0—19岁	20—59岁	60岁及以上
1821年	49.0%	43.4%	7.3%
1871年	45.7%	46.9%	7.4%
1911年	39.9%	52.0%	8.0%

表1-7是英格兰、威尔士、苏格兰三个地区按年龄统计的人口情况:1821年到1851年,少儿组(0—10岁)人口增长到原来的1.54倍,青壮年

---

① Michael Anderson, "The Social Implications of Demographic Change", in F. M. L. Thompson, ed., *The Cambridge Social History of Britain 1750－1950*, *Vol.2: People and Their Environment*, pp.5－6.
② Michael Anderson, "The Social Implications of Demographic Change", in F. M. L. Thompson, ed., *The Cambridge Social History of Britain 1750－1950*, *Vol.2: People and Their Environment*, p.46.
③ Francois Crouzet, *The Victorian Economy*, p.29.

组(20—59岁)增长到1.81倍,老年组(60岁及以上)增长到2倍多。与1821年相比,1901年的少儿组、青壮年组和老年组分别增长到2.30倍、3.53倍和3.51倍。而且,在1821年、1851年、1901年,老年组占总人口的比例分别是6.3%、7.5%、7.6%。①

表1-7 英格立、威尔士、苏格兰三个地区按年龄统计的人口情况

(单位:万人)

年龄段	1821年	1841年	1851年	1861年	1881年	1901年
0—10岁	610.75	855.35	943.97	1 049.43	1 375.94	1 404.28
20—59岁	543.72	864.64	984.87	1 088.39	1 374.5	1 922.42
60岁及以上	78.30	133.96	157.09	173.38	221.1	275.05

当然,少儿组人口比例的下降和老年组人口比例的上升是缓慢出现的,直至19世纪末和20世纪初这一变化都不太引人注目。之后,随着人们预期寿命的提高,婴儿死亡率和夭折率的下降,出生率的下降,人口老年化速度加快。

随着英国工业社会的逐渐形成,19世纪英国人口的职业结构也发生了重要的变化。在工业革命前,"自由"的劳动力不可能进入手工业,这一点是很明显的;工业革命开始后,因圈地运动而失去土地的农民大部分也没有脱离农业,只不过从独立经营的自耕农变成靠工资生活的农业工人而已。这些人身份地位的改变对整个国家的职业结构并没有造成很大影响。尽管工业革命时期农业劳动力的比例一直在下降,但绝对数字一直到1851年前后都在增加。② 现代社会的发展趋势是:劳动力的绝大部分先从农业中摆脱出来,转入工业生产;然后,相当多的劳动力再从直接生产中解脱出来,形成强大的"第三产业"(tertiary industry)。工业化程度越高,脱

---

① 钱乘旦:《第一个工业化社会》,第68—69页。
② 钱乘旦:《第一个工业化社会》,第77页。

离农业生产的劳动力就越多;生产力越发达,脱离直接生产的劳动力也就越多。英国19世纪的情况正好体现了工业化社会的特征,即农业劳动力比例急剧下降,工业劳动力的比例迅速上升。从表1-8可看出各产业就业人员在劳动力总数中所占的比例:

表1-8 19世纪英国各产业就业人员在劳动力总数中所占比例①

产业	1811年	1821年	1831年	1841年	1851年	1861年	1871年	1901年
农业	35.2%	33.3%	28.1%	22.3%	22.0%	18.8%	15.3%	9.0%
工商运输业	44.4%	45.9%	42.1%	48.5%	53.8%	55.7%	54.6%	64.1%
其他	20.4%	20.8%	29.8%	29.2%	24.2%	25.5%	30.1%	26.9%

19世纪中叶,在主要的就业领域,从事农业的人口逐渐减少,只占就业总人口的20%,制造业稳步上升,达到33%,家庭仆佣占到14%—15%,其他则由矿业、建筑、交通、商贸、专业人员和公共服务业构成。② 从1851年开始,农业劳动力不仅相对数字减少,绝对数字也在减少,这一年农业劳动力有205.4万人,1861年为198.2万,1871年为181.7万,1901年只有147.6万。③ 农业劳动力的减少使得英国变成缺粮国,开始进口粮食。

英国19世纪的人口变化情况也通过国际移民反映出来。全国性人口增长及减少的变化与国际性人口迁移密切相关。在19世纪,英国仍然是外国人口迁入的重要国家之一。首要的外来移民是爱尔兰人。在1841年人口普查时,苏格兰有12.5万出生于爱尔兰的人口,英格兰和威尔士则有29万。由于19世纪40年代爱尔兰土豆歉收,更大的人口迁移开始,在1848年,每周几乎都有1 000个爱尔兰人来到格拉斯哥。从全国范围来看,在1861年的高峰期,英格兰和威尔士共有60.2万人、苏格兰有20.4万

---

① 钱乘旦:《第一个工业化社会》,第74页。
② Robert Woods, *The Population History of Britain in the Nineteenth Century*, p.13.
③ 钱乘旦:《第一个工业化社会》,第73—75页。

人是在爱尔兰出生的(分别约占英格兰及威尔士总人口的3%和苏格兰人口的7%)。第二个人口迁入的主要来源地是欧洲大陆,1870—1914年来自欧洲大陆的移民在数量上增长加快,最大的外来移民群体为逃离沙皇政府迫害的东欧犹太人。在1911年高峰时,大约有28.5万来自欧洲大陆的人口居住在英格兰和威尔士,2.5万人居住在苏格兰,其中以俄国人、波兰人和德国人为主,也有一部分人来自法国和意大利。第三大外来移民来自白人殖民地和东印度,在1871年时大约为7.1万人,主要是行政人员和士兵的孩子。①

19世纪英国人口外迁的规模也很大。在1750—1939年,有超过1 000万英格兰人和250万苏格兰人移民海外。在1850年以前,大部分的外迁移民都是"殖民者"类型,绝大部分人都意图永久移民,并且很大程度上都是举家迁徙。19世纪中叶后,尤其是19世纪80年代,移民海外者中很多是年轻的单身男性,他们中的很多人都希望能回来,或者随着时间的推移依据英国和北美经济的相对命运起伏而决定。总之,在1750—1939年,英格兰人的净移民人数超过550万,约有175万苏格兰人永久留居海外。②在1850年以前,移民是缓解经济和社会紧张的安全阀,它既可以给贫困者和失业者带来一些补救,也给有野心的移民者带来新的机遇。而且,移民在给新兴国家带来人口和发展的同时,也给英国打开了市场和初级产品的来源。因此,向外移民是在英国本土难以找工作和海外吸引力的共同结果。19世纪初,英国的移民微不足道,19世纪30年代和40年代进展很快,特别是海上运输技术的发展进一步刺激了移民,到19世纪50年代形成高峰期,1815—1850年,共有50万英格兰和威尔士人、10万苏格兰人移

---

① Michael Anderson, "The Social Implications of Demographic Change", in F. M. L. Thompson, ed., *The Cambridge Social History of Britain 1750-1950*, Vol.2: People and Their Environment, pp.6-7; M. W. Flinn, *An Economic and Social History of Britain since 1700*, p.153.
② Michael Anderson, "The Social Implications of Demographic Change", in F. M. L. Thompson, ed., *The Cambridge Social History of Britain 1750-1950*, Vol.2: People and Their Environment, p.8.

民海外。① 移民海外的最高峰时期是19世纪80年代,超过80万英格兰和威尔士人移民海外——几近全国人口的4%。直到19世纪90年代,移民目的地主要是美国,但在1905—1914年,移民目的地变成了英帝国成员国,澳大利亚、加拿大和新西兰最具吸引力。在这些地方,工资水平远比英国要高,但移民并非最终目的,大约有40%的移民会返回英国,他们中有的回来定居,有的则是因为所从事行业的季节性而短期返回。②

移民得到政府和私人项目的鼓励,因为在那个时代很多人把移民看作解决人口过多问题的唯一有效方法。1826年,移民问题特别委员会(Select Committee on Emigration)提倡将自愿移民作为解决国内劳动力过剩和殖民地劳动力短缺的办法。工会偶尔会利用他们的资金来帮助劳动力过剩地区向外移民,许多高地大农场主也为准备移民的佃户提供帮助,1815—1826年有6次由政府资助的移民冒险行动。1834年的济贫法修正案批准成立了新的监护人董事会(Boards of Guardians)来帮助移民,截至1860年其帮助过2.5万名穷人(主要是英格兰东南部来的农业工人)移民海外。③

移民海外很大程度上是受国内经济状况的影响:萧条时期人们被迫向外移民,繁荣时期人们则待在国内。而且移民来自全国各地和各个阶层:农村的、城市的,熟练工、非熟练工,工人阶级、中等阶层。最著名和最悲惨的熟练工移民群体是康沃尔郡(Cornish)的锡矿工人,他们的工厂在19世纪60年代衰微,于是移民到澳大利亚和落基山脉的矿业中。中等阶层的移民群体则包括为印度等殖民地服务的文职人员,也包括在英国海外拥有农场的农场主和拥有矿业的矿主,还有服役的军人等,许多人在他们服务

---

① Michael Anderson, "The Social Implications of Demographic Change", in F. M. L. Thompson, ed., *The Cambridge Social History of Britain 1750 – 1950*, Vol.2: *People and Their Environment*, p.9.
② Charles More, *The Industrial Age: Economy and Society in Britain 1750 – 1995*, p.100.
③ Richard Brown, *Society and Economy in Modern Britain 1700 – 1850*, London and New York: Routledge, 1991, p.44.

期满之时返回英国。①

在移民海外的人口中,年轻的单身男性构成了移民的主体。在1871—1900年,三分之二英格兰和威尔士移民为男性,1900—1913年移民造成的男性人口净损失是一战期间战死人口的两倍多。这一移民模式最显著的副作用是使本土居民的性别比失衡。在19世纪50年代的移民潮之后,英格兰25—29岁年龄群体间的性别比(即每一千个妇女对应的男性数)从1851年的906下降为1861年的879;在苏格兰,相对应的数据则从1851年的828下降为1861年的769。19世纪80年代和20世纪初的人口迁移浪潮产生了同样的后果。② 甚至有学者认为,移民是维多利亚中期"剩女"问题的诱因之一。③

---

① Charles More, *The Industrial Age: Economy and Society in Britain 1750 – 1995*, pp.99 – 100.
② Michael Anderson, "The Social Implications of Demographic Change", in F. M. L. Thompson, ed., *The Cambridge Social History of Britain 1750 – 1950*, Vol.2: *People and Their Environment*, pp.9 – 10.
③ 参见 Michael Anderson, "The Social Position of Spinster in Mid-Victorian Britain", *Journal of Family History*, Vol.9, Iss.4 (1984).

四、小　结

16—19世纪英国社会转型时期,英国人口呈稳步增长的态势,尤其在工业革命时期增长速度十分惊人,这与原工业化(Proto-industrialization)和工业化产生的经济变化是密不可分的,它使得原有的晚婚和大比例未婚的婚姻模式开始坍塌,人们的结婚年龄开始降低,结婚率上升,从而导致婚内生育率大大提高。19世纪中叶,人口增长的高速度开始有所放缓,但仍在稳步增长。直到19世纪末,由于人们对生活质量的要求不断提高,强制教育的推行提高了育儿成本,中产阶级开始有意识地施行节育措施来减少子女的数量,这一行为也逐渐被工人阶级所模仿,因而从19世纪末开始,英国的人口增长速度开始放慢。

随着工业化和城市化进程的加快,英国人口的结构不再以农业人口为主体;人口的分布也发生了明显的变化,人口逐渐向工业城市转移,农村人口日益减少,大城市的人口密度越来越大。与此同时,随着生育率和死亡率的同步下降,人们的预期寿命提高,到19世纪,老年人口的比例也日趋上升。尽管迁入英国的移民数不少,但同时英国移民海外的人口也不断增多,所以人口的迁移并未对英国人口的增长产生明显影响。因此,在从传统的农业社会向现代的工业社会转型过程中,经济因素在人口增长、人口分布和迁移中一直发挥着重要作用。

第二章

婚姻状况

公共生活在历史书里一直占据着重要地位,但在大多数人的眼里,相比他们的私人生活,公共生活微不足道。而在许多人看来,私人生活之中,没有什么比找一个伴侣组成一个家庭更为重要。婚姻是家庭的基础。婚姻对世俗社会的人来说,是建立家庭、繁衍后代的重要方式。它给后代以祖先、名字和权力,使家庭财产由一代传向另一代,与社会的经济基础密切关联。婚姻建立了亲属关系,使整个社会结构在基本的家庭单位或亲属团体基础上运行,承载着人类社会的发展演变,与社会的生产关系相关联。因此,婚姻是一种社会化的行为,容纳了诸多社会因素——家庭地位、亲属利益、经济后果、财产分配、社会关系,它们在其中起着重要的作用。① 也就是说,"婚姻是一种社会行为:它不只涉及两个人;它被法律和习俗所约束;它常常受赞成或反对的强烈情感的影响;它深刻地改变着参与者的地位、特别是妇女和她们将要生育的孩子的地位;它常常伴随着法律权利和财产的转移"②。正如英国性心理学家霭理士所认为的那样:"就严格的个人一端而言,婚姻已经至少有三个方面……一是身体的关系,二是精神的关系,三是一种建筑在共同生活上的人事关系。"③马凌诺斯基认为:"婚姻在任何人类文化中,并不是单纯的两性结合或男女同居。它总是一种法律上的契约,规定着男女共同居住、经济担负、财产合作、夫妇间及双方亲属间的互助。婚姻亦总是一公开的仪式,它是一件关涉着当事男女之外一群人的社会事件。婚姻的解除及婚姻的结束,亦都是受着一定传统规则所支配的。"④社会学家古德也认为,在一切社会中,婚姻都是一桩公共事务,有许多复杂的规则来指导择偶与婚配。至少其后果与当地的社区利害攸关。⑤ 哈罗德·克里斯坦森说:"婚姻是一种男女之间择

---

① 薄洁萍:《西欧中世纪基督教会对婚姻的规范》,北京大学1999年博士学位论文,第7页。
② R. B. Outhwaite, ed., *Marriage and Society: Studies in the Social History of Marriage*, p.11.
③ [英]霭理士:《性心理学》,潘光旦注译,北京:商务印书馆,1997年,第366页。
④ [英]马凌诺斯基:《文化论》,费孝通译,北京:华夏出版社,2002年,第29页。
⑤ [美]威廉·J.古德:《家庭》,魏章玲译,北京:社会科学文献出版社,1986年,第73页。

偶的制度性的安排。"①

正因为婚姻不只是两个人之间的事情,而是涉及法律地位、财产等的转变与传承,并且关乎复杂的亲属关系和社会关系,所以,一般而言,在进入婚姻生活之前,年轻男女和他们的家庭总是深思熟虑。应了中国一句俗语:"万一悔之于后,毋宁慎之于前。"这是人们在婚姻择偶中的一种普遍心态,毕竟它关系到人的一生。不但年轻的男女双方要考虑到自己情感和其他方面的需要,而且他们的家庭成员,特别是他们的父母为了整个家庭(家族)的利益或子女的幸福在儿女的婚姻大事上更是运筹帷幄,这样就涉及婚姻中两个重要的问题即择偶标准和择偶自主权:年轻男女在为自己或他(她)们的父母在为子女选择结婚对象时有什么样的标准? 年轻男女选择的自主权有多大?

许多历史学家如斯通、肖特和特朗巴赫等人认为,随着英国由传统的农业社会向现代的工业社会转型,婚姻中的择偶标准和择偶自主权都发生了重大的改变:年轻人择偶不再受到家庭的左右,越来越自由;而且在选择配偶时不再优先考虑家庭的利益,而是以自己的情感感受来考虑。特朗巴赫还认为,到了18世纪,离婚成为人们解除不幸婚姻的一种手段。笔者认为,工业革命开始后,婚姻的价值观念并没有迅速改变,相反,旧婚姻观延续较长时间。在这一时期内,英国人的择偶标准和择偶自主权并没有发生多大的改变,具有很大的延续性;婚姻的解体形式也没有发生改变,离婚在法律上仍是不可能的事情,不过一直存在着多种非正式的婚姻解体形式。

---

① Harold Christensen, ed., *Handbook of Marriage and the Family*, Chicago: Rand McNally, 1964, p.3.转引自潘允康:《社会变迁中的家庭——家庭社会学》,天津:天津社会科学院出版社,2002年,第62页。

一、择偶标准

择偶动机即人们选择配偶的目的,也就是结婚的原因和目的是什么。它支配着人们的择偶标准和择偶自主权。择偶动机不一样,择偶标准也就迥然不同,同时年轻人所享有的择偶自由也会存在很大的差异。

人们在择偶时,由于性别、年龄、社会地位和财富不同,动机也就千差万别。斯通划分了四种择偶动机:第一种最为传统,就是为了巩固家庭的经济、政治或社会地位;第二种是为了个人的情感、友爱和情谊;第三种是性的吸引;第四种是激情之爱。[1] 但自古以来,一个人在选择婚姻伴侣时不可能只具有一种单一的动机,而是好几种动机同时存在,只不过侧重点不同罢了;这种侧重点的差异表现出来便是人们择偶标准的差异。社会转型时期,英国人的择偶标准并未发生巨大的改变,没有经历从完全建立在财富基础之上向完全以爱情为基础转变的过程;人们在择偶时对现实的社会、经济、宗教等因素都会加以考虑,但也一直强调"爱"或者说是情感基础。

莱特森认为,由于16、17世纪的婚姻是终生的,人们在选择配偶时十分慎重。[2] 这的确是当时行为指导书的作者们所认真注意的事情。威

---

[1] Lawrence Stone, *The Family, Sex and Marriage in England 1500-1800*, pp.181-183.
[2] Keith Wrightson, *English Society 1580-1680*, p.79.

廉·珀金斯(William Perkins)将择偶标准分为基本的两类,第一称之为"基本"(essential)特性:夫妇必须是异性的,没有安立甘教会规定的血亲障碍,没有任何一方处于结婚状态,双方都没有传染性疾病并有能力且适于生育。也就是要遵循教会和国家有关婚姻的规范,违反这些规范的婚配是禁止的,不能构成一桩合法有效的婚姻。只要符合教会和国家的婚姻规范的婚配都是被允许的,但这并不能说是最好的选择。珀金斯给最佳匹配提出了第二条标准,他称之为"附带"(accidental)特性,主要指男女双方在年龄、社会地位和财富、公信度、诚信、基督教信仰等方面相当。① 他认为在年龄、地位、财富、宗教、声望等方面相当并有个人的吸引力就能成就美满的婚姻。所有这些看来似乎十分简单,但在现实中,婚姻不只是夫妇两个人的事情,并且个人不可能有完全的婚姻自主权,也就是说择偶标准并不只是个人的喜恶,它涉及参与婚姻大事的每个人的观念,其中最重要的是年轻夫妇自己和他们双方的父母对这一婚姻所抱的期待,他们对于什么才构成一桩美满幸福的婚姻持有不同的态度,对于择偶中"附带"因素的重视程度不一。但至少16世纪以来,人们都强调在结婚时应以感情为基础。

欧洲的婚姻制度,从中世纪以来就受两种势力的束缚,一是宗教,二是法律,而法律的很大一部分又是从宗教中来,所以宗教的束缚力量特别大。教会的婚姻法作为婚姻和婚姻生活合法性的监督者,在现实中有非常大的影响力。宗教会议促进了婚姻立法的发展,教会的忏悔书谴责婚姻上的过失,同时也以这种方式关注着现实。② 英国也不例外,它的婚姻家庭法深刻地受到罗马法和教会法的影响,有三大基本原则:绝对夫权、一夫一妻、永不离异。而且很长时期内大部分与婚姻相关的事务都由教会法庭来执行,正如马丁·英格拉姆(Martin Ingram)所说:"对中世纪晚期和近代早期婚姻的本质和重要性所做的任何研究都应该包括对教会法庭中婚姻事

---

① Keith Wrightson, *English Society 1580 – 1680*, p.79.
② [德]汉斯-维尔纳·格茨:《欧洲中世纪生活》,王亚平译,北京:东方出版社,2002年,第37页。

务的研究。"①

众所周知,中世纪基督教的教义中,禁欲主义占有很大成分,它否定普通人类社会所有欢乐和享受,认为基督徒只有通过压制身体对舒适的渴望和否定对世俗欢乐的追求,才有希望拯救自己的灵魂。而这种禁欲生活的重要表现就是反对性欲、崇尚独身。但是人类必须依赖两性行为的生理和心理机能来得到种族的绵续、社会结构的正常运行以及社会的发展,于是基督教会担心两性行为在男女心理上所发生的吸引力会破坏业已形成的人际关系和社会结构,不得不对个人的性行为加以限制,而对性行为的最好规范就是婚姻。圣保罗早有名言:"与其欲火攻心,不如嫁娶为妙""为了避免不道德的事情,男婚女嫁也是合情合理的。"②故神学家把婚姻看作一种维持秩序的手段,是生活中反对恶的一种斗争工具。在此观念下,婚姻成为一种天职,一种神召,是基督徒灵魂得救的一项"次佳选择"。因而在基督教的教义中,婚姻的目的首先是生育和培养后代,其次是相互满足性欲,独身是最高的境界。

但也有些教会人士认为,结婚夫妇的性结合是婚姻特有的爱的一种体现,这种爱不但包括基于生育后代、为天国填充生命的爱,而且也不排除源于感情的爱。如奥古斯丁尽管相信生育是婚姻首要的功能,但他同时也强调婚姻提供相互的帮助和安慰。③ 婚姻是为了生育、帮助和安慰、劳动力分工以及友谊。就像 12 世纪的戈尔伯特(Golbert)所描述的那样,婚姻生活中相互的爱保证了家中的宁静、诚实、和平,它们反过来又引起相互的忠诚、支持,最终相互拯救。婚姻如同一种嫁接工程,把砍下来的枝条移植到不结果的树木上,使之长成一棵结果之树。婚姻纽带穿过手指进入静脉流

---

① Martin Ingram,"Spousals Litigation in the English Ecclesiastical Courts c.1350-c.1640", in R. B. Outhwaite, ed., *Marriage and Society: Studies in the Social History of Marriage*, p.35.
② 《圣经·哥林多前书》,7:9,2。
③ Pauline G. Boss, et al., eds. *Sourcebook of Family Theories and Methods: A Contextual Approach*, New York and London: Plenum Press, 1993, p.79.

入心脏，是流动于夫妇之间的爱的最完美象征。① 这种观点表明，婚姻是夫妇感情和爱的结合，是爱的自然实现。

宗教改革后，中世纪天主教的纯贞理想被婚姻之爱所代替。婚姻状态成为贞洁的基督徒的伦理准则。正如爱德华·傅克斯所说，"在15和16世纪，婚姻被视为高级状态……诗人和作家一个劲儿地颂扬婚姻。在各种语言里，用各种各样的形式给婚姻大唱赞歌：'婚床睡着最舒服。'谁要是结了婚，将来就能进天堂，不结婚的人要下地狱"②。安柔利肯在传教中说："婚姻是一件连上帝都会感到高兴的事情。"③伟大的清教传道者珀金斯将婚姻描述成"远比单身生活完美的状态"。按照他的观点，婚姻就是两个已婚者在法律上的联合，是一个男人和一个女人合二为一。婚姻是一种值得敬重的状态，按照天堂中上帝的规定，它具有四个主要目的：生育孩子、使教会永存、遏制性欲望和互相帮助。④

在16世纪，将婚姻神圣化——神圣婚姻（Holy Matrimony）——是新教布道的永恒主题。这种教义在17世纪的清教和圣公宗（Anglicanism）的道德神学中也可找到。1549年格拉梅大主教（Archbishop Granmer）在英国第一次正式地在他的祈祷书（prayer books）中，在防止通奸和生育合法孩子这两个结婚理由之外又增加了第三条理由——不管是顺境还是逆境，两人相互帮助和安慰，彼此拥有。1552年的新祈祷书仍然认为婚姻是命中注定的，是为了生育的需要，但是在强调协调、互助、多边的社会关系方面却比过去更加重视，也更为明确了。这以后，罗伯特·考德雷（Robert Cawdrey）、托马斯·盖特克（Thomas Gataker）、珀金斯、威廉·古奇

---

① Christiane Klapisch-Zuber, ed., *A History of Women in the West*, Vol.2, Cambridge: Harvard University Press, 1992, p.110.
② ［德］爱德华·傅克斯：《欧洲风化史·文艺复兴时代》，侯焕闳译，沈阳：辽宁教育出版社，2000年，第249页。
③ ［美］玛丽莲·亚隆：《老婆的历史》，许德金、霍炜译，北京：华龄出版社，2002年，第130页。
④ Keith Wrightson, *English Society 1580 – 1680*, p.67.

(William Gouge)也都强调"精神上的亲密"(spiritual intimacy)这一婚姻目的。① 从此婚姻不只是一种生物范畴内的事,而是具有道德和社会性意义,是一种两人之间的社会生活,是一个彼此可以互相帮助、互相慰藉、有福共享、有难同当的结合。但是凯瑟琳·戴维斯认为不应过分夸大新教婚姻观与中世纪基督教婚姻观的差异,有关婚姻目的、夫妻关系的建议存在很大的连续性——比如配偶的选择、丈夫的支配地位、夫妻的相互爱慕与尊重、性行为、工作的承担——显示出清教的指导书对于家庭生活的婚姻理想及情感观并没有产生任何变化;他们的理想中不存在新东西。② 她还说,清教宣教者并没有提供新的婚姻理想,只不过是在描述他们所知道的中等阶层婚姻中最好的形式罢了。除了有关婚姻地位的神学观发生了很大变化外,他们所描述的丈夫和妻子的行为事实上并没有发生多大改变。③

清教道德家在使婚姻地位上升的同时,还对年轻人的感情给予更多尊重,安立甘教徒也一样。比如诺里奇(Norwich)主教约瑟夫·霍尔(Joseph Hall)在17世纪的上半叶谴责那些在婚姻选择中只考虑物质利益(金钱)而不考虑孩子的感情和喜好的父母。④ 16世纪至19世纪,英国的道德说教文献中涉及三个婚姻目的:第一是生育孩子;第二是防止罪恶,避免私通;第三是相互的帮助、慰藉。⑤ 这种婚姻目的是从个人角度来说的。不容否认,婚姻作为人类繁衍和规范性行为的一种制度,其最基本的目的便是满足性的需要并生育合法的孩子。而且事实上,婚姻的积极目的,即所谓生育,并不是很重要,而它的主要目的,正如圣保罗所说,在于防止罪恶,

---

① Lawrence Stone, *The Family, Sex and Marriage in England 1500-1800*, p.101.
② Kathleen M. Davies, "Continuity and Change in Literary Advice on Marriage", in R. B. Outhwaite, ed., *Marriage and Society: Studies in the Social History of Marriage*, p.78.
③ Christopher Hill, "Sex, Marriage, and the Family in England", *The Economic History Review*, New Series, Vol.31, Iss.3 (1978), p.459.
④ Jean-Louis Flandrin, *Families in Former Times*, pp.167-168.
⑤ Alan Macfarlane, *Marriage and Love in England*, pp.150-151.

即私通,因为它并没有允许人们因不育而解除婚约。① 同时,婚姻也是人们摆脱孤独、获得友爱的一种途径。就像英国哲学家伯特兰·罗素所说的,"爱远非仅仅是性交的欲望,它也是免除孤独的主要手段,因为大多数男女在他们的大部分人生中都会有孤独之感"②。

也就是说,至少自中世纪晚期以来,婚姻是两个相爱的年轻男女之间爱的结合这一观念便深入人心,不管是教会还是俗人都赞同婚姻应该源于相互的爱慕。爱或感情成为人们择偶时的一个基本标准。这种标准在现实的生活中得到了体现。

历史学家卡尔森考察了英国都铎时期城市及乡村民间的婚姻状况,他很肯定地说:"爱是至高无上的。"③婚姻的友爱理想,为友谊而结婚,是基督教三大结婚目的之一的体现。这种友爱婚姻的真实情况在中下层社会比较普遍。例如18世纪末面包师托马斯·普雷斯的儿子,在埋葬其妻子时表露出沉重的悲哀:"我永远失去了我的朋友,我所长期珍爱的同伴,我们彼此完全信任,在这37年内真诚地相爱。结婚当天我们就爱上了彼此……我最大的快乐就是把她当作我的朋友,看到她,听到她的声音我就很开心……"④同为欧洲婚姻模式内的法国人对此也觉得很奇特。泰恩(Taine)这样描述英国的婚姻:"在这儿人们应该因为爱而结婚,这是一个确定性倾向。"1784年,拉罗什福科(La Rochefoucauld)也描述英国"丈夫和妻子总是在一起,他们属于同一个社会。很少看到一个而看不到另一个……他们总是共同出访。……他们给人留下了最为和谐的深刻印象"。1837年,威廉·科布特也说:"大体上而言,英国的妻子要比法国的妻子在婚姻关系中得到更多的温暖。"⑤麦克法兰认为这种友爱婚姻在18世纪前

---

① [英]伯特兰·罗素:《婚姻革命》,靳建国译,北京:东方出版社,1988年,第38页。
② [英]伯特兰·罗素:《婚姻革命》,第83页。
③ Eric Josef Carlson, *Marriage and the English Reformation*, p.42.
④ Alan Macfarlane, *Marriage and Love in England*, pp.155 – 156.
⑤ Alan Macfarlane, *Marriage and Love in England*, p.156.

就已很盛行,1715年达德利·莱德(Dudley Ryder)在权衡结婚与否时,考虑到结婚的好处,他说,结婚并不是为了肉欲,不是为了与一个女人在床上享乐,而是为了有一个最亲密的朋友、长久的同伴来安慰他、关心他、照顾他。安妮·沃特利(Anne Wortley)的情况则表明女性也有这样一种愿望,1717年她给其求爱者写道:"一旦结婚,我将抛弃其他的考虑只关心你;与其他一切分开只为了你。"① 再往前追溯到17世纪也有资料表明,婚姻的关键益处就是相互的友谊与交往,是真正的友情。"一个可敬的妻子就是第二个自我","一个贞洁的女人是她丈夫最真的朋友"。妻子的多重角色在培根勋爵的格言中得到了总结:"妻子是男子年轻时的情妇,中年时的同伴,老年时的保姆。"约翰·弥尔顿(John Milton)对友爱婚姻的表述更为精辟,他说,婚姻是上帝创造的,用来控制一个人的孤独与寂寞,性是婚姻之爱的结果,而不是婚姻的主要目的。要克服的孤独不只是身体上的,也是精神上的,适当的、幸福的交谈是婚姻最主要、最崇高的目的。交谈当然不只意味着口头交流,而是一种在肉体、情感与精神上的全面交流。弥尔顿认为婚姻的必要因素就是相互的安慰。男女的神奇之处在于他们是相似的,但又不同——于是一个弥补另一个的不足。正是在这种婚姻的合适性观念之上,弥尔顿提倡不合适则应当准予离婚。② 16世纪时,在莎士比亚的十四行诗和戏剧中也可发现相同的婚姻观,即婚姻是精神、灵魂、肉体的全面关系。③ 麦克法兰甚至赞同在中世纪的世界中就充满了"夫妇朋友"(married friends)。可以这么说,至少从中世纪晚期以来,爱是大部分英国人婚姻的基础。但是这种爱并不是激情之爱。"几乎毫不奇怪,无论是什么地方,激情之爱都不曾被视为婚姻的充分必要基础;相反,在大多数文化

---

① Alan Macfarlane, *Marriage and Love in England*, p.156.
② Alan Macfarlane, *Marriage and Love in England*, pp.157-158.
③ Alan Macfarlane, *Marriage and Love in England*, p.158.

中,它都被视为对婚姻的难以救药的损害。"①

从理论上说,婚姻首要关注的是夫妇本身,它是建立在一种亲密的性关系、经济关系、社会关系基础之上的。夫妻应该同心同德、永不分离。②但是,婚姻并不只是两个人之间的事情,而且婚姻也不是存在于真空中,人们总得在他们所处的物质和社会条件下生活。因此,择偶的标准复杂多样。

在16—19世纪英国社会转型时期,英国社会是一个高度分层的社会,譬如斯通就认为近代早期的英国社会是由许多不同地位的集团和等级构成的:宫廷贵族、郡乡绅、教区乡绅、商人和职业精英、城镇和乡村中的小财产拥有者、可敬而努力奋斗的挣工资者、依靠赈济和他们的智慧为生的极端贫困者。他们分别构成一种自治的文化单位,有其自己的交流网络、价值体系和行为方式。③ 各阶层人们的择偶标准理所当然也存在着差异,但不管哪个社会阶层,都受到情感因素和工具性或利益因素的影响,而且在16—19世纪期间,工具性因素还十分重要。工具性因素分为外部和内部两种。外部工具性因素指父母、亲戚和其他更广阔的社区为了确保年老时有适当的资助,或为家庭带来荣誉、奖赏或商业利益,或为了巩固政治联盟,或为了扩大家庭地产等方面的考虑;内在工具性因素指个人希望确保在婚姻生活中能有足够的财富,能保证两人在共同的生活中都能为家庭收入尽力。16、17世纪时,前一种考虑一般对上层资产阶级和贵族具有重要意义,18、19世纪的某些商业集团中这一考量有所增加;而在稳固的中产阶层,后一种考虑则更为重要,而且这种观念很早就得到强化。④

一般说来,物以类聚,人以群分。一切择偶制度都倾向于"同类联姻"(Homogamous Marriage),即人们往往与具有同类特性的人结婚。比如17

---

① [英]安东尼·吉登斯:《亲密关系的变革——现代社会中的性、爱和爱欲》,陈永国等译,北京:社会科学文献出版社,2001年,第51页。
② Alan Macfarlane, *Marriage and Love in England*, p.160.
③ Lawrence Stone, *The Family, Sex and Marriage in England 1500-1800*, pp.22-23.
④ Michael Anderson, *Approaches to the History of the Western Family, 1500-1914*, p.37.

世纪的上半叶,肯特郡(Kent)内几乎一半以上的爵士、乡绅、自耕农和农夫都是与相同社会背景的姑娘结婚,而三分之一的教士都是与教士的女儿结婚。在手艺人和工匠职业中,内婚不是太显著,但在其他更为普通的行业中,每五个制衣商、布商、屠夫、制鞋者和水手中就有一个是与其职业相同的成员的女儿结婚。① 这类模式是两大主要步骤的产物。一大步骤存在于婚姻市场,是人们期望找到更理想的伴侣和自己的实际市场价值这两者间相互作用的具体产物。另一步骤是由社会压力和个人评价促成的,即人们都断定自己所属群体的举止、情趣、宗教或种族是最优越的。另外人们大都接受这样一种观念,即同样的文化背景、同等的教育水平、同样的生活方式或地位会使婚姻更美满,这是同类婚姻模式较为普遍的心理和文化基础。因此,一般而言,人们总会选择各方面与自己相当的人为配偶。

长期以来,英国贵族总是与贵族攀亲交往。潜移默化地,他们在婚姻选择时,表现出明显的轻视工商业者和下层民众的心态。他们尤其不愿意和那些从事"下贱营生"的家庭结亲。对贵族们来说,婚姻不仅是家庭建立的标志,有时还是提高社会地位的契机。一个低级贵族娶了一位高级贵族的女继承人,领地家产陡然增加,社会地位相应提高。一个没有主要继承权的贵族家庭男性成员娶了一位贵族女继承人,可能会自此跻身贵族行列。因此,贵族在选择配偶时非常注重门当户对,一般实行内婚制(Endogamy)。随着社会经济结构的变化,16—19世纪的贵族婚姻逐步逾越了等级制的(hierarchical)界限,变得比较开放,贵族阶级的内婚率逐渐下降,但对于财富却非常重视。斯通认为,在16、17世纪的英国贵族看来,婚姻的主旨第一是情感的需要,第二是为了避免私通,第三是为了生育合法的男性继承人来传递家庭的血脉及财产,第四就是直接的经济收益。②

---

① Lawrence Stone, *The Family, Sex and Marriage in England 1500−1800*, p.50.
② Lawrence Stone, "Marriage among the English Nobility in the 16th and 17th Centuries", *Comparative Studies in Society and History*, Vol.3, Iss.2 (1961), p.193.

贵族既承认婚姻作为生育子女和规范性关系的生物性意义,但是同时也强调情感上的需求和经济上的利益。

确实,16—19世纪,上层社会人士在择偶时,物质财富总是一个重要的考虑因素。由于16—19世纪英国盛行嫁妆制,一个没有土地继承权的新娘在结婚时要给新郎家带去一笔丰厚的现金,称之为嫁妆(portion)。在16世纪和17世纪初,这笔嫁妆直接给新郎的父亲,他常常以此来作为自己嫁女时的陪嫁;反过来新郎的父亲则保证给新娘一笔养老金,称之为"寡妇产"(jointure),即她成为寡妇时所能得到的遗产。因此婚姻总是包括新娘与新郎家的财产的转移。这种制度使得在贵族阶级中,"婚姻并不是为了满足个人心理和生理需要的私密结合,而是一种确保家庭和其财产永存的制度性策略"①。也就是说,贵族的婚姻很大程度上要服从家庭的利益,因此缔结婚姻时财富是其最重要的考虑因素。

一些破落贵族因为面临债务困扰,被迫放下架子,在富商暴发户中挑选配偶。还有不少贵族和乡绅的非长子以及无可观嫁妆的女儿,因无法攀高求贵,被迫下娶下嫁。1485—1569年,起码一半贵族和贵族继承人是与门当户对的贵族家庭通婚的。1570—1599年这一比例下降到三分之一。②16、17世纪时,这种经济方面的考虑进一步增强,在1603年提拔的贵族家庭中,1540—1599年拥有头衔的男继承人的婚姻中约有20%是与女继承人缔结的。在接下来的60年这一比例突然上升为35%。尤其是在世纪之交,贵族的经济危机使他们以追求财富为婚姻的唯一目的。将贵族阶级作为一个整体来看,17世纪早期,每三桩婚姻中就有一桩是与女继承人缔结的。③

---

① Keith Wrightson, *English Society 1580 – 1680*, p.80.
② 阎照祥:《英国贵族史》,北京:人民出版社,2000年,第189页。
③ Lawrence Stone, "Marriage among the English Nobility in the 16th and 17th Centuries", *Comparative Studies in Society and History*, Vol.3, Iss.2 (1961), p.194.

这一时期兴起的征婚广告也体现了对财产因素的考虑。征婚广告诞生的确切日期是1695年7月17日。号称广告之父的戈登出了《如何改善家政和生意》汇编,其中收入若干最早的征婚广告,其中两则如下:

> 绅士,三十岁,家道富有,愿与拥赀约三千镑的年轻女士结缡,并愿为此订立适当的合同。

> 年轻男子,二十五岁,事业有成,其父拨赀一千镑。愿与地位相当者结为伴侣。自小从父母受非国教宗教教育,待人接物清醒冷静。①

而上层社会嫁妆价值的攀比和竞争又进一步激化了这种对财富的追求。"一般而言,一个女子的婚姻前景取决于其嫁妆的多少。"②如果一个女子没有丰厚的嫁妆,除非她特别漂亮、脾气好、机遇也不错,否则很难得到一桩好的婚姻。由于女子保持单身既是自己的耻辱,也是她的家庭的耻辱,因此贵族阶级总是努力将其成年的女儿们都嫁出去。③但是因为女子的预期寿命比男子高,男子的死亡率总是高于女子,同时由于许多男子初婚选择和寡妇结婚,因而在婚姻市场上总是女子多、男子少。据格雷戈利·金的统计,17世纪末伦敦的性别比是10个男子比13个女子。④加上许多与商业、高级政府公职和军队职业相关的家庭也介入其中,导致婚姻市场中的竞争加剧。一个女子要想找一个合适的对象,嫁妆的多少是十分重要的,于是上层社会家庭努力抬高其女儿的嫁妆以增强竞争力。在

---

① [德]爱德华·傅克斯:《欧洲风化史·风流世纪》,侯焕闳译,沈阳:辽宁教育出版社,2000年,第276页。
② Christopher Clay, "Marriage, Inheritance, and the Rise of Large Estates in England, 1660-1815", *The Economic History Review*, Vol.21, Iss.3 (1968), p.507.
③ Lawrence Stone, "Marriage among the English Nobility in the 16th and 17th Centuries", *Comparative Studies in Society and History*, Vol.3, Iss.2 (1961), pp.189-190.
④ Belinda Meteyard, "Illegitimacy and Marriage in Eighteenth-Century England", *Journal of Interdisciplinary History*, Vol.10, Iss.3 (1980), p.480.

1475—1725年,贵族嫁妆的平均数额剧增,从625镑增加到超过9 500镑。十有八九,无称号的土地所有者商议的嫁妆也是如此。①

18世纪时财富仍是上层社会择偶时考虑的重点,正如1727年丹尼尔·笛福(Daniel Defoe)所抱怨的那样,他认为在他那个时代"金钱和处女膜仍是我们考虑的目标"②。在18世纪末,英国上层社会的婚配标准仍把经济因素放在首位。P. J. 格罗斯莱在1772年所写的《伦敦之行》中指出,贵族和"英国商界"的混合"是国家财富的无尽源泉。贵族通过联姻增加了财富,商人通过竭力发财取得补偿,而乡绅则企图通过联姻达到一种能让自己或后代成为贵族的地位"。但是,这仅仅是一幅理想的蓝图。当时要想成为贵族是十分困难的。不过,联姻无疑是发财的主要途径,例如,诺思勋爵(Lord North)的父亲曾与三位富有的女继承人结婚。③ 直到19世纪,已习惯于顺从的女儿们要反抗父母的压力是不太可能的。而且上层社会的父母在女儿的婚事中特别强调门当户对。生于1803年的玛丽·伊丽莎白·露西(Mary Elizabeth Lucy)违背了自己的意愿而结婚,她在婚礼快结束时因为痛苦而晕倒。④ 未经家长同意与社会地位低下的人结婚的女子会受到严重的处罚。比如里士满公爵(Duke of Richmond)的第二个女儿爱米莉在父母满心赞同下与基尔德勒伯爵结婚了,无论是从出身、地位、财富还是从品质来说,这个女婿都让里士满公爵十分满意;相反,他的大女儿卡洛琳违背父母的意愿与一个地位比她低的男子结婚,里士满公爵便不再见她。⑤ 因此有学者说,在从封建主义向工业资本主义转变的过程中,乡绅、贵族和城市中产阶级的婚姻仍然是被安排的,以利于保持或扩大家族

---

① Daniel C. Quinlan and Jean A. Shackelford,"Economy and English Families,1500 – 1850",*Journal of Interdisciplinary History*,Vol.24, Iss.3 (1994),p.441.
② Lawrence Stone,*The Family,Sex and Marriage in England 1500 – 1800*,p.217.
③ [英]阿萨·勃里格斯:《英国社会史》,陈叔平等译,北京:中国人民大学出版社,1991年,第208页。
④ Mary Abbott,*Family Ties: English Families 1540 – 1920*,p.58.
⑤ Mary Abbott,*Family Ties: English Families 1540 – 1920*,p.58.

的财富和政治力量;事实上,16—19世纪,随着嫁妆数额的增加,婚姻的利害关系总是受到非常大的重视。①

但这种情况不应该被夸大为贵族和乡绅只考虑财产问题,因为这是不准确的。理想的婚姻很少只考虑经济所得,而是全面衡量各种可取的特点。当然,对那些其地位依赖于土地财富的巩固的人而言,经济上的考虑毫无疑问具有重大意义,这种情况使得他们的婚配带有一种强烈的商业味道。当詹姆斯·班克斯(James Bankes)的儿子们选择妻子时,他建议他们选择那些"信仰上帝、服从国王法律、出身良好"的女孩,但是他最具体的建议是孩子们应该寻求女继承人,因为这是"增加地产的最好方法,如同许多男人所做的那样"。他的优先考虑是十分明了的。托马斯·霍比(Thomas Hoby)由衷地认为新娘的个人品质十分重要,可是,他还没有见过她,就在母亲的怂恿下开始求婚了,他母亲急于要他向这位名门望族的女继承人求婚。②

在财富之外,16—19世纪上层社会的男子在择偶时还要考虑到其他种种因素。一个完美的妻子应该"文明、富有、年轻、聪明、优美并且具有较高贵的容貌"③。16世纪末,伯利勋爵(Lord Burleigh)给儿子们所做的婚姻建议中,关于怎样在巨大的渴望之间达成平衡有一个很好的表述:第一,未来的新娘应该具有良好的品德、性格;第二,她必须有足够的财富,不应太穷,因为一个男子不能用"优雅"在市场上购得任何东西,但不要因为财富而放弃美貌去选择一个不标致的女子,这会引起他人的鄙视,也不要娶一个傻瓜。诺森伯兰伯爵(Earl of Northumberland)在给儿子亨利·佩西(Henry Percy)的建议中,提到选择妻子的原则,"首先她在相貌上不难看,精神上要正常;其次她应当带来一笔钱财以维持自己的开销;最后她的朋

---

① Daniel C. Quinlan and Jean A. Shackelford, "Economy and English Families, 1500 – 1850", *Journal of Interdisciplinary History*, Vol.24, Iss.3 (1994), p.452.
② Keith Wrightson, *English Society 1580 – 1680*, p.81.
③ Alan Macfarlane, *Marriage and Love in England*, p.161.

友应当显赫,能给你带来好运"①。虽然强调美貌和财富,但人们总是被警告不要过分强调美丽,也不要太贪财。"当你仅仅只是因为一个女人美丽的缘故而娶她为妻,告诉我她的美丽能持续多久,我就能告诉你你会爱她多久。"只因为一张漂亮的面孔而选择一个妻子是愚蠢的,这样一副面孔"通常是召唤老鹰扑向尸体的诱饵"。另一方面,仅仅只是为了财富而结婚也是很危险的。②

在美貌、血统和财富之外,人们也一直注重性格与美德。选择一个女子时应该更多地关注其美德与诚实而不是她的美貌与嫁妆。一直以来,英国的行为指导书和民俗都强调个人品质在爱情中的重要性。③ 16世纪中叶,培根认为人们在选择妻子时不要太重视财富、美貌、利益、高贵等,而应该考虑女子父母的诚信,女子自己的虔诚、美德、持家能力及其善良的天性。④ 爱德华·蒙太古爵士(Sir Edward Montagu),即后来的蒙太古勋爵(Lord Montagu),在1621年告诫他的儿子说:"要在婚姻中寻找美德而不是财产。"⑤

16世纪晚期以来,除了财产、地位和传宗接代等因素之外,宗教信仰开始影响到人们的配偶选择。信奉安立甘国教的贵族和乡绅有意疏远天主教徒,不愿意与他们缔结儿女姻缘。而新教信奉者中的乡绅清教徒在宗教问题上另有见解,为了家庭和睦及心理情感上的和谐,也不愿与安立甘国教徒联姻。⑥

总之,16—19世纪英国社会转型时期,上层社会的人们在择偶时更多地关注财富和地位及宗教信仰方面,但也注重性的吸引及配偶的性格和美德,这并非不注重个人自身的情感需要,只不过这种情感的考虑相对中下

---

① Alan Macfarlane, *Marriage and Love in England*, p.160.
② Alan Macfarlane, *Marriage and Love in England*, p.161.
③ Eric Josef Carlson, *Marriage and the English Reformation*, p.115.
④ Alan Macfarlane, *Marriage and Love in England*, p.162.
⑤ Lawrence Stone, "Marriage among the English Nobility in the 16th and 17th Centuries", *Comparative Studies in Society and History*, Vol.3, Iss.2 (1961), p.194.
⑥ 阎照祥:《英国贵族史》,第187页。

层社会来说不那么重要。

在有产的城镇和乡村等中等阶层中间,选择配偶的优先权更多是在自己手中,不太受家庭或家族的支配,但财产仍是一个重要的考虑因素。自然地,这是一个现实主义的态度,即新婚夫妇不得不考虑如何生活,而且他们及其家庭会带着寻求财产相当或更为富有的家庭作为婚配对象的愿望去签订婚约。比如在关于伦敦工匠和商人的初婚抽样调查中,爱略特博士(Dr. Elliott)发现不少于25%的男性与寡妇结婚,从而保证他们有一个良好的开端。① 在小业主者中,财富相当是美好婚姻的一个必要条件,至少其他方面的考虑没有财产同等重要。

中等阶层的男子一样关心金钱,因为他们依赖妻子的嫁妆来帮助他们开创自己的事业。② 有些商人把婚姻当作经济发展的一种手段,在财产上达成相互比较满意的协议是所有婚姻的一个必要条件。对商人而言,婚姻是资本追加和联合的一个重要来源,也是外来移居者被同化和商人成功进入市政精英阶层的首要方式。进入一个行业可以通过娶自由民的寡妇为妻而获得,尽管一些城镇如布里斯托尔和伦敦的一些公司限制以这种方式进入。③ 因此商人在择偶时也非常注重对方的财富,以便扩展自己的生意和业务。

同时,商人还注重其他的工具性因素,但这些也因人而异。一个商人有可能仅仅只为找一个人来为他生养小孩,操持家务,或者他只注重那些受过教育、有社交技能的人。他可能会被某个使他着迷的人所吸引,这个人与他有共同的兴趣,也许会成为他的朋友、保姆和同伴。因为有产者社会相对比较开放且流动性较强,三分之一的商人能与他们圈子之外的人结婚。④ 女性

---

① Keith Wrightson, *English Society 1580 - 1680*, p.81.
② Peter Earle, *The Making of the English Middle Class: Bussiness, Society and Family Life in London, 1660 - 1730*, Berkeley: University of California Press, 1989, p.190.
③ Richard Grassby, *Kinship and Capitalism: Marriage, Family, and Business in the English-Speaking World, 1580 - 1740*, p.47.
④ Richard Grassby, *Kinship and Capitalism: Marriage, Family, and Bussiness in the English-Speaking World, 1580 - 1740*, p.83.

也总是从她们自己的立场来判断其求婚者的个性。新娘和新郎都希望他们的配偶拥有一切——漂亮、富有、地位。然而,理想的婚姻只能在天堂才找得到。在现实生活中,每个人不得不妥协,放弃他们最初的选择,优先考虑他们最迫切的需求,权衡他们所拥有的机会,从而来签订最好的婚约。女子相对男子的选择要少,因为她们总是处在结婚的强大压力之下。① 就像孟德斯鸠(Montesquieu)所注意到的那样:"少女们有脑却不敢思想,有心不敢用情,有眼睛不敢看,有耳朵不敢听。她们只能显出愚蠢笨拙的样子;她们不断地受到琐事的苦楚和箴规的谴责。所以她们是十分愿意结婚的。需要经过鼓励才结婚的,是男孩子们。"② 所以威廉·劳伦斯(William Lawrence)说:"女儿总是在她们能结婚时就结婚,而儿子则在他们高兴时才结婚。"③

其他中等阶层的男子选择妻子的标准也很复杂。当理查德·罗杰斯(Richard Rogers)在考虑他妻子去世的可能性时,他认为他将有如下损失:失去一个宗教上的同伴、家庭主妇和心灵慰藉;物质上的损失;照看家务的担子落在自己身上;疏于学习;要照看和照顾孩子;失去家中的寄餐者;失去与她亲戚的友谊。④ 所有这些都可从另一个角度被视为当初选择配偶时考虑的条件。也就是说,中等阶层的妻子应当是一个优秀的家庭主妇,是丈夫的好帮手,而且要为家庭经济做出贡献,同时她的亲属还应当为丈夫带来机遇。19世纪时,科布特在《对一个情人的建议》中列举了一个妻子所应具有的美德是纯贞、节制、勤勉、朴素、整洁、有丰富的家务知识、脾气好、漂亮。这与三个世纪前培根的观点差不多,他说妻子应该是"诚实、

---

① Richard Grassby, *Kinship and Capitalism: Marriage, Family, and Bussiness in the English-Speaking World, 1580 - 1740*, p.83.
② [法]孟德斯鸠:《论法的精神》(下卷),张雁深译,北京:商务印书馆,1995年,第113页。
③ Richard Grassby, *Kinship and Capitalism: Marriage, Family, and Bussiness in the English-Speaking World, 1580 - 1740*, p.82.
④ Mary Abbott, *Family Ties: English Families 1540 - 1920*, p.117.

虔诚、具有美德的少女,她们不应当浪费、赌钱,而应当兢兢业业地劳动,帮助积攒每一分钱,贮存男人带回来的物品,做饭酿酒,纺纱织布"①。

对下层中等阶层而言,他们的婚姻更多是自己的事情。职员和学校教师的结婚计划只有这对夫妇和他们的一小部分近亲、朋友及同事感兴趣。谨慎的单身男女希望从伴侣身上获得雇主看重的品质:体面、勤奋、稳重。② 但是也要看到,在下层中等阶层圈子内,资本是买一个店铺或开启一桩生意的关键因素,因此毫无疑问的是,尽管婚姻的决定由孩子做主,但并不完全排斥经济上的考虑,相反经济因素仍在婚姻规划中起十分重要的作用。就像斯通所说的那样,"在婚姻方面,17世纪晚期的女性在这些圈子里仍然被视为财产,而不是伴侣或性对象,在某种程度上也被视为地位对象"③。安东尼·吉登斯说:"在前现代的欧洲,大部分婚姻都是契约式的,是以经济条件而不是以彼此间的性魅力为基础的。"④从某种程度上来说,他的这一结论是正确的。

16世纪末时,宗教因素开始影响到伴侣的选择。⑤ 因此中等阶层在选择配偶时也要考虑宗教信仰的一致。正如上文罗杰斯所说的,妻子是他宗教上的同伴。当清教徒亚当·马丁代尔(Adam Martindale)听说儿子休格·马丁代尔(Huge Martindale)发疯似的要与一个天主教徒结婚时,他们全家都惊呆了。后来休格不得不迁移到爱尔兰且很少与家庭有进一步的联系。当休格的弟弟亨利娶了个父母都十分虔诚地信仰新教的姑娘时,他们全家都十分快活。⑥ 对商人来说,他们选择配偶的范围也由宗教因素来决定。虽然他们有相对较广的选择范围,能与其社区之外的人结婚,但大

---

① Alan Macfarlane, *Marriage and Love in England*, p.163.
② Mary Abbott, *Family Ties: English Families 1540-1920*, p.166.
③ Lawrence Stone, *The Family, Sex and Marriage in England 1500-1800*, p.197.
④ [英]安东尼·吉登斯:《亲密关系的变革——现代社会中的性、爱和爱欲》,第51页。
⑤ Lawrence Stone, *The Crisis of the Aristocracy 1558-1641*, p.277.
⑥ Keith Wrightson, *English Society 1580-1680*, pp.81-82.

部分人仍是娶地位相当和宗教信仰相同的配偶。① 虔诚的商人选择虔诚的妻子,而且大部分婚姻都是发生在同一宗派中。②

个人或家庭的声望也很重要。比如,达勒姆郡的拉尔夫·威尔逊(Ralph Wilson)的母亲表示不喜欢儿子与伊索贝尔·汤普逊的恋爱关系,其理由是她的父亲曾被指控为贼。罗格·劳尔(Roger Lowe)发现艾玛·波特(Emma Potter)在他们的恋爱期间曾有一段时间对他罕有地冷漠,其原因是她听说了他是其母亲私生子的一个谣言。③

好的声望、一致的宗教信仰和一份可接受的财产,这些特性在许多预期的伴侣中都可找到,因为中等阶层的人相对社会地位较高的人来说选择的范围更为广泛,合适的人选更多。总而言之,中等阶层在择偶标准上也注重门当户对,毕竟在任何时代,一个人选择一个各方面都与自己相当的人为配偶是很明智的。17世纪末,阿芙拉·本建议:"不要选太富有的,而是选与你自己差不多的,因为富人无礼、自负和骄傲。也不要在乎外表的漂亮,因为她们以美丽而骄傲,把自己想象成绝色美女……也不要选择地位比你自己低的人,因为一旦一个贫困的人发现自己因一桩婚姻而得以提高社会地位,她就会比一个良好出身的人更为自大、自负。"一个人应该选择一个"平等的伙伴",她应当在地位、出身、年龄、教育、爱好各方面都与自己不相上下,不要太低也不要太高。因此18世纪托马斯·莱特对他与自己的新娘在家庭、财富、教育、道德品质方面差不多而感到十分满意。④

因此可以这么说,中等阶层的配偶选择也是以物质条件为基础的;不过经济上的协议和恋爱同等重要。而且相对于上等阶层来说,中等阶层选

---

① Richard Grassby, *Kinship and Capitalism: Marriage, Family, and Bussiness in the English-Speaking World*, 1580–1740, p.83.
② Richard Grassby, *Kinship and Capitalism: Marriage, Family, and Bussiness in the English-Speaking World*, 1580–1740, p.56.
③ Keith Wrightson, *English Society 1580–1680*, p.81.
④ Alan Macfarlane, *Marriage and Love in England*, p.161.

择的标准似乎更在意个人间的吸引,特别是充分发展的浪漫爱情。比如商人就很在意女子的美貌,约翰·卫理(John Werny)在第一眼见到未来的伴侣时这样描述,"她的美虽不能使她冠以女公爵的头衔,但长得还过得去,且身材很好";塞缪尔·佩皮斯(Samuel Pepys)在日记中认为约翰·累斯利尔(John Lethierllier)的妻子十分漂亮和丰满。累斯利尔则称赞一个女子有讨人喜欢的气质、聪明、长着一张漂亮的脸、身材好、富有。① 这表明性的吸引是中等阶层择偶时的一个重要因素。劳尔的心中充满了浪漫爱情,就像当时情诗和情歌中所吟唱的那样。当他与玛丽·奈勒(Mary Naylor)两个人发誓说"要秘密地生活、紧紧地相爱"并"相互忠诚直到死"时,他们的恋情就像戏剧一样达到高潮。不过,最后这段恋情由于奈勒的朋友不赞成他们的恋爱而失败。劳尔与波特相处得则很好,他对波特怀有"一种十分炽热的爱",当他看到她与一个追求者在酒馆里时,他因嫉妒而饱受痛苦的折磨;他们结婚后,无论在哪方面,她都是他最好的伴侣。② 有的人还因为爱而违背家人和亲戚的意愿。乔纳森·普利斯特列(Jonathan Priestley)不顾其亲戚和朋友的建议与他的第一个妻子结婚,尽管她没有财富并且不信神。罗伯特·皮特(Robert Pitt)爱上了哈利特·维利尔斯(Harriett Villiers),未征求家人和亲戚同意就与她结婚了;当他的父亲七个月以后被告知这一事情时大怒,但最终他的父亲认同了这一婚姻,而且对其儿媳甚为满意。③

由上可知,16—19 世纪这一社会转型时期,中等阶层在选择婚姻伴侣时会对财富、地位、年龄、宗教信仰等因素全面权衡,而且其中经济方面的因素占有很重要的分量,但感情仍是不可缺乏的婚姻基础。

---

① Richard Grassby, *Kinship and Capitalism: Marriage, Family, and Bussiness in the English-Speaking World*, 1580 – 1740, p.40.
② Keith Wrightson, *English Society 1580 – 1680*, p.82.
③ Richard Grassby, *Kinship and Capitalism: Marriage, Family, and Bussiness in the English-Speaking World*, 1580 – 1740, pp.40 – 41.

对农民和工匠来说，婚姻也是十分重要的事情，与经济独立、培养下一代的职责和获得本社区完全的成员资格密切相关。在选择婚姻伴侣时，他们较少有经济、地位等方面的困惑，他们考虑的问题相对于中上层社会来说没有那么复杂，但是这并不等于他们选择婚姻伴侣时不考虑物质方面的因素，也不是说他们有意识地从感情出发来选择配偶。他们选择妻子的标准主要是从生活的角度出发。出生于1627年的列奥纳·卫特克罗夫特（Leonard Wheatcroft）曾做过制衣匠、木匠、花匠、店员，他给热爱的情妇写情诗，但在他寻找妻子的过程中，他的理想目标却是一个有良好家训和名声、成熟、节俭、精力充沛的女子。威廉·斯托特（William Stout）以他勤劳的母亲和姐姐作参照来衡量贝西娅·格林（Bethia Greene），虽然格林对他具有很强的吸引力，但他发现她并不符合他的标准。威廉的母亲在青年时期便很会勤俭持家，在地里监督工人，整理谷物并拿到集市上去卖；年老后也帮大儿子操持家务。她的女儿艾琳·斯托特（Elin Stout）继承了母亲勤劳的品质。在这样的家庭中成长起来的威廉，对母亲和姐姐勤劳朴素的品行和生活方式耳濡目染，而格林成长的环境使她养成了爱时髦的习气，因此威廉没有娶她。对普通的男子而言，妻子比较能干要比漂亮更重要。艾琳的健康由于结核病而受到影响，这破坏了她的外貌，但她仍有追求者，因为大家都知道她勤劳、节俭、有良好的社会关系并能在结婚时有一笔丰厚的嫁妆。当出生于1829年的贵格会教徒制鞋匠乔纳森·阿巴特（Jonathan Abbatt）追求一个农民的女儿玛丽·迪尔沃思（Mary Dilworth）时，他的父母写信去询问："这个姑娘有什么样的女性朋友？她是什么样的人？多大年龄？做一个贫困男人的妻子她具有什么样的条件？她能否洗衬衫和做类似的工作？她的父母是谁？他们是什么样的人？他们是不是一个完好的健康家庭？"①

---

① Mary Abbott, *Family Ties: English Families 1540–1920*, p.87.

在原工业化高度发展的地区,织工们实行行业性内婚,乡村技工的成家立业决定性地取决于婚姻双方最大可能的工作能力。作为一个婚姻伴侣,女子在结婚前从事技工的实际工作能力要比她父亲的职业、财产或社会地位等社会背景更具有价值。"纺织少女织得越好,就越能找到一个好丈夫。"在乡村工业中对家庭劳动力利用的新型客观条件要求人们在择偶时选择拥有技能的婚姻伴侣,如此说来,这些客观条件主观上赞同一种更个人化的选择。① 靠自己劳动力挣钱为生的挣工资者在择偶时,更多地考虑其挣钱的能力。一个男子应该养家糊口,而一个女子也应该为家庭经济做出应有的贡献,而不能只靠其丈夫来挣面包。在下层社会,因为女子带入婚姻中的现金有限,人们就转向她们所具有的技能,这技能日后能为家庭手工业发展提供条件,也许能在家庭之外增加收入。而对于劳动阶级的女子来说,其选择丈夫的考虑也以经济为主,因为女子的劳动所得不能维持一种独立的生活。那些没有结婚的女子只能继续像青年时期一样去当仆人,或负责父母或兄弟当家做主的家庭的家务。如果年轻人的家庭陷入困境,他们不能指望从亲戚那儿得到帮助。因此,贫困的女子被迫对其求婚者进行冷静而详细的考查:如果产生了真正的爱,也要在未丧失理智时,对这个男人的年龄、脾气、宗教信仰和养家的能力进行权衡,良好的身体也是很重要的。②

所以,女子有时更在乎她们要选择的终身伴侣的经济前景,因为婚姻决定着她们未来的经济和社会地位,而且她们维持独立生存的能力常常受法律、习俗和低微的工资等不利因素的影响。比如托马斯·莱特是一个农民,他在自传中说,他追求的这个姑娘因为他未能在商业中有所表现,没有太多的零用钱而拒绝了他。③ 工人阶级的女子对于未来伴侣的挣钱能力

---

① Hans Medick, "The Proto-Industrial Family Economy: The Structural Function of Household and Family During the Transition from Peasant Society to Industrial Capitalism", *Social History*, Vol.1, Iss.3 (1976), p.304.
② Mary Abbott, *Family Ties: English Families 1540–1920*, p.149.
③ Robert B. Shoemaker, *Gender in English Society*, 1650–1850, p.96.

也很关心:一个 19 世纪中叶的女子拒绝嫁给她的求爱者,直到他在铁路或邮局谋得一个长久的职位。① 金钱当然不是影响婚姻伴侣选择的唯一因素,但有更安全的经济保障,男性就更有资本去寻求伴侣身上的其他品质。

因此,下层社会的劳动者即使有很大的婚姻自主权,但是他(她)们在选择配偶时并不完全以爱作为基础,总是要从生活的角度对未来配偶所具有的经济能力进行综合考虑。特别是,男人总是希望娶一个有较好持家能力的女人为妻,他们寻求帮手和同伴。达德利·莱德关于婚姻的想法就是有一个漂亮迷人的女子来关心他,成为他最亲密的朋友、永久的同伴,经常来安慰他、照顾他、爱抚他。② 至于未来妻子的其他一些美德,依据苏塞克斯的(Sussex)店主托马斯·特勒的观点,应该是勤劳、节俭、谨慎。③ 在城镇上,学徒相当频繁地与其师傅的女儿或寡妇结婚。直至 19 世纪和 20 世纪,工人阶级在择偶时,也并不完全以感情为基础,而是从能力、性格、经济条件、宗教信仰等方面全面衡量。性的吸引不是最重要的,最重要的是性情相投以及相互尊重基础上的感情、丈夫的工作与养家能力、妻子操持家务的技能和作为"帮手"与"明智顾问"的价值。④ 可见,下层社会在谈情说爱时很愿意和情投意合的人在一起,但真正到结婚时,却又必须考虑现实因素,姑娘想找可以依靠的丈夫,小伙子则希望妻子能吃苦耐劳,善于管理家务。所以在下层社会,婚姻也不完全是感情的选择,物质的考虑也占很大成分。⑤

在 16—19 世纪英国社会转型时期,构成婚姻的要素——爱情和相互仰慕是不可能与经济现实分开的。没有物质基础的婚姻不可能长久,因为

---

① Robert B. Shoemaker, *Gender in English Society*, 1650-1850, p.96.
② Peter Earle, *The Making of the English Middle Class: Bussiness, Society and Family Life in London*, 1660-1730, p.189.
③ Robert B. Shoemaker, *Gender in English Society*, 1650-1850, p.96.
④ John Burnett, ed., *Destiny Obscure: Autobiographies of Childhood, Education and Family from the 1820s to 1920s*, Harmondsworth: Penguin Books, 1984, p.258.
⑤ 钱乘旦:《第一个工业化社会》,第 356 页。

结婚后最基本的问题就是如何生存。因此,尽管大部分作家都认为财产的选择应该置于爱和尊敬之后,但在实际生活中却很难分清动机,财产仍是十分关键的。[1] 如果说,"爱情的因素和财产的因素共同构成了近代早期欧洲人的婚姻基础"[2],那么英国也不例外。年轻男女及其父母在缔结一桩婚姻时总是尽力在情感性因素和工具性因素之间达到各个条件的最佳组合。

爱被认为是婚姻的一个必要因素。威廉·哈林顿(William Harrington)在他的《婚姻赞美诗》(Commendations of Matrimony 1513)中说,婚姻伴侣的相互认可应该是出自灵魂深处的真爱。在下层社会,未来的伴侣双方及其朋友们都常常渴望相互的爱。女子可以因为她不爱对方或感觉不到对方的感情而拒绝求婚者。一个父亲对她的女儿和其求婚者说:"如果你们能因为爱而结婚,我将非常高兴,并给予你们我美好的祝福。"[3]但浪漫的爱情并不是婚姻的唯一理由,财富、出生、共同的背景、相同的价值观、家族利益也起着举足轻重的作用,宗教上的虔诚、个人的技艺和能力都是考虑的因素。理想的生活伴侣,应当具有适合的地位和年龄、身体健康且具有吸引力、性格温和、具有相同的宗教和政治观、拥有能帮助的亲戚朋友、能负担得起婚姻所需的物质资源和技艺。所以美国经济学家贝克尔说:"在传统的以媒妁之言促成的婚姻习俗中,那种对爱情所持的明显的轻视态度,都并不暗示爱情被认为是不重要的。因为永久性的爱情与暂时性的迷恋是不太容易加以区别的,所以,婚前对爱情的任何直接评价都是没有足够信心的,相反,而是采用对爱情的间接评价。例如,从某种程度上来说,受教育的程度和家庭背景都是很重要的婚姻前提,因为爱情在受过同等教育和家庭背景相同的人们之间是很容易得以发展和维持下去

---

[1] Susan Dwyer Amussen, *An Ordered Society: Gender and Class in Early Modern England*, Oxford: Basil Blackwell, 1988, p.70.
[2] 朱孝远:《近代欧洲的兴起》,上海:学林出版社,1997年,第384页。
[3] Ralph A. Houlbrooke, *The English Family 1450–1700*, p.76.

的。"①不过不同的阶层,其婚姻的动力是变化的。一个负有债务并有家人要负担的地主也许会将金钱置于其他任何东西之上。劳作的农场主则将健康的身体和操持家务、管理牛奶场和家畜场的能力放在首位。鳏夫再婚的标准则是再找一个好帮手,为孩子们找个母亲。这其中没有完全以感情或完全以金钱为基础的标准,总是多种标准相互交织在一起,只是所占的分量不同罢了。

在上层社会,虽然多种要素决定着婚配,但社会地位和地产是决定合适人选的首要考虑因素。对中等阶层来说,持有相当的财富和身份十分重要,而不太考虑提高社会地位,给予年轻人较大自由来选择未来的伴侣,并强调个人吸引因素的决定性。对于无产者而言,决定离开服佣而结婚可能意味着生活水平的恶化。② 对中上阶层的妻子们而言,婚姻不过是一种投资,在其中,谨慎的女子将她们的命运置于最大的机遇中以求获得最大利益。对劳动阶层而言,婚姻也绝不排除经济因素的考虑。③ 人毕竟生活于现实而非真空中。无论是在比较自由的择偶制度下,还是在精心撮合的婚姻安排下,人们的行动往往表明:他们都受某种程度的利害关系所左右。例如1566年约翰·特纳(John Turner)与玛丽·巴尔德雷(Mary Baldrye)恋爱,巴尔德雷说要首先去看看特纳的地和房子,如果觉得喜欢就同意和他结婚。1579年奥特利(Otley)的乔安娜·莫斯(Joanna Mors)同意嫁给爱德华·克里夫(Edward Cleve),条件是他需有100马克。1572年,诺里奇的苏珊·麦切尔(Susan Mychell)非常怀疑克里斯托弗·潘普林(Christopher Pamplyn)答应他死后每年给她10镑作为其寡妇产的说法,多次拒绝其求婚,直到她发现他真的有份40英镑一年的工作和一笔110

---

① [美]加里·S.贝克尔:《家庭经济分析》,彭松建译,北京:华夏出版社,1987年,第255页。
② Keith Wrightson, *English Society 1580—1680*, p.83.
③ Bridget Hill, *Eighteenth-Century Women: An Anthology*, London: George Allen and Unwin, 1984, p.72.

镑的储备金,才同意他的求婚。①

因此,女子会钟情有养家能力的男子,而男子则会寻找持家有方并能挣一点收入的女子。物质考虑的重要性受到那些已婚人员的高度评价。学徒或农业佣人常常选择比他们大得多的寡妇结婚,作为获得在商业或土地上自己做主的最好或唯一的机会。男子有时特意选择那些其嫁妆能使他们摆脱债务或抵押的女子为妻子。② 对近代早期婚姻的"金钱"特征的批评大部分是不中肯的。在工资就业、保险或福利国家大规模出现之前,婚姻是保证"生计"(livelihood)的一种主要途径。不过通过婚姻过度追求物质被当时的道德家们谴责,也是当时讽刺诗文的一个永恒主题。再者,同伴们会在未来伴侣的声望及其他相关事物方面做一番建议,但他们较少去关心财富。他们能服佣,能找到活干,能自谋生路,所以对财产不太看重,而更多关注个人品质与相互间的吸引力。假若物质条件对婚姻有抑制力,那么独立的愿望、夫妻间的友爱、双方情感及身体的满足都是主要的吸引力。

总而言之,在16—19世纪英国社会转型时期,人们的择偶标准并没有发生明显的变化。英国的男女常常为爱而结婚,即使浪漫的爱在最初的婚配中没有出现,也希望能在婚姻中发展。③ 但与此同时,在各个社会阶层,物质和社会的因素在人们选择配偶时具有重大影响。在上层社会,物质和社会因素的考虑要胜过个人的吸引力,随着社会地位往下,个人的喜爱越来越少受抑制。在婚配的经济、情感因素中进行精确的区分是很不明智的。轻易地下结论说,随着时间的推移,择偶标准从一种主要的原则转向另一种,也是愚蠢的。这些标准相互交织,共同发生作用。一定程度的经

---

① Susan Dwyer Amussen, *An Ordered Society: Gender and Class in Early Modern England*, p.71.
② Ralph A. Houlbrooke, *The English Family 1450 - 1700*, p.74.
③ Rosemary O'Day, *The Family and Family Relationships, 1500 - 1900: England, France and the United States of America*, p.151.

济上的深思熟虑总是必要的。婚姻中的物质、社会、情感等因素在实际生活中总是相互杂糅在一起。但社会群体大都是同族通婚的,即总是与他们同阶层的人结婚。迄今为止,婚姻仍能体现社会的分层,相同社会层次的人往往属于同一个婚姻集团。这不仅与社会成见有关,而且与工作、文化、生活习惯、交往范围等社会现象有关。因此,婚姻问题始终是一个复杂的社会问题。然而有一点是肯定的,即一个社会的现代化程度越高,婚姻方面的传统偏见和压抑就越少。[①]

---

① 钱乘旦:《第一个工业化社会》,第357页。

二、择偶自主权

婚姻的缔结是一个过程,完整的程序应该包括男女双方的见面、恋爱、订婚,然后缔结婚约并在教堂举行婚礼。在这一过程中,涉及一个关键问题:配偶从初次见面到最后结婚的阶段,是男女双方自由地相互交往还是由外力所支配?即他们选择配偶的自主权有多大。这对婚姻伴侣的选择是一件非常重要的事情,部分是因为它对结婚年龄和结婚机遇有影响,但更重要的是由于选择配偶的方式可以决定整个婚姻的特征并深深地影响着每个新建立的核心家庭的婚姻质量。[①]

斯通在其有关英国婚姻与家庭的著作中认为,在特别富有的阶层中,父母与孩子间婚姻决定权的分配分为四种基本类型:第一是完全由父母、亲戚朋友做主,不征求新娘或新郎的同意;第二是由父母等来选择,但父母会安排男女双方正式见上一两面,然后给予孩子一定的否决权;第三种选择是在个人主义的影响下,由孩子自己做选择,但父母保留否决权;第四种是孩子自己决定,仅仅只是告诉父母他们所做的决定。在这种变化的范围内,越富有和出身越好的家庭,父母的选择权就越大。[②] 依据这种划分,按照他描绘的家庭类型的发展,斯通勾画出一幅婚姻自主权的变化发展过程

[①] Keith Wrightson, *English Society 1580 – 1680*, p.70.
[②] Lawrence Stone, *The Family, Sex and Marriage in England 1500 – 1800*, pp.181 – 183.

图：在 16 世纪的没有感情的、权威性的"开放世系家庭"中，婚姻是由父母和亲戚出于经济和社会的原因来进行安排的，很少征求孩子们的意见。在 16 世纪末和 17 世纪初，一种新的家庭形式出现，它既与外部扩展的亲戚们保持密切联系，又在家庭内部强调情感上的温暖。在这种"有限的父权制核心家庭"里，父母对孩子们选择婚姻伴侣仍具有绝对的权力，但也给予孩子们否决权。18 世纪时，"封闭的讲究家庭生活的核心家庭"出现，在婚姻伴侣的选择方面，一般由孩子自己做出选择，有了较大的自由。

麦克法兰对此却持有不同的意见，他在通过对英国的性与婚姻模式进行考察后认为，一直以来，英国的亲属关系相对不太重要，婚姻较少受父母的控制。[①] 在他看来，"婚姻绝大部分是基于个人考虑而不是父母的安排和一种神学与经济考虑相结合的混合物"[②]。婚姻由男女双方同意而非由父母来安排是英国婚姻的三大前提之一。[③] 婚姻就像其他契约一样，如果没有双方的自由同意就是无效的。因此，一个有效婚姻的条件即"完全、自由和相互的同意"，没有这种同意就不能称其为婚姻。换言之，孩子不需要征得父母的同意，而父母则不得不征求孩子的同意。[④] 这种"婚姻是一桩契约，只涉及夫妇自身"的原则，从 12 世纪起就完全确立起来了，一直到 18 世纪中叶都未发生变化。[⑤]

斯通所说的那种变化过程并非没有，但总体说来，在 16—19 世纪英国社会转型时期，英国年轻人选择配偶的自主权并没有发生多大变化，具有很大的延续性：相对于欧洲大陆而言，他们具有较大的自主权；不过上层社会的自主权相对要小，中下层社会则较为自由；相对女儿来说，儿子的自主

---

① Alan Macfarlane, *The Origins of English Individualism: The Family, Property and Social Transition*, p.3.
② Alan Macfarlane, *The Culture of Capitalism*, p.146.
③ Alan Macfarlane, *The Culture of Capitalism*, pp.153 – 154.
④ Alan Macfarlane, *Marriage and Love in England*, p.129.
⑤ Alan Macfarlane, *Marriage and Love in England*, p.125.

权更大。

如前文所述,英国的婚姻规范受宗教的影响特别深。按照基督教会的观点,上帝造人时,没有强迫每个人都必须进入婚姻状态,所有人都有权利保留或放弃生育后代的权利。因此,夫妇的自由同意是缔结婚姻的唯一可能原因,是使婚姻成为荣耀和纽带的工具。两个人在场,是他们愿意彼此结合的外在标志,是圣礼的物质因素;他们对婚姻同意的表达,如"我愿意",是完善圣礼重要性的形式因素。[1] 12世纪末教会垄断了对婚姻的控制权并制定了教会婚姻法。婚姻的缔结、婚礼仪式以及婚姻的解体都被置于其管理之下。在婚姻的缔结上,它规定只要配偶双方同意就可构成一桩有效婚姻。对教会而言,夫妇的同意是进入婚姻的必要条件。[2] 当时教会的婚姻观认为婚姻的目的是生育和培养后代,因而在婚姻的缔结过程中,本人的意愿是首要的,夫妻双方若不能取得一致,步调不协调,就难以达到避免纵欲享乐和为上帝而生育的目的。所以父母同意与否,甚至未成年子女结婚其父母同意与否,是否有证婚人在场,是否有教士来执行婚礼仪式均不是必不可少的条件。只要双方同意,就是所谓"秘密"结婚也完全有效。教会虽然谴责这样的结婚,却拒绝宣布其无效。按照这种教规,一桩不可解除的婚姻仅仅只需要男女双方的当场同意即可缔结,而不是由发生性行为来确定的,也并不需要在教堂的神圣仪式。这样,一个法律上有效的婚姻的本质就是夫妇双方以现在意义上的语言互相同意彼此为丈夫和妻子。[3] 从正式意义上说,由基督教会宣布配偶双方的同意才是婚姻的基础。确实,16世纪之前,合法有效的婚姻所要求的就是配偶双方的同意。[4]

---

[1] 薄洁萍:《西欧中世纪基督教会对婚姻的规范》,北京大学1999年博士学位论文,第20页。
[2] Jack Goody, *The Development of the Family and Marriage in Europe*, p.25.
[3] Martin Ingram, "Spousals Litigation in the English Ecclesiastical Courts c.1350-c.1640", in R. B. Outhwaite, ed., *Marriage and Society: Studies in the Social History of Marriage*, p.37.
[4] [美]梅里·E.威斯纳-汉克斯:《历史中的性别》,何开松译,北京:东方出版社,2003年,第46页。

宗教改革后，英国虽与罗马天主教相脱离，但它却把一些过去由罗马天主教拥有的权威给予了英格兰国教会，它制定了系列法规来规范英国人的婚姻生活。英国的婚姻情况十分复杂，对教会婚姻而言，没有政府的特许或同意是可行的，但民事官员也给那些想在教会之外结婚的人发放特许证并举行婚礼仪式；还存在一种习惯法婚姻：只要男女双方在证人面前彼此同意他们结婚或他们将会结婚并在这之后有事实上的同居关系，即使没有经过民事或宗教仪式的同意，这桩婚姻也被视为合法有效。[1] 对于新教徒来说，结婚是神意，而不是婚配；它是建立在双方同意基础上的契约。但是这个契约涉及太多的物质与精神利益，不能不周到地加以考虑，例如当子女未成年时，父母双方必须同意，上帝的权威通过父母双方的同意表现出来。但父母不能对他们的子女使用强制手段。英国国教徒和清教徒对这一点非常注意，他们强调强迫结合具有极大的危险。英国诺里奇的主教约瑟夫·豪尔在1650年前后写道："惨痛的经验使我们看到，当父母为了他们自己在这个世界上的特殊利益，不顾子女自己的倾慕对象与意愿给他们成婚时，父母是多么倾向于使用这种可怕的权威！特别是新婚夫妇本来早已心系他人时。天哪，这种事多么频繁！他们心中燃烧着怎样的秘密火焰！对于通过结婚强加给他们的那个人，他们又怀着怎样的厌恶！结婚之后他们又怎能不立刻利用各种假象投入通奸！"[2]

掌管法庭的民事法学家也承认在证人面前举行的订婚。"依据安立甘教会法，只有当夫妇在证人前公开交换口头誓约，或有婚约并同居时，一个完全有效的婚姻才发生，这种誓约可以以男女双方宣告他们是丈夫和妻子的形式出现，或以约定在将来的某一时间结婚的形式出现。"[3] 订婚可以采

---

[1] Joseph Kirk Folsom, *The Family and Democratic Society*, London: Routledge, 1998, p.467.
[2] [法]安德烈·比尔基埃等主编：《家庭史——现代化的冲击》，第132—133页。
[3] Christopher Durston, "Unhallowed Wedlock: the Regulation of Marriage during the English Revolution", *The Historical Journal*, Vol.31, Iss.1 (1988), p.46.

用两种形式,一种是将来的契约(the contract *per verba de futuro*),即口头承诺在将来结婚;如果没有圆房,在后来的日子里可以相互同意合法地取消这个婚约;如果圆房了,则终生在一起。另一种是现在的契约(the contract *per verba de praesenti*),伴侣双方在证人面前交换这样的誓言,"我把你当作我的妻子""我把你当作我的丈夫";这种契约在教会法中是一个永远无法解除、不可改变的承诺。① 当然如果双方确实都想结婚的话,要证实这种同意的存在是很容易的。但是如果有一方不想再继续维持这种关系,就会出现麻烦。如果一方能够证明这种同意的条件确实存在,想脱离这种关系的另一方所缔结的合法仪式婚姻将被视为重婚,是无效的,其子女是私生子女。②

依据上述安立甘教会法的规定,婚姻必须双方自由同意,但不应该存在妨碍婚姻的法律障碍(如姻亲间、血亲间的某些关系不能通婚)。也就是说,一个有效婚姻存在的前提是双方当事人的同意,这反映出英国年轻人在婚姻中具有较大的自由。但为了控制和规范人们的婚姻生活,教会要求婚礼的举行应该井然有序地公开进行:婚礼应该在夫妻中任一方所在的教区教堂,在早上8点至12点间进行,必须按照《公祷书》(*Book of Common Prayer*)规定的仪式进行,任何没有达到这个要求的婚姻都被视为秘密婚姻。③ 对有产阶级而言,它包括一系列值得注意的步骤。第一步是在两家父母亲之间就财产安排签订一个书面的法律契约;第二步是订婚,在证人面前正式交换誓言;第三步是在教堂发布三次公开的结婚预告;第四步是在教堂举行婚礼,在婚礼上公开证明彼此间的相互同意,夫妇接受教会的

---

① Lawrence Stone, *The Family, Sex and Marriage in England 1500–1800*, p.31.
② Roger Lee Brown, "The Rise and Fall of the Fleet Marriage", in R. B. Outhwaite, ed., *Marriage and Society: Studies in the Social History of Marriage*, pp.118–119.
③ Roger Lee Brown, "The Rise and Fall of the Fleet Marriage", in R. B. Outhwaite, ed., *Marriage and Society: Studies in the Social History of Marriage*, p.118.

正式祝福；第五步也是最后一步，就是圆房。① 古迪认为这一程序对执行禁令的影响似乎比公布婚姻本身的影响更大，因为婚姻在公布之前就完全有效。②

不过，英国安立甘国教会事实上并没有认同天主教的改革，加上它又没有制定出自己的标准，这就使情况变得相当混乱。自1563年的39条开始，结婚不再是一种圣事。结婚只是一种契约，只要双方当事人相互同意即已足够，不论这契约是否在英国国教的牧师面前缔结。③ 1604年的教规规定，结婚预告在三个星期内宣读了三次后，一场教堂婚礼必须在上午8点至中午时分在夫妻双方任一方居住地的教堂中举行。在晚上举行仪式的婚礼、在旅馆或私人住宅这样的世俗之地举行的婚礼、在远离居住地的小镇或村庄举行的婚礼都将使主持仪式的教士受到严厉的惩罚。这一教规也禁止21岁以下未经父母或监护人同意的年轻人结婚。尽管这种结合被宣布为非法，但仍是有效的，束缚仍是终生的。这是俗人难以理解的一个矛盾。导致1604年之后出现一门兴隆的生意，即有些不道德的教士在远离教会监督的地区收取一定的费用，什么问题也不问就为人们举行婚礼。在17世纪末18世纪初，当父母和子女的关系因婚姻的控制权而变得越来越紧张，越来越多的子女反抗父母并逃跑时，这门生意变得越来越普及和不体面。④ 16世纪以来，伦敦有几十个这样"无法无天的教堂"，其中包括伦敦塔（Tower of London）、圣三一教堂（Holy Trinity）、圣詹姆士教堂（St. James），以及造币厂和纽盖特监狱（Newgate Prison）的小教堂，其中最臭名昭著的是所谓弗利特监狱（Fleet Prison）的"规则"。自1613年起，很多秘密婚礼就在这个教堂里进行，但直到百年之后其才成为一个主要的

---

① Lawrence Stone, *The Family, Sex and Marriage in England 1500-1800*, p.30.
② Jack Goody, *The Development of the Family and Marriage in Europe*, p.149.
③ ［法］安德烈·比尔基埃等主编：《家庭史——现代化的冲击》，第149页。
④ Lawrence Stone, *The Family, Sex and Marriage in England 1500-1800*, p.31.

中心。在 1644—1695 年,圣三一教堂举行了超过 30 000 次的不正规婚礼。从 17 世纪 90 年代开始,直到 1754 年被镇压,弗利特监狱已经举行了 300 000 次婚礼。① 特别是在 18 世纪上半叶,正式的婚礼要课以重税,他们的生意更是欣欣向荣,因为这儿举行的婚礼在法律上是有效的且十分便宜。对离伦敦只有几步之遥的穷人而言,弗利特监狱婚礼真是一种经济上的天赐之物,但也有很多酒醉的、草率的和被迫的结合在这种肮脏的环境中缔结,而且一旦执行就不能解除。有些堕落的教士也收取一定的费用将登记日期往前推,使得已经出生的孩子合法化,甚至还会为想快速找到丈夫的女子提供男性。② 弗利特监狱的恶名掩盖了数百个其他类似的存在,在农村地区和更大的城镇里,到处都有秘密的活动,导致重婚、私奔现象非常严重。

在奥利弗·克伦威尔(Oliver Cromwell)执政时期,为了解决这种弊端,1653 年秋天,贝尔朋议会通过了《关于婚姻及其登记法》(Act touching Marriages and the Registering Thereof),新法律规定:任何在 9 月 29 日之后结婚的人,必须至少在婚礼举行的前 20 天将双方及双方父母的名字提交教区登记员,这样,教区就可将其结婚意图于接下来的三星期内在教区教堂或集市上公布。登记员将给新人提供证书和 21 岁以下的一方获得父母同意的证据,然后将他们带到本地治安法官前。治安法官将给他们举行一个简单的仪式,在这仪式中,男子发誓将成为"热爱与忠诚的丈夫",女子发誓成为"热爱、忠诚、顺从的妻子"。如果有人反对这桩婚姻,登记官就要在证书上做一个说明并将此事项交予治安法官进行调查。③ 新的世俗婚姻

---

① John R. Gillis, *For Better*, *For Worse*, *British Marriages*, *1600 to the Present*, p.92.
② Lawrence Stone, *The Family*, *Sex and Marriage in England 1500 - 1800*, p.32.
③ Christopher Durston, "Unhallowed Wedlock: the Regulation of Marriage during the English Revolution", *The Historical Journal*, Vol.31, Iss.1 (1988), p.47.

的整个花费为 2 先令。① 由于官僚机构的腐败和低效率，更由于民事法律未普及且大批人拒绝执行，这个法律并没有得到贯彻执行。特兰托宗教会议对婚姻仪式进行了控制，17 世纪末，英国建立了比其主张更为严格的教会控制。很多纯以赢利为目的、目无法纪的教堂被解散。在伦敦，1690 年前后关闭了一些非正规教堂以后，想迅速以简便方式结婚的人便涌向水上教堂。有人估计，18 世纪上半叶，在水上教堂举行过 15 万到 30 万次秘密婚礼。只要你出一笔不太高的价钱，它就可以提供教士、宴会厅和住所，以满足所有想要秘密成婚的人的愿望。这些人想使他们早已成为事实的结合合法化，或者想避免正式婚礼的大笔开销。② 这种场所在英国其他各地均有，如德比郡的某牧师，1750 年前后，只索取一个先令，便为人举行简易婚礼。

直到 1753 年《哈德威克婚姻法》(Lord Hardwick's Marriage Act)通过，才使得约束婚姻的法律变得一致和合理。根据这个法律，从 1754 年开始，第一，只有教堂婚礼才具备法律上的约束力，先前的口头婚约不再能成为取消后来的教堂婚礼的理由；第二，所有的教堂婚礼都必须在教区登记簿上进行登记，并且双方都要签名；第三，承认 1604 年教规认定的不合法的时间和地点，在这些时间和地点中举行的婚礼宣布为无效；第四，21 岁以下的人在未经父母或监护人的同意下缔结的婚姻都是无效的；第五，法律的执行从脆弱的教会法庭转向世俗法庭，它有权对那些违背此法的教士处以 14 年的流放。③ 1753 年的《哈德威克婚姻法》构思的原则是为了消灭秘密婚姻的弊端，它规定了结婚必须预先公告的制度，要求当事人必须在结婚前三个星期内连续公布结婚预告，禁止私人秘密结婚（clandestine

---

① Christopher Durston, "Unhallowed Wedlock: the Regulation of Marriage during the English Revolution", *The Historical Journal*, Vol.31, Iss.1 (1988), p.48.
② ［法］安德烈·比尔基埃等主编：《家庭史——现代化的冲击》，第 189 页。
③ Lawrence Stone, *The Family, Sex and Marriage in England 1500-1800*, p.32.

marriage），同时结婚必须在教堂举行仪式。但这一法律产生的效果却恰恰相反：这部婚姻法取消了秘密成婚的可能性，反倒使成婚的习惯形式如"扫帚婚"（besom wedding）等再次出现了。在威尔士塞里奥格河谷地带，1768年到1805年之间登记的新生儿中，有60%是这类婚姻的产物，婴儿的父母从来没有去过教堂。① 可以这样说，尽管国家的法律对有效婚姻的确立做了规定，但大部分的人并没有照此办理。

那些拒绝依照《哈德威克婚姻法》的人便到苏格兰或泽西岛（Jersey）去结婚。在这两个地方，不实行该婚姻法。法国人拉罗什福科1784年游历英国时，满怀惊异地记述了这件事："三十年以前，人们不仅不需要教士就能举行婚礼，甚至都不提父母同意不同意。随便碰上的一个人都可以给两个人结婚。今天在苏格兰仍然如此。那里无须教士在场，也无须父母同意，这就使每年有许多其父母不愿意让他们按自己意愿结婚的年轻人到苏格兰去结婚。在那里，任何父权都是无力而且根本无效的。"②19世纪时，由于社会的世俗化，对婚姻法改革的要求进一步提出，到1836年，英国建立了婚姻的双轨制：一条是由牧师在教堂依据神圣秩序进行，举行神圣的宗教仪式；另一条则是由政府官员在办公室进行，遵照完全的世俗契约。不过民事婚姻的普及十分缓慢。③

从上述有关婚姻缔结的规范和习俗来看，英国人的婚姻自主权确实比较大。只要个人同意，就可缔结一桩合法有效的婚姻，而且即使在教会和国家对婚姻事务管理比较严格时，仍有种种逃脱的办法。再者，家庭结构与择偶的自主性之间存在着联系。如果扩展家庭而非核心家庭在一个社会中成为期望的形式，那么可以相信一个刚进入的配偶应该更好地适应整个大家庭已有的生活而不只是进入和自己配偶的个人关系之中。那么这

---

① ［法］安德烈·比尔基埃等主编：《家庭史——现代化的冲击》，第190—191页。
② ［法］安德烈·比尔基埃等主编：《家庭史——现代化的冲击》，第151页。
③ Lawrence Stone, *Road to Divorce in England 1530–1987*, p.133.

种家庭中,长辈有很大权力决定这个新来的配偶是谁。他们总是用自己的年龄和经历来宣称他们的决定要比年轻人的决定更具有责任感。而英国从16世纪以来就一直以小规模的核心家庭为主,虽然上层社会存在着大家庭,但那只是相对于家庭人口而言,从家庭结构方面来说依然是简单的核心家庭。正因如此,从总体而言,英国人的婚姻自主权相对欧洲大陆而言要大得多。英国人似乎比欧洲大陆的人们更倾向于认为爱情应该有更多的内涵。在17世纪即将到来的时候,英国关于行为准则方面的手册已经公开表示:男人应该"根据自己内心的感受"来选择妻子,而女人,虽然没有得到同男人一样多的自由,总算也有了回应男人主动求偶行为的权利。① 关于这一点,孟德斯鸠注意到了,他说英国的女子常常滥用法律,不征询父亲的意见,而根据自己的幻想结婚。② 恩格斯也注意到了英国法律的这种独特性,他说,"在德国,在采用法国法制的各国以及其他一些国家中——子女的婚事必须得到父母的同意。在采用英国法制的各国,法律并不要求结婚要得到父母的同意"③。

尽管在道德家的"指导书"中,父母的主要职责之一就是安顿子女的婚姻,但这并不是说他们提倡父母来安排婚姻。珀金斯认为,父母们应履行的职责就是在配偶或未来配偶的合适性方面给孩子们提供建议。另外,他清楚地告诉人们,即使是在由父母亲首先提议的婚配中,父母也不能对孩子进行强迫。达勒姆的巴恩斯主教(Bishop Barnes)在1577年的训谕中提议"按照上帝的法则,年轻人没有父母的同意不应该结婚",但他并不是说父母应该决定一切。④ 比如亚当·马丁代尔自己及其子女的婚姻表明父母对孩子们选择婚姻伴侣尽力予以劝导和指示,并施以义务、道德和经济

---

① [美]玛丽莲·亚隆:《老婆的历史》,第137页。
② [法]孟德斯鸠:《论法的精神》(下卷),第113页。
③ [德]恩格斯:《家庭、私有制和国家的起源》,中共中央马克思恩格斯列宁斯大林著作编译局译,北京:人民出版社,1972年,第71页。
④ Keith Wrightson, *English Society 1580–1680*, p.72.

方面的压力,但从根本上说选择权属于孩子自己。乔斯林尽管也坚持父母对子女婚姻有决定权,但其子女们的配偶都是自己选择的。① 根据大部分历史学家的研究成果,可以看出工业化之前,英国下层民众的性观念中对婚前性关系的限制是比较松弛的。这不仅体现在大量存在的婚前怀孕的个案里,也体现在订婚习俗中。英国流行着一种被称为"和衣同眠"(bundling)的订婚方式。这种方式不允许订婚双方发生性关系,但是"它意味着在黑暗中,在一张床上向一个半裸的姑娘求婚"②。斯通对此写道:"一整夜的谈话使双方都在一定的深度上探询了对方的心理和脾性。同时,身体的亲近也以社会允许的方式提供了从性成熟到结婚这10年间获得性满足的手段,而且无须承担怀孕和应允结婚的风险就与若干位可能成为配偶的人试验性生活是否和谐。"③ 显然,在这种风俗流行的地方和时代,在择偶过程中"父母之命,媒妁之言"的作用不可能是决定性的。

不过,我们得承认,尽管父母的同意对于婚姻不是绝对必要的,他们也没有法律和道德方面的权力来命令孩子怎么做,但他们常常有经济和社会权力来影响孩子们的决定,因为一桩婚姻必须建立在物质基础之上,而英国的新居制原则对这种物质基础的强调更为明显。古德认为,直到工业化,西方的父母很大程度上通过控制财产来控制子女的配偶选择,因为土地几乎是潜在的收入来源。青年农民靠自己的努力不能获得足够的钱来购买土地,如果没有其父亲的同意,青年农民便不能结婚。而且西方盛行的嫁妆制使得一个女孩只有在父母愿意为她提供一份充足的陪嫁时才能结婚。④ 由于上层社会的年轻人主要依靠父母的财产或捐赠,而不像中下层社会的年轻人那样自己创业和自力更生,因而父母的控制权在不同的阶

---

① Alan Macfarlane, *Marriage and Love in England*, pp.141–143.
② Lawrence Stone, *The Family, Sex and Marriage in England 1500–1800*, p.384.
③ Lawrence Stone, *The Family, Sex and Marriage in England 1500–1800*, p.385.
④ William Jack Goode, *World Revolution and Family Patterns*, p.34.

层中存在着较大的差异。

越是富有的阶层,父母对子女的控制权就越大。大地主比那些其子女去学艺或挣工资的父母有更大的权力。上层乡绅与贵族的女儿们五个世纪以来一直受控于父母的安排,而下层社会阶层则自由得多。再说,人总得面对生活的现实,不是生活在自己一个人的世界里,而是生活在一个纷繁复杂的社会关系中。婚姻更是一整套社会关系的基础,涉及两个利益集团。婚姻的决定权总是受到多方面因素的影响。特别是与人们的择偶动机息息相关,如果在择偶时更多地考虑外部的工具性因素,则父母对子女的婚姻控制权大,子女的自由度小;如果择偶时更多地以感情为基础,相对来说比较自由。"自由,毕竟从来就不是意味着绝对的自由。"[1]另外,子女的年龄、性别也会影响到父母对他们的控制,比如,年纪大的子女就比年龄小的子女难于控制,女孩比男孩易于控制。这一特征在16—19世纪一直持续着。由此观之,在此期间,虽然英国法律和习俗给予年轻人较大的婚姻自主权,但他们在选择配偶时不能不受父母、亲属等外在力量的影响。

在实际生活中,婚姻在一个十分广阔的范围内发生变化,一极是由父母安排,另一极则是个人的完全自由。个人所拥有的自由程度取决于性别、继承遗产的前景和社会地位等其他因素。完全由父母包办或完全由自己做主的情况一般不太多,父母和子女总会在一定程度上达成妥协。正如珀金斯所说的那样,选择配偶的优先权既可以来自父母也可以来自孩子。不过父母对子女的控制在不同的社会阶层是不一样的。

上层社会的婚姻是家庭和亲戚集体决定的产物,而不是个人选择的结果。在贵族、城市精英和重要的乡绅家庭中,婚姻在财产的传承和巩固家庭联盟方面具有很大的作用。一般由父母来决定婚姻的匹配,尽管配偶双方的意见也要考虑到,但父母的影响具有决定性。父母根据家世、财产、势

---

[1] William Jack Goode, *World Revolution and Family Patterns*, p.33.

力和名誉等方面的考虑而决定子女的婚姻。自己的家庭世系必须延续下去,家里的财产必须增加扩大,政治上的关系必须建立或稳固起来,社会地位等方面的下降必须避免。这种制度,留给儿女们谈情说爱的时间就很少了,新娘新郎的第一次谋面,大都是在良缘已订之后。有一位侯爵夫人的女儿说:"我,是象奴隶一样被卖掉的。"① 正如恩格斯所考察的,尽管他认为在实施英国法制的国家,法律并没规定结婚要征得父母的同意,但"在这些国家,父母在传授自己的遗产时有着完全的自由,他们可以任意剥夺子女的继承权。很明显,尽管如此,甚至正因为如此,在英国和美国,在有财产可继承的阶级中间,结婚的自由在事实上丝毫也不比在法国和德国更多些"②。财产和权力是支配婚姻协议的主要因素。由于实行长子继承制,加上当时死亡率非常高造成的人口因素的不确定性,父亲常常尽量使其地产的继承人很早结婚,以确保世系的延续性。这种婚姻大都是由父亲和家庭中的长辈们直接与新娘家的代表进行协商。英国的嫁妆制度使得上层社会的家长对子女的婚姻有很大的控制权,婚姻主要是由父母来安排。不管是长子、次幼子还是女儿,都受这一体系的影响,很难摆脱,而且作为继承人的长子比其他儿子更受控制,女儿则比儿子受到的控制更严格。为了传宗接代,贵族最关心长子的婚姻。长子的婚事总是由父母尽早安排。但与中世纪相比较,父母对长子的婚姻管制已不那么严苛。还有某些开明贵族现身说法,劝说别人不要对子女婚姻强制包办。1613 年,亨廷顿伯爵(Earl of Huntingdon)亨利就坦言,反对由父母包办的儿童婚姻。在婚姻上,次幼子比长子有更多的选择,但他们由于社会和经济地位低下,难以找到嫁妆丰厚的新娘。个别人无力成婚,被迫单身生活。③

　　父母最大的压力施加在女儿身上,她们也最为依赖父母,除了服从父

---

① [美] 戴维·罗伯兹:《英国史:1688 年至今》,鲁光桓译,广州:中山大学出版社,1990 年,第 27 页。
② [德] 恩格斯:《家庭、私有制和国家的起源》,第 71 页。
③ 阎照祥:《英国贵族史》,第 184 页。

母没有别的选择,因为单身远比拥有一个不想要的丈夫更可怕,父母有义务将女儿嫁出去,女儿自己即使不愿意也不能反抗。① 在婚姻中,女子往往是一个筹码,用来巩固家族的地位和增加家庭的财富。中上层女子自小就为婚姻做准备,婚姻就是她们的归宿,她们一生的成败也在此一举。她们在选择配偶时没有多大的自主权,刚进入青春妙龄时期,她们的母亲就会把她们送进社交场,让她们在婚姻的橱窗中陈列自己。如果有哪位男士看上了谁,他就必须到府上来,向她的父亲(而不是她)求婚。如果父亲同意了,那么婚姻就算谈定了,从这时起,她就被紧紧地拴到丈夫身上。② 玛丽·阿什托尔在1700年说:"一个女子事实上不能说是选择,她最多只能接受或拒绝父母的安排。"③求婚者的父亲或求婚者自己与他未来新娘的父亲进行交涉,在让女孩知道以前,花很长时间订立婚姻授产协议(Marriage Settlement)。比如尼古拉斯·布伦德尔(Nicholas Blundell)试图与朗代尔勋爵(Lord Langdale)的女儿弗朗西斯(Frances)结婚,在他与弗朗西斯第一次见面前,他与她的父亲和祖母就结婚事项协商了三个星期。④ 订婚和结婚一样具有法律效力,要解除一次婚约,非花很大的气力不可。家庭能不能同意一桩亲事,主要看求婚者的财产和地位,门当户对是首要的条件。受家庭反对的亲事往往不能成功。青年男女若山盟海誓,矢志不移,那么他们唯一的出路就是私奔。但私奔意味着失去一切,他们不仅要和家庭决裂,放弃继承家族地位和财产的权利,而且还要承受巨大的社会压力。在维多利亚时代,私奔和通奸一样不光彩,同样要受到社会的谴责。⑤ 在另外一些情况下,孩子的同意只不过是一种形式,是压力强加的结果。玛格丽·罗素(Margarey Russell)基于家庭共同的利益而不是自己

---

① Lawrence Stone, *The Crisis of the Aristocracy 1558 – 1641*, p.273.
② 钱乘旦:《第一个工业化社会》,第353页。
③ Lawrence Stone, *The Crisis of the Aristocracy 1558 – 1641*, p.275.
④ Robert B. Shoemaker, *Gender in English Society*, 1650 – 1850, p.93.
⑤ 钱乘旦:《第一个工业化社会》,第353页。

个人的喜爱同意了与坎伯兰伯爵的婚姻,她的婚姻生活并没有给她带来幸福。约克郡的女继承人玛特里特·达金斯(Martaret Dakins)只不过是她的长辈做媒的一个被动参与者。在 1589 年到 1596 年之间,她结了三次婚。每一次婚配都是由他人,特别是她的监护人亨廷顿伯爵提议和促成的。①

家庭在婚姻中的决定权之大,就是男子也不可掉以轻心。富有的青年男子看中一个下层女子,他若不想被逐出家门,那么最好是不要提结婚的事。在那个时代,婚姻虽不是包办的,却也不是自由的。②青年男子没有什么选择权,而要听从其父亲的意愿。伊丽莎白时期,财政大臣沃尔特爵士(Sir Walter)的儿子安敦尼·迈尔德梅(Anthony Mildmay)情愿去周游世界也不愿与其父亲为他选定的一个 14 岁女孩结婚。但沃尔特爵士告诉他,如果他不这样做,他将不能带其他任何女人进入这个家庭。在这一点上,安敦尼只能屈服于其父亲。③ 1658 年第四代蒙特格利特勋爵(Lord Mountgarret)的长子理查德·巴特勒(Richard Bulter)爱上了一个经济窘迫的绅士之女艾米利亚·布伦德尔(Emilia Blundell),当勋爵听说了这一消息之后,给他儿子写了一封严厉但又慈爱的信,软硬兼施,采用威逼加利诱的办法拆散了这对年轻人。④ 有的父母或监护人虽不至于特别严厉,但长子因为受到家庭社会化的影响,会以家庭责任来取代个人喜爱。布里斯托尔勋爵(Lord Bristol)在 1720 年十分焦急地劝说其长子与一个地主家的女继承人结婚作为扩充其地产的一个途径;林肯勋爵(Lord Lincoln)与索菲亚·弗摩尔夫人(Lady Sophia Fermor)相爱,但在他叔叔纽卡斯尔公爵(Duke of Newcastle)的坚持下放弃了她。⑤

---

① Keith Wrightson,*English Society 1580 – 1680*,p.73.
② 钱乘旦:《第一个工业化社会》,第 355 页。
③ Ralph A. Houlbrooke,*The English Family 1450 – 1700*,p.69.
④ Lawrence Stone,*The Family,Sex and Marriage in England 1500 – 1800*,pp.130 – 131.
⑤ Randolph Trumbach,*The Rise of the Egalitarian Family: Aristocratic Kinship and Domestic Relations in Eighteenth-Century England*,p.83.

笔者在前文已经阐明，父母从理论上对孩子的婚姻并没有支配权，因而只要子女们不太多地关心物质利益，他们总能够反抗父母的意愿。因此，尽管在订婚和结婚的过程中，男女双方的父母亲是主要的行动者，但是他们的一切活动都必须以年轻人自己的同意和乐意为基础。[①] 在有些情况下这种同意是很容易的，比如柴郡（Cheshire）斯达波福·布鲁恩（Staplefore Bruen）的儿子约翰·布鲁恩（John Bruen）在1579年从牛津回家时，他的父亲建议他和柴郡市长的女儿结婚。约翰是一个顺从的儿子，他恭敬地接受了这个提议，并且当他确信这个年轻女子对自己的情感和意愿后，他也爽快地同意了。[②] 多数情况下，父母和子女相互都会做一些妥协，在其中，儿子和父亲都起作用，都有发言权。在西蒙兹·德维斯（Simonds D'Ewes）最终于1626年结婚之前，他和其父亲都努力为他寻找一桩合适的婚姻。由于他的父亲首先关心的是嫁妆的多少，而德维斯自己更看重品行优秀、出身良好的女孩，因此他们花了很长的时间才找到一个双方都接受的女孩作为德维斯的妻子。[③]

在通常情况下，父母间达成的婚配有时要依赖男女双方的相互喜欢，并且至少有过恋爱的安排。毕竟"爱情的基础总是相互的好感、彼此中意。这适用于作为肉体和精神、遗传和文化的整体的任何一个人"[④]。在父母安排的婚姻中，在有关婚约方面达成一致后，父母会安排青年男女见上几面，让他们看看是不是彼此中意，这其实也是一种良好开端。比如1665年，在佩皮斯同意其女儿杰米玛（Jemimah）嫁给乔治·卡特莱特爵士（Sir George Carteret）的大儿子后，他非常信任地给予害羞和没有经验的卡特莱特一个优雅的求爱机会。当这对年轻人第三次会面时，佩皮斯问杰米玛是不是喜欢年轻的卡特莱特，她害羞地回答说她愿意听父母亲为她所做的一

---

① Peter Laslett, *The World We Have Lost: Further Explored*, p.102.
② Keith Wrightson, *English Society 1580-1680*, p.72.
③ Ralph A. Houlbrooke, *The English Family 1450-1700*, p.70.
④ ［保］基·瓦西列夫：《情爱论》，赵永穆、范国恩、陈行慧译，北京：生活·读书·新知三联书店，1984年，第43页。

切,佩皮斯称赞说这正是他想要的结果。① 即使在19世纪的上层社会,婚姻仍然"牵涉到财产的传承,一般要得到父母的同意。在十分富有的家庭中,尽管不像以前那样由父母来包办'安排',但他们的婚姻一般都在父母能接受的,具有相同的血统、教育水平和社会地位的熟人中进行"②。

当父母的意愿与年轻人自己的目标发生冲突时,总有许多年轻人违抗父母或其他亲属的意愿。斯图亚特时期科克伯爵(Earl of Cork)的女儿玛丽·波义耳(Mary Boyle)在1639年被克雷恩波伊勋爵(Lord Claneboye)的儿子追求时,十分有主见。尽管双方的父亲在好几年前就为双方子女缔结了婚约,而且玛丽的父亲同意这个年轻男子追求她,并建议玛丽把他当作丈夫来接纳,但这个计划还是失败了,因为玛丽极端讨厌他。③ 她写道:"我非常讨厌他,我决不能因为一个合理的价格而出卖或玷污自己。"④另一个同样坚决的姑娘是多萝梯·奥斯本(Dorotyy Osborne),尽管家庭地产因为战争而衰败,父亲的健康状态不好,母亲也已去世,她仍坚定地拒绝了兄长为她提供的多个求婚者。她在写给情人的信中说:"我确信,哪怕是世上最完美的男子,我也不会爱他,除非我确实相信他对我有激情。"还有一些女性,对她们来说,婚姻意味着激情,而不是财产。如安妮·哈里森(Anne Harrison)在战争爆发时和王室一起从伦敦迁到牛津,在那儿她与战争大臣理查德·范肖(Richard Fanshawe)相遇并嫁给他,虽然他们年龄悬殊,相差17岁,但是他们却爱得情真意切。安妮写道:"在我们的生命中只有一个思想,我们的灵魂相互缠绕在一起,我们的爱和憎都是同一的。"⑤

总之,上层社会的婚姻涉及更多的经济、政治利益,加上他们受嫁妆制

---

① Ralph A. Houlbrooke, *The English Family 1450-1700*, p.70.
② John Burnett, ed., *Destiny Obscure: Autobiographies of Childhood, Education and Family from the 1820s to 1920s*, p.255.
③ Ralph A. Houlbrooke, *The English Family 1450-1700*, p.70.
④ Mary Coate, *Social Life in Stuart England*, Santa Barbara: Greenwood Press, 1971, p.26.
⑤ Mary Coate, *Social Life in Stuart England*, pp.26-27.

的影响更深,因而年轻人的婚姻总或多或少地受到父母或监护人的控制或影响,其中女儿和作为继承人的长子受到更多的控制,择偶的自主权相对要小些。而这一情况直到19世纪都没有多大改变。

而中下层社会相对则要自由得多。在前文有关择偶标准的论述中我们了解到,英国人不但对婚姻中的经济细节考虑得很周全,同时也关注心理上的适合。有时这两方面的利益会产生冲突。从理想状态来说,最好两方面都能够兼顾,快乐和利益就像夫妇一样密切地结合在一起。① 为了达到这个目标,英国人的恋爱具有两个特征:第一个显著特征是它总是由个人直接或间接发起的,恋爱是一场自己玩的游戏;第二个特征是恋爱期很长,就像一场竞赛,总是在对对方做充分了解后再出击。② 先获得女孩的欢心然后再获得其父母的同意这种模式,在中等阶层和小资产阶级当中十分普遍。③ 在这长长的恋爱期内,年轻男女自由、单独地交往,且关系亲密,一些风俗习惯十分宽松,特别是订婚,一旦举行便可发生性行为。年轻男女在恋爱时会互相赠送一些礼物,还会互送情书来表达衷情;有的则以歌唱来表达内心火热的情感;责骂有时也是一种爱的表达方式。当遇有情敌时,会将自己的嫉妒心理毫无遮掩地表达出来,有的则直接给情敌写信以示威胁。

社会中等阶层的年轻人与上层社会相比,选择合适伴侣的范围要广阔得多,也更为自由。这可从当时三个有名的教士日记作者或传记作者提供的证据中得到证实。亚当·马丁代尔,一个自耕农的儿子,在其日记中描述了他三个兄弟中的其中两个在17世纪30年代怎样选择自己的配偶,而且在父母不同意的情况下怎样勇敢地去面对。马丁代尔的儿子后来也是在伦敦自己选择了婚姻伴侣。1639年的10月,当乔斯林在教堂里见到简·康斯特布尔(Jane Constable)时,他就对她一见钟情,双方开始了恋爱。

---

① Alan Macfarlane, *Marriage and Love in England*, p.292.
② Alan Macfarlane, *Marriage and Love in England*, pp.292-293.
③ Ralph A. Houlbrooke, *The English Family 1450-1700*, p.72.

在 1640 年 1 月，双方发誓要在一起，并努力寻求双方父母的同意，1640 年 9 月两家缔结了正式的婚约。而这种谨慎，到其儿子约翰时就完全忽略掉了，约翰根本没有通知父母就结婚了。亨利·纽凯姆（Henry Newcome）的父母双亡，他在 17 世纪 40 年代选择了自己的新娘。到其儿子丹尼尔（Daniel）和哈里（Harry）结婚时也都没有征求他的同意，甚至也没有通知他，尽管这使他很伤心，但他接受了这一事实。① 这种年轻男子追求未来新娘的相对自由在劳尔的日记里得到充分体现。他从 1663 年就开始寻求自己的新娘，直到 1668 年才最终与波特结婚。在劳尔的恋爱期间，他有很多活跃的活动，他们俩在田野里散步、访问附近的城镇、在酒馆里喝酒、与其他年轻人一起去参加婚礼和葬礼、坐在她父亲的会客室正式向她求婚。尽管他们之前早就认识，但他第一次接近未来的妻子波特是在阿什顿的一个酒馆内。他们谈了四年，多次吵架，曾经一次还找了个中间人来调解，直到 1688 年，他们才完婚。所有这些都没有涉及征求父母的同意这个问题，可能劳尔常常和波特家的男人们一起喝酒，也许得到了她家的默许吧。② 劳尔的恋爱经历与现代人并无二异。

在下层乡绅中，恋爱也是私事，是一个更私人的、亲密的、罗曼蒂克的过程。在 1649 年，布利杰·奥格兰德（Bridger Oglander）试图与一个她父亲不同意的年轻绅士结婚，她十分执拗，并宣称"非他不嫁"，她的父亲只好让步同意了这一婚配。③ 18 世纪 20 年代至 30 年代约克郡的自耕农詹姆斯·弗拉威尔（James Frelwell）在其日记中记载了大量孩子未经父母同意而结婚的事例，如他叔叔的女儿以及他自己的姐姐们都未征求父母的意见而结婚。④

---

① Keith Wrightson, *English Society 1580－1680*, p.75.
② Keith Wrightson, *English Society 1580－1680*, p.76.
③ Keith Wrightson, *English Society 1580－1680*, p.73.
④ Lawrence Stone, *The Family, Sex and Marriage in England 1500－1800*, p.196.

但是在中等阶层,对配偶的选择仍然不只是男女双方的事情。父母甚至是社区都想要保证一个合适的婚配,他们关心男女双方的年龄、财富、地位,据此来施加相应的压力。不过这种压力从来就不是压倒性的:在17世纪初时理想状况就是父母和孩子们都同意。斯通等人认为父母的干涉在18世纪时被削弱,年轻男女较以前有了较大程度的自由去选择自己的配偶。实际上,这种自由和控制直到19世纪都是存在的,并没有多少变化。有许多人仍然会受到控制,而许多人也和以前一样享有较大的自主权。[①]女儿仍要比儿子受更多的控制,尽管乔斯林准备尊重其女儿的意愿,他还是尽力劝说女儿与他赞同的男子结婚。[②] 父母对婚姻控制的程度取决于家庭地位和财产的多少。虽然父母的控制在中下阶层不如上层社会那么明显,但子女仍然期望得到父母的同意,特别是女孩父母的同意。如果父母很富裕并在女儿的婚姻授产协议中给予经济上的资助,那么父母总是希望能在选择将从这笔财富中获利的男子时有发言权。即使只有一点点财产,甚至在没有财产的情况下,女孩的父母也希望女儿能咨询他们的意见。对女孩来说,父母同意更重要,因为她们结婚时更年轻。女孩也被认为是任性的动物,不懂人情世故,如果让她们自己选择,她们很可能会做出糟糕的选择。[③]

中等阶层中较为富有的人,由于父母会在孩子们结婚时以嫁妆或婚姻财产份额的形式传承财产,所以父母的同意至关重要。这种安排在小自耕农的遗嘱中充分反映出来,在一些遗嘱中,立遗嘱人会通过对遗产的限定来对未婚子女的婚姻做出一些规范。比如,达勒姆郡的自耕农威廉·英格利比(William Ingleby)在1632年写了一份遗嘱,给他每一个女儿都留下了一笔丰厚的财产,既有土地,也有钱,但条件是她们的婚姻须征得她们的

[①] Robert B. Shoemaker, *Gender in English Society, 1650－1850*, p.92.
[②] Ralph A. Houlbrooke, *The English Family 1450－1700*, p.72.
[③] Peter Earle, *The Making of the English Middle Class: Bussiness, Society and Family Life in London, 1660－1730*, p.186.

母亲和两个叔叔的同意。如果她们没有征得同意而结婚,她们就只能分得钱而得不到土地。① 从这一例证可以看出,父母对其子女的婚配的同意权力十分重要,但并不坚持。在农业社会,拥有土地是一种更有力的生活保障,因而子女会从未来生活幸福的角度出发来考虑婚姻问题,从而接受父母的意见,但这并不是强加的结果,也并不意味着这种听从父母的婚姻一定不会幸福。

在商人的婚姻大事中,父母不可能作壁上观,因为婚姻会影响财产的继承。因而父母亲或其他的监护人在年轻商人的初婚中都有着举足轻重的作用,而且对其中的任何安排都亲自进行协商,因为这涉及多方利益。父母对相互吸引的爱也给予宽容并准备妥协,但男女双方的地位、财产、家庭政治、声望和宗教信仰方面的相当都在考虑之列。兄弟姐妹,亲戚和朋友作为建议者和调解人也有着直接或间接的影响。② 经济上的协商和恋爱同等重要。有财产的女子在首次婚姻中总是更多地受到其家庭的控制,那些没有什么财产的女子则被迫牺牲个人喜爱而求得经济上的保证。中上阶层的这种择偶自主权在16—19世纪具有很大的延续性。

如果贵族、乡绅和城市精英的择偶要比宣称的复杂,那么毫无疑问在下层社会,择偶主要是年轻人自己的事。因为他们的父母没有什么可给予他们的,父母对子女们就没有经济杠杆用作制约;再则,男女少年在其十多岁时就离开家去当仆人或学徒,自谋生计,他们基本上远离了父母的婚姻指导和监督,能够自由选择。加上晚婚的盛行,到他们结婚时,父母要么已不在人世,要么则因为他们都已成人,父母难以控制,因而他们要比富有的乡绅的子女在择偶上具有更大的自由。就算他们不幸失去父母,他们也很少被置于监护权的限制之下。

---

① Keith Wrightson, *English Society 1580 – 1680*, p.75.
② Richard Grassby, *Kinship and Capitalism: Marriage, Family, and Bussiness in the English-Speaking World, 1580 – 1740*, p.66.

在社会的最底层,年轻人有相当大的自由与异性相遇和交往。他们在工作的时间,在街上、店铺里、市场上、小路上和田地里频繁地相遇,在集市、酒馆、教堂和乡村舞会上,他们都积极、自由地进行着恋爱。酒宴和舞会构成许多农村节日的一部分,1595年的一个夏夜,在德文郡的乌顿(Uton),许多男女在烛光中翩翩起舞。像这样的舞会制造了当时的道德家们深恶痛绝的亲密拥抱和"爱抚"的机会。17世纪60年代的兰开郡,年轻的男男女女一起去散步,最后他们就到酒馆里饮酒作乐。治安法官和教区官员尽最大努力来控制这些酒馆和舞会可能会引发的不良结果,但并不能获得相应的成功。恋爱中的亲吻与爱抚行为有时会发展到具体的性活动,婚前性行为较为普遍。比如有一种称为"夜访"(night visiting)的恋爱习俗,就是男性求爱者晚上到他喜爱的女子家中,进入她的房间向她求爱,这有时会发展为非常亲密的关系,甚至是性行为。求爱者轻敲窗户获允进入,但如果这个女子不喜欢他则拒绝让他进来。[①] 这些习俗从另一个角度表明下层社会的恋爱自由。他们经历的障碍不是来自父母的婚姻策略,而是怎样获得他们中意者的同意。正如斯通所说:"与有产阶层婚姻的不自由相反,没有财产的穷人的婚姻则自由得多。孩子们在7—14岁就离家去当家佣或农业仆人,或外出进行一段时间的学徒(也居住在师傅家里),他们很早就远离了亲生父母的控制,当离家10至15年之后,他们准备结婚时,毫无疑问都是自由地选择自己的配偶。在任何条件下,穷人的家庭和亲戚都不大关注孩子们的婚姻,因为不涉及金钱和土地的易手,所以干涉的动机也不大。由此我们可以认为,穷人婚姻更多的是个人而非家庭或亲戚的事务。"[②]

下层社会的恋爱不但较为自由,而且恋爱持续的时间也较长。当妻子和丈夫都处于依附状况,并且需要在某一行业、旅馆或商店里努力工作来

[①] John R. Gillis, *For Better, For Worse: British Marriages, 1600 to the Present*, p.31.
[②] Lawrence Stone, *The Family, Sex and Marriage in England 1500 - 1800*, pp.75 - 76.

获得财富建立自己的家庭时,漫长的求爱期是十分普遍的。出生于诺丁汉郡特伦特(Trent)的多萝茜·爱兰德(Dorothy Ireland)36 岁时才结婚。她是一名女仆,她的未婚夫是一个 40 岁的马夫,他们在一起恋爱了 8 年。① 学徒和佣人大都没有结婚的事实表明,在性成熟和结束服佣或学徒之间的漫长时日意味着恋爱常常是一个长期的过程。② 这种因社会地位的差异而导致的婚姻差异可以通过比较反映出来。在当时的伦敦存在两种主要的婚姻模式,一种是丈夫比妻子大好几岁,这种婚姻大都由父母来安排,新娘一般出生在伦敦的富裕商人、教士或绅士家庭。而在社会地位低下的阶层,如手工匠和水手们,是另一种婚姻模式,在这种婚姻中,夫妻的年龄差异很小,一般不由父母安排,新娘也是那些来伦敦做工、远离父母权威控制的单身女子。③ 迁移而来的女子摆脱了父母亲的控制与左右,普遍享有很高的择偶自由。婚姻对她们而言,是一个她们积极参与其中来创建自己的社会关系、寻找合适伴侣、求爱的过程。④

由此可知,下层社会的婚姻相对比较自由,他们本身就没有财产,也没有地位,因此对财产和地位的考虑就比较少,基本上是年轻人自己的事情。这种情况下,父亲想反对儿子娶某个姑娘或不赞成女儿嫁给某个小伙子,几乎是毫无意义的。⑤ 但下层社会的年轻人在择偶时也会遭到父母或其他亲属的反对,特别是在 18 世纪末 19 世纪初,年轻劳动力对家庭经济具

---

① Vivien Prodsky Elliott, "Single Women in the London Marriage Market: Age, Status and Mobility, 1598 – 1619", in R. B. Outhwaite, ed., *Marriage and Society: Studies in the Social History of Marriage*, p.95.
② Ralph A. Houlbrooke, *The English Family 1450 – 1700*, p.72.
③ Vivien Prodsky Elliot, "Single Women in the London Marriage Market: Age, Status and Mobility, 1598 – 1619", in R. B. Outhwaite, ed., *Marriage and Society: Studies in the Social History of Marriage*, p.84.
④ Vivien Prodsky Elliott, "Single Women in the London Marriage Market: Age, Status and Mobility, 1598 – 1619", in R. B. Outhwaite, ed., *Marriage and Society: Studies in the Social History of Marriage*, p.97.
⑤ 钱乘旦:《第一个工业化社会》,第 355 页。

有重要的作用，父母总是想方设法地延迟孩子们的婚姻，孩子们则总是我行我素。在诺森伯兰郡(Northumberland)，矿工们暗暗恋爱，尽可能地使恋情保密，一旦父母或同伴的压力使私奔成为必要，他们就常常跨越边界去举行一个匆促的苏格兰婚礼。① 生于1816年的缎带编织工约瑟夫·哥特里奇(Josph Gutteridge)在18岁时遇到了一个十分可爱、漂亮的姑娘，虽然她和他一样贫穷，但真诚、值得信赖、充满爱心，尽管遭到他的监护人的反对，他还是和这位姑娘结婚了。②

因此，莱特森认为：“很少有证据表明，在最上层社会之外，存在着毫无感情的'包办'婚姻。即使在最上层社会，由父母主动提出结婚的情况也不能一概而论，而且在此类情况下，子女们通常也有拒绝的权利。而在贵族、上层乡绅和城市富豪之下的阶层，实际的主动权常常掌握在年轻人手中，但他们仍要听取父母、朋友甚至是邻居们的意见和建议，这种意见和建议的分量依性别差异和财富多寡而有所不同。”③这种情况在18世纪时也十分常见，法国人拉罗什福科在游历英国时也注意到"英国人有较多的机会在婚前互相了解，因为年轻人从很早就开始进入社会……年轻姑娘与男同伴们在一起自由地交谈和享乐，好像他们结婚了似的"，经过10年这样的时光，他们才结婚。④ 由于较少受财产和地位的限制，性爱的婚姻在劳动人民中反而比较容易做到。工人的女儿从小就抛头露面，不像中上层小姐那样养在深闺足不出户。她们和男子的交往比较自由，相对接触也比较多，这些都为自由恋爱创造了条件。但下层社会的性爱和婚姻也受到其他方面的限制。其中一个主要的因素是生活圈子很小，选择的余地不大，农

---

① John R. Gillis, "Peasant, Plebeian, and Proletarian Marriage in Britain, 1600 – 1900", in David Levine, ed., *Proletarianization and Family History*, Orlando: Academic Press, 1984, p.141.
② Stella Margetson, *Victorian People*, London: BT Batsford, 1977, p.29.
③ Keith Wrightson, *English Society 1580 – 1680*, pp.78 – 79.
④ Randolph Trumbach, *The Rise of the Egalitarian Family: Aristocratic Kinship and Domestic Relations in Eighteenth-Century England*, pp.112 – 113.

业工人和工厂工人跳不出工友街坊的范围。就连远离家门、外出给人帮工的女仆,据估计也有 60%—70% 的人最终还是要回乡嫁给本村的小伙子。① 19 世纪时的工人阶级,虽然"恋爱较为自由",但也在很大程度上受到社会地位和地理位置的限制。男孩和女孩,男人和女人一般总是与他们的近邻们结婚,而且他们的父母大都具有同样的职业和生活水平。②

同时要注意的是,无论在哪一社会阶层,示爱的主动权都掌握在年轻男子手中,在恋爱过程中,女子处于被动地位,男子则积极主动些。③ 年轻男子拥有足够的自由接近女子,年轻女子却要受更多的拘束,需要接受父母及朋友们的建议和认可,她们的行动自由相对受到限制。例如,纽凯姆记载,一个曼彻斯特的姑娘在违背自己的意愿与一个受家庭欢迎的求婚者结婚时,她陷入了深深的沮丧中。亚当·马丁代尔则走得更远,当他的女儿伊丽莎白与一个共事的仆人相爱时,他认为这个仆人不适合伊丽莎白而将她唤回家中,让他们没有见面的机会。④ 当女儿的婚姻愿望与父母的意愿不一致时,女儿不得不屈从于父母。但另一些年轻女子在配偶的选择中也有相当的独立性。纽卡斯尔的凯瑟琳·马歇尔(Katherine Marshall)促成了她自己与克里斯托弗·罗宾逊(Christopher Robson)的婚姻,她接近克里斯托弗的父亲,陈述自己的意图,并顺利地达成了婚姻协议。伦敦一个亚麻布商的女儿玛丽·库林(Mary Cooling)与她父亲商行里的一位年轻小伙达成了婚约,然后说服了她的父亲,尽管其父亲非常不满意他们未经他的同意就达成婚约,并将玛丽责备了一番。⑤ 由此可以认为,绝大部分普通人都自由选择他们的婚姻伴侣,但他们也会听从朋友的建议,如果父母在

---

① 钱乘旦:《第一个工业化社会》,第 356 页。
② John Burnett, ed., *Destiny Obscure: Autobiographies of Childhood, Education and Family from the 1820s to 1920s*, p.255.
③ Robert B. Shoemaker, *Gender in English Society, 1650–1850*, p.92.
④ Keith Wrightson, *English Society 1580–1680*, p.76.
⑤ Keith Wrightson, *English Society 1580–1680*, p.76.

世并在身边,向父母咨询和通知父母也是一种义务。① 尽管男子有发起恋爱的优先权,但民间的恋爱习俗通常也会授权女子拒绝那些她不喜欢的人,前面谈到的夜访习俗就很典型。女子也可以间接鼓励求爱者,比如通过兄弟、姐妹或朋友作为中间人来鼓励她喜欢的年轻男子采取行动。再者,在一些节日盛典活动中,女子还可以公开表达她们的喜爱之情。②

由此可知,16—19世纪英国社会转型时期,英国年轻人择偶时通常具有较大的自主权,但所拥有的自由程度取决于性别、继承财产的希望、社会地位等。中等阶层较之其上的社会阶层有较大的自由,但女子仍受到很大的控制。下层社会的年轻人通常自己决定婚姻并享有很大的交往自由,在晚上饮酒作乐、唱歌跳舞、嬉戏是常事。事实上父母对婚姻的控制程度在任何社会阶层都取决于孩子的态度,有的反对父母的意见,有的则自己主动屈服。比如玛格丽特·巴哥特(Margaret Bagot)公然反抗她的父亲,秘密地结婚了;她那被激怒的父亲因害怕失去她而不得不做出让步。路易斯·巴哥特(Lewis Bagot)也想反抗他的父亲,当面临剥夺继承权的威胁时,最终顺从了父母的意愿。约翰·布鲁恩则非常高兴地接受了父亲为他选的妻子。约翰·乔斯林(John Josselin)和托马斯·马丁代尔(Thomas Martindale)两人甚至都没有与父亲商量就结婚了,他们的父母除了抱怨和哀叹外,对此也没有任何办法。拉尔夫·乔斯林试图控制女儿的婚姻,女儿不愿忍受这种干涉时,他不得不屈从于女儿的意愿。当父母十分顽固地坚持子女应该服从,而子女又不忍受任何对其爱情结合的干涉时,就会出现冲突。在贵族阶层,有的父母要求子女绝对地服从,而有的父母接受孩子的意见。女儿比儿子受到更多的控制,她们也更易屈从父母。也有许多子女与父母具有一致的考虑。年轻人渴望在婚姻中得到父母精神和物质上的支持,与此同时,父母渴望孩子从情投意

---

① Keith Wrightson, *English Society 1580-1680*, p.78.
② John R. Gillis, *For Better, For Worse: British Marriages, 1600 to the Present*, p.28.

合而又门当户对的婚姻中找到幸福。① 这种情况在整个社会转型时期一直存在着,并没有发生剧烈的变化。

综上所述,在任何社会中,婚姻都不单纯是结合在一起的两个人的一种关系。在所有的社会中它都意味着两个人之间以及两个家庭之间的一种关系。② 在我们所知的社会中,没有人对其子女的婚姻伴侣的选择完全不关心。他们通过婚姻与他们子女的伴侣及其亲属建立了一种关系,因而不可能漠不关心。不管在任何地方、任何时候,只要父母亲控制着那些对子女们将来的生活水平十分重要的资源,他们就强烈地影响着子女们对配偶的选择。直至19世纪末,对中产阶级而言,这都是不争的事实。相反,在工薪阶层,这种力量总是不那么重要。在过去的一些农业地区,那些没有多少财产可传给子女的父母对于孩子们的婚姻选择也没有多大影响。③ 因此社会地位较高的家庭比社会地位较低的家庭给年轻人提供的婚姻自由更少一些,他们更害怕爱情的不利影响,也拥有更多的资源来控制爱情,为避免爱情的不良后果而花费更多的精力。长辈们通过对爱情的引导和控制,就可更自由地在儿女婚事上讨价还价。只有当他们在儿女婚事上拥有权威时,他们才有可能维持传统的聘金制度或嫁妆制度。只要存在着聘金制度或嫁妆制度,在婚姻财产协议订立的过程中就会留有讨价还价的余地。因此,"结婚的充分自由,只有在消灭了资本主义生产和它所造成的财产关系,从而把今日对选择配偶还有巨大影响的一切派生的经济考虑消除以后,才能普遍实现。到那时候,除了相互的爱慕以外,就再也不会有别的动机了"④。

---

① Rosemary O'Day, *The Family and Family Relationships*, 1500 – 1900: England, France and the United States of America, pp.148 – 149.
② C. C. Harris, *The Family and Industrial Society*, London: George Allen and Unwin, 1983, p.17.
③ Michael Anderson, *Approaches to the History of the Western Family*, 1500 – 1914, p.36.
④ [德]恩格斯:《家庭、私有制和国家的起源》,第79页。

三、禁止离婚

伯特兰·罗素说,婚姻与其他性关系不同,事实上它是一种法律制度,而且很大程度上还是一种宗教制度。① 它的形成和解体都要受到法律和宗教的制约。在英国社会转型时期,英国有关合法有效的婚姻规范标准因为18世纪《哈德威克婚姻法》的通过而发生了变化,但是有关婚姻解体的法律法规却仍保持不变,仍然坚持基督教会所定的教规,即禁止离婚,一桩合法有效的婚姻除非配偶其中一方去世才可以解除。

欧洲中世纪以来,基督教教义在人们的思想行为中占据极其重要的地位。基督教浸染着人们的制度,为法律设立道德规范,形成人们的观念。尽管被分成不同的派别,但耶稣的教导和新约的言说中有关婚姻的态度影响了整个西方。② 基督教规定,一桩合法的婚姻是不能解除的。其必然结果是已婚者在他或她的配偶去世前不得缔结另一桩婚姻。以这种教义为依托,教会建立了自己的教会法庭,处理宗教和世俗事务。马基高(Macgregor)描述,"12世纪中叶以来直至宗教改革,有关婚姻的法律包括在教会的法律(教会法)中,由教会及其自己的法庭基督徒(Courts Christian)行使。英格兰和苏

---

① [英]伯特兰·罗素:《婚姻革命》,第88页。
② Vern L. Buongh, Brenda Shelton, and Sarah Slavin, eds., *The Subordinated Sex: A History of Attitudes toward Women*, Athens: University of Georgia Press, 1973, p.89.

格兰的民法既没有关于婚姻与离婚的条款也没有判例"①。

的确,到12世纪时,教会对婚姻进行裁决的特权已在英国确立起来。在这种裁决下,现代意义上的离婚是不存在的;不过教会以婚姻中存在障碍(血亲障碍、姻亲障碍、生理障碍、年龄障碍等等)为由可将之宣布为无效,并且在无效判决下可以被取消,即这桩婚姻根本就未存在过;②教会法还规定,配偶一方可以因对方的通奸或遗弃向教会法庭申请司法分居(Judicial Separation),即分床(a divorce a mensa et thoro),结束彼此生活在一起的义务,但双方都不能再婚。当欧洲大陆如火如荼的宗教改革运动冲击着婚姻的神圣地位时,英国尽管由于亨利八世与凯瑟琳的婚姻事件而爆发宗教改革,建立了英国圣公会,但并没有像其他新教国家一样,使离婚合法化,而只是坚持按废除的方法来处理亨利八世与凯瑟琳的婚姻,即宣布他与凯瑟琳的婚姻无效。为什么在16世纪教会与罗马教廷决裂的欧洲国家中,只有英国没有放弃婚姻不可解除的教义,也没有制定离婚条款呢?卡尔森在其著作《婚姻与英国宗教改革》中进行了详尽的考察,认为这是因为英国教会法庭与世俗法庭互相结合、冲突不大的结果。③

亨利八世拒绝考虑离婚的做法为英国以后300年的离婚历程定下了基调。"官方的神圣宗教信仰制度自与罗马决裂20多年以来并未发生改变,婚姻直到伊丽莎白一世时期之前都没有失去其神圣地位。……罗马有关婚姻的教会法和法庭体系直到17世纪前都未发生变化。这不同寻常的经历使得英国比罗马教会更'罗马'。"④17世纪前期,英国的离婚法并没有发生什么重大变化,圣公会仍然颁布教规禁止离婚。"完全离婚(absolute divorce, a vinculo matrimonii)只有证明在婚约之前存在婚姻障碍,如阳痿

---

① Gwynn Davis and Mervyn Murch, *Grounds for Divorce*, Oxford: Clarendon Press, 1988, p.2.
② 婚姻无效(Annulment)与离婚(Divorce)是两个不同的概念,前者是指因结婚不合法而被宣告无效,后者是指在合法结婚后的离异。
③ Eric Josef Carlson, *Marriage and the English Reformation*, p.8.
④ Eric Josef Carlson, *Marriage and the English Reformation*, p.8.

才被允许;司法分居只有在结婚之后存在着严重的错误行为,特别是妻子的错误行为,如通奸才能获准。"①17世纪中叶,英国政治生活发生了许多重大变化,离婚自由化的呼声开始出现,在1643年由弥尔顿首先提出。他认为限制离婚是发生在家庭生活中最急迫与最极端的悲哀。② 他在一系列有关离婚的小册子中提出,感情而不是生育应作为婚姻的主要目标,"如果夫妻双方性格不相容,彼此缺乏感情就应该离婚"。③ 由弥尔顿提出的要求自由离婚的呼声在17世纪40—50年代被议会加以讨论。1653年,贝尔朋议会的成员考虑将准许夫妻在配偶有通奸的证据下离婚并入《民事婚姻法》(Civil Marriage Act)中。这个提案在议会通过了二读,但在没有分组表决的情况下就遭到了否决。④ 1660年查理二世复辟后,由于国教会坚定地反对离婚,更由于新王信仰罗马天主教,英国在通过离婚法方面不但没有迈出任何步子,拥护离婚的运动前景也十分渺茫。尽管教会不允许离婚,1670年英国依据《国会私法》批准了一桩由鲁斯勋爵(Lord Roos)提出的离婚案,到18世纪已经规范化。⑤ 这为以后两个世纪中数以百计的离婚案开了先河。但这并不意味着离婚的障碍已经终结,只不过是通过议会私人法案绕过了这些障碍。它是援引议会法案对教会精神权利挑战的一种手段。

当时,通过议会离婚须经过三个步骤:申诉者首先要在教会法庭获准分居,然后在习惯法法庭向配偶的情人索取因"罪恶交流"(即性关系)而应得的赔偿,只有在这时才可能通过议会获得离婚和再婚权。不过,这种组合程序费钱、费时,使得议会离婚实际成了有钱人,特别是有钱男人的奢侈品。⑥ 通

---

① Christopher Durston, *The Family in the English Revolution*, p.18.
② Christopher Durston, *The Family in the English Revolution*, p.18.
③ R. B. Outhwaite, ed., *Marriage and Society: Studies in the Social History of Marriage*, p.74.
④ Christopher Durston, *The Family in the English Revolution*, p.18.
⑤ W. R. Cornish and G. de N. Clark, *Law and Society in England 1750–1950*, London: Sweet and Maxwell, 1989, p.379.
⑥ William Geldart, *Introduction to English Law*, Oxford: Oxford University Press, 1991, p.38; W. R. Cornish and G. de N. Clark, *Law and Society in England 1750–1950*, pp.379–380.

过议会离婚的标准收费为 200—300 英镑,这远非普通老百姓可以负担得起。假如一个普通收入的男子打算离婚,那就必须先存上几年钱。例如,1840 年,兰开郡波士顿地区有个叫作乔纳逊·沃尔的石板商向法庭提出诉讼,要和 1827 年起就已经分居但两年后又为他生了孩子的妻子离婚。沃尔在申诉时说,在他发现妻子的通奸行为时,他只是个铺石板的短工,没有足够的经济能力来负担打官司的开销,但是从这以后,他通过勤奋和节俭,改善了自己的状况和生活条件,所以等到他攒够了钱就马上就向议会提出离婚申请。① 所有付不起几百英镑的人都只好干瞪眼,离不了婚。离婚几乎成了英国社会那些特权阶层的人所享有的另一个特权。正是由于这种特权性,在 1670 年到 1857 年,英国只有 325 桩离婚获得了成功,平均每年 1—2 桩而已。而这 325 桩离婚案件中,由女子提出并获准的只有 4 桩,而且还都发生在 1801—1850 年。② 斯通也认为这种离婚十分昂贵,只有贵族和那些十分富有的人才负担得起。1670—1799 年,只有 131 桩离婚案件,全部都由男子提出,但在 1750 年前,只有 17 桩获得通过。③ 议会私人法案离婚,其效果从根本上说不能令人满意,也无法解决平民百姓的问题,正如乔尔·普林蒂斯(Joel Prentice)主教对 19 世纪中叶英国的离婚法进行描述说:"众所周知,在英格兰的婚姻关系中,离婚只能通过议会私人法案,且极少发生,费用还特别高,超出广大普通民众的承受能力,导致没有离婚的再婚、通奸、私生子每天都在发生,重婚罪也时有发生。"④而且这还导致了在英国特有的一种古怪现象,即在下层民众生活中出现的"卖妻"(wife-sale)现象。⑤

---

① [加]罗德里克·菲利普斯:《分道扬镳——离婚简史》,李公昭译,北京:中国对外翻译出版公司,1998 年,第 85 页。
② [加]罗德里克·菲利普斯:《分道扬镳——离婚简史》,第 85 页。
③ Lawrence Stone, *The Family, Sex and Marriage in England 1500 - 1800*, p.34.
④ Gwynn Davis and Mervyn Murch, *Grounds for Divorce*, p.4.
⑤ E. P. Thompsom, *Customs in Common*, London: Penguin Books, 1993, pp.404 - 466; Lawrence Stone, *The Family, Sex and Marriage in England 1500 - 1800*, pp.35 - 37.

为什么教会关于婚姻不可解除的教义能够被民众接受并延续数个世纪之久呢？这是由当时的社会与历史条件决定的。在这一阶段，英国是一个传统的农业社会，主要的经济生产方式是家庭经济。在这种经济形式中，个人没有单独的工资或其他劳动报酬，而是得益于家庭的集体收成和收入。结婚意味着一种经济伙伴关系，这种关系构成了家庭经济的核心。婚姻的解体对于男女双方都是一种经济损失，对于女方更甚。因为当时地理、社会的流动性都相当低，脱离丈夫独自生活的妻子不仅找工作难、找住处难，而且也得不到任何保障来拥有属于自己的财产，在经济上完全依附于丈夫；如果离婚，妻子就失去生计来源而穷困潦倒甚至面临挨饿受冻的绝境。因而传统社会中根深蒂固的父权制思想一方面从保护妇女的角度出发禁止离婚，另一方面也是为了稳定整个社会，因为当时的人都将家庭的稳定视为国家与社会稳定的基础。如果不是以今天的语境替代昨天的语境，那么这种禁止或严格限制离婚的婚姻制度也不失其合理性和人道主义的关怀。

然而工业革命以来，英国工业化和城市化进程的速度日益加快，工资劳动形式十分普及，劳动力市场纷纷涌现，地理流动性不断扩大，所有这些使得妇女在服务行业和生产部门得到雇佣的机会越来越多，妇女拥有了独立于婚姻之外的生存能力，改变了因经济制约而产生的嫁鸡随鸡、逆来顺受的局面。教育的普及和资本主义个人主义的发展使得社会日益开放；人民生活水平的提高使得人的寿命延长，婚姻持续时间随之延长。这一切使得社会接受了离婚这种结束婚姻的方法，但是直到19世纪中叶，英国的离婚法发展才获得了重大突破。

1857年通过的《婚姻诉讼法》(*Matrimonial Causes Act 1857*)承认离婚作为婚姻解除的方法。婚姻诉讼的判决从教会法庭转向依据该法而新设立的离婚法庭，使民事离婚成为可能。这个离婚法保留了议会离婚的一些基本做法，如只承认唯一的离婚理由，即通奸，而且要求离婚的妇女必须首先证明丈夫的通奸行为特别恶劣。一个十分重要的变化发生在程序方面：以前要求离婚的人，必须先得到教会法庭对分居的允许，然后索取罪恶交流的赔偿，最后才能到议会去要求离婚，而现在他们可以直接上民事法庭申请离婚。

1857年的《婚姻诉讼法》对改变只有富人才能离婚的状况具有重要的意义。因为它把对婚姻的裁判权转给了民事法庭，承认法院所判决的离婚；而且使离婚的费用降到了40—50英镑，约占议会离婚费用的五分之一。不过1857年法案的限制仍十分严格，只允许通奸作为离婚的唯一理由，而且它没有更进一步把婚姻看作是自觉自愿的、可以解除的契约。更为重要的是，1857年法案保留了下述概念：教会和/或国家有权在首先了解有关方面意愿之后决定其婚姻是否再延续；同时它把离婚建立在婚姻过失这个理论基础上，这种理论把某些行为如妻子的通奸以及其他一些行为，如虐待情况下的妻子通奸、丈夫的遗弃、重婚和乱伦等明确定义为是与婚姻所承担的义务不相容的，并且要免除无辜方的责任。因此，离婚被定义为触犯基本道德准则所引起的后果。所以有学者说，"1857年立法的依据是宗教思想（尽管教会裁决权已被国家裁决权所取代），并且，没有一点点那种个人主义的、私人化的和强调个人思想的痕迹"[①]。1903年，在《人与超人》中，萧伯纳（George Bernad Shaw）发表评论说："十分明确的是，在英国与美国，进步的婚姻契约的改革将会继续进行，直至它如同普通的商业行为关系一样。"[②] 但事实上，英国离婚法的发展十分缓慢，直到一战以后，因为妇女在战争中的巨大贡献，离婚法才发生了巨大的变化，足见传统力量的强大。

斯通提醒我们，记住离婚是一种法律状态非常重要。而不应该把它与事实上的婚姻破裂相混淆。[③] 然而，直到1857年才通过第一个离婚法，但

---

① ［英］F.R.艾略特：《家庭：变革还是继续？》，第144页。
② Gwynn Davis and Mervyn Murch, *Grounds for Divorce*, p.4.
③ Lawrence Stone, *Road to Divorce in England 1530–1987*, p.47.

是近年来的研究表明,非正式的分居在一定范围的社会群体中非常常见,使得许多没有感情的夫妇不必通过离婚就从失败的婚姻中解脱出来。① 特别是在下层社会,离婚并不十分困难,这种非正式的婚姻解体形式很普遍。遗弃常常是婚姻冲突的非正式解决办法。对那些没有财产或只有一点财产的人来说,解除婚姻最简单的办法就是离家出走。还有一些妻子无法忍受丈夫因贫困、凶暴和酗酒而残忍虐待自己而离家出走。② 我们无法估算近代早期英国非正式分居的比例,但零星的证据表明它常常是结束不幸婚姻的一种方法。分居后可以与别人开始两相情愿的同居或重婚,这只有当先前的婚姻被人知晓并上报官方时才得以曝光。③ 斯通指出:"在一个没有国家警察力量的社会中,简单地逃离而且不再被打听到太容易了,这种情况在穷人中并不少见。"④1570年,英国诺里奇对穷人进行的普查包括以下一些内容:

琼,画家威廉·凯恩之妻,两年未见其夫,时年40,纺纱为生,生三子,两个纺纱,老三男孩尚幼,世居于此。⑤

这类被遗弃的妇女比例不小。在1570年的诺里奇,8%的贫困妇女都是被丈夫遗弃的。⑥ 在1587年对沃里克普查的统计数字表明,有12户贫困家庭(14%)的主人是被她们丈夫抛弃的妇女。⑦

一个遭遗弃的妇女和别的男子在一起生活是很平常的。一些挨打、受

---

① Margot Finn, "Women, Consumption and Coverture in England, c.1760-1860", *The Historical Journal*, Vol.39, Iss.3 (1996), p.710.
② Lawrence Stone, *Road to Divorce in England 1530-1987*, p.141.
③ S. D. Amussen, "Gender, Family and the Social Order, 1560-1725", in Anthony Fletcher and John Stevenson, eds., *Order and Disorder in Early Modern England*, Cambridge: Cambridge University Press, 1985, p.209.
④ Lawrence Stone, *The Family, Sex and Marriage in England 1500-1800*, p.35.
⑤ [加]罗德里克·菲利普斯:《分道扬镳——离婚简史》,第110页。
⑥ Rosemary O'Day, *The Family and Family Relationships, 1500-1900: England, France and the United States of America*, p.161.
⑦ [加]罗德里克·菲利普斯:《分道扬镳——离婚简史》,第111页。

虐待或仅仅是被忽视的妻子自己开创一种新生活并与情人一起私奔,有时带走大量的家具。这种私奔常常发生在结婚10—15年之后,要么因为妻子不能忍受丈夫的粗暴,要么则是妻子与另一个人坠入爱河。① 但男子的选择多得多。最简单的办法就是遗弃——在某一天走出房子然后一去不复返,使得妻子儿女只好依赖教区救济。在16世纪80年代对诺里奇进行的贫困人口调查中,被遗弃的妻子占所有依赖救济妇女的十分之一,依赖救济的人中有四分之一是没有丈夫的人。② 在16、17世纪时一些不从国教派提倡离婚,而且在无产者当中存在着许多"自办离婚"(self-divorce)。1575年,一个伦敦人离开他的妻子,说她已不是他的妻子,原因是她不受管教。在另一个例子中,约翰·布朗拒绝和其妻子一起生活,因为他认为她不再爱他。男人和女人都认为,如果其配偶不再忠贞、离家7年、被认为死亡或对方已经再婚等,他们可以自由地再婚。1579年一个巴金(Barking)的男子提出,他的妻子和别的男人走了,所以他也应该再次结婚。这种再婚和自办离婚并不是十分随意的,也有其自身的规则,即双方必须在证人面前互相同意。③

这种非法婚姻并不保险。1540年,约翰·巴利斯顿(John Ballesdon)和西塞莉·朗兹(Cicely Lowndes)在玛森(Martham)结婚,他们在雅茅斯(Yarmouth)居住了10到12年后,朗兹去了安特卫普(Antwerp),然后又到了埃塞克斯(Essex)和伦敦,直到1568年才被发现并带回诺里奇。而巴利斯顿以为他的妻子早就死了,于是在诺里奇与艾格尼丝·雷文(Agnes Raven)结婚了,1568年朗兹的再次出现结束了这桩婚姻,雷文又与另外的人结婚了。在朗兹死后,巴利斯顿还提交了一个以确保自己第二次婚姻有

---

① Lawrence Stone, *Road to Divorce in England 1530 - 1987*, p.142.
② Lawrence Stone, *Road to Divorce in England 1530 - 1987*, p.142.
③ John R. Gillis, *For Better, For Worse, British Marriages, 1600 to the Present*, p.99.

效性的申请。① 这种非正式的分离难以统计,但肯定十分普遍,特别是丈夫离家而去更是常事。1603年,西塞莉·基梅(Cicely Kymer)声称她的丈夫去了海外,1619年多萝茜·帕吉(Dorothy Padge)报告说她的丈夫早在7年前就离开了她,1623年约翰·奥斯陆(John Ousloo)被命令在一个星期内回到他妻子的身边。这些都表明,遗弃是解决不合适婚姻的一个办法,使得重婚和第二次婚姻成为可能。② 在整个18世纪,英国东南部申请救济的人中大约6%是被遗弃的妻子,1780年后这一比例上升,因为许多丈夫离家去服兵役。这些被遗弃的妻子最终都陷入极端的堕落、贫困和失望之中。离家出走的丈夫大部分会与另一个郡的妇女同居并开始全新的生活。因此,重婚在英国近代早期十分普遍。③

穷人还可以通过"卖妻"行为实现离婚。托马斯·哈代的小说《卡斯特桥市长》对此进行了详细的描写,其做法是由丈夫将妻子卖给另一个男人,④其形式就是拍卖,而且常常在商品交易场所进行,特别是在市场或集市上。许多描述卖妻场面的报道都提到妻子像一头牛那样被套上绳索,牵到市场去卖。这些描述加深了人们的一种印象,即那时的妻子只不过是一件物品,可以由丈夫任意买卖。英国第一个有可靠记录的卖妻事件发生在1533年。17世纪也不时有此类报道,18世纪出现了83例这样的报道,而到了19世纪则多达268例。⑤

比如在1832年4月7日,坎伯兰郡(Cumberland)的农夫约瑟夫·汤普森前往卡莱尔市场。这条路是他常走的,唯一的不同是他这回既不打算买牛,也不打算卖牛。他要卖掉他的妻子。夫妻结婚已经3年,但婚姻不

---

① Susan Dwyer Amussen, *An Ordered Society: Gender and Class in Early Modern England*, p.124.
② Susan Dwyer Amussen, *An Ordered Society: Gender and Class in Early Modern England*, p.124.
③ Lawrence Stone, *Road to Divorce in England 1530-1987*, p.142.
④ 详见 Thomas Hardy, *The Mayor of Casterbridge*,北京:外语教学与研究出版社,1994年,第一章。
⑤ [加]罗德里克·菲利普斯:《分道扬镳——离婚简史》,第112页。

大成功,他们同意分手。汤普森跟大家的看法一样,只要在公开的拍卖市场上将妻子公平卖掉,一切法律关系就会断绝。中午 12 点整,他让她坐在市场的一把大栎木椅子里;据《年鉴》记载,他以下列毫无希望的方式开始叫卖。

> 先生们,请注意,这是我的妻子玛丽·安妮·汤普森,原姓威廉斯。我打算把她卖给那位出价最高、最最公平的人。先生们,永远分手是她的愿望,也是我的愿望。在我看来,她生来就是一条毒蛇。我娶她是为了建立一个温暖和幸福的家庭;可是,她成了折磨我的人,我家里的祸根;她夜里是个爱寻衅的人,白天是个魔鬼。先生们,我要说,愿上帝把我们从令人讨厌的妻子和爱闹着玩的女人那里解救出来——我说的都是大实话,心里话!你们要像躲开疯狗那样躲开她们,要像躲开吼叫的狮子那样躲开她们,要像躲开假霍乱那样躲开她们,要像躲开埃特纳火山那样躲开她们,要像躲开任何别的性质有害的东西那样躲开她们。

倘若这样可怕的广告没有把潜在的买主吓退,他接着列举安妮的优点:

> 她会看小说,挤牛奶;她会像你渴的时候拿起一杯啤酒那样毫不费劲地笑和哭。她会做黄油,骂女仆;她会唱莫尔的歌,编自己的饰边和帽子;她不会制朗姆酒、杜松子酒或威士忌酒,但根据长期品酒的经验,她是个品评质量的行家。因此,尽管她有种种不足之处,我特以 50 先令的价钱把她卖出。

这极其坦率的评估显然没有引得大家挥动胳膊喊价;1 小时以后,汤普森选定了一个出价 20 先令的人。他的名字叫亨利·米尔斯。汤普森让米尔斯添上他那条纽芬兰狗;于是,交易做成了。他们心平气和地分手了——米尔斯和那女人走一条道,汤普森跟那条狗走另一条道。①

---

① [英]杰里米·帕克斯曼:《英国人》,严维明译,上海:上海译文出版社,2000 年,第 234—235 页。

"卖妻"习俗之所以如此盛行,在很大程度上要归因于人们的认识:它比离婚程序简单得多,省钱得多。而且,要是在买卖过程中有足够的见证,从一个男人手里买下他的妻子在法律上被认为跟普通的婚礼一样有效;在有些地方,买方甚至要为他买来的妻子纳税,就像为买来的牛纳税一样。古迪认为这种做法在英国曾延续了3个世纪之久,斯通则证实有案可查的最后一次"卖妻"记录是在1887年。"卖妻"是一种乡俗,斯通引证1772年的一次记载是这样的:丈夫在妻子的脖子上套上绳索,把她拉到附近的市场,在那里把她卖给出价最高者,似乎她是一头传种的母马或一头乳牛,在这种情况下,买主总是预先指定的。这种"卖妻"与其他国家历史上出现的因贫困而卖妻的现象有着本质上的区别,因为在公众心目中,这种认真进行的仪式解除了丈夫对妻子未来全部的义务,允许两人重新结婚。十分常见而且也许一贯如此的是,讨价还价要在妻子的完全同意下事先敲定,买者和价码也要事先达成一致。"卖妻"价格差异很大,从几个便士到几个金币不等。[①]

　　"卖妻"可能是名声最坏的一种离婚形式,因为这种做法使妻子可悲地沦为一件可以在市场上公开买卖的商品。还有其他习惯上的离婚形式,如有一种叫作"扫帚离婚"的形式,与"扫帚婚"正好相反。具体做法是将一把用树枝扎成的扫帚斜搁在房门边,证人站立一边,这时一对新人就从扫帚上跳过去。如果两人都跳了过去,即表示越过了障碍,可以进到屋里,这时就被认为已经成婚。如果一年之内他们打算分手,就反过来做一遍。有一则描述扫帚离婚的报道这么说:一旦倒着跳过扫帚,婚姻就算解除了。妻子也有权跳回去。但这样做必须是在婚后的第一年内。以后,他们就可以再结婚。但如果他们已经有了孩子,那么做父亲的就得负起抚养孩子的责任。在倒跳回去离婚或跳过去结婚时,如果身体碰到了扫帚或门框,那就不能再离婚或再结婚,两种情况都有证人在场。倒着跳扫帚比正着跳难,

---

① Lawrence Stone, *The Family, Sex and Marriage in England 1500－1800*, p.35.

人们认为这是恰当的,因为这种习俗反映了一种历史事实,即结婚容易离婚难。在英国的其他一些地方,还有这么一种做法,如果哪个男人养不活自己的妻子,做妻子的就可以把戒指交还给丈夫,去跟别人结婚。① 与"卖妻"相比,妇女在这种离婚习惯中与男子具有平等的地位。

还有一种非正式的离婚形式的确引起了当局的密切关注,那就是重婚,即同时拥有两个妻子或两个丈夫。尽管大多数司法体系都对重婚处罚得比较轻,但无论从教会法还是民法角度看,这都是一种犯罪行为。在英国教会法统治期间,对重婚的处罚就是逐出教会,直到1604年后,英国才将重婚定为一项重罪。1597年,主教对诺里奇教区进行了一次视察,在此期间有五桩重婚罪得到了起诉。另外一个人也被拖进了法庭,因为他"涉嫌娶了两个妻子"。在这几桩重婚案中,有一桩指控一名妇女犯了严重的重婚罪:她同时嫁给了两个男人,但又拒绝和任何一个住在一起。② 1807年的萨默塞特郡(Somerset),某教区长在一名妇女的丈夫去东印度群岛当兵失踪后,同意宣布该妇女贴出的结婚公告已经期满。但这件事的结果并不圆满,因为这名妇女再婚后,她的前夫突然回来了,并把她领了回去。她虽然回到了前夫身边,但还与第二任丈夫藕断丝连,频频幽会,前夫对她的这种行为大为恼火,结果愤然离去。不久就传来消息说前夫又结了婚。这些例子表明,婚姻或准婚姻关系若是不用婚姻法或离婚法明确加以规范就会变得一团糟,而法律则能够起到稳定婚姻关系的作用。③

由上观之,在1857年前,英国法律一直都不允许离婚的存在,婚姻一旦缔结在理论上就是一生一世的,但是却存在着种种非正式的婚姻解体形式:中上层社会通过议会私人法案可以离婚并再结连理;下层社会则存在着多种非法的离婚形式,如遗弃、卖妻等。

---

① [加]罗德里克·菲利普斯:《分道扬镳——离婚简史》,第114页。
② [加]罗德里克·菲利普斯:《分道扬镳——离婚简史》,第115页。
③ [加]罗德里克·菲利普斯:《分道扬镳——离婚简史》,第116页。

四、小 结

16—19世纪英国社会转型时期,英国人的择偶标准和择偶自主权并没有发生多大改变,整个社会都强调爱和感情是婚姻的前提,但每一个阶层都不能忽视婚姻的物质基础。19世纪早期的一份文献表明,择偶的习俗仍没有发生多大变化。"事实上,在这个国家里,一个女人如果没有一种不同寻常的天生的敏感,没有一种异乎寻常的好运气,她是不大可能为了爱情而结婚的。"[①]各个社会阶层择偶时对感情、年龄、地位、财富、宗教信仰和品德等因素都要加以考虑,只不过在不同社会阶层每一因素所占的比重不同而已,但都强调门当户对。一般来说,上层社会更多地注重财富和地位,下层社会则更关注人的品德和能力。由于上层社会的婚姻更多地涉及财产和地位的转移,他们的择偶自主权相对来说小得多,较多地受到父母、监护人和其他亲属的影响;而下层社会的父母对于子女没有经济上的制约,因而子女们的婚姻十分自由。每一社会阶层在任何时候总是有一部分人出于爱而结婚,而绝大部分则更多受经济物质、社会地位等方面的影响。在广大的社会中,缔结婚姻关系的两个家庭在社会分层制度中都处于或高或低的层次,而且双方都乐意保持或改善原有的地位。人们确实相

---

① Stuart A. Queen, *The Family in Various Culture*, Philadelphia: Lippincott Company, 1974, p.278.

信,两个家庭所接受的联姻的条件,往往是双方在经济上或社会上的门当户对。① 因此,无论是在比较自由的择偶制度下,还是在精心撮合的婚姻制度下,人们的行动往往表明:他们在某种程度上是受利害关系所左右的。② 同时,有关婚姻解除的规范也没有发生变化。在这一时期,现代意义上的离婚仍是不可能的事情,只有极小部分的人能够获得真正意义上的离婚并再婚,但是却存在着多种解除婚姻的非正式形式。

---

① [美]威廉·J.古德:《家庭》,第72页。
② [美]威廉·J.古德:《家庭》,第75页。

第三章
家庭结构与规模

家庭的结构与规模作为外在的表现形式,总是要比其内部的相互关系和情感更易被外界感知。因此,对于家庭制度是否发展、变化,人们最先是从其外在结构和规模的变化上来做判断。人们通常认为,英国在从传统农业社会向现代工业社会发展的进程中,作为社会细胞的家庭也相应地经历了一个急剧的变化,传统的世代同堂、规模庞大的家长制家庭转变为小规模的核心家庭。但笔者认为,在16—19世纪英国社会转型时期,英国的家庭模式一直以小规模的核心家庭为主,并未经历剧烈的变迁。

一、家庭的定义及分类

在对呈现在人们面前的家庭结构和规模进行考察之前,我们必须要解决的一个最基本的问题就是"家庭"一词的定义,并区别"家庭"与"户"这两个经常被混淆的概念。家庭如何界定,直接影响到家庭的分类和对家庭规模的估算。

什么是家庭?这个看起来最普通不过的概念,在阐述其含义、界定其范围时,却有意想不到的困难。正如著名的社会学家古德所说:"要给研究的对象下一个正式而又明确的定义,要比作研究本身困难得多。"[①]确实,尽管表面上十分简单,不管是其本质特征还是其成员构成,"家庭"(family)和"户"(household)这两个概念却并不容易界定。鲍尔认为,"户"是一个空间概念,指的是住所范围内的一个群体或个人,它是人口学范畴内的一个专门术语,是统计学家与人口调查设计者的创造物。"户"代表的东西相对来说很明确,它划出了一群人的私密居住空间,其他人未经他们的允许不准进入。它主要指居住在同一屋檐下有着共同的经济活动(生产和消费)的人,它包括:(1) 丈夫、妻子和孩子们;(2) 一些由血缘或婚姻联系起来的共同居住的亲戚;(3) 参与共同经济活动的非亲属,特别是家佣——这在

---

① [美]威廉·J.古德:《家庭》,第11页。

前工业社会的英国十分普遍,占总人口的八分之一,①男女主人对他们具有道德、经济和宗教上的义务。由此可知,"户"明确具有共同的居住地、亲属关系、经济活动的特征。正如理查德·沃尔所表达的对"户"的定义:共同居住的家庭群体,它包括夫妇、孩子、亲戚和仆人。② "住户——不是家庭——构成了近代早期的主要生活秩序。"用墙垣围起来的住户,不仅要为人们提供居住之所,更要为人们防寒御冷、遮风挡雨和抵御外界暴力,住户还是人们劳动、举行庆典和消遣的场所,它是生活的共同体,属于这个共同体的不仅有户主夫妇及其子女,还包括在同一屋檐下居住的其他人,他们都服从户主的管理。作为独立的社会空间的户,更确切地说是一个法律单位,本身就是生活的共同体。③ 在《历史上的户与家》这本著作中,户是针对住宅(一起睡觉)和消费(至少一起吃一顿主食)方面而言的,而且强调户的成员之间互相忠诚,共同承认同一个户主。由于户的形成是随社会政治经济文化的发展而不断变化的,因而离开户所形成的社会历史条件就不可能理解它。"家"(home)则是家庭生活的中心,它既是一个地方也是一种精神状态,它意味着身体与情感上的温暖、安逸、舒适和爱。④ 相对于"家庭"来说,这一界定也获得普遍认同。

最易产生歧义的是"家庭",它既可以指一种建立在婚姻之上的社会制度,也可以指父母和子女的集合,或指源于同一个祖先的家族成员。因为它的不确定性和模糊性,不管是社会学家、人类学家还是历史学家,对"家庭"的定义总是不能令人完全满意。比如古德对家庭下的一个定义:"下述概括并不全面,但却包含了这些关系的大多数:(1) 至少有两个不同性别

---

① Peter Laslett, "Introduction: The History of the Family", in Peter Laslett and Richard Wall, eds., *Household and Family in Past Time*, p.26.
② Richard Wall, Jean Robin and Peter Laslett, eds., *Family Forms in Historic Europe*, p.7,35.
③ [德]里夏德·范迪尔门:《欧洲近代生活:家与人》,王亚平译,东方出版社,2003年,第6—7页。
④ Leonore Davidoff, et al., *The Family Story: Blood, Contract and Intimacy 1830 - 1960*, London and New York: Longman, 1999, p.83.

的成年人居住在一起。(2)他们之间存在着某种劳动分工,即他们并不都干同样的事。(3)他们进行许多种经济交换与社会交换,即他们相互为对方办事。(4)他们共享许多事物,如吃饭、性生活、居住,既包括物质活动,也包括社会活动。(5)成年人与其子女之间有着亲子关系,父母对孩子拥有某种权威,但同时也对孩子承担保护、合作与抚育的义务,父母与子女相依为命。(6)孩子们之间存在着兄弟姐妹关系,共同分担义务,相互保护,相互帮助。当所有这些条件都存在时,很少有人会否认这个单位是一个家庭了。"[1]这一定义存在着许多问题,首先这是从现代意义上来进行界定的,不一定符合历史情境中的事实;其次,即使在现代社会,有很多家庭不一定具备上述条件,但并不能否定它是家庭,如单亲家庭、单身者家庭、同性恋家庭等。因此,就像弗兰德林认为的那样,现代意义上的家庭是不符合历史事实的。她认为从现代意义上说,家庭在广义上是指"由婚姻或血缘共同联结起来的所有的人";从狭义上是指"居住在同一屋檐下的有亲戚关系的人,特别指父亲、母亲和孩子"。但在 16 世纪至 18 世纪事实并不是这样,直到 18 世纪后期,在法国和英国不管涉及哪一社会阶层,家庭成员都包括居住在一起的亲戚和仆人,他们臣服于共同的家长。因而"在过去,家庭一词常常指的是一系列并不居住在一起的亲戚,也指不一定有血缘和婚姻关系而居住在一起的人的集合"[2]。当 18 世纪的人们谈论或写作"家庭"时,他们当然会想到成群的亲戚在一起或分开生活,就像现在的习惯一样。他们也可能有关于血统和祖先的重要观念。但更多的情况下,他们想的是一个家庭单位,它可以包括亲属和非亲属的受养人一起生活在户主的权威下:包括配偶、孩子、其他亲戚、仆人和学徒、寄宿生、旅居者,或只是其

---

[1] [美]威廉·J.古德:《家庭》,第 13 页。
[2] Jean-Louis Flandrin, *Families in Former Times*, pp.4-5.

中的一部分。① 大部分人类学家则认为亲戚关系、共同居住以及一些共同的作为生产者或消费者的经济活动将家庭中的成员联系在一起。② 这其实也是从现代意义上来进行界定的。斯通将家庭定义为：居住在同一屋檐下、属于同一家族的成员。它既不等同于户（household），也不与亲属（kin）同义。"户"包括居住在同一屋檐下的所有的人。③ 总之，不管是社会学家、人类学家还是历史学家的定义，以上的种种界定并没有分清"家庭"与"户"在历史情境中与现代意义上的界限，其定义不是太宽泛就是太狭窄。

正由于历史上"家庭"这一定义的不确定性，"户"与"家庭"的界线就总是模糊不清。一方面，"户"包括"家庭"，但又不与它同义，即一个核心的住户单位可能包含一个核心的家庭，也许且很大程度上还容纳非亲非故的家仆、学徒或帮工等；另一方面，一个广义的"家庭"并不只限制在"户"中，因为扩展家庭纽带是超越"户"这个单位的。正如上述，对于"家庭"与"户"的界定，社会学家、人类学家、历史学家都有自己的主张，谁也不满意对方所下的定义，这种定义的不确定性，是他们之间在家庭结构和规模问题上争论不休的原因之一。如果从历史情境来看，17、18世纪的人在谈及"家庭"时，并不只是指一个核心单位，在他们的语言中，"家庭"可能意味着"户"，包括仆人、学徒和共同居住的亲戚。如塞缪尔·约翰逊（Samuel Johnson）在1755年时将"家庭"定义为"居住在同一所房子中的所有人"④。笔者考虑到历史情境中的话语，也为了研究的方便，采用了斯通对"家庭"和"户"的定义。

正如要对这一时期中的"家庭"与"户"进行定义并不是件容易的事情

---

① Naomi Tadmor, *Family and Friends in Eighteenth-Century England: Household, Kinship, and Patronage*, p.272.
② Robert Wheaton, "Family and Kinship in Western Europe: The Problem of the Joint Family Household", *Journal of Interdisciplinary History*, Vol.5, Iss.4 (1975), p.604.
③ Lawrence Stone, *The Family, Sex and Marriage in England 1500–1800*, p.28.
④ Naomi Tadmor, *Family and Friends in Eighteenth-Century England: Household, Kinship, and Patronage*, p.19.

一样,对这一时期的家庭结构性质的分类也是一件很难的事情。首先,困难来自于上文所言"家庭"这一词含义上的不确定性;其次,几乎所有的家庭都经历了与它们的成员的生命阶段相联系的发展周期,因此,家庭在其规模和形态方面常常变化。正如埃马纽埃尔·勒华拉杜里所说:"影响家庭结构变化的因素是有'时间性'的,同一个家庭可以'连续地'变成扩散式、核心式、扩散式。……雇佣和辞退仆人、女佣的现象自然与家庭变化的'节点'和'特殊阶段'发生在同一时间。例如,这些节点和阶段表现为儿子的幼年时期、向体力劳动者过渡的阶段、女儿出嫁等等。"[1]尽管在一个给定的时间中,两个家庭会呈现出相同的形式,但它们经历了不同的周期,由于这个原因它们应该被有差别地分析。因而理想的分类体系应该是建立在发展周期而不是单独的阶段之上。然而在进行历史研究时,学者们常常以孤立的户口调查为基础,面对的大都是静止的、某一阶段的家庭,很少能将其置于一个动态的发展周期中进行全面考察,所拥有的资料特别是人口调查所获得的数据大都是某一个特定时间内的情况,因此这一周期更是难以确定。正因为这种局限,历史学家的研究也许并不能真正反映家庭发展的真实全貌。当我们要谈的是一个地区或一个国家的家庭模式而不是一个个体的家庭或村庄时,这种困难就被扩大了。笔者深知这一困难所在,加之才疏学浅,要对所研究的对象做比较全面而中肯的阐述就更是难上加难,但我们不能因为这种困难就却步不前。因此,本章对要涉及的家庭类型是在一个静止的时期内而不是发展周期中进行界定的。

一般来说,家庭类型可分为简单家庭、扩展家庭、复合家庭三类。"简单家庭"是以婚姻关系为组织原则的,它可以包括一对已婚夫妇、一对已婚夫妇和他们的孩子、鳏寡的人和孩子,至少有两个成员。这种家庭也就是我们常讲的婚姻家庭、核心家庭。"扩展家庭"包括一个婚姻家庭单位和一

---

[1] [法]埃马纽埃尔·勒华拉杜里:《蒙塔尤——1294—1324年奥克西坦尼的一个山村》,许明龙、马胜利译,北京:商务印书馆,1997年,第71页。

个或更多的亲戚——户主夫妇的父母辈、孙子辈、侄子辈,或是他们的兄弟姐妹,他们共同居住在一起,但多为三代同堂的家庭。"复合家庭"则包括两个或更多的由亲族关系联系起来的婚姻家庭单位。①

按照勒华拉杜里的说法,家的规模不仅关系到容纳多少仆人、佣人、宾朋和房客,还涉及它的主要结构:是扩散式家庭,还是核心家庭。② 一般而言,大规模的家庭拥有较为复杂的家庭结构,而小规模的家庭则结构比较简单。但也存在特殊的情况,即家庭规模虽大,但结构却简单;而结构简单的家庭规模却较大。

16—19世纪英国社会转型时期,英国的经济、政治、社会各方面都发生了巨大的变化,经济快速发展,政治中有限的君主制度已经确立,宗教方面与罗马教廷决裂并建立了自己的民族教会,而其中最深刻的变化是工业化和城市化的快速发展以及与之相伴的社会结构的复杂变化。在这个过程中,英国从一个以农耕和乡村为主导的社会转变为一个高度复杂的工业和城市社会。许多对家庭有兴趣的社会学家总是力图描绘家庭的发展变化来反映工业化、城市化对整个社会的影响。他们断言,大规模的扩展家庭和小规模的核心家庭分别代表了传统农业社会和现代工业社会的两种家庭形态。随着工业化和城市化的推进,传统社会中的家庭结构和组织形式已不能适应社会的发展变化,传统的、规模较大的扩展或复合家庭让位于小型的核心家庭;随着社会分工的专业化和经济的日益增长,家庭逐渐丧失其经济、保护、教育功能;在一个充满竞争、高度流动的社会里,扩展家庭已没有位置,家庭成了一个主要培养和交流情感的地方,由丈夫、妻子和他们的未婚子女组成的小家庭最适合工业社会的需要,成为人们逃避市场竞争压力的庇护所。

---

① Peter Laslett and Richard Wall, eds., *Household and Family in Past Time*, pp.28 – 31.
② [法]埃马纽埃尔·勒华拉杜里:《蒙塔尤——1294—1324年奥克西坦尼的一个山村》,第70页。

其中最有影响的社会学家是勒普莱,他在《家庭的构造》中将欧洲家庭分为三种形式,以适应三种社会形态。一是"家长制"家庭(现在更以"联合"家庭著称),这种家庭拥有漫长的几代人共享的传统并对这些传统十分忠诚,已婚的儿子们仍居住在父亲的屋檐下,如果遇到不幸和不安全的情况,家庭有足够的力量来抵御变化和破坏,这种家庭的经济基础是稳定的自给自足、简单但持久的生活水平;二是"不稳定"家庭(现又称作"核心"家庭或"婚姻"家庭),与"家长制"家庭相反,其所有的子女婚后都得离开,它对变化着的外部情况强加的变化不能提供多少抵御。与家长制大家庭相比,这种家庭具有典型的"短暂性"。它因为婚姻纽带的缔结而形成,随着孩子们的增多而扩展,当孩子们变得独立并离家时,规模就缩小,一旦最先的伴侣死亡,这个家庭就不存在了。三是"主干"家庭,这是一种介于"家长制"家庭和"不稳定"家庭之间的家庭,这种家庭的传统核心或"支柱"是通过继承财产得以延续的,但在某种程度上,财产可能会被分割,一些家庭的孩子不得不寻找其他职业。① 然后勒普莱把这三种类型按年代顺序排列,并把欧洲的家庭史展现为逐渐收缩的过程,即从中世纪早期的"家长制"家庭转变为近代早期的"主干"家庭,最后转变为工业社会的"核心"家庭。

而拉尔夫·林顿(Ralph Linton)在他的《人的研究》(*The Study of Man*)中划分了两种主要的家庭类型:血亲家庭与姻亲家庭。血亲家庭是以父母与孩子的关系即血缘的传承为基础的,这种关系强调权威,并且主要是通过男性来传递血缘,这种家庭可以变得很大。再者,这种家庭拥有坚定的已建立的传统并且成功地执行许多功能,比如照顾老人、保护家庭成员、世袭财产等。不过这种家庭只限于一个稳定的、农业型的社会。对以契约关系为基础、地理和职业流动性十分高的工业社会而言,这种家庭太大、太自我封闭、太不灵活,不能适应现代社会。在姻亲家庭中,家庭组

---

① Ronald Fletcher, *Britain in the Sixties: The Family and Marriage*, Harmondsworth: Penguin Books, 1962, pp.40 - 41.

织的权威与团结仅仅只存在婚姻中的双方。如果在家庭中要达到积极与相当和谐的合作,夫妻双方都不能被忽视。这种家庭由丈夫、妻子和他们的后代组成,亲属处于边缘。它孤立于广泛的亲属关系,在经济上自主,也就是说,它必须自我负责,在遇到社会问题时必须自我防御。[1] 勒普莱的观点与林顿的观点存在明显的相同之处,二者都认为农耕社会以大规模的父权制家庭、血亲家庭为主,它们具有牢固的传统,稳定、安全、自给自足;工业化则出现不稳定家庭、姻亲家庭,它们是小型的、短暂的、孤立的,并且相对不安全。这之后的社会学家奥格朋(Ogburn)和尼门科夫(Nimkoff)也将家庭分为三类,即血亲家庭、主干家庭和夫妇家庭,而工业化产生的直接后果就是核心家庭的出现。[2] 这种"渐进核心化"理论曾经是社会学的正统。

一些历史学家也认同这种进化的家庭发展理论,认为在 16—19 世纪英国社会转型时期,英国的家庭结构和规模确实如社会学家所言经历了一个由大变小、由复杂到简单的过程,最终确立了现代的小型的核心家庭。斯通就是其中最典型的代表人物,他在《1500—1800 年英国的家庭、性和婚姻》中提出英国的家庭经历了如下几个发展阶段:(1) 开放的世系家庭;(2) 受限的父权制核心家庭;(3) 封闭的专注家庭生活的核心家庭。他认为家庭规模逐渐由大变小。[3]

20 世纪 60 年代,这种工业革命导致小型核心家庭的理论首先遭到了社会学界内部的质疑。1961 年,格林菲尔德的论文《社会学理论中的工业化和家庭》通过对日本和巴巴多斯(Barbados,位于西印度群岛东端)两地进行的社会学和人类学研究结果进行对比,发现工业化和城市化没有核心

---

[1] Ronald Fletcher, *Britain in the Sixties: The Family and Marriage*, pp.42 – 43.
[2] Sidney M. Greenfield, "Industrialization and the Family in Sociological Theory", *American Journal of Sociology*, Vol.67, Iss.3 (1961), p.314.
[3] Lawrence Stone, *The Family, Sex and Marriage in England 1500 – 1800*, passim.

家庭和分裂的宗族关系也可以存在,从而提出:在西方文明中,围绕机器技术成长起来的特定社会体系是小型的核心家庭在工业革命之前就已存在的结果。① 20世纪六七十年代以来家庭史学的出现,则以雄厚的史实证明这种核心家庭在工业革命之前早已存在,有力地冲击了长期形成的、几乎被奉为经典的关于家庭结构与规模的传统观点。大批历史学家特别是以拉斯莱特为代表的剑桥人口与社会结构史研究小组打破了这种家庭结构的神话,他们通过"家庭重建法"对英国历史上的教区登记簿等资料进行研究后发现,从近代早期以来,英国就一直以小规模的核心家庭为主,并不存在大规模扩展家庭为主导的情况,后者只不过是社会学家臆造出来的一种神话罢了。下面分别针对英国社会转型时期的家庭结构和规模进行分析。

---

① Sidney M. Greenfield,"Industrialization and the Family in Sociological Theory", *American Journal of Sociology*, Vol.67, Iss.3 (1961).

二、家庭结构

在传统的社会学家看来,英国前工业社会(传统社会)的家庭组织一般包括祖父母、已婚或未婚的子女、孙辈和亲戚,所有的人在同一屋檐下睡觉、吃饭和劳作。已婚的儿子或女儿特别是长子被允许与其父母同住,寡居的母亲理所当然地与接管家庭的儿子待在一起,或与另外的子女居住在一起。而工业化后,亲属关系团体分解,核心家庭体制出现,家庭由传统向现代转变:在核心家庭体制下,核心家庭的成员摆脱了对远亲属的义务,配偶间的义务得到强调。这是由于工业经济的规则和价值观与传统大家庭的义务、忠诚和价值观是不相容的。工业经济强调公正、公平和公开竞争;而传统家庭强调亲情、照顾和亲属关系网。前者强调普遍标准,后者强调特殊标准。他们还提出,现代社会的核心家庭在经济上是独立于其他亲属而存在的,核心家庭组成了一个个孤立的家庭生活单位,按照明确规定的血统准则,这个核心家庭与父亲的家庭和母亲的家庭没有任何义务关系。由于对亲属的义务受到限制,核心家庭成员同时也失去了亲属对自己的帮助,并因此使彼此间变得更加相互依赖。按照古德的观点,夫妇式家庭比其他任何家庭形式都更能适应工业化制度的需要。个人更容易顺应劳动力市场的要求,更能集中精力工作,而不是专注于其亲戚网络的需要,此外,个人往往会花费较少的时间去参加亲戚们的活动,①因此工业化使扩展家庭或复合家庭朝核心家庭转变。

由于家庭社会学家对过去不感兴趣,他们只专注于研究现在,他们假定历史上的家庭情况都已被人了解并得到了很好的解读。因此,许多研究家庭的社会学家认为当代的家庭失去了其功能,亲属体系萎缩,家庭影响衰落,他们不去对他们研究的历史范式提出质疑,想当然地接受集体主义衰落、个人主义兴起的"历史记载",认为社会基本结构从由亲属关系和宗教决定转变为由经济活动和科学决定。② 这些观点都是因为忽视了变化着的历史特征与家庭生活的内容,这些变化隐藏在家庭生活的延续中。③ 因此,研究家庭需要一个历史的维度,原因有二:一是比较,即现在与过去的比较;二为进程(过程),即要理解我们当代的困境,我们必须理解它产生的过程,我们应该记住现在只是持续发展变化过程中的一个时刻而非其最终结果。④ 正如拉斯莱特所说:"我们不理解我们自身是因为我们不知道我们已成为什么和将要成为什么。"⑤

斯通在对英国从 1500 年至 1800 年的家庭发展情况进行研究时,就认为家庭结构由复杂向简单转变(见其三阶段发展模式)。扎拉茨基也认为,在 18 和 19 世纪工业兴起以前,英国普遍的家庭形式是经济上独立的商品生产单位,通常被称为"家长制家庭"。⑥ 而笔者认为在 16—19 世纪的社会转型时期,英国的家庭结构具有很大的延续性,一直以核心家庭为主导,并没有经历一个由扩展家庭向核心家庭转变的过程。

拉斯莱特认为,英国从来就不存在联合或扩展家庭。"事实上,在英

---

① [美] 威廉·J.古德:《家庭》,第 156 页。
② C. C. Harris, *The Family and Industrial Society*, p.95.
③ C. C. Harris, *The Family and Industrial Society*, p.96.
④ C. C. Harris, *The Family and Industrial Society*, p.96.
⑤ Peter Laslett, *Family Life and Illicit Love in Earlier Generations*, p.5.
⑥ Eli Zaretsky, *Capitalism, the Family and Personal Life*, p.38.

国,大的联合或扩展家庭从来就没有作为一种普遍的形式存在过。"① 他说,我们祖先中的大部分生活在扩展家庭中是不真实的,核心家庭并不是随工业化而产生的,英国一直就是以核心家庭为主;年老或寡居的人与其已婚孩子生活在一起,叔叔婶婶、侄子侄女常常作为亲戚居住在家中也是不真实的。在从传统社会向工业社会的转变过程中,结构更为复杂的户不是减少而是增多了。② 主干家庭在前工业社会的英国并不普遍,只有6%的住户包含三代以上的亲属关系,不到1%的住户包含四代亲属关系。③ 核心家庭形式是西方家庭体系中一个长期而基本的特征。正如汉斯-维尔纳·格茨所言:"三代同堂在那个时代完全是个例外。"④

1965年,拉斯莱特出版《我们失去的世界》一书,考察英国工业化前的家庭结构和规模。他的研究表明,虽然英国很多家庭都有仆人,但一般都不包含夫妇式家庭以外的亲族成员,英国在工业化开始之前就是一个核心家庭占主要地位的国家。由此,他对强调工业化与核心家庭有必然联系的观点提出了异议。他在此书中论述,那种认为城市化和工业化破坏了前工业大家庭的论点不能成立,曾经认为扩展家庭是农业社会主要的家庭类型的看法缺乏说服力。在1821年以前有可靠数据可供研究的61个教区里,只有10%的住户包含了婚姻家庭以外的家族成员,这些人只占总人口的3%;由两代人构成的住户占70%;一代人的住户占24%;三代人及以上的家庭只占住户总数的6%,其中四代同堂的还不到1%。⑤ 据此可知,前工业时期的英国主要以简单家庭户为主,三代同堂的不多。社区登记簿和人口调查都表明,老年已婚夫妇相对而言不与他们已婚的孩子住在同一房子里,1599—1796年在对6个社区的户口调查进行的研究中发现,只有略超过5%

---

① Peter Laslett and Richard Wall, eds., *Household and Family in Past Time*, p.126.
② Peter Laslett, *Family Life and Illicit Love in Earlier Generations*, pp.22-25.
③ Michael Anderson, *Approaches to the History of the Western Family, 1500-1914*, p.11.
④ [德]汉斯-维尔纳·格茨:《欧洲中世纪生活》,第19页。
⑤ Michael Anderson, *Approaches to the History of the Western Family, 1500-1914*, p.24.

的老人与他们的已婚孩子住在一起,而且在许多情况下他们仍是名义上的户主。只有相对较为富有的人有足够的地产来供养两对已婚夫妇,这种大户人家在上层阶级最为普遍。两对夫妇共居在一个屋檐下有违传统的常识并且易产生更多冲突。①

1676年在克雷沃思(Clayworth),有一个叫弗朗西斯·培根(Francis Bacon)的造桶匠和他的妻子琼,他们的孩子尼古拉斯、安妮构成一个独立的户;造桶匠的儿子尼古拉斯在1688年结婚,建立由他自己、他的妻子伊丽莎白及其前夫的两个孩子组成的家庭。很明显,当尼古拉斯成为原来家庭的户主时,他不愿意或没有能力供养他的母亲琼和姐姐安妮,将她们都驱逐出去了。因此,在尼古拉斯结婚两年后,她们就成为济贫院的穷人。② 无论是在1676年还是在1688年,克雷沃思都很难发现两对已婚夫妇住在同一屋檐下;居住在家中的亲戚也很少,大部分家庭结构都非常简单。1688年时有一户复杂的居住单位,以寡妇伊丽莎白·莱特(Elizabeth Wright)为户主,由她的姐姐、她的一个未婚儿子、她的一个已婚的儿子及其妻子与两个孩子,另外还有一个仆人组成,在这两个年份里,这是唯一的复合家庭。50%—60%的住户都由丈夫、妻子和孩子们组成,但每三户中就有一户有仆人,加上寡妇或鳏夫为户主的家庭,核心家庭总共达到80%。③ 坎布里亚郡(Cumbria)南部的柯比朗斯代尔(Kirkby Lonsdale),也不存在复杂的扩展家庭,在1695年勒普敦(Lupton)的名单上没有一例已婚孩子和父母,即使是寡居的父母居住在一起的情况也没有;而在基林顿(Killington)的名册里,在222个条目中只提到两例这种情况,一例是一个寡妇和其已婚儿子居住在一起,另外一例则是一个鳏夫和其已婚的女儿在一起居住。两对已婚夫妇一起居住或劳作的情况从未在任何文件中出现

---

① Ralph A. Houlbrooke, *The English Family 1450-1700*, p.189.
② Peter Laslett, *Family Life and Illicit Love in Earlier Generations*, p.60.
③ Peter Laslett, *Family Life and Illicit Love in Earlier Generations*, p.60.

过。在整个柯比朗斯代尔,9个城镇中的名单中除了极少数例外,显示的全都是核心家庭,即父母和未婚子女组成的家庭。① 奥黛通过研究也发现:"年老的已婚夫妇和守寡的人事实上很少与他们已婚的孩子居住在一起。据估计,1599—1800年,这种情况只发生在5%的家中,而且普遍发生在最富有的人家,当这种情况发生时,这个家普遍仍由老年夫妇掌管。"② 安德森的研究提出,近代早期,很少能发现两个直系关系的已婚夫妇居住在同一屋檐下,据沃尔考察,1750—1821年只有7%的家庭包含三代。③

农民中多代同住的家庭不多见,如果有也以中间一代的男性为户主,他们的父母与之达成退休的协议,由儿子赡养老人,但老人不再享有对土地的决定权。④ 弗兰德林发现,在前工业社会的英国农民中,标准的家庭结构是夫妇家庭,即简单的核心家庭,包含多个核心家庭的户十分罕见(见表3-1)。这表明在英国传统社会,由丈夫、妻子和孩子组成的独立于亲戚的核心家庭被认为是最恰当的家庭单位。在19世纪前的英国城市,每10个家庭中有9个是核心家庭,三代同堂的扩展家庭比较少见。随着工业化的到来,成年人的预期寿命提高,三代同堂的家庭在城镇开始变得普通。⑤ 核心家庭是随工业化发展而形成的观点在英国得不到证明。19世纪的家庭结构与斯图亚特时期的家庭结构相比并没有多大的差别,三代同堂的扩展家庭虽然有所增加,但所占比例较小,仍以核心家庭为主体。

---

① Alan Macfarlane, *The Origins of English Individualism: The Family, Property and Social Transition*, p.75.
② Rosemary O'Day, *The Family and Family Relationships, 1500 - 1900: England, France and the United States of America*, p.93.
③ Michael Anderson, "The Social Implications of Demographic Change", in F. M. L. Thompson, ed., *The Cambridge Social History of Britain 1750 - 1950, Vol.2: People and Their Environment*, p.60.
④ Michael Mitterauer and Reinhard Sieder, *The European Family: Patriarchy to Partnership from the Middle Ages to the Present*, pp.32 - 35.
⑤ Jo Boyden, *Families: Celebration and Hope in a World of Change*, London: Gaia Books, 1993, p.42.

表 3-1　英国的住户结构①

户的类型	户的比例						
	伊林 1599 年	克雷沃斯 1676 年	克雷沃斯 1688 年	奇威斯科顿 1684 年	比尔斯顿 1695 年	普德镇 1724—1725 年	科菲卡斯尔 1790 年
1 独居者	12%	8%	7%	6%	4%	7%	12%
2 非家庭	2%	0%	1%	4%	7%	4%	4%
3 简单家庭户	78%	83%	85%	81%	69%	79%	76%
4 扩展家庭户	6%	9%	7%	8%	11%	8%	8%
5 复合家庭户	2%	0%	1%	1%	1%	1%	1%
6 混合	0%	0%	0%	0%	7%	0%	0%
4、5 两种类型小计	8%	9%	8%	9%	12%	9%	9%
户的总数/户	85	98	91	177	192	154	272
平均大小/人	4.75	4.09	4.49	4.41	5.19	3.97	4.84

以核心家庭为主，扩展家庭只占很小的比例，一方面是由英国新居习俗——年轻的夫妇应该在自己的屋檐下自力更生地开始自己的婚姻生活——造成的。在此原则下，新婚夫妇大都建立自己的家，一般没有两对已婚夫妇出现在同一个屋檐下的情况，当儿子或女儿找到配偶，他或她就必须离开，即使会有例外如儿子接管家庭农场，但他必须建立自己的新居，如果没有能力建立新家，那么婚姻就不会发生。当婚礼结束时，这个孩子就失去了居住在父母家的权利。他们通常也是这么做的。正因如此，直到有足够的自立能力时人们才结婚，这使得婚龄较迟。而寡居的父母也只有在遇到很大困难时才会考虑与自己的已婚子女居住在一起。不过在贵族阶层，长子夫妇总是和父母在同一屋檐下居住。② 因而，基本上所有的年轻已婚夫妇最终都要建立自己的家。建立新家并不是容易的事情，许多年轻人将从佣时期的所得积蓄起来，再加上父母的帮助才能建立一个属于自

---

① Jean-Louis Flandrin，*Families in Former Times*，p.68.
② Lawrence Stone，*The Crisis of the Aristocracy 1558-1641*，p.269.

己的新家。在有产阶层中,不管是富有的自耕农,还是工匠,或是贵族,父母都会通过给予孩子们一份津贴或一笔现金来资助他们的婚姻。

普通人一般没有这种帮助。在没有帮助可期望的情况下,夫妇只能靠自己来操持。一个正常的就业机会、在农村中租屋都是首要考虑,不过他们仍需要一些积蓄来满足基本的住房设施。这种准备需要时日,并且伴侣双方都要参与其中,除非女子有一笔丰厚的嫁妆。班克斯告诫其儿子"直到你有足够的能力来维持家产你才能结婚"。在 1584 年牛津郡内圣尼古拉斯教区,爱德华·桑顿(Edward Thornton)和副主教说,他发誓只要能有一所自己的屋子,他就与布奇丽特·菲拉贝娜(Bridget Fayrebene)结婚。[①]而已婚孩子的父母亲也同样遵守新居制原则,即使在寡居后他们也没有权力居住在孩子们建立的新家中。如果共同居住有利于加深父母与子女双方的情感和相互的忠诚度,新居原则就会被巧妙地加以处理。奥黛发现:"在英国,整个近代早期,对所有社会阶层来说,新户的建立是初婚的一个结果,尽管并不一定是马上就建立。"[②]比如有一个爵士的女儿安妮·菲顿(Anne Fitton),与约翰·纽迪吉特(John Newdegate)在 1587 年结婚,这对年轻的夫妇,一个女仆和两个男仆在婚姻的前九年一直非常自由地与安妮的父母居住在一起,且不用支付任何费用,因为在这期间,纽迪吉特曾有一段时间离家去接受教育,直到 1596 年他们才离开安妮父母家建立了一个独立的家。在贵族中,有许多人一结婚就建立了新家,或想这样做。在 1606 年,当路易斯·巴哥特与爱德华·贝雷斯福德(Edward Beresford)的女儿之间的婚事被提及时,爱德华希望他们单独居住。[③] 1624 年,威廉·惠特理(William Whately)也这样告诫年轻人:"当你准备结婚时,如果有可能,你应该与你的

[①] Keith Wrightson, *English Society 1580 – 1680*, p.69.
[②] Rosemary O'Day, *The Family and Family Relationships, 1500 – 1900: England, France and the United States of America*, p.132.
[③] Rosemary O'Day, *The Family and Family Relationships, 1500 – 1900: England, France and the United States of America*, p.132.

妻子居住在一个属于你们自己的家中,不与其他人居住在一起,就像过去一样,家中只有你们两个……一个住户中如果有多个管辖者,或在一个屋檐下有两对男女主人,那么这个家就不会安宁。……因此,就像小蜜蜂依靠自己的努力建立另一个蜂巢一样,年轻夫妇自己应建立一个属于自己的家……"①这一建议不只是主张父母和已婚的子女在住地上的分离,而且也是一种社会性分离,要求建立一个独立的经济和法律单位。

另一方面,以核心家庭为主也是人口因素造成的。其中典型的是初婚年龄,特别是女子初婚年龄的推迟。初婚年龄的变化对于家庭形成的整个过程产生强有力的影响。只有女子结婚较早,她的父母才可能与她共同居住,也只有当孩子出生时她仍然很年轻,那么当她自己的孩子结婚时,她才可能反过来与他们居住在一起。1979年通过对15个社区的重建,女子初婚的平均年龄和年龄中位数从17世纪中叶到18世纪中叶都很大,18世纪中叶以后才有所减小,但相对同时期的东欧和亚洲来说却仍较大。(见表3-2)这样,在成人死亡率还较高的社会,晚婚建立起家庭后,要扩展成十分复杂的家庭较为困难。

表3-2 1550—1849年英国女子初次结婚的平均年龄和中位数

(单位:岁)

年份	平均年龄	年龄中位数
1550—1599年	24.0	23.7
1600—1649年	25.9	24.5
1650—1699年	26.2	26.2
1700—1749年	26.4	26.8
1750—1799年	25.3	25.3
1800—1849年	23.9	24.2

(资料来源:根据拉斯莱特的《祖先的家庭生活与非法之爱》第40页数据整理)

---

① Alan Macfarlane, *The Origins of English Individualism: The Family, Property and Social Transition*, p.75.

而且扩展家庭的形成既要有人口因素,又要有经济基础,只有非常富有的家庭才能有更多的资源来养活更多的人,因此扩展家庭在前工业社会首先是一种上层社会的现象,在最富有的家庭中发生率最高,因为只有在这种环境中家庭才有资源来供养大量的成员。① 所以,在上层阶级所占比例很小的社会中,大规模的扩展家庭不可能十分普遍,只是一种上层阶级的现象罢了。麦迪克认为在原工业化的条件下,扩展家庭有所增加。在传统的农村地区,那些拥有土地同时又从事工业品生产与分配的小业主和工匠家庭以扩展家庭为主;而另一方面,由于贫困化现象不断扩大、人口增加、居住条件有限且拥挤,再加上由生命周期导致的再次贫困,都使得农村工业工人中形成了不少扩展家庭。② 原工业化时代的家庭仍然参加田间劳动,作为旧制度下手工作坊工匠的后继者的工人家庭并没有随着大工业的出现而消失,这种家庭成了大工业必不可少的补充,其发展程度则因工业门类的不同和国家的不同而不同。工业化初期,工厂的生产无法应对需求的增长,工厂主就把原材料分发给同时是农民的手工工人,这些人在家里加工生产,工厂主将成品回收,直到19世纪40年代,相当数量的工业产品,仍然出自家庭作坊。像曼彻斯特和利物浦这样的城市,与其说是大工业城市,不如说是把若干以手工业生产为主的村庄联结在一起的商业中心。在原始工业制度中,家庭工人受制于承包商这一介于原材料供应商与收购成品或半成品的工厂两者之间的中间人。……因此,在原始工业时期的家庭里,常常有几家人共同生活的现象也就不足为奇了:几对有亲属关系的夫妇在这样的家庭里共同生活,他们可以是结了婚的兄弟、子女或侄

---

① Robert Wheaton, "Family and Kinship in Western Europe: The Problem of the Joint Family Household", *Journal of Interdisciplinary History*, Vol.5, Iss.4 (1975), p.618.
② Hans Medick, "The Proto-Industrial Family Economy: The Structural Function of Household and Family During the Transition from Peasant Society to Industrial Capitalism", *Social History*, Vol.1, Iss.3 (1976), pp.307–308.

子侄女,因为所有的目的都在于集中尽可能多的人手,以提高生产。① 也就是说,作为工业化前提的原工业化,使得家庭结构较为复杂。这种扩展家庭与传统上用来保持农民家庭财产整体性的扩展家庭不同。这些乡村工业工人是为现实所迫。不过,麦迪克也提出,尽管乡村工业在18世纪不断发展,由祖父母、父母和孩子组成的三代同堂的扩展家庭模式并没有达到很大的比例。②

麦克法兰提出,这种核心家庭模式与英国人在资本主义产生之前就呈现出的朝气蓬勃精神之间有着相互促进的作用。这种在英国核心家庭母腹中早已萌芽的个人主义使工业革命迸发出来。核心家庭是个人主义的学校,它鼓励子女尽早离开家庭,促使支配乡村社会的亲属网与邻里互助的支配力量松懈下来,从而加速了资本主义结构中乡村社会的解体。③ 但核心家庭并未截断一切大家庭的纽带或亲属关系。在近代早期,这种亲属关系虽已经不附带某种具体义务,但仍在起着应有的作用:如英国绅士仍重视家族忠诚以维护自己的贵族身份或地位;自耕农仍需要亲属关系的维系来沟通社会和经济的悬殊分割,城市的亲属关系发展为贸易关系优先权。④

提出现代化后的家庭并不完全是核心家庭的学者用大量资料证明,即使在工业化之后,超核心家庭亲属关系还是被大量保留下来,而且十分重要。如哈里斯发现,在工业社会中,扩大的亲属网络仍然十分重要,仍然保持着某些功能。⑤ 19世纪的观察家——弗里德里希·恩格斯是其中最有名望的一个——一再声言,工业化的条件,在英国纺织工业领域绝对没有

---

① [法]安德烈·比尔基埃等主编:《家庭史——现代化的冲击》,第540页。
② Hans Medick, "The Proto-Industrial Family Economy: The Structural Function of Household and Family During the Transition from Peasant Society to Industrial Capitalism", *Social History*, Vol.1, Iss.3 (1976), pp.307 – 308.
③ [法]安德烈·比尔基埃等主编:《家庭史——现代化的冲击》,第30—31页。
④ 谢天冰:《近代化和英国家庭体制的变迁》,《世界历史》1994年第3期,第12页。
⑤ C. C. Harris, *The Family and Industrial Society*, p.91.

导致"破坏家庭"的结果。而且工业化的开始不但没有使家庭规模变小,反而使它变得更加复杂化了。

表3-3是对英国社区抽样调查的结果:从表中我们可以看出,在传统社会转向工业社会时期,扩展家庭所占比例增加,但复合家庭比例并没有同时增长,从这一表格中我们并不能找到家庭结构及规模与工业化之间的重要联系。

几年之后,安德森对兰开郡纺织工业区的研究,最后击破了前工业社会大家庭的神话。他的研究结果表明,兰开郡的工业化使父母与子女之间团结互助的家庭纽带显得更加重要了。恰好是生气勃勃的工业化和具有高度流动性的时期,纺织工人比以前任何时候都更多地依靠家庭亲属关系网的支持。在普雷斯顿(Preston)这个工业城市里,有23%的家庭户包含一起生活的亲戚,10%的家庭是父母同已婚子女生活在一起。[1] 父母同未婚或已婚的孩子共同居住的现象十分普遍,很少有老人与亲戚分开居住。总体而言,在这里,纺织品生产的工业化与父母同已婚子女或者亲戚经常在一起生活密切相关,棉纺织业城镇的城市—工业生活促进了扩展家庭的形成,父母与其挣工资的已婚子女同住的家庭数量增多;它也使年轻已婚夫妇居住形式的类型多样化,他们可作为寄居者与另一个家庭共同生活。1851年,普雷斯顿三代同堂的家庭比例要大于拉斯莱特研究的前工业社会时期,为9%,而兰开郡的农村地区则存在大批三代同堂家庭户,所占比例为14%。与父母之外的其他亲戚同住的现象也比较多,占21%。[2]

---

[1] Michael Anderson, "Household Structure and the Industrial Revolution: Mid-Nineteenth-Century Preston in Comparative Perspective", in Peter Laslett and Richard Wall, eds., *Household and Family in Past Time*, p.223.

[2] Michael Anderson, "Household Structure and the Industrial Revolution: Mid-Nineteenth-Century Preston in Comparative Perspective", in Peter Laslett and Richard Wall, eds., *Household and Family in Past Time*, p.222.

表 3-3 扩展家庭及复合家庭的比例和平均家庭规模①

社区	郡	年份	户数/户	平均家庭规模/人	扩展家庭比例	复合家庭比例	总计
阿德莱	埃塞克斯	1796 年	210	5.48	10%	2%	12%
		1851 年	366	4.48	14%	0%	14%
比尔斯顿	斯塔福德	1695 年	192	5.19	11%	1%	12%
		1851 年	329	5.14	15%	5%	20%
		1861 年	264	4.30	12%	1%	13%
奇威斯科顿	沃里克	1686 年	177	4.41	8%	1%	9%
		1851 年	570	4.95	13%	3%	16%
克雷沃思	诺丁汉	1676 年	98	4.09	9%	0%	9%
		1688 年	91	4.49	7%	1%	8%
		1851 年	128	4.21	17%	4%	21%
科里顿	德文	1851 年	342	4.94	16%	2%	18%
		1861 年	449	4.48	14%	3%	17%
科菲堡	多塞特	1790 年	272	4.84	8%	1%	9%
		1851 年	513	4.72	14%	1%	15%
		1861 年	297	4.31	14%	1%	15%
伊林	米德尔塞克斯	1599 年	85	4.75	6%	2%	8%
		1851 年	248	4.86	12%	1%	13%
		1861 年	209	4.50	19%	2%	21%
普德镇	多塞特	1724—1725 年	154	3.97	8%	1%	9%
		1851 年	264	4.91	11%	1%	12%
		1861 年	257	4.77	14%	1%	15%
		1871 年	271	4.89	18%	2%	20%
		1881 年	248	4.46	16%	1%	17%

① Peter Laslett, "Introduction: The History of the Family", in Peter Laslett and Richard Wall, eds., *Household and Family in Past Time*, p.61.

为什么会出现这种情况呢？这是由这个地区的经济发展决定的。18世纪的兰开郡，处处都是从事棉花加工的家庭工业。在18世纪末，纺纱机械化开始实现，织布机械化于19世纪30年代实现。到19世纪中叶，兰开郡地区成为英国最强大的城市化区域。比如在普雷斯顿，四分之一至三分之一的成年男性直接参与工厂劳动。家庭手摇纺织机虽然仍存在，但规模大大萎缩。近70 000人口中大多数人的前程与棉织业息息相关，所以这些社区毫无疑义属于城市—工业秩序的一部分。困扰资本主义社会的问题如周期性失业、过度拥挤、妻子和母亲在工厂工作、大批人口内迁、在低工资下大家庭艰难度日等，都存在，但改善这些状况或将它们革除的社会性措施还没有出现。政府为老年人、病人、失业者、怀孕的母亲和大家庭提供的有组织的社会保障措施很少，而且接受者要付出很大的社会和心理代价，有组织的社区福利公共设施几乎不存在，因而对老弱病残提供服务的重担就落在有能力的亲戚身上；尚能劳动的老人或其他亲戚被吸收进家庭提供一些力所能及的帮助，如看家、照顾小孩；加上住房供应十分紧张而且相当昂贵，为了节省开支，亲戚同住的现象也很多，这一切使得家庭结构复杂化。在农村，从前工业社会到19世纪，人们都不愿意与老人居住在一起，因为老年人对他们而言是一种负担。但在棉纺织业城镇，情况却大不一样："也许关键的因素是亲属也可以增加家庭的收入，他们不是在劳动力市场上找工作，而是当母亲在工厂上班时帮助照看孩子和家。通过这种方式，在工厂工作的母亲可以使孩子和家庭得到更好的照顾，也比让其他人来做要便宜些，母亲所挣收入可以维持亲戚同住，也可以使家庭预算有较大盈余。在这些社区，老人是有价值的，对于家庭经济不是负担。即使妻子不工作，老人也能够通过为其邻居提供相同的服务来维持自己的生计。因此，很少有老人单独生活，这一点也不奇怪。"[①]

[①] Michael Anderson, "Household Structure and the Industrial Revolution: Mid-Nineteenth-Century Preston in Comparative Perspective", in Peter Laslett and Richard Wall, eds., *Household and Family in Past Time*, pp.229-230.

具体说来，兰开郡地区的工人经常从一个纺织工业中心转移到另一个纺织工业中心：在普雷斯顿这个工业城市里，根据1851年的人口调查表，大约有三分之二的居民是在城外出生，当然最远也只是方圆10英里以内。由于距离很近，家庭联系得以保持，特别是青年工人和新婚夫妇在寻找工作时，想方设法住在亲戚或其他家庭成员那里。工人年龄越大，他们流动的可能性就越小，由于已婚妇女经常在工厂工作，因此让年龄较大的亲属住到家里来照料小孩。另外，在迅速发展的城市里，要想找到一处自己的住所相当困难。许多家庭成员通常是在同一纺织厂，因为这里的生产组织预先就计划好了工作岗位的男女比例和年龄比例。再有，那些操作纺纱机和织布机的技术工人需要自己聘用辅助工，很自然，他们为此挑选比较年轻的家庭成员和亲戚，并接纳他们居住在自己家里。在兰开郡地区的另一个纺织工业中心城市奥尔特哈姆，工人们也经常生活在扩展家庭中。因此，"在工业化的初期，亲属关系网通过对新来城市者提供立足点而有利于地理的流动；而且也是一张可以避免在存在着低工资、周期性失业、高死亡率和守寡普遍的社会中出现困难和危机的保险单"①。

安德森猜测，19世纪中叶，兰开郡地区纺织工人亲戚联系虽然很密切，但更多的是一种手段和为自身利益的考虑。因为19世纪以前，社会整体上处于贫困状态，一个人只能养活自己的核心家庭，不能再对其他亲戚提供什么实质性的帮助，让他们住到家里来的可能性也很小，除非这个亲戚能为家庭经济做出一定的贡献。普雷斯顿的父母与其已婚子女共居在一起，就是受这种利益的驱动，而这又与城市社会生活特征的影响分不开。在福利国家形成以前，在大部分工人阶级社区，如果一个人寿命很长，他将过一种贫困的生活，这在生活消费、房租特别高的城镇更是如此。如果老人特别是寡居老人与其已婚子女共同居住，将生活得

---

① ［英］F.R.艾略特：《家庭：变革还是继续？》，第50页。

较好，因为一方面可以节约租金，另一方面还可以参加一定的经济活动，如帮助在工厂工作的年轻母亲照看孩子和家。通过这种方式，孩子可得到较好的照顾，家中也将井井有条而不是凌乱不堪。对年轻的已婚夫妇特别是对妻子而言，这种共居不但可以节约住房租金，还可以减轻自己持家的重负，能够轻松地为家中多挣一些收入，同时由父母来照看家远比雇外人在经济上更合算，而且更值得信赖。因此，在以棉织业为主的城镇中，老人对于家庭经济不仅不是一种负担，反而还十分有价值，这也是普雷斯顿亲戚共同居住较为普遍的原因。因为在普雷斯顿这样的纺织工业城市里，许多已婚妇女都在工厂中工作，这儿的亲戚常常承担照看小孩或做饭、洗衣等家务劳动，这些劳动原则上由那些在工厂中就业的妇女付钱。

帮助亲属介绍或寻找工作也属于扩展家庭能够帮忙的范围。在19世纪，通过亲戚的帮助获得一份工作很常见，也很重要，如果某人有自己的生意或农庄，他就可以直接给其陷入困境的侄子们提供一份工作，这种事也会落到共同居住的其他亲属身上；有一些亲戚会被介绍进入仆佣行业，而有一些家庭的所谓仆人本就是亲戚，他们在扩展家庭中的地位与那些非亲戚稍有不同。再说了，在这种体系中，亲戚们更易相处，工作更为稳定且更为可靠，因此，这些亲戚一般不会轻易离开。20世纪以后，特别是1908年老年养老金的引入，老人的生活保障大大改善，他们更多的是自己租房住在他们孩子的附近，而不再与子女居住在一起。亲属提供工作的机会也被削弱，这样，家庭结构也就变得十分简单，但亲属关系仍很重要。哈雷文通过对19世纪末20世纪初曼彻斯特和新汉普郡（New Hampshire）的纺织工人的研究发现，工人的亲属网络有利于迁来的工人适应新的工厂工作条件。亲戚是这些新的工人和他们雇主间的中间人：他们招募新的工人，把他们安置在同一个厂房内，对年轻人和新工人进行工厂纪律和工作过程等方面的培训，教导他们怎样操作机器,并为他们在工厂内提供保护。①

而伊丽莎白·罗伯特认为,家庭成员之间和亲戚之间的确有着强烈的情感上的联系,并不完全是为了互惠互利才居住在一起。

> 他们互相爱护,除此之外,还存在着一种很强烈的、多数情况下是不用言语表达的工人阶级的道德:它包括以各种方式来帮助亲属的责任,即使对不喜欢的人也是如此。还有一种义不容辞的责任,就是不把亲属送进贫民院("劳动之家"),就像19世纪中叶一样,认为那是一种耻辱并有损于人的尊严的地方。自1601年"济贫法条例"颁布以来,家庭有义务供养他们的家庭成员,尤其是供养父母和亲属。父母对他们的子女要负责任,已成年的子女需要赡养他们的父母。如果因为某种原因父母不能照料自己的子女,祖父母应当照看他们的孙子女。……然而,被询问的工人中没有一个人提到这个法定的义务。一些人根本不知道有这种法律规定……绝大部分人在对他们的亲属的态度中,表现出一种爱心、责任感和自尊心的混合。②

确实,夫妻间、父母与子女间有着深厚的感情,人们喜欢居住在自己家中,在很大程度上是一种习惯,是一种常规,但也是因为这一习惯令人满足。如果家庭生活不幸福,子女们在可以独立生活时肯定会离开家。亲属也负责照料病人,这项任务主要落在女性身上。有些女性有在照顾病人方面具备专门知识和经验的好名声:她们在紧急情况之下,总是被亲戚、邻居和熟人叫去帮忙。无数事实证明,这种互助精神存在于同住一个家庭或生活在左邻右舍的亲戚之间,也存在于不是亲戚的邻居之间,不能将这种相互的帮助和扶持完全视作利益考虑。

---

① Tamara K. Hareven, "The History of the Family and Complexity of Social Change", *The American Historical Review*, Vol.96, Iss.1 (1991), p.109.
② [奥]赖因哈德·西德尔:《家庭的社会演变》,王志乐等译,北京:商务印书馆,1996年,第129页。

关于工业化之后的家庭结构,弗兰德林发现,在19—20世纪的历史进程中,扩展家庭和复合家庭的比例似乎有所增加而不是减少。在伦敦的一个郊区伍德福德(Woodford),1957年进行调查时发现,在受调查的人口中,23%的人有已婚子女与他们共同居住,在贝斯纳尔格林(Bethnal Green)这个无产阶级化程度更深的地区,这一比例为21%。在表3-3的抽样的八个英国村庄中,1650—1800年,扩展和复合家庭户的比例在8%—12%之间,而到1851年时却在12%—21%,[1]这表明,那种认为在工业革命时期由扩展家庭向核心家庭转变的观点是站不住脚的。

沃尔对1750—1851年英国社会的住户结构也做了深入研究,其结果令人有些惊讶,因为几乎所有社会群体中结构复杂的家庭比例都出现了增长:从社会金字塔顶端的乡绅和自耕农,到底层的劳工和贫民。(见表3-4)

表3-4 1750—1851年英国按户主职业分组的复杂住户比例[2]

户主的职业类别	1750—1821年		1851年	
	总户数/户	复杂型占比	总户数/户	复杂型占比
乡绅和神职人员	40	10.0%	108	15.8%
自耕农和农场主	185	18.4%	298	24.8%
园丁和农夫	137	17.5%	43	9.3%
商人和工匠	395	12.1%	478	16.3%
劳工	415	10.4%	854	16.6%
贫民	18	11.2%	56	17.9%
无特定职业的寡妇	116	10.3%	63	26.9%
未分类的	64	14.0%	64	12.5%
总计	1 370	12.9%	1 964	17.8%

(注:复杂型包括扩展家庭户和复合家庭户)

---

[1] Jean-Louis Flandrin, *Families in Former Times*, pp.68-69.
[2] Richard Wall, "The Household: Demographic and Economic Change in England, 1650-1970", in Richard Wall, Jean Robin and Peter Laslett, eds., *Family Forms in Historic Europe*, p.509.

所以，社会学家讨论工业化和城市化破坏了大的扩展家庭是无用的，因为这种家庭过去很少存在。而且工业化进程事实上在许多方面强化了家庭纽带，也增加了家庭成员在同一个地方待很长时间的机会。[①] 历史研究表明，工业化导致了家庭角色和功能的重新界定，但并没有打破传统的家庭模式，在工业社区，家庭作为一个工作单位仍发挥作用。亲戚们为工业工人充当招募、移民和住房中介的角色，帮助他们从农村转向城市工业工作。前工业时代的家庭模式和价值观被带入工业体系，在农村和城市工业生活之间提供了重要的延续。[②] 总之，在16—19世纪英国社会转型时期，在经济变化的影响下，英国的扩展家庭虽然有所增加，但是并没有在总体上出现扩展家庭向核心家庭转变的情况，英国的核心家庭一直占据主体，扩展家庭在英国社会中所占比例并不太高。

[①] Arlene S. Skolnick and Jerome H. Skolnick, eds., *Family in Transition: Rethinking Marriage, Sexuality, Child Rearing, and Family Organization*, Boston and Toronto: Little, Brown and Company, 1986, p.42.

[②] Arlene S. Skolnick and Jerome H. Skolnick, eds., *Family in Transition: Rethinking Marriage, Sexuality, Child Rearing, and Family Organization*, p.43.

三、家庭规模

家庭规模指的是家庭的大小,这一术语是指住在一起的因血缘、婚姻或领养等关系联结起来的家庭成员的数目。如前文所述,本书中的"家庭"是局限在"户"的范围内,由于历史上人口统计时都以"户"为单位来进行划分,因而本书所涉及的家庭规模在很大程度上也主要以"户的大小"(the size of household)作为基础。

早在1948年,研究中世纪英国人口的历史学家罗素(J. C. Rusell)利用1517年一个关于圈地的著名文件,得出结论说"一个住户中有平均3.5人是不会有错的"。在1958年他重申这一观点时强调说他指的是婚姻家庭单位。① 1964年英国成立了剑桥大学人口与社会结构史研究小组,1969年在拉斯莱特的领导下,这个小组将1574—1821年英国100个教区分三个阶段(1650年及以前、1651—1749年、1750—1821年)、四个地区(东部、北部和中部、南部和西部、伦敦)用计算机进行统计分析,发现从16世纪开始直至1901年,平均家庭规模一直保持在4.75人或稍低于它,并不存在传统农业社会中大规模的、扩展的共居家庭让位于现代工业社会小规模的、核心的婚姻家庭的迹象。大的扩展家庭或联合家庭在任何时候都没有

---

① Peter Laslett and Richard Wall, eds., *Household and Family in Past Time*, p.47.

作为一种普遍形式存在。① 布里格斯也指出,这一时期英国"家庭规模不是很大,通常是父母和儿女组成的核心家庭,而不是亲族合居的大家庭"②。只有6%的住户包含两代以上的代际关系,在5 843个住户中只有626个包括核心家庭之外的亲戚。③

不但平均家庭规模没有随工业化而发生改变,家庭大小的分布比例直到20世纪初都基本保持不变,如表3-5所示,直到1911年,大规模家庭所占比例才越来越小,少于5个人的小规模家庭所占比例越来越大。

表3-5　16世纪以来英格兰和威尔士家庭大小百分比分布④

家庭大小/人	1574—1821年 100个社区	约克郡 1851年	人口调查获得的统计数字				
			1911年	1921年	1931年	1951年	1961年
1	5.7%	5.1%	5.3%	6.0%	6.7%	10.7%	11.9%
2	14.2%	15.0%	16.2%	17.7%	21.9%	27.7%	30.1%
3	16.5%	16.0%	19.3%	20.8%	24.1%	25.3%	23.4%
4	15.8%	17.7%	18.1%	18.6%	19.4%	19.0%	19.1%
5	14.7%	13.6%	14.4%	13.9%	12.4%	9.6%	9.1%
6	11.8%	13.3%	10.3%	9.4%	7.3%	4.3%	3.8%
7	8.0%	6.7%	6.9%	6.0%	4.1%	1.9%	1.5%
8	5.4%	4.5%	4.3%	3.6%	2.1%	0.8%	0.6%
9	3.1%	2.9%	2.5%	2.1%	1.1%	0.4%	0.3%
10+	4.9%	5.2%	2.5%	1.9%	0.9%	0.3%	0.2%
合计	100%	100%	100%	100%	100%	100%	100%

---

① Peter Laslett and Richard Wall, eds., *Household and Family in Past Time*, p.128;[英]彼得·拉斯莱特:《工业化之前和工业化时期的英国人口与社会结构》,参见王觉非主编:《英国政治经济和社会现代化》,第244页。
② [英]阿萨·勃里格斯:《英国社会史》,第143页。
③ C. C. Harris, *The Family and Industrial Society*, p.104.
④ Peter Laslett and Richard Wall, eds., *Household and Family in Past Time*, p.142.

比如在 1676 年的肯特郡，距温厄姆（Wingham）不远的古德耐斯顿（Goodnestone），有 62 户人家，居民为 277 人，3 户乡绅、26 户自耕农、9 户小店主、12 户农业工人、12 户贫民。全村平均每户的规模为 4.47 人，小店主的平均家庭规模为 3.9 人，农业工人为 3.2 人，贫民为 2.1 人。这些较低社会等级的家庭占了本地的多半，而且其平均家庭规模小于 4 人。在三个乡绅户中，一个容纳了 23 人——爱德华·霍尔爵士（Sir Edward Hall）和他的妻子、他们的 6 个孩子和 15 个家佣，这些佣人都非常年轻，几乎全是本教区的人，因此可以说，在古德耐斯顿，五分之一的家庭受到乡绅霍尔的恩惠。另外两户却相当小：一户由一个单身汉和一个佣人组成，另一户则是一对夫妇带着一个孩子。在 26 户自耕农家庭中，有 12 户特别大，总共容纳了近 100 人。① 1684 年，在奇尔弗斯-科顿（Chilvers Coton）以纽迪吉茨为户主的家中有 37 人，其中 28 人是佣人。② 这表明家庭规模的大小与社会地位的高低有着明显的联系，社会地位越高的阶层，其家庭规模越大。

确实，富有者的家庭规模和贫困者的家庭规模常常存在差别，如果资源增长不平衡越突出，这种差别就越大。富有者的平均家庭规模要大于贫困者的，而且家庭结构的复杂性也更大。③ 拉斯莱特在对 1821 年前的 100 个社区进行的开创性分析中发现，乡绅家庭的平均规模大约为 6.63 人，自耕农为 5.91 人，苦力为 4.51 人；这些家庭中住有亲戚的比例分别是 28%、17%、8%。④ 在 1676 年的克雷沃思，乡绅的平均家庭规模最大，为 7.75 人，其次是自耕农，为 6.5 人，社会地位低下的苦力其家庭规模则只有 3.3 人；到 1688 年时则分别为 8.7 人、6.1 人和 3.8 人；在这两个不同的年份内，

---

① Jean-Louis Flandrin, *Families in Former Times*, pp.56 - 57.
② Peter Laslett, *The World We Have Lost: Further Explored*, p.91.
③ Robert Wheaton, "Family and Kinship in Western Europe: The Problem of the Joint Family Household", *Journal of Interdisciplinary History*, Vol.5, Iss.4 (1975), p.627.
④ Michael Anderson, *Approaches to the History of the Western Family, 1500 - 1914*, p.19.

贫民都没有建立自己的家庭。①

英国绅士和神职人员的家庭要比自耕农和农夫家庭容纳更多的亲戚，家中也有更多的佣人，孩子的平均数量也较多，从而其平均家庭规模要大于其他阶层。1576—1821 年，英国家庭的平均大小为 4.7 人，但绅士家庭上升到平均 6.6 人，而穷人家庭则下降到平均 3.9 人。② 如在古德耐斯顿，113 个孩子当中，79 个属于 29 户乡绅和自耕农家庭，每户中平均孩子数量分别为 2.3 和 2.5 个；在 33 户较低阶层的家庭中只有 42 个孩子，处于社会最底层的贫民家庭中每户平均只有 0.9 个孩子，苦力则为 1.2 个。③ 为什么贫困者家庭规模要小于富有的乡绅和自耕农呢？这一方面可能与人口因素即生育率和死亡率有关。我们知道，一个女子结婚越迟，她的生育期就越短，生育数量就越少。英国贫穷的女子常常结婚较迟，因为她们要做 10—15 年的佣人才能挣得自己的嫁妆，这无疑使得她们的婚内生育期相对要短；同时贫困提高了婴儿的死亡率，不健康的居住条件、较差的卫生条件、变质的食物和长期的营养不良是低生育的重要原因，加上婴儿死亡率较高，所以贫困者的家庭中孩子一般较少。而富人一般娶年轻的妻子，如果第一个妻子去世，他们也会较普遍地再婚；再有，18 世纪时的富人更多地将孩子送出去哺乳，这样他们的妻子缺乏因哺乳带来的避孕效果，因而生育率较高；再加上中上阶层的女性获得的营养更为丰富，身体更为健康，更容易怀孕且不容易流产，因而富人家庭一般要比穷人家庭生育更多的孩子。④ 这种差异性一直到 19 世纪中叶都存在，比如 1851 年时，贝德福德郡（Bedfordshire）的卡汀顿（Cardington）教区，平均每户农民家庭有 6.4 人，

---

① Peter Laslett, *Family Life and Illicit Love in Earlier Generations*, p.92.
② ［法］安德烈·比尔基埃等主编：《家庭史——现代化的冲击》，第 42 页。
③ Jean-Louis Flandrin, *Families in Former Times*, pp.56–58.
④ Lawrence Stone, *The Family, Sex and Marriage in England 1500–1800*, p.54; Ralph A. Houlbrooke, *The English Family 1450–1700*, p.128.

日工家庭有 4.9 人；农民家庭中的孩子数平均为 3.5 个，日工家庭只有 2.8 个。①

另一方面，贫困人口的家庭规模小于富人也与社会、经济条件有关。处于下层社会的人没有经济实力雇佣佣人；而土地财产的集中伴随着大农业地产的出现和小农的无产阶级化，贫困者缺乏养育较多孩子的经济基础，于是将孩子们送到富有者家中做佣人。因此在英国，家庭规模在不同社会阶层间差异很大，家庭越富有，家庭规模就越大。在 17、18 世纪时，大城镇或在大城镇的某些区域，大家庭户比乡村要多。这是由于大城镇作为经济和社会生活的中心吸引了有权势的贵族和乡绅，他们和家人一起搬到这儿，并雇佣着几十个佣人，有的甚至高达 100 人。据格里高利·金的估算，在 17 世纪末容纳 8—40 人的贵族和乡绅家庭户约有 17 000 个，容纳 5—8 人的中等阶层家庭户约有 100 000 个。②

除了经济与社会地位的因素，贵族在奢侈喜好和炫耀欲的驱使下，不断地增加家中的佣人数也是其家庭规模较大的原因之一。家中的佣人越多，它就越能体现户主的权势，更能反映户主的社会地位。另外，富有的阶层更强烈地意识到对亲属网络的忠诚，也更自觉地对其成员承担社会和道德上的责任，他们有能力也乐意来帮助落难的亲戚，将他们接到家中。"众多的仆役，也正像在自己的屋檐下养活一部分亲戚一样，这并不与经济实用性相对应，而是尽一种社会义务。消费劳动力到过分的程度，这就是显示气派；对于那些把自己的子女送进大户人家的家庭来说，这又显示了乡绅的恩德。"③送孩子出去服佣是英国近代社会很典型的一种人口特征，他们与习惯意义上的佣人——为人口中十分富有的人提供舒适的人——并不完全相同，他们参与主人家的生产工作，如耕

---

① Edward Shorter, *The Making of the Modern Family*, p.37.
② Jean-Louis Flandrin, *Families in Former Times*, p.61.
③ [法] 安德烈·比尔基埃等主编：《家庭史——现代化的冲击》，第 43 页。

种和手艺活动等。英国近代早期12%的人口是佣人,他们在各年龄组之间分布的差异很大。许多人都从事农业而不是家务劳动,而且男性和女性一样多。在斯图亚特时代,全国四分之一至三分之一的家庭都有佣人①,这意味着不少身份卑微的人和贵族一样也雇佣佣人。埃塞克斯郡一个乡村教区牧师拉尔夫·乔斯林的日记就反映了这一点。乔斯林在日记中告诉我们,他将自己的长子安置在伦敦当学徒,将4个女儿中的两个安置在伦敦当女仆,3个孩子离家时的年龄分别是15岁、14岁和13岁。② 拉斯莱特对1821年前的100个社区进行研究,发现29%的家庭中有2—3个佣人,佣人占当时总人口的13%。在城市中,佣人也十分重要。(见表3-6)。

表3-6 1574—1821年英国的佣人数量及比例情况③

地区	佣人数量/人	佣人的男女性别比	人口中佣人所占比例	包含佣人的住户比例
标准抽样 (63个地区,1574—1821年)	4 600	107	13.4%±1.9%	28.5%±4.4%
伊林 (1599年,人口数427)	109	166	25.5%	34%
古德耐斯顿 (1676年,人口数280)	51	—	18.2%	31%
克洛斯比-拉文斯沃斯 (1787年,人口数276)	25	150	9.1%	30%

另据沃尔研究的结果,1650—1749年,仆人占整个人口比例的14%。④ 这一时期比例最大的佣人是农业仆人(servants in husbandry),另一主要部

---

① Peter Laslett, *The World We Have Lost: Further Explored*, p.13.
② Alan Macfarlane, ed., *The Diary of Ralph Josselin 1616-1683*, Oxford: Oxford University Press, 1976.
③ Peter Laslett, *Family Life and Illicit Love in Earlier Generations*, p.32.
④ Michael Anderson, "The Social Implications of Demographic Change", in F. M. L. Thompson, ed., *The Cambridge Social History of Britain 1750-1950*, Vol.2: People and Their Environment, p.61.

分是贸易仆人(trade servants)。1750—1821年仆人所占比例下降,但仍占10.7%,甚至在1851年时,大约有9%的15—19岁的男孩子们在人口调查时仍被视为居家的农场仆人。① 一般而言,仆人们大都处于未婚状态。17—18世纪,英国有5%的10—14岁的男孩当仆人,②一旦他们赚到足够成家立业的钱,他们就不再从佣,而是建立属于自己的新家。

从这一对比中可发现,尽管女性比男性结婚早,但更多的女性在结婚年龄从佣。女孩出去从佣的年龄要比男孩大,但男孩要比女孩稍早离开这一职业来建立自己的家庭或事业。从表3-7中还可发现,在各个年龄段几乎都有人从佣。佣人特别是女性佣人几乎全都未婚,大卫·休谟曾在他的散文《古代国家的人口》中写道:"所有的主人都不喜欢他们即将结婚的男仆,并且承认即将结婚的女仆不再适合为他们服务。"③服佣是年轻人在离开家庭与结婚成家之间的一个普遍阶段,是生命周期的一个阶段,拉斯莱特称之为"周期性仆从"(life-cycle servants)。哈伊纳尔1982年在《人口与发展评论》上发表的论文《两种家庭结构体系》中对这种"周期性仆从"的特征做了七点概括:周期性仆从至少占总人口的6%,通常超过总人口的10%;未婚,年龄在10—30周岁之间最多;为家庭农场或作坊做杂活,也为主人从事家务劳动;居住在主人家里,成为该家庭的临时成员;在社会地位上并不低于主人;与主人签订合同,规定充当仆从的时间;一旦结婚,便自立家业,结束仆从的生涯。④

---

① Michael Anderson, "The Social Implications of Demographic Change", in F. M. L. Thompson, ed., *The Cambridge Social History of Britain 1750-1950*, Vol.2: *People and Their Environment*, p.61, 62.
② [法]安德烈·比尔基埃等主编:《家庭史——现代化的冲击》,第59页。
③ Richard Wall, Jean Robin and Peter Laslett, eds., *Family Forms in Historic Europe*, p.95.
④ J. Hajnal, "Two Kinds of Preindustrial Household Formation Systems", *Population and Development Review*, Vol.8, Iss.3 (1982),转引自杨杰:《家庭史学派》,《世界史研究动态》1987年第2期,第33页。

表 3-7　英国 6 个前工业社区里从佣年龄组别百分比(中位数)①

年龄	男性占比	女性占比
0—9 岁	1%	1%
10—14 岁	5%	4%
15—19 岁	35%	27%
20—24 岁	30%	40%
25—29 岁	15%	15%
30—34 岁	7%	10%
35—39 岁	4%	5%
40—44 岁	2%	2%
45 岁+	2%	2%

佣人常常在不同的家庭中反复流动;虽是主人家的成员之一,他们并没有长久的权利,只是通过缔结一个有期限的契约来成为主人家的一员。并不只是贫困潦倒的人迫于无奈才将子女送出去服佣,那些自己有农庄的人,甚至拥有很大农庄的农场主也将他们的孩子送到别的地方去从佣,自己家则雇佣别人来取代他们的劳动。而且居家佣人作为一种职业一直到 20 世纪初才开始消失。英国 1831 年鲁特兰德地区的税收统计表明,20% 的家庭中均有佣人②,在 1851 年人口调查前,42% 的家庭中都有额外居住者,其中很大一部分就是佣人。③ 在旧的服佣衰退的同时新的"家庭佣工"(domestic servant)阶层大量兴起,主要是由年轻姑娘做一些基本的清扫和为家庭做一些仪式性的工作。在 19 世纪时家庭仆人稳步扩展,在 1891 年的人口调查时达到最高峰,超过 150 万。当然其中大都是年轻的姑娘。在 1851 年,27% 的 21 岁单身姑娘和 20% 以上的 18—27 岁的所有

---

① Peter Laslett, *Family Life and Illicit Love in Earlier Generations*, p.34.
② [法]安德烈·比尔基埃等主编:《家庭史——现代化的冲击》,第 53 页。
③ Rosemary O'Day, *The Family and Family Relationships*, 1500 - 1900: England, France and the United States of America, p.6.

未婚女性是家庭仆人,到 1911 年时这种状况只改变了一点点。① 在贫困地区和贫困阶层中这种做法更为普遍:它使贫困家庭能减轻一部分家庭负担,同时又能使缺少劳动力的家庭找到较廉价的劳动力作为补充。但是这种做法同时也具有受教育的目的——对某些人家来说,这还是首要目的。

所以,使家庭规模大小发生变化的,并不是夫妻这个核心的生殖能力,而是这个家庭有多大能力将他们所生子女以外的人聚集在同一屋檐下。家庭规模并不是人口生命力的指数,而是社会地位大小的指数。正是因为富有,上层阶级才能在家中供养大批奴仆并收留无依无靠的亲属。②

虽然贵族和较为富有的阶层的家庭规模较大,但其在全体户数中所占比例并不多。如表 3-8 所示,在 1676 年和 1688 年的克雷沃思,6 人以下家庭占多数。

但必须承认,不管是在古德耐斯顿,还是克雷沃思,甚至在整个英格兰,大部分人都生活在超过 6 人以上的较大规模的住户中,尽管这种大规模住户只占整个住户数的三分之一且总体上平均规模少于 5 人。③ 但这并不是说在传统英国,家庭的规模很大,只能说住户较大,而且这种大规模的住户数并不太多。

从上文的阐述中我们可以知道,前工业社会以小规模的家庭为主,即使是在规模较大的家庭中,大部分成员也是不属于亲戚范畴的佣人。前现代时期的农村存在着大家庭,这只是一种传闻,登记在册的大的住户共同体,不是因为子女很多,而是因为雇工和作为辅助劳动力而受雇的那些在家居住的佣人人数较多。④

---

① Michael Anderson, "The Social Implications of Demographic Change", in F. M. L. Thompson, ed., *The Cambridge Social History of Britain 1750-1950*, Vol.2: *People and Their Environment*, p.62.
② [法]安德烈·比尔基埃等主编:《家庭史——现代化的冲击》,第 42 页。
③ Peter Laslett, "Mean Household Size in England since the Sixteenth Century", in Peter Laslett and Richard Wall, eds., *Household and Family in Past Time*, p.136.
④ [德]里夏德·范迪尔门:《欧洲近代生活:家与人》,第 21 页。

表 3-8 1676 年和 1688 年克雷沃思户的大小分布情况①

户的大小/人	1676年4月,人口数 401				1688年5月,人口数 412			
	户		人		户		人	
	总数/户	比例	总数/人	比例	总数/户	比例	总数/人	比例
1	6	6.1%	6	1.5%	4	4.4%	4	1.0%
2	10	10.2%	20	5.0%	12	13.2%	24	6.0%
3	31	31.7%	93	23.2%	20	22.0%	60	14.9%
4	16	16.3%	64	16.0%	20	22.0%	80	19.8%
5	16	16.3%	80	20.0%	11	12.1%	55	13.6%
6	7	7.2%	42	10.5%	7	7.7%	42	10.4%
7	3	3.0%	21	5.2%	5	5.5%	35	8.7%
8	7	7.2%	56	13.9%	6	6.6%	48	11.9%
9	1	1.0%	9	2.2%	5	5.5%	45	11.2%
10	1	1.0%	10	2.5%	1	1.0%	10	2.5%
总计	98	100%	401	100%	91	100%	403	100%
在社会机构中的人	—	—	0	—	—	—	9	—

那么在工业革命发生几十年后的英国,家庭规模又是怎样的一种状况呢？阿姆斯特朗通过对 19 世纪中叶的约克郡和拉斯莱特描述的前工业社区进行对比,发现二者存在某些明显的共同点,例如这一时期平均家庭规模和人口在规模不同的家庭中所占百分比方面与前工业社会中差不多。(见表 3-9 和表 3-10)②

---

① Peter Laslett, *Family Life and Illicit Love in Earlier Generations*, p.87.
② W. A. Armstrong, "A Note on the Household Structure of Mid-Nineteenth-Century York in Comparative Perspective", in Peter Laslett and Richard Wall, eds., *Household and Family in Past Time*, p.206.

表 3-9　英国平均家庭规模比较

（单位：人）

100 个前工业化社区	4.77
1851 年的约克郡（$n=781$）	4.70

表 3-10　人口总数在各种规模家庭中所占的比例

地区	家庭规模		
	1—3 人	4—5 人	6 人及以上
100 个前工业化社区	17.5%	30.5%	53.0%
1851 年的约克郡（$n=3\,670$）	17.6%	29.5%	52.9%

而且，在与社会地位相关的家庭规模方面、家长的婚姻状况方面、孩子在不同规模家庭中所占的比例方面，约克郡与拉斯莱特的前工业社区也存在相似之处。这可能与当时约克郡的社会经济发展有关系。因为 19 世纪中叶的约克郡还不是一个现代工业城市，真正的工厂或大规模生产在这儿都不存在，除了刚出现的铁路工地，蒸汽动力也较为稀罕。1827 年，一个新闻记者报道说："我们这儿没有大规模制造业，没有复杂的机器，没有织工、染色工、造船工，也没有矿山。"[①]

另一个由德雷克（K. M. Drake）和皮尔斯（C. G. Pearce）对阿什福德（Ashford）进行的研究结果表明，在 1851 年，阿什福德的平均家庭规模为 4.85 人，有亲戚的家庭比例为 21.0%，有寄宿者的家庭比例为 17.5%，有家佣的家庭比例为 16.9%。斯密斯（R. J. Smith）博士研究了诺丁汉，尽管在 1851 年时，蒸汽动力几乎还未被采用，典型的生产单位仍很小，但它明显是个工业化城市，严重依赖袜子和饰带制造业。此时诺丁汉的平均家庭规模为 4.47 人，有亲戚的家庭比例为 17.3%，有寄宿者的比例为 21.8%，有佣人的家庭比例

---

① W. A. Armstrong, "A Note on the Household Structure of Mid-Nineteenth-Century York in Comparative Perspective", in Peter Laslett and Richard Wall, eds., *Household and Family in Past Time*, p.206.

为11.7%。① 以上从约克、阿什福德、诺丁汉三个地区得来的数据说明，一方面19世纪的英国家庭规模对前工业社会具有很大的延续性；另一方面，在构成方面却存在着差异，亲戚同住的发生率大大增加，高于前工业社会10.1%。而且在城市化不断扩展的背景下，有寄宿者的家庭比例也激增，这是由人口的迅速增长和向城市迁移使得住房问题十分严峻造成的。到19世纪，寄宿者群体的存在成为一个十分重要的社会特征，1851年，12%的家中都有寄宿者。44%的住户包含至少一个除家庭成员之外的其他人，或是寄宿者，或是仆人，或是雇工、来访者、亲戚。对某些社会经济群体而言，家并不是夫妻的私人住所。只有10%的专业家庭没有额外成员。②

安德森通过对19世纪中叶的普雷斯顿、约克、农村地区和1966年的普雷斯顿、英格兰和威尔士以及拉斯莱特的100个前工业社会中的社区进行对比，发现在19世纪中叶，至少在普雷斯顿这样的工业城市，家庭规模不但没有减小反而增大了。（见表3-11）

从表3-11可知，家庭规模不但没有因为工业化减小，相反，7人以上规模的家庭所占比例与前工业社会相比增加了。这种家庭规模的扩大与亲戚增多、寄居者增多有关。在普雷斯顿，23%的家庭有亲戚居住，23%的家庭有寄居者，不过，佣人的数量下降，佣人和学徒只占当地人口的3%。大部分家仆都是从农村迁到城镇来的，在这个工厂小镇，他们没有更好的谋生手段，只能为中产阶级家庭服佣作为适应城市生活的最简单办法。普雷斯顿每个家庭中有更多的孩子，平均2.7个，要高于前工业社会，也高于同时期的农村地区和约克。③ 当时家庭中孩子较多可能是以下因

---

① Peter Laslett, *Family Life and Illicit Love in Earlier Generations*, p.212.
② Michael Anderson, "The Social Implications of Demographic Change", in F. M. L. Thompson, ed., *The Cambridge Social History of Britain 1750-1950*, Vol.2: *People and Their Environment*, pp.64-65.
③ Michael Anderson, "Household Structure and the Industrial Revolution: Mid-Nineteenth-Century Preston in Comparative Perspective", in Peter Laslett and Richard Wall, eds., *Household and Family in Past Time*, p.232.

表 3-11　不同社区每个家庭的人口数量累计百分比①

社区	家庭大小/人										平均家庭大小/人
	1	2	3	4	5	6	7	8	9	10+	
1966年的英格兰和威尔士	15%	31%	21%	18%	9%	4%	1%	1%	0%	0%	3.0
1966年的普雷斯顿	18%	32%	19%	15%	8%	5%	2%	1%	1%	0%	2.9
1851年的约克	5%	15%	16%	18%	14%	13%	7%	5%	3%	5%	4.8
1851年的普雷斯顿	1%	10%	16%	17%	14%	12%	10%	8%	5%	8%	5.4
1851年的农村抽样	3%	12%	13%	12%	14%	12%	11%	9%	6%	9%	5.5
1564—1821年的100个社区	6%	14%	17%	16%	15%	12%	8%	5%	3%	5%	4.8

素造成的:第一,平均婚龄较早;第二,已婚的育龄妇女比例增多;第三,孩子在家中待的时间比较长,许多已经工作的孩子继续居住在家中直至结婚,很少有人自愿离开家去公共机构中生活,也很少有人外出寄宿。农村的无地农业工人和小农场主的孩子无法从农业中谋生,只得向城市迁移,成为居家佣人,相对城市来说,农村地区的家庭规模稍小。因此,家庭规模在19世纪中叶以后有所扩大不单归因于孩子死亡率的降低,更要归因于已婚子女与父母同住比例的增加,但这种家庭规模的扩大程度不具有"大规模家庭"的特征。

沃尔对英国家庭的研究也表明,一方面,从1650年到1851年,住户的规模并没有什么变化,但自19世纪中叶开始逐渐变小:孩子数量减少,居家佣人也减少。另一方面,住在家中的亲戚数量在1947年达到顶峰。尤

---

① Michael Anderson, "Household Structure and the Industrial Revolution: Mid-Nineteenth-Century Preston in Comparative Perspective", in Peter Laslett and Richard Wall, eds., *Household and Family in Past Time*, p.219.

其值得重视的是,在1750—1821年这一工业革命时期,家庭中的平均孩子数量、亲戚数量不但没有减少反而增加了。

从表3-12中,可清晰地看到几个明显的趋势,从1650—1749年到1750—1821年,家庭中佣人的数量减少,但亲戚数量特别是孩子数量的增多弥补了这种减少,导致1750—1821年住户的平均规模要比1650—1749年大8%;到1851年时,佣人数量进一步减少,亲戚数量进一步增多,两相抵消,家庭规模并没有发生多大的变化。①

表3-12 英国17—20世纪每百户家庭的平均人数②

(单位:人)

与户主的关系	1650—1749年	1750—1821年	1851年 农村	1851年 城市	1947年	1970年
户主+配偶	163	175	171	164	180	170
子女	177	209	210	191	134	109
亲戚	16	22	33	27	42	11
佣人	61	51	33	14	2	0
小计	418	457	447	396	358	290
附属的寄居者	26	24	24	50	9	3
总计	444	481	471	446	367	293
户数/户	866	1 900	2 467	1 961	5 997	796

18世纪末至19世纪家庭中佣人数量的减少是由人口增长和实际工资下降使得居家劳动力相对昂贵造成的。部分农场主不再使用居家的农业佣人,而代之以照料生活起居的日工,这不但可以节省费用,还可以更为灵活地根据不同季节劳动力的需要来雇佣工人。观念的变化也可能导致这一变化发生:农场主逐渐开始重视自己的隐私,希望与自己的雇工在居

---

① Richard Wall, Jean Robin and Peter Laslett, eds., *Family Forms in Historic Europe*, pp.498-500.
② Richard Wall, Jean Robin and Peter Laslett, eds., *Family Forms in Historic Europe*, p.497.

住条件上具有明确的界限,如同社会地位上的明确界限一样,这可能也是居家佣人逐渐减少的原因之一。

佣人数量减少的同时,孩子数量和亲戚数量增多。孩子数量的增多是 18 世纪末结婚率的上升引起的。"结婚率是从前人口自动调节的巨大杠杆。"结婚率制约着出生率,从 1600 年直至 19 世纪末,在大部分西欧北部国家都存在一种独特的婚姻模式:第一,晚婚。农村地区平均婚龄男为 27 或 28 岁,女为 25 或 26 岁,在 1600—1850 年没有证据表明存在变化。第二,有相当大比例的人终生未婚,在 1800 年前大约有 10%—20% 的比例。① 不过这些都是平均数字,可能会导致误解,即使在相同地方的各个社区间也存在差别。如表 3-13 反映了两个不同郡中女性婚龄的变化差异。

表 3-13 英国两个郡的女子初婚平均年龄②

谢普谢德		博特斯福德	
年份	年龄/岁	年份	年龄/岁
1600—1699 年	28.1	1600—1649 年	25.7
1700—1749 年	27.4	1650—1699 年	26.4
1750—1789 年	25.8	1700—1749 年	27.5
1790—1849 年	23.4	1750—1799 年	26.5
		1800—1851 年	24.9

用皮埃尔·绍努的名言来说,晚婚确实是"古代欧洲伟大的避孕武器"③。在马尔萨斯看来,由于受经济和社会压力的驱使,人们超越心理与生理的需要而实行晚婚,甚至不结婚。英国社会具有四个特征,使得它的

---

① Michael Anderson, *Approaches to the History of the Western Family*, 1500-1914, p.5.
② David Levine, *The Family Formation in an Age of Nascent Capitalism*, p.63, 97.
③ [法]安德烈·比尔基埃等主编:《家庭史——现代化的冲击》,第 17 页。

人民自愿实施晚婚。这四个特征是:广为人接受的鼓励人们追求经济与社会利益的伦理;一个分层与不平等的社会,人人都不断地努力往上爬;被公正与有力的政府所保护的私有财产制度;普遍的高于生存状况的生活水平,人们享受着文明带来的舒适与利益。这四个特征有利于英国实施预防性的生育节制。① 在一些地区,有一部分人早在17世纪就开始有意识地使用节育方法,使家庭规模控制在5人以下。② 马尔萨斯还指出,对生育的预防性抑制在某种程度上似乎影响着英国的所有社会阶层。甚至一些社会地位很高的人,想到成家后须节俭度日,须放弃自己的快乐生活,也会因此而不娶妻。当然,在上层阶级中,这种考虑是微不足道的,社会阶层越低下,这种对未来生活的忧虑也就越大。③ 生活在乡绅家里的仆役,会遇到更坚固、更难以冲破的对贸然结婚的限制。他们几乎享有和主人同样充裕的生活必需品和舒适安逸的生活。与劳动阶级相比,他们的工作轻松,食物精美。他们觉得不称心时,可以调换人家,因而依附感并不那么强烈。生活过得这么舒服,结婚以后的情景又会怎么样呢?他们没有经营商业或农业的知识和资本,也不习惯于从事经营活动,因而无法靠日常劳动为生,唯一的避难所似乎就是破烂肮脏的小酒馆,这对未来的生活来说,肯定不是十分诱人的前景。所以这种黯淡的生活前景会使很多仆人畏缩不前,满足于继续过独身生活。④

由上可知,16—19世纪的英国社会转型时期,经济的变化对家庭的人口构成模式确实产生了巨大影响,家庭中孩子的数量相对工业化前有所增加。这是因为在维多利亚时期,家庭作为一个工作单位和收入单位仍保有重要的经济优势。乡村工业、家庭工业和作坊工业继续存在,这

---

① Alan Macfarlane, *Marriage and Love in England*, pp.13-14.
② Michael Anderson, *Approaches to the History of the Western Family, 1500-1914*, p.6.
③ [英] 马尔萨斯:《人口原理》,第26页。
④ [英] 马尔萨斯:《人口原理》,第28页。

些行业提供了全体家庭成员一起工作的机会。另外,母亲和子女的劳动所得对于家庭十分重要,有时使得家庭在贫困与舒适间摆动。而对于工人阶级的子女来说,不管是十多岁的少年,还是未婚青年,继续居住在家中从经济方面来考量比较合算,母亲提供的不付报酬或低报酬的生活服务要比作为一个寄宿者独立生活更实惠、更温暖。当妇女和儿童大批进入劳动市场,家庭成员共同居住可以节约家庭资源,使之控制在最低的程度。

实际工资的增加也对家庭构成产生影响。它使年轻人可以保留自己的劳动所得,能较早积蓄起建立自己新家所需的资金。其他不受个人控制的乡村经济机遇或其他结构性经济限制也对家庭构成产生影响。当社会向个人提供较多、较好的就业机会时,个人就能够脱离大家庭而独立生活。外界的经济限制最为典型的方面就是住房条件。在工业化和城市化的早期,特别是18世纪末至19世纪中叶,工人住房问题一直是工业起步阶段的一个缺陷。最初的城市设计者,或者说,那些市政负责人,面对到新建工厂来工作的如潮劳动者,一筹莫展。一些私人创业者为了牟利,急急忙忙在那些常常对身体有害而价格低廉的城市空地上建起狭窄的住房。一些家庭就拥挤不堪地租住在里面,对他们来说,房租是一项沉重的经济负担。从地下室到顶楼,所有的空间都住上了人。18—19世纪亲戚数量的增长还有一种可能性,即现有住房的分配不能为独立的家庭单位创造充足的居住空间。据让-皮埃尔·纳瓦莱斯所做的统计,在维多利亚女王时期的英国,1840年曼彻斯特的240 000居民中,有14 960人长期住在地下室里;在利物浦,差不多有20%的居民也是生活在地下,其中爱尔兰人占有相当大的比重。① 城市的环境发展不能与城市人口的增长速度同步,使得住房极为紧张,因而有较多的新迁到城市

---

① [法]安德烈·比尔基埃等主编:《家庭史——现代化的冲击》,第547页。

的人寄居在城市里的亲戚家里,从而使得住户中的平均亲戚数增多。所有这些都使得英国家庭的人口构成模式发生了变化,但是这种变化却不能通过平均家庭规模反映出来,从调查数据来看,英国社会仍以小规模的家庭为主导。

1861年后,家庭规模才开始呈现出明显的变化(见表3-14),维多利亚中期的大家庭逐渐让位于小家庭。这种变化不只是与家庭中孩子数量减少有关,还涉及居家佣人的减少、寄居习俗的变化、住房空间的获得、非正式的看护和收养别人的孩子等有关。明显的是,近代早期的户尽管与19世纪晚期的户包含相同的平均人数,但它们所对应的家庭类型并不相同。

表3-14 1861—1934年英格兰和威尔士以婚姻群组划分的家庭规模①

结婚时间	家庭规模/人
1861—1869年	6.16
1876年	5.62
1886年	4.81
1890—1899年	4.13
1900—1909年	3.30
1915—1919年	2.46
1925—1929年	2.11
1930—1934年	2.07

从1890年开始,平均家庭规模持续下降,在英格兰和威尔士,完整的家庭规模从1861—1869年婚姻群组的6人下降为1890—1899年婚姻群组的4人,1900—1909年婚姻群组则为3人,到1961年只有2%的家庭人

---

① Diana Gittins, *Fair Sex: Family Size and Structure*, 1900-39, London: Hutchinson, 1982, p.210.

口数在 12 人以上，只有三分之一的家庭人口数在 6 人以上，①这是从 19 世纪 60 年代开始生育率持续下降的结果。然而对家庭生活本质产生革命性变化的是生育控制的扩展。我们必须分清由于经济原因而推迟结婚与在婚姻内限制孩子数量这两者的差别。晚婚是维多利亚中等阶层价值观的一个方面，在 1850 年左右，专业人士结婚的平均年龄为 30 岁，但一旦结婚，他们的家庭规模就较大，在那时，英格兰与威尔士的生育率是 35‰，1875 年后，生育率迅速下降，到 1914 年第一次世界大战爆发前夕，只有 24‰。1870 年每个家庭的孩子数量平均为 6 个，1890 年降为 4.3 个，1915 年只有 2.3 个。②

19 世纪末，工人阶级的家庭规模也开始缩小，这是社会经济、政治和文化体系使夫妻关系和亲子关系发生了变化导致的。这其中，国家政策起了很大的作用。国家限制童工和女性劳力，推行强制教育，在健康和卫生方面进行了改善和提高。对童工的限制和强制教育的实施使孩子依附期延长，使得孩子为家庭做贡献的时间缩短，养育孩子成为一项经济负担。而公共保健措施的完善、医学的进步、生活富裕等都大大提高了婴儿的成活率，如果人们可以肯定多数孩子都能健康成长，那么，孩子太多就会变成负担。如此一来，过去那种高生育率、高死亡率的人口模式发生了变化。对那些希望子女受良好教育的工人阶级父母而言，为了减轻家庭经济负担，给孩子创造更好的教育条件，他们也开始实施生育控制来缩小家庭规模。妇女在社会经济体系中的地位发生重大变化成为家庭规模缩小的关键因素，工人阶级妇女在这一时期工作机遇扩大，她们更愿意限制生育，与此同时，她们在家庭中的地位因为经济能力得到提高，在限制生育方面的话语权较大，生育控制的实施使得家庭规模

---

① Michael Anderson, *Approaches to the History of the Western Family, 1500 – 1914*, p.7, 10.
② Geoffrey Alderman, *Modern Britain 1700 – 1983: A Domestic History*, p.161.

缩小。

综上所述,16—19世纪中叶这一社会转型时期,在经济变化的影响下,英国家庭中人口构成模式虽然发生了变化,但家庭规模并没有发生剧烈的变化,而是呈现出延续性特征:一直以小规模的家庭为主导,并不存在一个由大规模的家庭向小规模家庭转变的过程。但19世纪末尤其20世纪以来,由于各阶层人们主动进行生育控制,生育率大大下降,人口增长速度减缓,家庭规模的确要比之前的小。

四、小　结

通过上述从历史的角度出发来对英国的家庭进行考察,我们了解到:第一,前工业社会的英国,其家庭就以小型的核心家庭为主,扩展家庭虽然存在,但所占比例并不大,且只局限于上层社会;第二,工业化并不是一味排斥大家庭,而且在一些情况下还会出现家庭扩大化的倾向,比如在19世纪的兰开郡,家庭规模就呈扩大化倾向,几代同堂、亲戚之间互助的情况较为普遍。这样,那种规模庞大的复杂家庭遍及前工业社会的英国,而工业化则使它们朝小型核心家庭演进的神话就被历史事实粉碎了。从16世纪中叶到20世纪初,英国住户的平均规模和构成没有多大变化,典型的住户单位包含4.5—4.75个居住者,主要由核心家庭成员组成(丈夫、妻子和他们的子女)。住户规模和结构的剧烈变化直到20世纪上半叶才开始,到1951年时,英国住户平均规模缩小为大约3.25个人。伴随住户规模缩小的是在构成方面的变化,与前一时期相比,20世纪中叶的英国住户常常由独居的单身者组成,更有可能包括没有子女共同居住的父母,一般而言,子女、仆人、亲戚和房客较少。① 在粉碎这一神话的同时,我们还应该强调,尽管工业化在某种程度上使得家庭规模有所扩大,家庭结构也比之前复

---

① N. L. Tranter, *Population and Society 1750－1940: Contrasts in Population Growth*, pp.181－182.

杂,但这并不是普遍现象。英国在 16—19 世纪这一社会转型时期一直以小规模的核心家庭为主,但并不排除在上层社会特别是贵族阶层和十分富有的群体中的确存在大规模的扩展或复合家庭,不过所占比例极小。

18 世纪末和 19 世纪经济与人口的剧变对英国住户规模和结构没有产生明显的影响,这也许有两个方面的原因。第一,18 世纪末和 19 世纪上半叶经济变化的节奏没有想象的那么剧烈。工业革命导致的生产方式转变是一个渐进的、非革命性的过程。到 1851 年,大部分劳动力都在其性质没有明显改变的行业中就业,家庭作为一个工作单位没有立即被破坏。事实上,即使在早期的工厂中,家庭仍是生产和规训劳动力的一种途径。未婚女性仍然在传统的工业中就业,如果她们居住在离家较远的地方,她们会将其所得的一部分汇寄给父母。已婚女性的就业模式在很大程度上也与前工业时期差不多。在工业化早期阶段,家庭仍是一个生产单位,且仍以传统的结构和概念来组织家庭。第二,人口的变化并不总是对住户和家庭结构产生巨大影响。[①] 在 16—19 世纪从传统农业社会向现代工业社会转型的过程中,英国家庭结构与规模的发展并没有遵循正统社会学主流所认可的理论,没有出现从大规模的扩展家庭向小规模的核心家庭转变的过程。

---

① N. L. Tranter, *Population and Society 1750 - 1940: Contrasts in Population Growth*, pp.184 - 185.

第四章

夫妻关系

婚姻是家庭的基础和起点。夫妻关系是家庭中最核心的关系。有夫妻才有子女,然后才有家庭中的其他关系,家庭关系是以夫妻关系为核心展开的。这种二元关系结构的组织包含着不同的社会角色、权力、地位关系特征。在夫妻间总是存在着权力、地位和声望的分配。[①] 在所有的社会中,家庭内部都存在着一系列普遍适用于丈夫与妻子的性别角色分工规则,尽管并非每个人都能适应社会加于他(或她)的性别角色及其规范。家庭中夫妻角色的分工和彼此之间的关系既是生物因素决定的,也受社会因素的影响和规定,经济、政治、教育、宗教、社会福利等一系列因素影响着家庭模式和家庭组织的性质,也影响着家庭中的互动关系,包括夫妻之间、父母与子女之间的行为与期待。

毋庸置疑,在不同的经济社会制度中,夫妻关系有不同的内容和表现;有关夫妻角色的规范会随着社会的变迁不断被赋予新的内涵,但夫妻关系并不会发生重大的逆转。在绝大部分社会中,丈夫的地位总是高于妻子,主要体现在离婚优先权、婚前性自由和有更多的婚外性关系;妻子则顺从和服从丈夫,隐居和禁锢于家中,从夫居。[②] 在16—19世纪的英国,家庭中夫妻关系的内容和夫妻角色的规范基本上遵循这样一种模式,并没有发生多大变化。

---

① Robert O. Blood,*The Family*,New York:Free Press,1972,p.424.
② Robert O. Blood,*The Family*,p.425.

一、夫妻角色分配

角色是一个社会学名词,是指某个人在特定的社会和团体中占有的适应位置及被该社会和团体规定了的行为模式。它包含着人的三个要素:社会、家庭和自我。人的生命从母腹中出生直到死亡,便加入了与地理、历史相关的各种集团——家庭、阶级、集体和民族,因此,一个人无论在什么时候,他既是一个有机体,又是一个自我和一个社会成员。① 而家庭角色是指一个人在特定的家庭中占有的适当位置,以及被该家庭规定了的行为模式。②

从一般意义而言,婚姻是一种伙伴关系,丈夫和妻子首要的任务就是建立一个新住所,然后共同协作经营一个家。家和世界之间的辩证两极是西方写作中的一个古典比喻;妇女被特别地要求为私人领域(private realm)而教化的观念和亚里士多德一样的古老。③ 从古典时代以来,"家"就有里外之分,外面属于男人,里面是女人的专属之地。色诺芬说:"男人的天职是从事家庭外部事务,而女人则是主内。"④ "为家庭提供财富一般

---

① [美]埃里克松:《童年与社会》,罗一静等编译,上海:学林出版社,1992年,第20页。
② 许万敬、刘向信主编:《家庭学》,济南:山东友谊出版社,1994年,第141页。
③ Amanda Vickery, "Golden Age to Separate Spheres? A Review of the Categories and Chronology of English Women's History", The Historical Journal, Vol.36, Iss.2 (1993), p.383.
④ [法]吉尔·里波韦兹基:《第三类女性——女性地位的不变性与可变性》,田常晖、张峰译,长沙:湖南文艺出版社,2000年,第184页。

是男人的事,而如何花费这些财富,则完全依靠女人来管理。"①这种对妇女家庭职责的强调一直贯穿后来的道德说教文献和行为指导书中。

按照新居制原则,"婚姻在英国总是意味着建立一个独立的家"②。夫妻有多种任务要承担,并共同协作,但分工的专门化已成习惯。③ 作为夫妻的男女两性的分工一直以来就被强调,其基本规范并没有发生根本变化,宗教改革之前的行为手册就强调妇女的家庭职责,而这一主题在以后的三个世纪中基本保持不变。像《男人的全部职责》和《妇女的天职》这种指导手册,尽管一版再版,但其内容在这几个世纪中并没发生变化。④

在清教看来,合格的妻子应是丈夫的好帮手,温柔贤惠,患难与共,相夫教子,治家有方。16世纪与17世纪之交英国清教的布道书中明确规定,夫妻对家庭的责任分别是:丈夫外出工作,挣钱养家;妻子主理家政,勤俭持家。两人俨然是一个过日子的互助组。⑤ 爱德蒙·梯尔尼(Edmund Tilney)在其1571年写作的《友谊之花》(*The Flower of Friendship*)中强调妻子负责家庭内部事务,而丈夫则负责外部,"两人互补性地完成任务:丈夫的职责是带回生活必需品,妻子则保管它们;丈夫的职责是在外面谋取利益,妻子则居留在家中;丈夫的职责是赚钱,妻子则是不要挥霍;丈夫的职责是与所有的男人打交道,妻子则不要与任何男人说话……丈夫的职责是过好他自己的生活,而妻子则是管理家务"⑥。1583年斯密斯认为夫妻之间角色的分配应该是"男子挣钱、在外闯荡、保护家人;妻子则收藏男人

---

① [法]米歇尔·福柯:《性经验史》,佘碧平译,上海:上海人民出版社,2000年,第246—247页。
② Susan Dwyer Amussen, *An Ordered Society: Gender and Class in Early Modern England*, p.70.
③ Robert O. Blood, *The Family*, p.438.
④ Robert B. Shoemaker, *Gender in English Society, 1650 – 1850*, p.32.
⑤ Kathleen M. Davies, "Continuity and Change in Literary Advice on Marriage", in R. B. Outhwaite, ed., *Marriage and Society: Studies in the Social History of Marriage*, pp.67 – 70.
⑥ Susan Dwyer Amussen, *An Ordered Society: Gender and Class in Early Modern England*, pp.44 – 45.

带回来的东西，等候在家并分配丈夫劳动所得……保持家中的干净整洁"①。妇女的家庭劳动就是她们的"天职"，是一种可与丈夫所从事的工商业活动相提并论的神圣职业，也是夫妻共同事业的一部分。按照1598年出版的清教《婚姻守则》的作者罗伯特·克利弗(Robert Cleaver)的说法，妻子"应该像审判团中的一名法官一样协助他统治他的家族"②。1747年的行为指导书《统治妻子的艺术》也鼓吹男女职责分明的观点："丈夫获取生活资料，妻子储藏与贮存它们；丈夫外出谋生，妻子照看家庭；丈夫与所有的人打交道，妻子不与人说话；丈夫处理外部世界一切事务，妻子处理内部事务。"③这种男女在不同领域内的活动内容与男女两性的生理和心理差异密切相关，并将丈夫的优越性置于妻子之上。

由上观之，在几乎所有的婚姻中，丈夫和妻子都要承担特定的角色，为家庭做出重要的贡献，但一般而言，总是男主外、女主内，夫妻相互合作的模式。丈夫作为一家之主享有优越的地位，所有处理外面事务的责任都交给他。妻子也有自己的领域，不但要照顾孩子，还得制作染色的织物、纺纱、安排伙食、腌制果蔬、制作甜酱、收租、记账、整理租约、制药等等。这种家庭成员之间的劳动分工部分是由男女之间的生理差别决定的，部分是由经验的不同和在人力资本上投资的差别决定的。④

因此，可以这么说，妻子主要负责家庭内部事务是从古典时代以来就被反复说教的主题，到维多利亚时期这一理论变得更为精致。约翰·拉斯金(John Ruskin,1819—1900,英国作家、社会改革家)在其《关于皇后的花园》中对分离领域的强调最具代表性，他认为家庭是"妇女的真正场所"，"任何地方只要出现了一位真正的妻子，在她的周围就构成了一个家"。⑤

---

① Ralph A. Houlbrooke, *The English Family 1450 – 1700*, p.106.
② Eli Zaretsky, *Capitalism, the Family and Personal Life*, p.44.
③ Robert B. Shoemaker, *Gender in English Society, 1650 – 1850*, p.30.
④ [美]加里·S.贝克尔：《家庭经济分析》，第17页。
⑤ [美]凯特·米利特：《性的政治》，钟良明译，北京：社会科学文献出版社,1999年,第148页。

这种男女两性扮演不同角色的理论也无时无刻不体现在现实生活中,"妇女的位置在家庭",这句古老的谚语适用于任何一个传统社会。

不管是从事农业还是手工业,下层劳动者家庭都是一个紧密的社会和经济单位。男女两性都承担着家庭的生产任务,孩子们在很小的时候就要参与家庭劳动;在孩子"社会化"的过程中,家庭中存在明确的劳动分工。① 在劳动者的婚姻生活中,夫妻共同为家庭做贡献一直就是一种普遍现象。在工业革命前,妻子作为丈夫的助手,始终是丈夫在家里的代理人。妻子参加丈夫的生产和经营管理,"男耕女织"表明妇女也是家庭经济的重要支柱。在中世纪的英国,农夫的妻子和丈夫一块儿耕种;工匠的妻子帮丈夫照料店铺;商人的妻子要帮助丈夫理财;领主的妻子则是庄园大管家,要安排庄园的种种内务。这时,妇女的位置虽说在家里,但却发挥着"半边天"的作用。②

农村劳动妇女在家庭经济中发挥了不可替代的作用。除一日三餐是最基本的家务外,她们还忙着挤奶、喂养牲畜、制作黄油及奶酪、管理菜园、纺纱织布、洒扫庭院。农忙时,她们必须下田帮助丈夫干活,当丈夫外出时,妻子就独自承揽起内外事务。安东尼·菲茨赫伯特爵士(Sir Anthony Fitzherbert)曾对农村劳动妇女承担的农活做了如下概述:"簸糖、做麦芽、洗涮、晒草、收割,必要时帮助丈夫装运粪车、拉犁、堆草、运谷等;去市场出售黄油、奶酪、牛奶、鸡蛋、鸡、猪、鹅及各种谷物,同时买回家庭所需的各类用品。"③农村劳动妇女这样辛劳,她们在家庭经济中的角色如此重要,以至于英国流传着一句众所周知的古老格言:"没有妻子的许可,丈夫难以致富。"④因此在农村,夫妻之间男耕女织,同心协力,共同创建和谐的家庭经济生活,农民的妻子始终是丈夫真正的合作者。城市里有一些劳动妇女也

---

① Ronald Fletcher, *Britain in the Sixties: The Family and Marriage*, p.62.
② 钱乘旦:《第一个工业化社会》,第 340 页。
③ David C. Douglas, ed., *English Historical Documents* (1485 – 1558), *Vol.5*, London and New York: Routledge, 1971, p.924.
④ David C. Douglas, ed., *English Historical Documents* (1485 – 1558), *Vol.5*, p.921.

会经营一块菜地,饲养猪和鸡,并将剩余拿到集市上去售卖。有些妇女则在自己家中开设咖啡馆,还有些向外出售她们自己准备的食物和饮料。① 妇女的劳动经常决定着他们会衣食无忧还是濒于饥饿。②

另外要强调的是,夫妻共同为家庭经济做贡献的协作模式,并不都是在一种自给自足、家庭成员共同合作的家庭企业中实现的。妻子虽和丈夫一起劳动,但同样也参与到广泛的各行各业的生产活动之中。工业革命前,妇女就已经在家庭之外劳作,大都从事女性化的职业。已婚和单身妇女在市场上出售商品;靠当流动小商贩赚钱,当临时工、护士或洗衣工;制陶、丝绸、花边、服装、金属制品、五金制品;在车间里织布和印花布。③ 已婚妇女也参与雇佣劳动,以此挣取收入来补贴家用,维持普通的生活水平,这种共同为家庭经济挣得更多收入的模式存在着地区差异。

在英国北部各郡,织工们的妻子也参与计件工作,西部各郡和东安格里亚(East Anglia)的妻子则与丈夫一道为丈夫的雇主们进行纺织,在埃塞克斯的北部和中部地区,女性在纺织业中也十分普遍。如果本地区没有这样的机会,妻子们会干一些临时性的活,如除草、翻晒干草、捡石子、拾稻穗、洗涤衣物、开个小酒馆等,挣一两便士来养家糊口。④ 对约克郡的羊绒纺织工妻子和德文郡的花边制造工妻子来说,她们的工作并不是对丈夫工作的补充,而是一种完全独立的有酬工作。需着重强调的是,有报酬的工作并不是19世纪实业家的发明,也不是像人们所认为的那样,在工厂之前的工作是以家庭为中心和以社区为中心的。⑤ 在较大一点的城镇中,必须

---

① Joan W. Scott and Louise A. Tilly, "Women's Work and the Family in Nineteenth-Century Europe", *Comparative Studies in Society and History*, Vol.17, Iss.1 (1975), p.47.
② Joan W. Scott and Louise A. Tilly, "Women's Work and the Family in Nineteenth-Century Europe", *Comparative Studies in Society and History*, Vol.17, Iss.1 (1975), p.46.
③ Joan W. Scott, "The Women Worker", in Geneviève Fraisse and Michelle Perrot, eds, *A History of Women in the West*, Vol.4, Cambridge: Harvard University Press, 1993, p.403.
④ Keith Wrightson, *English Society 1580 - 1680*, p.93.
⑤ Amanda Vickery, "Golden Age to Separate Spheres? A Review of the Categories and Chronology of English Women's History", *The Historical Journal*, Vol.36, Iss.2 (1993), p.404.

离家出去工作的帮工和苦力在数量上要超过独立或半独立的工匠或零售商,毫无疑问,这些夫妻更是不可分割的一个整体,丈夫和妻子都必须尽其所能去工作以避免贫困。妻子们被期望工作,她们的工作是家庭经济不可或缺的一部分,哪里需要她们,她们就出现在哪里。在 1570 年对诺里奇的一个调查发现,为了避免陷入贫困,丈夫和妻子都得努力工作。在 21 岁以上的人口普查中,超过 86% 的女性有工作。① 在 1743 年,许多父母忠告女儿说,"你不能指望在你们两人都没有工作的时候结婚,只有傻瓜才会娶一个只吃饭不干活专靠丈夫养活的妻子"②。不过当这种劳动与她们的家庭责任相冲突时,家庭责任应该处于优先地位。

在外劳作之余,妇女还得操持家务、洗衣扫除、做饭备膳、缝被做衣、服侍老小和照料病残。的确,劳动妇女总是无休无止、无怨无悔地为家庭而操劳,正如一句民谣所说的:妇女的工作永远做不完。妻子的主要工作涉及家庭的内内外外,不单是做饭这么简单,同时还要洗洗涮涮、缝缝补补、打扫房间、整理床铺;而所有这一切又是在她们完成田间劳作、喂完牲畜之后的事情。③ 从清早起床,她就开始扫地、清洗、生火,要给孩子穿衣、做饭,然后送他们上学,为丈夫准备饭菜和其他食物等,这些就得占据她一上午的时间,下午她则要纺织、编织、洗衣、擦洗家中的一切,然后要对丈夫和孩子们给予进一步的关注,晚上她被孩子的哭声吵醒,要起来给孩子喂奶等。④

工业革命开始后,妇女的作用往两个方向发展。对穷人来说,她必须走出家庭,到外面去为家庭挣钱。农民的妻子往往到城里去,或者到庄园府宅去给别人帮工。19 世纪,女佣人是全国最大的职业集团。工业区的妇女则进工厂做工或下矿井劳动。最早的工厂中,女工的人数始终占多

---

① Ralph A. Houlbrooke, *The English Family 1450–1700*, p.109.
② Joan W. Scott and Louise A. Tilly, "Women's Work and the Family in Nineteenth-Century Europe", *Comparative Studies in Society and History*, Vol.17, Iss.1 (1975), p.50.
③ [法] 吉尔·里波韦兹基:《第三类女性——女性地位的不变性与可变性》,第 184 页。
④ Anthony Fletcher, *Gender, Sex and Subordination in England 1500–1800*, pp.229–230.

数。妇女外出工作使她取得独立的收入,这种收入不像之前那样是在帮助丈夫的过程中取得的,而是她独立取得的,因此工业革命首先造成劳动妇女的经济独立。劳动妇女不仅成为家庭收入的重要来源,在某些情况下,特别是当丈夫失业或生病时,她还是家庭收入的唯一来源,妇女在家庭中的地位有增无减。①

大量证据表明,18世纪和19世纪初,下层阶级的妻子们管理着家庭经济,负责开支全家收入。在这种情况下,不管现行的法律和道德理论,以及丈夫由于地位或面子如何对待她,"妻子最起码在经济上是一个不可多得的人才"②。对许多最贫穷的村民和城镇人来说,为他们自己和孩子们的衣食住行而共同操劳是婚姻关系中的主要任务,虽然这并不意味着穷人的婚姻就没有任何其他意义。

但同时,和男子相比,劳动妇女在家中的地位更低下了。尽管妇女在外辛苦挣钱,但根据传统观念,所有的家务仍然都由她承担。从做饭洗衣服到照看孩子、侍候丈夫,妇女都要一手包揽下来。男人在下工后可以上酒馆消磨时光,妇女却投入另一场紧张的战斗。当时的工作时间有时会长达十五六小时,妇女的这种双重负担实在对她们太不公平。随着劳动妇女在经济上取得独立,她们的地位反而下降了,她们与男子的关系变得更不平等。③

在中上阶层,妻子也同样要为家庭经济做贡献。上层社会的贵族妇女虽然享受着荣华富贵,但她们并不是无所事事的仅供观赏的摆设品,而是要和丈夫一起共同努力来维持家庭生活的正常运转,大多要承担家庭的管理活动。虽然艺术家画中的贵妇人看上去十分的脆弱,诗人笔下的妇女也如同六月的鲜花很快就枯萎,但事实上,这些看上去十分脆弱

---

① 钱乘旦:《第一个工业化社会》,第340页。
② Eric Hopkins, *A Social History of the English Working Classes 1815 – 1945*, London: Edward Arnold, 1979, p.9.
③ 钱乘旦:《第一个工业化社会》,第342页。

的女性非常能干。① 她们被丈夫当作值得敬重的伙伴、建议者和最亲密的朋友,在商业活动和其他事务中,这些帮手都是非常积极的,并不是漠不关心的参与者。② 由于那时的贵族经常要外出,或进宫廷,或因公私事务离家甚至远去国外,每逢此时,贵族妇女就充当了丈夫的全权代理人,管理起一切事务。玛格丽特·帕斯顿(Margaret Paston)就是这样一位精明能干的妻子。她的丈夫长年在伦敦,她独自留在诺福克郡的家里管理庄园。因与邻近的贵族发生土地争执,她曾多次被围困在庄园里,武装暴徒还拆毁了她家围墙,尽管如此,她仍然毫不畏惧,甚至还组织力量进行反击。③ 利塞尔勋爵(Lord Lisle)外出时,其妻霍诺·格伦维尔(Honor Grenville)就代理户主之职。④ 即使丈夫在家,贵妇人依然要管理家庭内务。当时的贵族之"家"是一个包括众多仆役的大户人家,管理这样一个家绝非易事。因为在这一时期,绝大多数生活必需品都得自己准备,庄园里生产不出来的则要到附近的市场、店铺或外地去购买。再加上贵族之间交往频繁,活动很多,家里常常高朋满座,宾客盈门,宴席不断。所有这一切自然不用女主人亲自动手,但她得操心过问。只有在她的细心筹划下,这种大家庭的生活才能过得井井有条,舒适妥帖。正如艾里斯·克拉克所说:"在英国上层社会中,最常通行的夫妻关系,确实表明是合作者的关系。"⑤这些贵妇人的能干,给人留下深刻印象,如 16 世纪的玛格丽特·当肯斯·胡比,她是约克郡一个庄园主的独生女儿,在胡丁伯爵夫人的严格管教和保护下,她学习管理庞大的家产,25 岁时嫁给了她的第三任丈夫——汤姆斯·胡比先生。玛格丽特于 1599 年开始记日记,她在日记中记录了大量她在管理

---

① Mary Coate, *Social Life in Stuart England*, p.24.
② Daniel C. Quinlan and Jean A. Shackelford, "Economy and English Families, 1500 – 1850", *Journal of Interdisciplinary History*, Vol.24, Iss.3 (1994), p.449.
③ 马嫚:《工业革命与英国妇女》,上海:上海社会科学院出版社,1993 年,第 4—5 页。
④ Rosemary O'Day, *The Family and Family Relationships, 1500 – 1900: England, France and the United States of America*, p.141.
⑤ 马嫚:《工业革命与英国妇女》,第 6 页。

家产方面所做的事情。这些家产中的一部分是她当年的嫁妆,她管理监督仆人、发薪水、付账单、看病、处理家庭事务,像洗衣、织毛衣、染衣服、做蜡灯、照看蜂箱、储藏食品、监督工人种田、买羊、种树等。家人的衣服大多是由她和仆人亲自缝制的,同时,玛格丽特本人也很关心家人的身体健康,为他们开处方,做一些简单的手术。她的丈夫很多时间都不在家,作为国会议员和众多委员会的代表,他有很多事情要处理,如维持社区的治安,主持一些不定期的教会活动。而玛格丽特同样忙于家产的管理,维护家族利益。①

乡绅的妻子在管理其家庭时也起着关键性作用。她们要监督仆人完成家务,包括所有的清洗、购物和做饭,这种工作因为缺少现代化的电器和洗涤设备要比现在繁重得多。另外,那个时候的家务还包括酿酒、挤奶、种植蔬菜和水果、照料房客、养猪和家禽、纺织,甚至还提供医疗照顾。17世纪的一些女性日记表明,中上阶层的妻子们总是将她们大部分的时间花费在家务方面,或者自己亲自做家务,或者督促仆人来做。约翰·奥格兰德爵士(Sir John Oglander)真的非常自豪自己有个十分勤劳的妻子,"每天她都起得比我早,去监督屋外的活:她不会相信她的女仆而是亲自去做"②。虽然乡绅主要关心的是如何有效地经营和扩大其地产,但参与地方行政事务或通过诉讼保护地产利益常常要求他们离家外出,在这时,他们的妻子就要积极地参与地产的管理,包括征税、销售产品,进行必不可少的修缮,并要积极反对袭击、保持地产,许多妻子和丈夫一样具有平等的决定权甚至有时主要由自己做主。如伊丽莎白时期的凯瑟琳·贝克莱夫人(Katherine Berkeley)在家里家外都管理着丈夫的事务。③

贵族和乡绅的妻子为家庭做贡献的能力在内战中得到充分体现。在内战中,被迫离家的丈夫常常将地产经营的重担交付于妻子。诺福克郡的

---

① [美]玛丽莲·亚隆:《老婆的历史》,第148—149页。
② Keith Wrightson, *English Society 1580-1680*, p.94.
③ Ralph A. Houlbrooke, *The English Family 1450-1700*, pp.106-107.

乡绅托马斯·金维特(Thomas Knyvett)对他的妻子说:"我知道没有比您更好的管家来管理我们的事务。"被监禁或流放的保王党分子的妻子常常到伦敦来,要求解除对他们财产的扣押,并达成和解的协议。① 如果在这种重大的事件上妻子的管理是一种常态,那么在日常的事务中她们肯定也是很好的帮手。确实许多遗嘱中都将妻子作为遗嘱执行人,有时让她们全权管理家庭财产并让她们负责养大未成年的孩子。②

在小农场主、独立工匠和小店主阶层,夫妻的这种协作更为重要。自给自足的经济形态要求妻子们勤俭持家。当时的婚礼布道形象地将妻子的分内之事表述出来:"如果你想要面包,你不应该去买,而应该自己来种植、收割、碾磨;如果你想要衣服,你应该播种,将种子植入土地中,织麻、纺线、织布,这样就制成了你所需的衣服。"③妻子确实在家庭经济中起着重要的作用。一个16世纪末的日记作者在其日记中列举出来的要求表明,一个男子需要妻子是因为友谊,也是因为需要她来照顾孩子、照看家务,以及维持和增加财产。宣教者和散文家塑造的"好女人"也是勤勉、节俭,在家庭任务方面比较熟练、能对家庭责任尽职并自愿顺从的妇女。④ 比如,威廉·斯托特的父亲种有24英亩土地,他的母亲不只是完全在家务中劳作,还要和其父亲与仆人们一道在收获季节时收草打谷,并整理谷物拿到市场上去卖。⑤ 在18世纪初期,许多妇女在农业中的角色仍接近于她们丈夫的工作伙伴,农场主、小自耕农、茅舍农的妻子都能对家庭收入做出贡献。她们所做的工作虽然不以挣工资形式体现,但却以各种不同的方式对维持家庭生计起着重要作用。一般来说,地里的重活首先是丈夫的责任,

---

① Ralph A. Houlbrooke, *The English Family 1450 – 1700*, p.107.
② Keith Wrightson, *English Society 1580 – 1680*, p.94.
③ Mary Coate, *Social Life in Stuart England*, p.27.
④ Margaret George, *Women in the First Capitalist Society*, Urbana and Chicago: University of Illinois Press, 1988, p.5.
⑤ Keith Wrightson, *English Society 1580 – 1680*, p.93.

妻子则照看家和孩子、照料牲畜、掌管菜园、播种收割,还常常负责挤奶、制酪、制黄油,另外还要管理家务、织布、制衣、酿酒、烘制面包,通常情况下还要记账;她还要走出农场将农产品拿到市场上去售卖,同时购置家中一切生活必需用品;在必要时她也要到地里干重活,如掌犁驾车;许多妇女里里外外都是一把好手。事实上农场主没有妻子是不行的,仆人不可能完成一个妻子所承担的任务。城市里,工匠和小店主的妻子也总是在店铺中忙碌。那些工匠的妻子从产品的开始制作到最后完工都要为丈夫打下手,还要平息家庭纠纷、管理财务。丈夫和妻子间的经济协作在小规模的商业、零售业和与粮食供应相关的一些行业特别是酿酒和烘烤面包中特别密切,成为一种完全的工作伙伴关系。18世纪的一首诗反映了约克郡的家庭工业中,妻子是家庭经济中不可缺少的一部分。

> ……
> 老板娘说:"你给我安排了这些事,
> "我想我更需要修补你的衬衣,
> "请告诉我,谁去使用筒管盘?
> "经轴架自己可不会长出面饼来!
> "我们得烤面包,纺线,转身过来自己又揉面,
> "挤牛奶从牛栏取出送到学校去,
> "还要给小伙子们做布丁,
> "发面用的酵母饼,快去找,'要像那样厚的酵母饼'!
> "早晨、中午、晚上都要洗干净,
> "碟子刀叉要烫水烫,牛奶快快喝光它,
> "晚上再到仓库去取粮食!"①

---

① [英]E.P.汤普森:《英国工人阶级的形成》(上卷),钱乘旦等译,南京:译林出版社,2001年,第307—308页。

到 18 世纪末,随着工厂制的初步建立,经济竞争日趋激烈,老板娘的家庭经济也在生产的需求中丢失了。这个过程是缓慢的,起初并不十分痛苦。行业的一再分工使一些小业主又支撑了 50 年以上。① 直到 19 世纪 20 年代才开始家庭与工作场所的分离,这是在第一个纺织工厂出现半个世纪之后的事情。②

工业革命后,一部分中上层妇女的命运发生了重大变化。从物质方面说,她们的生活越来越奢华,财富越来越多,享受也就越多。随着物质财富的增多,她们有数不尽的荣华富贵可以安享,桌上是山珍海味,身上是珠光宝气,饭来张口,衣来伸手,衣食住行不用她们操心,她们整日就是吃、穿、玩。但她们也开始丧失一切社会功能,成为丈夫单纯的陪衬、玩物和生养工具。在工业资产者鼎盛的维多利亚时代,妻子女儿不工作是财富和地位的标志,因此一部分中等阶层以上的人都把妇女关在家里,让她们充当家庭的摆设。③

但对大批城乡中等阶层来说,因工业革命而导致的"家与工作场所的分离"并不完全是一种现实,甚至有学者认为家与工作场所的分离是无根据的。如果工业变化的确包含了一个简单的从家庭作坊到工厂制度的直线过渡,那么这一过程的确会对膳宿有激烈影响。科勒蒙(Coleman)通过研究发现,许多近代早期的重要行业不能简单地只由丈夫、妻子和孩子们在村庄中完成,在采矿、造船、冶炼、烧陶、造纸等行业中工作场所与膳宿之所的分离在创业之初就已经存在。④ 再说,19 世纪中叶工厂都还远非标准的生产单位,直到 19 世纪 50 年代,居住在英国乡村的人口和居住在城镇

---

① [英]E.P.汤普森:《英国工人阶级的形成》(上卷),第 308—309 页。
② Harold Perkin, *The Origins of Modern English Society*, London and New York: Routledge, 2002, p.156.
③ 钱乘旦:《第一个工业化社会》,第 342 页。
④ Amanda Vickery, "Golden Age to Separate Spheres? A Review of the Categories and Chronology of English Women's History", *The Historical Journal*, Vol.36, Iss.2 (1993), p.408.

的人口才一样多。在农村,整个19世纪,农场都是农场主家庭成员的活动中心,夫妻双方在农场中劳作,其中并没有什么男人在公共领域、妇女在私人领域的真实感受。① 在城镇,对许多中产阶级而言,家庭生活仍是生产过程的一部分。家庭成员和仆人一样要在店铺里帮忙,要在做饭或清扫屋子等方面帮把手。居住地与小厂房、店铺等生产和销售处紧紧相邻,妇女既能照看家又能在生意上给予帮助。在一般情况下,她们还要负责给学徒、店员、无数的来访者供应饭菜和照看他们。

不能否认的是,从18世纪末开始,由于财富的增长,一些商业人士和专业人员以及乡绅家庭不如以前那样依赖妻子的经济合作,妻子也不再像以前一样肩并肩地和丈夫一起明确地承担经济创收,但这并不意味着她们没有做非正式的贡献,也不意味着她们不做任何工作,整天无所事事地虚度时光。妇女工作的复杂性被将劳动仅仅定义为以市场为导向的生产所掩盖了。维克利认为,如果商业人士、专业人员和乡绅家庭中的女性没有正式分担收入的创造活动,这并不意味着她们没有做出非正式的贡献,也不意味着她们没有尽好自己的职责。在富裕家庭中,妇女的工作主要是组织性和管理性的,她们并不是生长在温室中的花朵,而是能力很强的管理人。② 监督家佣、筹划家务等并不是轻松的事情,因为国际贸易及工业生产为中上阶层的家庭提供了越来越多的消费品。人们比以前购买更多的布匹、桌布及桌上用具,富裕家庭里有了范围广泛的新产品:手表、鼻烟盒、雨伞、扇子、油画、来自亚洲的丝绸和细棉、窗帘、茶几、墙镜、写字台等。③ 这样妻子就有更多的事情要做,要为整个家庭的开支做出预算,繁重而迫切的管理责任使得妇女很少能够虚弱地躺在睡椅上。恪尽母亲的职责也

---

① Rosemary O'Day, *The Family and Family Relationships, 1500 – 1900: England, France and the United States of America*, p.199.
② Amanda Vickery, "Golden Age to Separate Spheres? A Review of the Categories and Chronology of English Women's History", *The Historical Journal*, Vol.36, Iss.2 (1993), p.409.
③ [美]梅里·E.威斯纳-汉克斯:《历史中的性别》,第85页。

是妇女生活的重要组成部分。18世纪末19世纪初,在兰开郡和约克郡,母亲的义务使得妇女退出社会生活10—15年。如果我们把这类妇女称为"家庭妇女",那么这并不是18世纪末工业化的产物,而是一直以来就如此。①

由是观之,虽然财富的增长、消费市场和劳动力市场的逐步扩大与完善,的确让中等阶层的家庭经济生活发生了变化,但是妻子同样要照顾并教育孩子、安排家务、管理家庭账目。例如安娜·玛格丽塔·拉本特(Anna Margaretta Larpent)在其1790年1月1日的日记中这样记载:这一天我读了约两小时的书,早上花了大约一个小时安排家务和家庭账目,两个多小时教孩子,散步一个小时。晚上在拉本特先生的领带上做了一会儿刺绣,玩了两局牌。1月13日她是这样记载的:我早晚进行了祷告,听西摩(Seymour)读了约一个小时的书,花一个小时安排这几周来的账单,上午其他时间用来检查我的床单和衣服,挑出坏的给人缝补,外出散步一个小时,晚上在椅子上刺绣了一会儿,玩了一局牌。② 显然安娜的生活的确很闲适,但她并不是无所事事的。

即使在分离领域言论无处不在,妇女被描绘成在经济、思想和情感上都要依赖男性亲属的19世纪,按照家庭观念的大力倡导者莎拉·埃利斯(Sarah Ellis)的说法,如果一个妇女从事工资劳动,她就"不再是一个夫人"。但这种训谕并不表明妇女成为无所事事的寄生虫,只不过表明她们把更多的精力投入到家庭中。上层和中等阶层的妇女仍参加大量的工作,如社会慈善、家务劳动、地产管理,并参与家庭商业运作。妇女,即使是最上层妇女,对于她们家庭和社区的经济与家庭福利都做出了巨大贡献。③

---

① Amanda Vickery, "Golden Age to Separate Spheres? A Review of the Categories and Chronology of English Women's History", *The Historical Journal*, Vol.36, Iss.2 (1993), p.410.
② Amanda Vickery, "Golden Age to Separate Spheres? A Review of the Categories and Chronology of English Women's History", *The Historical Journal*, Vol.36, Iss.2 (1993), p.411, note 106.
③ Kathryn Gleadle, *British Women in the Nineteenth Century*, p.51.

1815年,在人口普查时首次出现了"家庭妇女"这一栏。按当时的社会背景,家庭妇女是一种美德的象征,是女性的标准形象,是母亲和妻子世俗形象的楷模。身兼妻子、母亲、家庭主妇三职的女性从此把一生都奉献给了孩子和家庭的幸福。以前女性除了照料家务以外,还有其他的社会活动,但自此以后她必须全身心地投入家庭妇女这个神圣的角色之中。正是在这种思想的支配下,英国历史学家鲁思凯把家庭比作"贞洁的神庙",是由妻子充任祭司护卫的一个"圣洁的地方",布置温暖的小窝,教育子女,给家人以爱与柔情,让他们感受到安逸和温馨,这些都是上帝降临在女人头上的职责。在长达一个世纪的时间里,无论是男人还是女人,农民还是工人,信徒还是自由思想者,都一致认为没有工作的家庭妇女是最理想的女性形象。[1] 如果男人是生产者,女人就是消费者,如果家庭是个避风港,那么家里的安琪儿便充满了神圣的气息。到19世纪中叶,妇女被视作净化工业社会的一台机器。[2] 家成了沙漠中的绿洲,枪林弹雨世界里的一片和平净土。[3] 据伟大的拉斯金说,主妇的工作是:(1)使大家高高兴兴;(2)每天给他们做饭;(3)给每人衣服穿;(4)令每人干净整洁;(5)教育他们。这是一项既不要求她显示多少智慧,又不需要她掌握多少知识的任务。[4] 我们不否认这种家庭主妇模式的存在,但所谓的"家庭天使"(Angel in the House)在现实生活中并不具有典型性。帕特丽夏·布兰卡(Patricia Branca)认为维多利亚时代太太们的"家庭天使"这一典范十分脆弱。据她的研究,40%的中等阶层收入在100—300镑,这意味着他们必须控制家庭帮手的数量,也许只能雇一个仆人;妻子必须亲自处理繁重的家务,做力所能及之事。只有那些十分富有的上层中等阶层的太太们才能够闲适地接

---

[1] [法]吉尔·里波韦兹基:《第三类女性——女性地位的不变性与可变性》,第185页。
[2] [英]杰里米·帕克斯曼:《英国人》,第243页。
[3] [英]艾瑞克·霍布斯鲍姆:《资本的年代》,张晓华等译,南京:江苏人民出版社,1999年,第325页。
[4] [英]艾瑞克·霍布斯鲍姆:《资本的年代》,第322—323页。

待来访者,心平气和地监督家仆和佣人。莉莲·菲斯弗尔(Lillian Faithful)回忆说她的母亲亲自为她的8个孩子缝制衣服,亲自当孩子们的老师,并核算复杂的家庭账目。①

与此同时,珍妮·彼得森(Jeanne Peterson)利用十分富有的佩吉特(Paget)家庭留下来的手稿对这一典范是否适用于少数特权家庭提出了争论。她总结说:"依据广为人接受的常识,维多利亚时代的太太们除了家和家庭不关心任何事情,她们的教育只是为了装点门面,她们要屈从父亲和丈夫,而佩吉特家庭的三代妇女的生活事实与此并不符合。她们所受的教育不仅仅是装饰,她们与金钱的关系并不像我们想象的那么遥远,她们的物质生活比今天的学者或维多利亚时代的人们所让我们相信的更有活力、更广阔、更性感。"②甚至出身于贵族家庭的夏洛特·格斯特也以其对铁业生产和管理的精通,被人称为"维多利亚时代的女实业家"。她在1833年嫁给英国铁业巨子乔赛亚·约翰·格斯特以后,长期担任丈夫的秘书,协助处理公司业务。公司的往来信件、账目、文件及业务报告,都由她负责撰写及管理。她还经常陪同丈夫去炼铁现场视察,并经常与丈夫一起出席全国铁业会议,讨论有关生产与销售的情况。因此,夏洛特很快精通业务,成了丈夫的得力助手。在乔赛亚去世后的一段时间内,她独自一人管理公司。③ 在她的身上,丝毫不见维多利亚道德家们鼓吹的分离领域意识。另外,在中上层家庭中,妇女的家务变得更复杂、更艰巨。不断发展的消费主义意味着家中有许多的装饰品要除尘、地毯要拍打、家具要清洗、餐具要擦亮。家居布置的新时尚要求注意更多的细节,这都要求女主人对其家务要密切监督。④ 这

---

① Kathryn Gleadle, *British Women in the Nineteenth Century*, p.52.
② M. J. Peterson, "No Angels in the House: The Victorian Myth and the Paget Women", *The American Historical Review*, Vol.89, Iss.3 (1984), p.703.
③ 马嫕:《工业革命与英国妇女》,第103页。
④ Amanda Vickery, "Golden Age to Separate Spheres? A Review of the Categories and Chronology of English Women's History", *The Historical Journal*, Vol.36, Iss.2 (1993), p.389.

都可以说明,大部分中上阶层的妻子们并没有因为工业革命而成为寄生虫,也并没有因为工业革命而成为纯洁的不食人间烟火的女神。

随着教育的普及、科学的传播以及劳动妇女在生产活动中的作用,那些脱离了社会生产的中上层女性重返社会的愿望逐渐萌发。她们意识到自身在社会上的无地位状况,她们竭力想冲破家庭的罗网,到社会上去独立谋生,摆脱这种无地位的状态。当然,这些走出家庭独立谋生的中等阶层女性,要顶着巨大的压力,冒极大的风险。在这些妇女解放的急先锋中,弗洛伦斯·南丁格尔(Florence Nightingale)是最杰出的代表。她在克里米亚战争中率领护士队参战,逐渐创建近代护士学。继南丁格尔之后,越来越多的中等阶层妇女走出家门,参加工作。她们这样做需要极大的勇气,有时还要做出牺牲,往往会因此找不到丈夫——"体面人"都不愿让妻子在外面工作。但妇女工作的潮流终不可阻挡,1851年时英国全国女教师只有7万人,1901年已达17.2万;1881年,女医生只有25名,1911年达到477名;1861年全国还没有一个女护士,也没有一个女职员,1891年,女护士已达53 000多名,女职员也有17 000多名了。①

还需明确的是,尽管婚姻中丈夫和妻子劳动分工是性别化的,男女并没有完全达到指导书中的期望,即男子应该将他们所有的时间都花在家庭之外,用来挣钱,而妇女们则只照管家务。不管是男女两性的活动范围,还是他们劳动的实际内容,都存在着一定程度的重叠。以上我们强调的是妻子在家庭经济生活中所做的贡献,而事实上,丈夫们也常常会在家中劳动,做某些家务,包括户外的劳动,如挑水、砍柴、在菜园里劳动、磨面、贮藏谷物、挖菜、腌肉、酿酒、装饰房子等。比如尼古拉斯·布伦德尔是18世纪一个来自兰开郡的乡绅,他亲自规训仆人、管理家务账目、喂猪、腌食物、切面包、酿啤酒和麦酒,在客人要来时还帮助妻子整理房屋。② 在19世纪时,在

---

① 钱乘旦:《第一个工业化社会》,第344—346页。
② Robert B. Shoemaker, *Gender in English Society*, 1650-1850, p.116.

各个社会阶层,都有值得信赖的、为其家庭辛勤劳作的丈夫,他们深爱自己的妻子儿女。他们在外努力工作,回家以后陪孩子们玩耍,给孩子们讲故事。男孩子特别崇敬其父亲的力量、勇敢和博广见闻。而有些父亲则教他们的儿子以手工技能,既是娱乐部分也为生活做准备,就像母亲教女儿干家务和做饭一样。① 但这种情况并不十分普遍。总体来说,照顾和规训孩子们是妇女的工作。母亲很少离家从事全职工作。

丈夫应该在竞争激烈的世界里赚钱养家,而妻子则为丈夫营造"无情世界中的天堂"这样一种分离领域理论和注重家庭生活的意识更多只是一种理想和社会规范,事实上,婚姻角色总是变化多样的,实际生活中的每一对夫妻都是在他们自己对婚姻的普通期望中来扮演好自己的角色的,这样的生活既有摩擦也充满着欢乐。16—19世纪的婚姻总是意味着一种经济上的合作,需要丈夫和妻子的共同协作,但做家务和照看孩子一般都是妇女的事情。每一个社会阶层的夫妻基本上都遵循男主外、女主内、夫妻共同合作的婚姻模式。但是这种夫妻合作的模式并不意味着妻子的从属地位发生了根本变化,她们仍然处于卑下的地位,屈从于丈夫。

---

① John Burnett, ed., *Destiny Obscure: Autobiographies of Childhood, Education and Family from the 1820s to 1920s*, pp.233-240.

二、妻子地位卑微

16—19世纪英国社会转型时期,整个英国社会"男尊女卑"、轻视妇女的观念和行为影响到家庭中的夫妻关系,夫妻二人并不是平等的。虽然就个人而言,妇女"有地位上的差别,但作为集体,她们是按性别,即社会的两性关系来划分的。……妇女在其地位和作用方面主要被视为男人的附属品,作为女儿,妻子,母亲,姐妹,她们得恪守妇道"①。男女地位的不平等,特别是由婚姻而导致的妻子法律地位的丧失,使得妻子没有自己的财产权,即使她为家庭经济带来了资源,并努力工作来支撑家庭经济,但家庭经济的控制权却在其丈夫手中。② 在家庭生活中,妻子普遍处于卑下的地位。

"男尊女卑"的性别观念来自基督教教义中创世纪的故事。基督教文化对女人有两个重大的负面评价。第一个负面评价就是:女人是男人的附庸,她存在的最初理由就是给男人做伴——上帝之所以造女人,仅仅是因为男人独居不好。按照《圣经》的说法,上帝造了亚当之后,为了使他不至于孤独,又周到地为他创造了若干适合于他的帮手,即用泥土塑造成各种走兽和飞禽,以供他驱使和享用。但亚当发现它们中并没有一个适合于他

---

① [英]基思·莱特森:《英国近代早期的社会等级》,参见王觉非主编:《英国政治经济和社会现代化》,第208页。
② Anthony Fletcher, *Gender, Sex and Subordination in England 1500 - 1800*, pp.229 - 230.

的帮手,于是上帝从亚当身上取下一根肋骨,用它制成一个女人并把她带到亚当跟前。① 这样,在人类堕落之前,上帝就使女人低劣于男人:女人是在男人之后、从男人身上创造出来的,因此男人肯定更完美。第二个是将女人列为万恶之首——人类的最初堕落是由夏娃偷吃禁果所致,她是使人类被逐出伊甸园的罪魁祸首,人类的苦难、知识和罪孽都归咎于她,女性地位的卑下成为她的宿命;夏娃在人类堕落中的作用表明女人是由激情来支配的,女人的美貌和性感是对男人潜在的破坏;女人要顺从她们的丈夫;作为软弱的人,女人不但在生理上,而且在精神力量上也要弱于男人。这种基督教教义中关于女人低劣于男人的思想一直流传下来,对西方社会造成了深远的影响,对于两性关系的塑造起着至关重要的作用,即使是极具民主进步观念的思想家也都不能摆脱这种潜在的影响。

蒙田和孟德斯鸠大谈男性的强壮和女性的虚弱以及二者在智力上的差别。蒙田说成熟男子要比其妻子有更多的智慧。孟德斯鸠则认为二者的区别在于男人有更多的理性。② 亚里士多德曾表达过"女人是不完整的男人"的思想,他说,女人之为女人是由于某种优良品质的缺乏③。在弥尔顿的《失乐园》中,夏娃曾对亚当说:"上帝是你的法则,而你是我的法则。"④卢梭提出,女人生来就应该服从男人,尽管男人根本称不上完美,女人也要绝对服从他们,学会毫无怨言地忍受不公正待遇和丈夫的侮辱。⑤ 两性关系的社会秩序规定了男性和女性、妻子和丈夫的不同行为。女人要贞洁、耐心、温顺、顺从,而男人要有权威和权力,至少对自己的妻子是这

---

① 《圣经·创世纪》,2:18-22。
② Pauline G. Boss, et al., eds., *Sourcebook of Family Theories and Methods: A Contextual Approach*, p.80.
③ 李银河:《女性权力的崛起》,北京:中国社会科学出版社,1997年,第67页。
④ 李银河:《女性权力的崛起》,第68页。
⑤ 李银河:《女性权力的崛起》,第68页。

样。这些基于理想婚姻关系的特点适用于家庭内外的男女行为。①

整个16—19世纪英国社会转型时期,女性总是被视为"脆弱的性别",其地位屈从于男性。文艺复兴和宗教改革尽管强调女性教育的重要性并通过路德的"因信称义"学说抬高了女性的灵魂,但是新教仍然强调女性生理和精神的软弱,强调她们在婚姻中的顺从地位,中世纪有关女性卑下的观念并没有因文艺复兴学者和宗教改革神学家而得到多大改变。关于女性的主要观点都强调女性的卑劣,应顺从于男性。② 1631年理查德·布拉斯威特(Richard Brathwayte)就建议女性待在家中,不要介入国家与教会事务。1681年哈利法克斯勋爵(Lord Halifax)更详细地论证女性的脆弱,认为女性应由男性来支配。而1700年一个匿名的但显然是由男性写作的《夫人的天职》激励女性学习有关家务管理和家庭经济事务,学习女红、写作和语言以使自己更为优雅。1748年柴斯特菲勋爵(Lord Chesterfield)在写给其儿子的信中也强调男性的优越和至上。③ 女性生理和精神上的柔弱使她们不适合任何需要殚精竭虑的活动的观念一直存在。即使是大卫·休谟,他也认为女性应该学习历史知识,但他却坚持认为女性缺乏研究过去的智力,而且这种观点也得到女性本身的认可。海斯特·查潘(Hester Chapone)在其1773年出版的《提高才智的书信》中建议年轻女性不要为"需要渊博学问的知识"所困扰,阅读英文和其他现代语言写成的作品比较适合女性;试图得到更高级的学问会使她们处于迂腐考究的危险中。④ 世俗的法律也强调妻子的卑微,它将她们排除在几乎所有的职业之外,剥夺了她们所有的政治权利,并且强调不管婚否她们都应处于男人的

---

① S. D. Amussen, "Gender, Family and the Social Order, 1560-1725", in Anthony Fletcher and John Stevenson, eds., *Order and Disorder in Early Modern England*, p.207.
② Robert B. Shoemaker, *Gender in English Society*, 1650-1850, p.17.
③ Stuart A. Queen, *The Family in Various Culture*, pp.273-274.
④ D. R. Woolf, "A Feminine Past? Gender, Genre, and Historical Knowledge in England 1500-1800", *The American Historical Review*, Vol.102, Iss.3 (1997), p.666.

统治之下。整个社会这种"男尊女卑"的思想在婚姻生活中最为具体的体现就是妻子在法律地位上的虚空。

男性在家庭中的主导地位首先由财产权所决定,而财产权通过法律得以保护。在英国,任何女性,无论其出身如何,都不能拥有自己的财产。未出嫁时,家庭财产归父亲所有;结婚后,她从父亲那儿得到的嫁妆立刻成为丈夫的财产。① 女性在婚姻中的法律地位近乎未成年孩子,依照英国普通法的"有夫之妇"(coverture)习俗,已婚妇女的法律和经济地位都处于丈夫之下,这严格地限制了英国女性正式的经济活动。② 1760年《法律证据》(The Law of Evidence)这样宣称:"妻子不能够与丈夫缔结契约,因为丈夫是监督人,具有管理权,而且法律委托他负责整个家庭的行为;因此妻子签订契约的行为全都是无效的。"③换言之,女性在结婚后,不仅自己的一切财产都归丈夫所有,就连人身也成了丈夫的动产(chattel)。丈夫所做的一切,包括卖掉或花掉由妻子继承来的土地及钱物,身为妻子绝不能说一个"不"字。没有丈夫的陪伴,她不能出庭答辩;未经丈夫的同意,她不能自立遗嘱;她若犯罪,由丈夫承担罪责;法律把女性看作丈夫的附属,甚至是他的一个私人物品,摧毁了她的独立、身份与尊严。一句俗语非常恰当地将这种关系表述出来,"通过婚姻,丈夫和妻子成为一个人,而这个人就是丈夫"。对于这样的屈从,威廉·布莱克斯通(William Blackstone,1723—1780,英国法官和法律作者)1768年在其《人的权力》(Rights of Persons)中下过一个精确无比的定义,在解释女性在普通法中的地位时,他说:

  通过结婚,丈夫和妻子在法律上就成了一个人:即,一进入婚姻,这位女人的存在,或她在法律上的存在,立即就被中止了,或至少已被

---

① 钱乘旦:《第一个工业化社会》,第348页。
② Margot Finn, "Women, Consumption and Coverture in England, c.1760 – 1860", *The Historical Journal*, Vol.39, Iss.3 (1996), p.704.
③ Margot Finn, "Women, Consumption and Coverture in England, c.1760 – 1860", *The Historical Journal*, Vol.39, Iss.3(1996), p.709.

合并和强化进她丈夫的存在中去了……尽管我们的法律通常将男人和妻子视为一个人,但在某些情况下她们仍将被分离出来加以考虑,如女人低劣于男人,女人必须在男人的强制下行事等。①

所以,在被保护期间她所做的一切,她的全部行为,在法律上是无效的。② 如果妻子的人身或财产受到伤害,没有丈夫的同意,她不能进行法律诉讼行为,不能以丈夫或她自己的名义采取任何行动要求赔偿。

劳动妇女若在外面工作,她自己劳动挣来的工资在法律上也属于丈夫所有,丈夫有权处置他的妻子,当然也有权处置妻子的劳动所得。假如丈夫完全靠妻子养活,妻子的收入仍然是丈夫的,丈夫若拿出去喝酒、赌博,妻子也不得有任何抱怨。③ 在原工业化地区,丈夫和妻子间存在着某种程度的角色反转,男子返回家庭帮助产品制造并从事家庭事务,④但这并不一定会导致家事的重新安排,就像妇女的劳动所得并不会抬高其地位和身份一样。即使妇女找到户外工作,她们对自己的劳动所得依然没有任何法律权利,她们工作到筋疲力尽,然后将那可怜的工资交给丈夫享用。正如一个筑路工人坦承:"我一结婚,就坐着看我的妻子编织,直到血从她的指尖渗出;当她做了很多时,我就说,老婆,出去将这些编织品卖掉然后给我买一品脱啤酒回来。"⑤故在女权主义学者海迪·哈特曼看来,"妇女在劳动力市场的从属地位加剧了她们在家庭内的从属性,在家里的从属性反过来又加剧了她们在劳动力市场的从属地位"⑥。更重要的是,在当时离婚

---

① [美]凯特·米利特:《性的政治》,第 100—101 页。
② [美]凯特·米利特:《性的政治》,第 101 页。
③ 钱乘旦:《第一个工业化社会》,第 348 页。
④ Hans Medick, "The Proto-Industrial Family Economy: The Structural Function of Household and Family During the Transition from Peasant Society to Industrial Capitalism", *Social History*, Vol.1, Iss.3 (1976), p.311.
⑤ Kathryn Gleadle, *British Women in the Nineteenth Century*, p.42.
⑥ [美]海迪·哈特曼:《资本主义、家长制与性别分工》,参见李银河主编:《妇女:最漫长的革命》,北京:生活·读书·新知三联书店,1997 年,第 61 页。

几乎不可能,因此无论丈夫如何残忍,妻子都逃脱不了他的控制。女性取得财产权只有两种途径:要么不结婚等待遗产继承,要么等丈夫死后留给她一笔财产。① 但丈夫也可以在去世前,通过遗嘱将所有的财产传给别人,一点也不留给妻子;如果他去世时没有留下遗嘱,妻子将获得其个人财产的三分之一。② 工业革命后,已婚妇女的财产地位仍是不存在的,一旦结婚,她的一切就成为丈夫的。

这种已婚妇女法律地位的虚空被当时的评论家们注意到。科布特对此有很精辟的描述:"她投降,成为一个绝对的投降者,以她的自由来换取两个人的共同生活;她给了她丈夫绝对的权力来任意支配她的生活环境、生活依据和生活方式;她给了他力量将她带走,为了他自己的目的使用她一切的财物;最重要的,自此以后,她整个人完全屈从于他。"③ 威都·布莱克勒(Widow Blackacre)在威彻利(Wycherley)的《普通人》(Plain Dealer)中说道:"婚姻对于一个妇女要比把她开除出教会更糟糕,它剥夺了她在法律上的一切权利。"笛福的《罗珊娜》(Rosana)对于妻子在法律上的无能给予了更多的批判:"婚姻契约的本质不是别的,而是将自由、财产、权威和所有的一切都给予男人,这之后这个妇女只不过是一个妇女而已——也就是说是一个奴隶。"④ 而对于已婚妇女的这种法律上的"非存在",布莱克斯通在其《英国的法律》(Laws of England)中居然说这一切"主要地是为了维持她的利益",并声称"在英国的法律中,妇女是一个十分被偏爱的对象"。⑤ 真是彻头彻尾的虚伪!

也许时人和后来的人也会和布莱克斯通一样,认同这种法律确实有利于妇女:因为在普通法下,作为一家之长的丈夫应当供养他的妻子和孩子,

---

① 钱乘旦:《第一个工业化社会》,第348页。
② Bridget Hill, *Eighteenth-Century Women: An Anthology*, p.112.
③ Alan Macfarlane, *Marriage and Love in England*, p.148.
④ Lawrence Stone, *The Family, Sex and Marriage in England 1500－1800*, p.136.
⑤ [美]凯特·米利特:《性的政治》,第101页。

他对妻子的一切罪过都应承担责任,所以妻子的财产也应该来帮助他实现家庭幸福的共同目标。正如1853年有一篇关于妇女财产权的论文中这样解释:"丈夫同意妻子给她自己配备与她的身份相适应的生活必需品意味着,不管她是与他生活在一起,还是在她有理由与他分居的情况下,只要她是清白的,丈夫就应该这样做。一个丈夫有义务来供养和保护其妻子,因为他通过婚姻获得了她所有的财产。"[1]但是这种经济上的供养有时是没有保障的,如果丈夫不愿承担这一责任,妻子大都束手无策。当然,在丈夫的同意下,妻子有权作为其丈夫的代理人以他的名义申请信贷来购买生活必需品,但是丈夫任何时候都可以撤销他的同意。而且这种以贷款获得生活供应品的行为只局限在非常富有的阶层,贫困阶层不可能办得到。如果中下层的丈夫逃避这一责任,妻子不能起诉丈夫,因为在法律上他们是同一个人;她也没有有效的方法来极力主张丈夫对她的供养。法律只是要求一个丈夫不应该使他的妻子和孩子成为教区的负担。当一个被遗弃的妇女到济贫监督官那儿申请救济时,济贫监督官就会想方设法从其丈夫那儿要求这笔费用。不过济贫监督官也可以拒绝她的要求,这样被遗弃的妇女就失去了最低生活保障。在普通法的"有夫之妇"这一原则下,已婚妇女的法律地位完全归在丈夫之下:已婚妇女不能拥有财产,不能缔结契约,也不能起诉或被起诉。因此,妇女不能作为一个独立的经济代理人。[2] 总之,在普通法下,已婚妇女被等同为罪人、傻瓜、未成年人——也就是法律上的无能力和无责任。[3]

虽然在衡平法(Equity)的原则下,通过婚前的"婚姻授产协议",女性

---

[1] Margot Finn, "Women, Consumption and Coverture in England, c.1760 – 1860", *The Historical Journal*, Vol.39, Iss.3 (1996), p.709.

[2] Robert B. Shoemaker, *Gender in English Society, 1650 – 1850*, p.196.

[3] Lee Holcombe, "Victorian Wives and Property: Reform of the Married Women's Property Law 1857 – 1882", in Martha Vicinus, ed., *A Widening Sphere: Changing Roles of Victorian Women*, London: Indiana University Press, 1977, p.7.

的家庭或朋友或她自己可以指定某些财产，包括动产或不动产，作为她的"单独财产"或"分离财产"，使之不受其丈夫普通法权利的拥有或支配，婚姻协议的财产委托人有义务来执行协议中的措施，如果缺乏具体的措施，则依照已婚妇女的指示来处理财产。如果没有指定委托人，衡平法法庭就会让其丈夫成为委托人，但他必须得依照婚姻协议中的措施或其妻子的意愿来处理。一个在衡平法中有分离财产的已婚妇女和一个未婚妇女享有相同的财产权。她可以从其财产中获得收入并且可以任意花费，她可以利用她的"分离财产"来获得借款，在衡平法法庭中她可以起诉和被起诉有关分离财产的问题，她可以自由地放弃或出售这一财产。她也可以通过遗嘱将这一分离财产留给任何她认可的人而不必征得其丈夫的同意。A.L.艾里克森通过对这种婚姻协议中财产让渡证书的考察发现，从16世纪到18世纪上半叶，这种婚姻协议最初是为了妻子的利益。[1] 劳埃德·邦菲尔德（Lloyd Bonfield）也认为，"严格的财产安排确实提高了妇女的地位，因为适当的嫁妆保证了她们结婚的能力；即使维持未婚状态也可以获得独立于长兄的经济自立"[2]。这种分离财产是与普通法相对的，只在衡平法中才得到保护，它构成19世纪法律改革的基础。[3]

衡平法虽然以财产委托的形式为普通法下无财产权的女性提供了一定程度的保护，使她们享有一定程度的财产权，但衡平法提供的这种保护只有那些最富有的人才能享受到，其他女性无法负担衡平法法庭昂贵的诉

---

[1] Amy Louise Erickson, "Common Law Versus Common Practice: The Use of Marriage Settlements in Early Modern England", *The Economic History Review*, New Series, Vol.43, Iss.1 (1990), p.27.

[2] Lloyd Bonfield, "Affective Families, Open Elites and Strict Family Settlements in Early Modern England", *The Economic History Review*, New Series, Vol.39, Iss.3 (1986), p.353.

[3] Amy Louise Erickson, "Common Law Versus Common Practice: The Use of Marriage Settlements in Early Modern England", *The Economic History Review*, New Series, Vol.43, Iss.1 (1990), p.21.

讼费,据估计,10个已婚妇女中只有一个有衡平法中的分离财产。① 凯特·米利特这样评价,尽管富裕的和有田产的家族可能按照衡平法的原则精心制定出以"授产"形式出现的方法,但"授产"只适应于闲适家庭(英国法律规定它只适应于财产超过200镑的家庭)。这一类措施维护的是阶级的而并非妇女的利益。对妇女来说,不管她的授产有多少,她并不享有与男人同样的自由支配权。②

工业革命使这种法律变得十分荒唐。当时,大批劳动妇女已工作,中产阶级妇女也越来越多地走出家门,希望能够独立谋生。但法律不承认妇女在家庭中同男子平等,这与社会现实越来越不相符。19世纪中叶,功利主义者首先对这种不合理的现象发动攻击。杰里米·边沁(Jeremy Bentham)的得意门徒约翰·斯图尔特·密尔(John Stuart Mill)在结婚时躬先表率,特意签署一份声明,宣布放弃对妻子的生活和财产的支配权。1857年,他们在议会提出一项法案,要求给已婚妇女以财产权。但议会中反对的声音十分强烈,人们说这样会破坏家庭,会使妇女趾高气扬而变得令人作呕,失去女性的妩媚气质而使男子不愿和她们在一起,这项法案被议会否决了。③

这种妇女在法律上无权无地位的局面直到19世纪末才得以改变。英国已婚妇女财产法法案直到1857年才首次被提出来,经过多年努力,1870年议会通过了一项《已婚妇女财产法》(Married Women's Property Act),这项法案在上院通过时被贵族修改得面目全非,但仍然允许妇女对其劳动收入保留所有权。不过,不动产和200镑以上的私人动产仍旧归丈夫所有。这个法律在1882年被加以修改,才使妇女获得完全的财产权,包括结婚前就

---

① Lee Holcombe, "Victorian Wives and Property: Reform of the Married Women's Property Law 1857 - 1882", in Martha Vicinus, ed., *A Widening Sphere: Changing Roles of Victorian Women*, p.8.
② [美]凯特·米利特:《性的政治》,第99页。
③ 钱乘旦:《第一个工业化社会》,第348页。

有的财产和结婚后获得的财产。① 此法案后又经历补充和扩大,有关立法过程一直延续到 1908 年。但是在此法案实行前,英国已婚妇女的法律地位没有任何改变。如德文郡的乔吉亚娜公爵夫人（Duchess of Georigiana）,她秘密地欠下巨额债务,而她的丈夫将为此负责,但她自己却一无所有。当她在 1792 年写遗嘱时不得不请求丈夫允许留下一些小饰品送给自己的好朋友以作纪念,因为"我所有的一切都是你的"。② 1836 年,卡罗琳·诺顿与其丈夫理查德·诺顿因感情不和而分居。她的丈夫将三个孩子送到亲戚家,不让卡罗琳去见他们。同时,她结婚时主要用她的钱购置的房子、家具以及她的全部财产,统统都归理查德所有。更可气的是,她写作挣得的稿费,也被丈夫依法声称属于他。在她人格受到诽谤时,她竟然无法提出控告,因为丈夫不出面,她就不能上法庭。卡罗琳说,"我一点一点地学到了有关已婚妇女的法律,因为我忍受着在它保护下每一种缺陷的痛苦"③。

在男子主宰家庭的时代,孩子也被当作丈夫的私产,妻子离婚或分居后便失去了当母亲的资格。依据法律,孩子也只属于丈夫,在分居或议会离婚时妇女没有孩子的监护权,除非她的丈夫想甩掉孩子。即使是丈夫死后,寡妇对孩子也没有监护权,除非丈夫在遗嘱中让妻子做孩子的监护人。这个问题被卡罗琳·诺顿事件暴露出来,引起社会的关注。卡罗琳与丈夫分居后,不仅分文没有,而且不得和自己的孩子见面。有一次她在公园里偷看孩子,丈夫知道后,就把孩子送到苏格兰藏起来,不让卡罗琳知道他们的地址。卡罗琳在极端痛苦中写了一本书,控诉对妇女的不平等待遇,这本书 1837 年出版后引起社会轰动,并得到议员塔尔福德的同情。塔尔福德在议会提出"儿童监护法",1839 年议会通过了"儿童监护法"。根据这

---

① 钱乘旦:《第一个工业化社会》,第 349 页。
② Lawrence Stone, *The Family, Sex and Marriage in England 1500 - 1800*, p.222.
③ 马姆:《工业革命与英国妇女》,第 84 页。

个法律,母亲可以监护7岁以下的幼儿,妇女这才有了对自己孩子的监护权;7岁以上的孩子则可在规定的时间看望母亲。这是历史上第一个"儿童监护法",此后,这项法律屡经修订,到1925年使妇女和男子获得同等权利。①

妻子在法律上的低下地位在其他方面也有很多表现。很多妻子被丈夫遗弃,她们没有生活来源,也得不到法律的保护;只有司法分居——其费用昂贵,大部分人都不可能实行——才会给被遗弃或将被遗弃的妻子以保护,丈夫要依法维持妻子的生活。另外,一个被控谋杀妻子的男人会被绞死,而一个被控杀死丈夫的妇女依法则要被活活烧死。这一野蛮的惩罚在18世纪逐渐消失,不过迟至1725年仍有一个妇女因为这一罪行而在泰伯恩刑场被活活烧死。②

对于英国已婚妇女法律地位的空无,凯特·米利特做了淋漓尽致的概括。根据习惯法,

> 妇女在成婚时即开始经受"公民死亡":她几乎丧失了所有的人权,就像当今的重罪犯进入监狱时一样。她没有全权支配她的劳动所得,不被允许选择自己的住所,不能合法地处置自己的财产,签署文件,或充当证人。她的丈夫拥有她的身体和她能从事的服务,有权(**并且不乏切实的事例**)以任何他乐意的方式将她租出,并且独享由此而来的利益。他获准向别人收取他们欠她的工资,并将所收据为己有。妻子在劳动、服务和作为"有夫之妇"所获得的一切,都成了男人的合法财产。除了拥有财产之外,单身女人按照法律几乎和已婚妇女一样不享有任何公民权。贯穿西方法学始终的"有夫之妇"或"被保护女人"的原则将妇女置于终生的未成年人和有体财产的地位。她丈夫的

---

① 钱乘旦:《第一个工业化社会》,第350页。
② Lawrence Stone, *The Family, Sex and Marriage in England 1500 – 1800*, p.222.

地位则近乎合法的监管人,因为成婚使她进入了某种苦行期;在此期间,她的地位与疯人或白痴一样,都进入了"法律上的死亡"。

不管丈夫何等地不负责任,也不管他在照料孩子的福利方面如何不得力,他都有权在任何时候向妻子要求获得她的劳动所得,为此甚至不惜牺牲掉他的"眷属"们的生命。作为有产家庭的首领,丈夫是妻子和孩子的唯一"拥有者";在离婚或抛弃妻子时,他有权剥夺她的孩子(如果他愿意这么做),因为他们是他合法的财产。父亲就像奴隶主一样,在他高兴时,可以向法律要求重新获得他的有体财产亲属。妻子可以在违背本人意愿的情况下被阻留;英国人的妻子在拒绝返家时可按法律处以监禁。

如果丈夫未留下遗嘱就死了,国家可将他的财产接管过来(因为所有的财产按法律都属于丈夫一人),什么也不留给他的寡妇,或者按他的心意给她拨出微不足道的一部分。①

社会风气轻视妇女,法律上歧视妇女,而在现实生活中,妻子的地位也是很卑微的。虽然各阶层的已婚妇女绝大部分都要对家务进行管理,和丈夫一起为家庭经济做出贡献,但家务管理不具有理性职业的声誉。妇女的地位虽高于仆人和孩子,但并不与男子平等,因为她们只不过是上帝给男人的财产。妇女和男子的平等难以被人接受。妻子仍被看作丈夫的财产,当她与人通奸时,丈夫要从她的情人那儿得到赔偿,然后与她离婚并再婚。② 其根据是,已婚妇女属于丈夫的财产,谁跟她通奸,谁就侵犯了她丈夫的财产,因此也就欠了该丈夫一笔损害费。这无疑体现出妻子是丈夫的私有财产。

如果说通过议会获得的正式离婚体现出妻子的地位低下,那么那些根

---

① [美]凯特·米利特:《性的政治》,第98—100页。
② Randolph Trumbach,*The Rise of the Egalitarian Family: Aristocratic Kinship and Domestic Relations in Eighteenth-Century England*,pp.152 - 153.

本无望获得正式离婚的下层社会,妻子的地位更高不到哪儿去。尽管存在许多种获得正式或事实上的分居甚至再婚途径,但男子总是比妇女有更多的渠道,比如通过议会私人法案的离婚、司法分居、遗弃、卖妻等,妻子相对于丈夫则处于劣势。而最能体现妻子只不过是丈夫的一件物品的则是卖妻这种行为。尽管"这种卖妻行为是双方同意的结果,而且只发生在婚姻无法挽救的破裂情况之下",并且"买者如果不是其情人,至少也为妇女所认识。钱只是一个象征。这种行为只是作为离婚的仪式,从而双方可以再婚"[①]。但是买卖妻子提供了一个再明显不过的例子来说明男女两性在英国社会中的相对地位。卖妻仪式的性质复杂,乍看起来,似乎是一种纯动产买卖:妻子身上套着绳子,在牲畜市场兜售,因此,妻子被看作动产或牲畜。男性的支配地位在这儿达到了登峰造极的地步。尽管我们在仪式中发现了比我们起初所想象的更大的性平等证据,但仪式本身仍是妻子服从的证据。除了特别情况外,妻子不能卖丈夫。它体现了中世纪以来的信念:女人按照定义劣于男人。

总之,16—19世纪英国社会转型时期,英国家庭内部夫妻间的地位关系没有发生多大的改变,具有极大的延续性:尽管妇女为家庭经济做出了不可缺少的贡献,但是相对于她们的丈夫而言,妻子的地位总是卑下的。正由于妇女的这种卑下地位,在家庭关系中,大都是丈夫处于权威和支配地位,妻子则要服从丈夫。

---

① Bridget Hill, *Eighteenth-Century Women: An Anthology*, p.110.

三、妻子顺从丈夫

家庭不但是社会的基本经济单位,它也提供政治和社会秩序的基础。在17世纪以前家庭被比喻成国家;在传统的政治思想中国王是人民的父亲,父亲则是家庭中的国王。[①] 中世纪以来,妻子的顺从就一直被强调。基督教把妻子的奴隶地位、受压迫以及她依附于上帝规定的丈夫的合法权利,看成是合乎教规的神圣的东西。在《圣经·创世纪》中,当亚当和夏娃违背了上帝的教训而犯罪之后,上帝对女人说:"我必多多加增你怀胎的苦楚,你生产儿女必多受苦楚。你必恋慕你丈夫,你丈夫必管辖你。"[②]《新约圣经》中妻子的顺从得到了更为明晰的说明,使徒保罗在致以弗所人的信中也强调妻子要服从丈夫:"你们做妻子的,当顺服自己的丈夫,如同顺服主。因为丈夫是妻子的头,如同基督是教会的头。教会怎样顺服基督,妻子也要怎样凡事顺服丈夫。"[③]基督教的这种教义深刻地影响着后来所有世纪人们的妇女观。即使到了20世纪,这种教义还在起着作用,就像凯特·米利特所说,"尽管我们处在一个理性化的时代,早已抛弃了对它的字面上的信仰,但在情感上我

---

① Susan Dwyer Amussen, *An Ordered Society: Gender and Class in Early Modern England*, p.1.
② 《圣经·创世纪》,3:16。
③ 《圣经·以弗所书》,5:22-24。

们对它笃信如初"①。

文艺复兴和宗教改革并没有改变对妇女的这种态度和观念。16世纪盛行的古典人文主义教育的目的主要是强调妇女在家庭中的美德,他们特别反对妇女承担任何公共角色或有损其丈夫权威的行为。人文主义者与其他宗教改革前写作婚姻的作家一样,倾向于支持丈夫的至高无上地位和妻子的屈从。② 新教牧师们的社会理想就是以男性为家长的核心家庭为主体的基督教社区,将旧约中的父权制合法化,同时强调妇女、孩子和仆人的虔诚与服从。他们坚持家庭应该是一个"小教会"和"小共和国"(little Commonwealth),强调妇女应该是纯洁、安慰和顺从的。③ 因此,有关"家庭责任"的宣教是牧师最先关心的。

家长至尊或父权至尊主义是16、17世纪的欧洲一致遵奉的。妻子应绝对服从丈夫,对丈夫要礼遇恭敬,和丈夫之间必须保持某种距离。妻子要称丈夫为"老爷",而丈夫则称妻子为"夫人"。④ 宗教改革和文艺复兴时代的国家更强调女性的服从。新教的神学理论是父权的,家庭祷告和家庭宗教教诲以及家长对其家庭的道德义务增加了家庭中父亲(丈夫)的尊严,他是其他家庭成员行为的指导者。⑤ 家庭里原由教士负责的一切宗教和道德方面的责任,全部交由丈夫负责——家庭祷告代替了教堂里的忏悔仪式。同时新教对婚姻的赞成和对婚姻之爱的要求本身促进了妻子的顺从。1552年的新版《祈祷书》提高了婚姻的地位,但却没有改变丈夫对妻子的支配权。妻子像她的丈夫一样做出如下婚姻誓约:"从今天起,我们相互拥有对方,相互支持对方。无论身处富贵还是身处逆境,无论是大富大贵的

---

① [美]凯特·米利特:《性的政治》,第79页。
② Kathleen M. Davies, "Continuity and Change in Literary Advice on Marriage", in R. B. Outhwaite, ed., *Marriage and Society: Studies in the Social History of Marriage*, p.71.
③ Margaret George, *Women in the First Capitalist Society*, p.3.
④ [美]戴维·罗伯兹:《英国史:1688年至今》,第29页。
⑤ Christopher Hill, *Society and Puritanism in Pre-Revolutionary England*, New York: Schocken Books, 1967, pp.457-458.

时刻还是贫穷落魄之际,无论在疾病缠身还是在健康幸福的时候,我们都将热爱对方,珍惜爱情。"但事实上,只有妻子真的决心遵守这一誓言。①妇女被期望在婚后珍爱她们的丈夫,并被教导说这是她们神圣的义务,这一理念也被妻子内化并体现在实际生活中,妻子很容易接受其顺从丈夫的地位。②故吉登斯说:"实际上,浪漫之爱在权力上是十二分不平衡的。对女人而言,梦想浪漫之爱最后却使她们大多成了家庭生活的严肃附属者。"③因此,爱也是一柄双刃剑。神圣婚姻教义产生了互相矛盾的双生子,它一方面加强了丈夫对妻子的权威,另一方面也促使妻子更乐于服从丈夫的命令。

16、17世纪理想的妻子是虚弱的、顺从的、乐善好施的、贞洁的和谦逊的。她的作用在于管理家务,生育和养育孩子。不管是在教堂还是在家里,她都应该保持沉默,在任何时候都应该顺从丈夫。新教的宣教者和道德神学家们也和俗人一样热心提倡妻子的完全服从。在1537年对《圣经》有一个危险的注解说:一个丈夫,如果其妻子"不顺从,不能帮助他,就应该努力打击她,使她的头脑中牢记对上帝的恐惧,然后她就会知道自己的职责并认真执行"。考德雷尽管提倡婚姻之爱,但他绝没有忘记男人统治的必要,"我们认为一个男人在爱时仍应该记住其统治地位"。在有关男性统治的论调中,影响最大的是《关于婚姻的劝诫》(*Homily on Marriage*),从1562年起的每一个星期天所有的人都要集中在教堂来听教士宣读它。它让民众毫不怀疑妻子卑下的地位、权利和本质:"女人是一种没有力量和坚强意志的脆弱生物;她们比男人更易于烦恼,易于受脆弱的情感影响;她们比较轻浮,更多地沉溺于幻想之中。"④珀金斯在1590年写道,丈夫可以定

---

① [美]玛丽莲·亚隆:《老婆的历史》,第130—132页。
② Lawrence Stone, *The Family, Sex and Marriage in England 1500 - 1800*, pp.141 - 142.
③ [英]安东尼·吉登斯:《亲密关系的变革——现代社会中的性、爱和爱欲》,第82页。
④ Lawrence Stone, *The Family, Sex and Marriage in England 1500 - 1800*, pp.138 - 139.

义为"对妻子有权威的人",对妻子的定义则是"一个已婚的人,她应当对丈夫顺从,承领他在一切事情上的权威并给予完全的服从,也就是说,她应当在判断和意愿上完全依赖他"。而威廉·威特雷(William Whatelay)在1617年说"丈夫就是上帝派来的统治者,是他自己家中的君主"。①《英国的法律》(*The Laws of England*)这一清教徒的匿名作品也表示,所有家庭中的父亲都是"他自己家里的君主和国王",一家之主代表着所有的依附者。②

著名的威廉·古奇博士1622年在其《家庭职责》(*Of Domestical Duties*)中写道,丈夫就是"他妻子的神父,他在家中是最高统治者,对所有的人和他认为是自己财产的一切都具有权威;在他自己的家中他如同君主",妻子的职责就是服从。③ 他还宣称:一个妻子应该接受她的从属,应该心甘情愿地服从作为她的"国王""神父""先知"的丈夫,他不但可以剥夺其贞操,还可以剥夺她的财产,占有她的意愿。④ 他认为:"即使在那些有着一般公平原则的事情上,真正的公平也是不存在的,因为一直以来,丈夫在所有的问题上都是享有优越权的。"和所有那一时代的牧师、严格的清教徒及温和的圣公会信徒一样,古奇相信父权制秩序就像天上繁星的排列一样不可改变。⑤ 在内战时期,尽管一些极端的宗派如贵格派教徒(Quakers)和政治平等主义者如约翰·李尔本都强调男女两性的平等,但更多的传统捍卫者还在为父权制做辩护,强调女性的顺从,认为"丈夫是太阳,妻子是月亮",只有仰仗丈夫她才发光,因而应该受丈夫权威的统治。⑥ 在这种教导下,一个好妻子从本质上而言应当是顺从的。她应当忍耐、细心周到、温柔亲切、朴实谦逊、温和宁静、顺从。而坏妻子则是自信专断的、任性、好争

---

① Keith Wrightson, *English Society 1580 – 1680*, p.90.
② Christopher Hill, *Society and Puritanism in Pre-Revolutionary England*, p.471.
③ Keith Wrightson, *English Society 1580 – 1680*, p.90.
④ Margaret George, *Women in the First Capitalist Society*, p.3.
⑤ [美]玛丽莲·亚隆:《老婆的历史》,第133页。
⑥ Christopher Durston, *The Family in the English Revolution*, p.24.

吵、爱骂人、不忠实、在装饰上过度挥霍。就像威特雷所认为的那样,"妻子的责任就是总服从丈夫,即使她有诸如聪慧、理解力、能说会道、处理事情更灵活的伟大天资也要听从丈夫"①。总之,就像莱特森通过对17世纪的英国社会进行研究后所得出的结论:"在17世纪,对那些劝导书的作者而言,婚姻关系应该是依照一种既自然又是神定的秩序,而其中最重要的一点就是强调丈夫对妻子的权威。"②虽然英国盛行的新居制原则使得新婚夫妇自结婚之初日起就要自谋生路,开始承担婚姻中的角色,妻子是家庭经济不可或缺的一部分,为家庭福利做出巨大的贡献,但其地位仍是卑微的,要服从于丈夫。

18和19世纪,关于女性美德的论述同样要求女性的顺从,中等阶层对女性角色的态度无处不在,在母亲对女儿的建议中,在有关女性教育的内容里,在女性行为举止的指导中都存在着。女性被认为应该谦逊、抑制、被动、温和、顺从、优雅,还有最为重要的纯洁。③ 1705年,弗利特伍德(Fleetwood)主教提出了一种新教义,虽然它事实上削弱了父亲和丈夫传统的绝对权威,要求丈夫的职责是爱护他们的妻子,但是仍强调妻子的责任是"顺从其丈夫"。④ 正如玛丽·阿什托尔所揭示出的:"已婚妇女应该接受一个无可争辩的箴言,即她丈夫绝对、完全地支配她,她应该将所有的精力用来愉悦丈夫、服从丈夫。妻子不应该试图去分解丈夫的权威,也不应对此提出异议,而应该相信丈夫的明智和善良都是最好的,至少对她而言是这样。不能做到这一点就不适合成为一个妻子。"⑤有些历史学家认为这是18世纪的创造,是妇女地位下降的一种表现,由上可知,事实上这种对妇女顺从的强调是一直就存在的。就像玛琳·莱盖茨(Marlene

---

① Anthony Fletcher, *Gender, Sex and Subordination in England 1500 – 1800*, p.77.
② Keith Wrightson, *English Society 1580 – 1680*, p.90.
③ Bridget Hill, *Eighteenth-Century Women: An Anthology*, p.17.
④ Lawrence Stone, *The Family, Sex and Marriage in England 1500 – 1800*, p.165.
⑤ Bridget Hill, *Eighteenth-Century Women: An Anthology*, p.20.

Legates)研究后指出,纯洁和顺从是古代理想妇女的前提条件,妇女作为救赎者的信仰和骑士之爱一样古老,在古典和人文主义思想中,对婚姻的积极态度与明确的对女人的厌恶并存,她总结说,18世纪有关好妇女的论断并没有与过去有急剧的决裂。① 总之,宗教文献敦促妇女恭顺服从,把神的排列顺序描写成性别不平等的安排。医学和哲学著作认为妇女在体力、思想与道德上都比男人弱,明显需要男性的指导和保护。代代口头相传的习俗也设立了泾渭分明的性别界线,限制妇女出行和行动的能力,对那些违规者加以批评或惩罚。大部分书面规范和法律更是体现了两性的不平等。②

丈夫与妻子的这种支配与服从的关系使得在家庭内外使用暴力来规范社会秩序很常见。打妻是近代早期父权制的一个核心问题,它涉及婚姻关系的实质。当时英国与欧洲大陆没有什么差别,法律给予丈夫"适当处罚"妻子的合法权利,在打妻时,棍子不要粗过男人的大拇指,且不要打出血。③ 布莱克斯通在其《英国法律注解》中说:"依照旧法,丈夫可以适当地惩戒妻子,因为他要对她的错误负责任,所以法律认为,赋予他权力以家庭惩戒的方式来约束她是合理的。"④从16世纪到19世纪打妻行为一直在英国持续。虽然上层社会的人们声称那些肉体上的惩罚主要是下层社会的人所干的事,然而,统计数据表明,殴打妻子的现象在全社会各个阶层都存在。⑤ 这种处罚妻子的有限暴力是合法的,而妻子对丈夫的攻击则被视为一种严重的犯罪,被认为削弱了社会秩序。⑥

由拒绝丈夫的性要求而造成的夫妻不和并导致夫妻分居的情况十分

---

① Amanda Vickery, "Golden Age to Separate Spheres? A Review of the Categories and Chronology of English Women's History", *The Historical Journal*, Vol.36, Iss.2 (1993), p.408.
② [美]梅里·E.威斯纳-汉克斯:《历史中的性别》,第128页。
③ Anthony Fletcher, *Gender, Sex and Subordination in England 1500-1800*, pp.192-193.
④ Bridget Hill, *Eighteenth-Century Women: An Anthology*, p.144.
⑤ [美]玛丽莲·亚隆:《老婆的历史》,第226页。
⑥ Robert B. Shoemaker, *Gender in English Society, 1650-1850*, p.104.

普遍。性生活的不满意导致许多男人迅速采取虐待行动。乔安妮·巴雷特(Joanne Barrett)在1590年时寻求与她丈夫分居,理由是他到别处寻求性的满足,并且待她十分凶暴和残忍,她害怕与他居住在一起。① 虽然"夫权这种东西,自来在贫农中就比较地弱一点,因为经济上贫农妇女不能不较富有阶级的女子多参加劳动,所以她们取得对于家事的发言权以至决定权的是比较多些"②。但是在下层社会,妻子仍要顺从丈夫的意志,如若不从,或者性生活不和谐都有可能导致丈夫的拳脚相加。在穷人的婚姻中,打妻子总是成为家庭冲突的一个显著特征。这一时期的法庭记录中有很多这样的案例。在1652年,伊里(Ely)法庭有这样一个案例,约翰·巴尼斯(John Barnes)有一天晚上从酒馆回来时,其妻子骂他是个流氓,他对妻子大打出手,致其妻子伤势过重去世了。在案件的审理过程中,他的邻居们都强烈反对他对妻子的长期虐待并拿出许多证据来。但打妻的现象在下层社会比较普遍,只要不过分,一般邻居们是不会去进行监督的。③ 罗特特·皮内尔不仅是一位占星术士,还是一位内科医生,他于17世纪10年代里在大林洛德地区行医占卜,记录下了不少丈夫对妻子实行体罚的事实。例如,斯蒂芬·罗林斯的那位悲伤心烦的妻子就抱怨说,每次丈夫狂饮回来,她就不得不承受体罚和辱骂。伊丽莎白·伊斯顿的丈夫则在家人的唆使下像打一只狗似的鞭打她。④ 在18世纪初,塞缪尔·塞德(Samuel Sad)想勒死他的妻子伊丽莎白;康斯坦丝·波斯顿(Constance Boston)也抱怨她的丈夫约翰过分暴力;托马斯·菲明厄姆(Thomas Felmingham)毒打他的妻子,拖着她满屋跑并以枪威胁她。这些丈夫的行为都超出了婚姻中可接受的暴力程度。⑤ 1792年,苏塞克斯郡的一个花匠的妻子抱怨她的

---

① Robert B. Shoemaker, *Gender in English Society*, 1650–1850, p.196.
② 毛泽东:《毛泽东选集》(第一卷),北京:人民出版社,1969年,第32页。
③ Keith Wrightson, *English Society 1580–1680*, pp.98–99.
④ [美]玛丽莲·亚隆:《老婆的历史》,第133页。
⑤ Susan Dwyer Amussen, *An Ordered Society: Gender and Class in Early Modern England*, p.128.

丈夫凶暴地打她并有下流举动。阿玛丽亚·布雷热(Amelia Brazier)的丈夫是一个葡萄酒供应商,她知道丈夫在外面嫖妓,可能会把性病带回家,于是拒绝与丈夫过性生活,丈夫揍她并扬言要杀了她。① 打妻行为一直持续下来是因为它为男性社会圈子所接受。丈夫将妻子看作财产,可以任意处置。而且时人也将这种状况视为当时婚姻模式的一种。男人的这种优越地位在民俗中也反映出来,对于那些未能控制住妻子的丈夫施以"起哄"(rough music)来进行处罚。

由上可知,16—19世纪英国社会转型时期,婚姻中的父权制权威的宗教和法律基础并未发生变化,虽然有大量证据表明此时期的婚姻关系并不完全都是等级分明的,相反,在许多情况下夫妻相互尊重,在许多重大事情上联合做出决定。因此,不应该将这种道德和宗教说教完全等同于现实生活中的真实,因为人们的婚姻生活是千差万别的,道德说教与现实生活之间总存在着距离。在莱特森看来,展现出来的历史画面表明私人领域里有一种强烈的夫妻应当互补、友爱的风气,与男性权威的教义以及公开地宣称女性的屈从相并存,并且常常使它相形见绌。② 依据莱特森的研究,在17世纪时家庭中的决定常常是在丈夫和妻子共同讨论的基础上做出的,婚姻中的争吵并不会因为丈夫的父权制权威而突然中止。③ 还有许多丈夫的遗嘱将妻子作为遗嘱执行人,有时在遗嘱中让妻子全权管理家庭财产并让她们负责养大未成年的孩子。④ 这种遗嘱的法律形式意味着一种强烈的相互尊重。在有些情况下,妻子还会在婚姻生活中居支配地位。强悍的妻子会说服或者胁迫丈夫放弃一些权利。比如当时的民谣就说"娶一个泼妇比娶一只绵羊好"。亚当·艾纳(Adam Eyre)这个约克郡的自耕农在

---

① Robert B. Shoemaker, *Gender in English Society, 1650-1850*, p.195.
② Keith Wrightson, *English Society 1580-1680*, p.92.
③ Keith Wrightson, *English Society 1580-1680*, pp.92-104.
④ Keith Wrightson, *English Society 1580-1680*, p.94.

17世纪40年代晚期写下了不少日记,其中记载了他与妻子在钱和他饮酒的事情上产生的冲突。妻子拒绝他对其财产的签署要求,而他只有通过说服和许诺才能与妻子达成和平。① 同样地,爱德蒙·哈罗德(Edmund Harrold)的日记揭示了一个男人在与他的妻子产生冲突时常常让步的情况。② 吉利斯也说:"农民和工匠的婚姻既是父权的又是友爱的,既是一种公共制度也是一种私人关系。在其中,丈夫的正式权威被妻子和孩子们的实际权力所平衡,甚至有时相抵触。没有理由认为那一时代的夫妻比我们这个时代的夫妻争吵要少。"③尽管如此,夫妻之间的这种支配与服从关系一直是16—19世纪的主流。

---

① Robert B. Shoemaker, *Gender in English Society*, 1650-1850, p.111.
② Robert B. Shoemaker, *Gender in English Society*, 1650-1850, p.112.
③ John R. Gillis, *For Better, For Worse, British Marriages, 1600 to the Present*, p.82.

四、双重道德标准

从 16 世纪到 19 世纪,人们对性的观念确实产生了巨大的变化,禁欲主义思想逐渐弱化,性在夫妻生活当中的重要性不断得到重视。在中世纪,基督教的禁欲主义笼罩着整个欧洲。依据基督教的教义,按照圣保罗的观点,在婚姻中每一个配偶的身体都是另外一个人的,在性行为的合法动机中,婚姻义务的满足仅次于生育。"男不近女倒好。但要免淫乱的事,男子当各有自己的妻子,女子也当各有自己的丈夫。丈夫当用合宜之份待妻子,妻子待丈夫也要如此。妻子没有权柄主张自己的身子,乃在丈夫;丈夫也没有权柄主张自己的身子,乃在妻子。夫妻不可彼此亏负,除非两相情愿,暂时分房,为要专心祷告方可;以后仍要同房,免得撒旦趁着你们情不自禁引诱你们。"①也就是说,在中世纪的宗教教义中,性行为只应该限定在婚姻中,目的是生育,同时也是一种婚姻义务,是用来防止恶的一种手段。尽管基督教宣扬严格的一夫一妻制,但中世纪的"骑士精神"却赞美勇士对女性的"征服"。任何贵族(包括国王在内)都可以有好几个情妇,情妇越多,说明他越具有骑士的豪爽风度。②

文艺复兴和宗教改革使人们的性观念发生了较大的改变,作为凡人的

---

① 《圣经·哥林多前书》,7:1-5。
② 钱乘旦:《第一个工业化社会》,第 357 页。

需要被人文主义者们大力提倡。"我是人,人所具有的我无不具有。"在这种人文精神的启发下,人们开始用尊重的目光重新审视自身那些曾被拼命压抑和贬斥的愿望及冲动,肯定其中符合自然本性的成分,婚姻中的性也被承认具有积极意义。①宗教改革者们也对婚姻中性的重要性给予较多关注。他们将有规律的性生活看作身体和心理健康的必要基础。更重要的是,在涉及这一关系时,他们将性看作成功的伴侣关系的一个关键要素。有规律的性生活对于维持婚姻非常重要,丈夫和妻子都希望尽自己的努力来取悦对方。如果夫妻中的一方单方面节制性欲的话,会引起另一方的不满和不愉快。威特雷1623年的著作《新郎的丛林》中提到:"幸福的、有情趣的生活需要夫妻双方经常的相互调侃、嬉戏、说一些温馨的话语。"②果德(God)和克利夫(Cleaver)都表示,通过和谐的性生活,一对夫妇的生活会更愉悦。斯密斯则建议,如果夫妻俩吵架了,他们不应当分床而睡,因为这样他们就失去了和解的机会。③新教主张在性关系上夫妻平等,即便在其他事务上妻子要顺从丈夫,丈夫具有对妻子的权威,但这种父权不应该用在卧室里。当丈夫和妻子非常亲密地在一起时,严厉和挑剔的丈夫应该使自己变成一个民主和友爱的情人。④新教教会的主要考虑是通过将性生活限制在夫妻之间且将约束性的规范强加于它的办法,使性生活道德化。⑤

然而,两性关系与爱情生活远远不只是与夫妻范围混为一体,⑥婚外性关系一直都存在,几个世纪以来双重道德标准不但丝毫没有受到触动,甚至在维多利亚时期还达到了登峰造极的地步。

《妇女研究大百科全书》中这样说,"双重标准即只有妇女的不忠才被处

---

① 王勤榕:《西欧从封建社会向资本主义过渡时期婚姻形态的若干变化》,《世界历史》1996年第4期,第78页。
② [美]玛丽莲·亚隆:《老婆的历史》,第145页。
③ Anthony Fletcher, *Gender, Sex and Subordination in England 1500 - 1800*, pp.113 - 114.
④ Anthony Fletcher, *Gender, Sex and Subordination in England 1500 - 1800*, p.114.
⑤ [法]安德烈·比尔基埃等主编:《家庭史——现代化的冲击》,第177页。
⑥ [法]安德烈·比尔基埃等主编:《家庭史——现代化的冲击》,第170页。

以严惩,在所有父权制社会都是根深蒂固的思想,它很大程度上根源于将妇女当作私有财产的观念"[1]。自古以来,男人在实际上,如果不是在理论上的话,总是可以沉溺于非法的性关系中。男人结婚时,人们并不要求他有童身,即使在结婚之后,人们对于男人的不忠也是不很重视的,只要妻子和邻居不知道他的不忠行为就行。[2] 男性的不端性行为的后果不如女性的不端行为那么严重,在社会最上层更是如此,人们总是期望容忍丈夫的不忠。当时的道德家们对男女双方的不忠行为都给予谴责,但他们强调妻子的不忠行为产生的后果要比丈夫的更为严重。[3] 对妻子来说,单单通奸行为就是"对财产法和世袭血统观念的不可饶恕的违背",一旦被发现就要遭受极严格的惩罚。对比之下,丈夫的私通则被普遍"认为是令人遗憾但却可以理解的小毛病"[4]。自古以来这种标准就赋予男性较大的性自由和性主动权。正因为16—19世纪英国社会转型时期,妻子在法律上一直被当作丈夫的私有财产,丈夫对她具有至高无上的权力,所以婚姻关系中的这种公开的消极特征——性的双重标准的持续存在也就不足为奇,而且这在维多利亚时期达到了一个巅峰。

不过,正经宣传的道德标准是一回事,人性的本能要求又是另一回事,两者之间有时候的确存在不可逾越的鸿沟。大凡在这些方面,明知故犯的伪君子经常比比皆是,这是显而易见的事实。但是如果认为维多利亚时期所正式宣传的性道德纯系装饰品,乃是一种时代错置的谬误。因为这个时代的虚伪性不是一个简单的说谎问题。双重标准并不是一种虚伪,而是得到世人的认可,待字闺中的资产阶级小姐要守贞操,已婚的资产阶级夫人要守妇道,而资产阶级的青年男子可像蝴蝶逐香一样扑向所有的女人,已婚男子也允许有越轨行为。这种游戏规则是大家完全理解的,并且知道资

---

[1] Helen Tierney, ed., *Women's Studies Encyclopedia*, Westport: Greenwood Press, 1999, p.18.
[2] [英]伯特兰·罗素:《婚姻革命》,第60页。
[3] Keith Wrightson, *English Society 1580 – 1680*, p.99.
[4] Lawrence Stone, *Road to Divorce in England 1530 – 1987*, p.7.

产阶级有时处于某些尴尬境地,需要谨慎处理,否则其家庭稳定及其财产便会受到威胁。"情欲是一回事,'我孩子的母亲'则是另外一回事。……而且资产阶级道德规范在很大程度上已被各方采纳。当为数众多的'受人尊重的'工人阶级接受占统治地位的价值标准时,当人数不断增加的下中阶级也遵守这个道德规范时,资产阶级的道德标准可能更加行之有效。"①

双重标准的体现之一就是要求女子在婚前必须保住其童贞。女性具有两个同等重要的职责:服从和性的忠贞。而妇女们都相信忠贞是最重要的,而服从次之。② 16—19 世纪期间,一如在人类历史的绝大部分历史中一样,人们都要求新娘在新婚之夜必须是处女,而男子有点性经验却被认为是可接受的。在男子,私通和奸淫都被视为小过错;在女子,这样的行为则被视为最大的不正当和不光彩。行为指导书中强调最为频繁的女性品德就是纯洁与贞洁;谦虚、温顺、容忍;善良和慈善;虔诚和热心。尽管性的节制被认为是两性都应有的品质,但行为指导书遵循着流行的"双重标准",即认为女性的忠贞更为重要,因为她们的不贞会导致更大的恶果,而且一旦她们的性欲被激起便难以控制。③ 对男子而言,性不只是一种生物性冲动,对女子的引诱是以征服和顺从这类的词语来描述的,也就是说与男性的骄傲密切相关。而女性的性欲则是一种淫荡,是一种破坏。④ 第一任哈里法克斯侯爵写信给他的女儿(女儿抱怨她丈夫的不忠),解释说性的冒险在男人应该得到鼓励,而在女人则是"犯罪"——因为她那公认的"荣誉"可以确保"家庭免遭给他们带来污点的混乱"。⑤

18 世纪时,在所有被期望的女性品质中,最重要的就是纯贞。特别是

---

① [英]艾瑞克·霍布斯鲍姆:《资本的年代》,第 316—317 页。
② Susan Dwyer Amussen, *An Ordered Society: Gender and Class in Early Modern England*, p.117.
③ Robert B. Shoemaker, *Gender in English Society*, 1650-1850, p.23.
④ Robert B. Shoemaker, *Gender in English Society*, 1650-1850, p.30.
⑤ Angeline Goreau, "Two English Women in the Seventeenth Century: Notes for an Anatomy of Feminine Desire", in Philippe Ariès and Andre Béjin, eds., *Western Sexuality: Practice and Precept in Past and Present Times*, Translated by Anthony Forster, Oxford: Basil Blackwell, 1985, p.105.

在中上阶层家庭,婚姻契约在本质上仍是一桩商业,在其中,丈夫能获得的价值就是妻子父亲提供的嫁妆,再加上她的童贞。失贞意味着一个女子的市场价值急剧下降。[1] 丈夫对妻子的性服务享有完全的垄断权力,而且在新婚之夜妻子应该是一个处女。就像菲尔丁(Fielding)的莫顿先生(Mr Modern)在1732年对其妻子所说的:"你是我的人,我在教堂合法地买下了你。"桑威治勋爵(Lord Sandwich)的父亲则语气更为强硬:"一个使少女怀孕然后娶她的男子就好似一个人把屎拉在其帽子里然后扣在自己的头上一样。"[2]而另一方面,男人则被期望在结婚之前得到许多性经验,并且婚后的任何不忠也被看作明智的妻子应该宽恕的轻微过错。因此,在中上阶层,私通和通奸完全是男子的特权,尽管当时的生理学理论和民间传统认为女性要比男性具有更强的欲望。[3] 可以这么说,女子的贞洁是一份财产而不是一件事物,但她的这份财产并不是她自己能任意处置的,婚前这份财产属于她的父母,对她的父母而言,保有这份财产十分重要,可以作为女儿婚姻财产协议中的一个重要筹码,婚后则属于她的丈夫。正如玛丽·沃斯通克拉夫特所说:"妇女的荣誉并不是依照她自己的意愿而造就的。"[4]

双重道德标准的另一个重要体现是在对婚姻中男女两性不忠行为的处理上。

"明智的妇女不会以丈夫的不忠来烦扰自己",而妻子的不忠却是不可宽恕的。双重标准使丈夫对妻子拥有绝对权力的愿望制度化。妻子是丈夫的财产这一观念受到法律原则和实践的崇尚,其中最基本的一条就是上文所说的"通过婚姻,丈夫和妻子成为一个人,而这个人就是丈夫"。妻子的一切,包括她的身体都隶属于丈夫,她的性自然也成为丈夫的财产。妻

---

[1] Bridget Hill, *Eighteenth-Century Women: An Anthology*, pp.22-26.
[2] Lawrence Stone, *The Family, Sex and Marriage in England 1500-1800*, p.315.
[3] Lawrence Stone, *The Family, Sex and Marriage in England 1500-1800*, p.315.
[4] Bridget Hill, *Eighteenth-Century Women: An Anthology*, p.25.

子如果通奸,丈夫可以向她的情人索要为"罪恶交流"行为所付的赔偿,然后再申请与妻子离婚。对此,特朗巴赫这样归纳:"他可以从另外一个侵犯其财产的男人那儿得到金钱赔偿,如果他不能赔偿则可以把他送进监狱或流放。他可以处罚按婚约只属于他一个人却把自己给予另一个男人的妻子,可以结束这桩婚姻,破坏她的名誉,占有她的财产。"①

女性则相反,她可以自己杀死一个试图强奸她的人;她也可以在教会法庭起诉对她性品质的诽谤;她可以要求避开打她或严重威胁她的丈夫;她还可以因为受虐待和遗弃而赢得分居;但她不能因为丈夫的通奸而获得赔偿并获准离婚。丈夫的不贞并不被当作对妻子名誉的损害,更不被当作妻子财产的一种损失。虽然她可以因为丈夫的通奸获得司法分居,但是很少有女性这么做,因为这对妻子很不利。基思·托马斯(Keith Thomas)在其论文《双重标准》中对16—18世纪的这种凄凉情况进行了描绘:"妻子很少能够要求和丈夫分居,原因是经济方面的。在分居期间她无法自力更生,因为尽管已经分居,她仍然处于一个已婚妇女所有的法律不利条件之下。换句话说,她处于一种真正不受法律保护的状态,因为她的丈夫维持着对其财产的所有权,甚至包括分居后她挣的工资;她不能自己采取法律行动,甚至她连自己的孩子都不能接近。"②在大部分性犯罪中,尽管男女两性都可能因此获罪,但处罚结果对男女两性是不同的。从1650年开始的一段时间里,女人如果不忠将被判处死刑。虽然这种案例只有两三起,但确实是事实。③ 这种双重标准的最具体的体现就是1857年通过的《婚姻诉讼法》,它不准许妻子以丈夫的通奸作为其提出离婚的理由,而必须证明丈夫伴有残忍、遗弃等罪行,即情节特别恶劣;而丈夫却能以妻子的通奸轻

---

① Randolph Trumbach, *The Rise of the Egalitarian Family: Aristocratic Kinship and Domestic Relations in Eighteenth-Century England*, pp.154-155.
② Alan Macfarlane, *Marriage and Love in England*, p.228.
③ [美]玛丽莲·亚隆:《老婆的历史》,第144页。

易获得离婚。这种不平等状态即是双重道德标准的典型反映,即妻子要在性上绝对忠诚于丈夫,而丈夫却可以在外寻花问柳。正因为这种双重标准,已婚男子更易于发起和保持婚外的性关系。

这种现象的存在首先由于有产阶级将妇女的贞洁与婚姻市场上的财产相联系的价值观,其次是强调继承财产和头衔的继承人的嫡出;1788年,约翰逊博士认为"世界上所有财产都建立在妇女的贞洁之上","子女的混乱不清就构成本质上的通奸罪"。① 双重标准现象的长久存在还在于千百年来妻子的性一直被看作丈夫的财产,如果这一财产在婚前或婚后被合法拥有者之外的人使用过,这一财产就贬值了。由于这方面原因,曼利夫人(Mrs Manley)在18世纪初对于"对男子不是罪过的东西对妇女却是可耻的和不可宽恕的"观点进行的抗议被完全忽视。1825年,约翰·尼科尔斯爵士(Sir John Nicholls)宣称"妻子一方的宽恕是美德,而丈夫同样的宽恕则是可耻的"②。双重标准长期存在的另一个原因是世俗社会对荣誉的强调。在16—18世纪,荣誉的概念有着明确的含义,与今天大不一样。一个绅士说的话就是他的契约,这在当时已是老生常谈。无须契约,只凭绅士自己的自由发挥,就足以保证他所说的是事实或者确保他履行所许诺的义务。对于别人来说,只要一个人说的话足以保证获得他们的承认、信赖和满意,他们就可以公开地表明这人是一个绅士。相信一个人说的话就是对他的尊敬,也就表明了他是一个高贵的人。荣誉借助知识可以转变为权力。③ 因此,一个男子说另一个男子最糟糕的事就是"他是一个说谎的人",这会导致男性之间的决斗或战斗;一个女人说另一个女人最不好的事则是她的不贞,这可能会导致在教会法庭对诽谤者进行诉讼。因此,一个

---

① Lawrence Stone, The Family, Sex and Marriage in England 1500 – 1800, p.316.
② Lawrence Stone, The Family, Sex and Marriage in England 1500 – 1800, p.316.
③ [英]史蒂文·夏平:《真理的社会史——17世纪英国的文明与科学》,赵万里等译,南昌:江西教育出版社,2002年,第63页。

男子的荣誉有赖他所说的话的可信度,①对一位绅士的界定事实上取决于他的可信赖性、他的承诺和言辞。"他的言辞就是契约,他的誓言就是圣谕。"②而一个女人的荣誉则取决于她的贞洁。男子如果被戴上了绿帽子,其荣誉也会受到严重破坏,因为这对他的性能力和他统治自己家庭的能力来说都是一种耻辱。他会成为村民的笑柄,在上层社会则可能因此而被人中伤并被视为不适合担任公职。③ 这种把贞洁看作妇女最主要的美德既是双重标准的一个体现,同时它也进一步强化了这种双重标准。

工业革命开始后,由贫穷造成的娼妓问题泛滥,上层社会于是突然出现清教精神的复活,人们在公开场合对性关系持一种矜持态度,即使不说它是魔鬼的诱惑,至少也认为它是一种邪恶的感情,需要严加压抑。这种对性的抑制态度在 19 世纪中叶达到顶点,形成所谓的"维多利亚风尚"(Victorianism)。一切宣传工具和社会舆论都对性表示否定,使人们谈到性就感到难以启齿。然而在实践上,人们往往只要求女子保持贞操,要求她们在结婚时是处女,结婚后恪守妇道,对男子的性生活专注度是不苛求的。男子嫖娼宿妓和寻花问柳虽会受到谴责,与情妇往来却不是什么稀罕事。工业资产阶级在婚外关系中地位特别有利,他们工厂里的女工可以轻易地成为他们猎取的对象;居家的漂亮的农村女仆,则更是处于无力的地位。据研究,1801—1900 年的 100 年中,送往伦敦弃婴院的私生儿中有 65.6%是由女仆所生;而根据当时的社会观念,失身是女子的过错,男子不负主要责任。④

双重标准是英国夫妻关系父权制、妻子地位低于丈夫的一种具体体现,同时,它也进一步强化了丈夫的权威。

---

① [英]史蒂文·夏平:《真理的社会史——17 世纪英国的文明与科学》,第三章:《讲真话的社会史:知识、社会实践与绅士的可信度》对此有非常细致深刻的分析。
② [英]史蒂文·夏平:《真理的社会史——17 世纪英国的文明与科学》,第 67 页。
③ Lawrence Stone, *The Family, Sex and Marriage in England 1500 - 1800*, pp.316 - 317; Susan Dwyer Amussen, *An Ordered Society: Gender and Class in Early Modern England*, pp.99 - 101.
④ 钱乘旦:《第一个工业化社会》,第 359—360 页。

五、夫妻感情深厚

在肖特看来,在18世纪之前的英国,绝大部分民众的婚姻生活没有感情可言,主要是出于财产和家庭的考虑而进行的结合;这种情感上的冷漠通过工作任务和性别角色的区分而实现;只要彼此将各自的任务完成,他们的生活便不会混乱,至于幸福与否,他们并不去考虑。① 斯通和特朗巴赫的研究指出,家庭中平等、友爱、感情深厚的夫妻关系直到18世纪才出现于中上层社会,在此之前,中上层社会的夫妻之间没有感情可言,关系十分冷漠。② 伯特兰·罗素也表示,由于女人相对于男人的隶属地位,夫妻之间不可能有真正的伉俪之情;夫妻之间的关系一方面是一种主从关系,另一方面是一种责任的关系。③ 这些学者的研究可能指出了历史上婚姻生活的某一方面的表现,但都忽略了婚姻行为的复杂性,无论在任何时期都并非如此简单。事实上,大量的证据表明父权权威和爱并不相冲突,"人们总是认可夫妻关系中丈夫的权威,同时也期望夫妻俩形成一种以爱和友

---

① Edward Shorter, *The Making of the Modern Family*, pp.55–57.
② Randolph Trumbach, *The Rise of the Egalitarian Family: Aristocratic Kinship and Domestic Relations in Eighteenth-Century England*, chapter 3; Lawrence Stone, *The Family, Sex and Marriage in England 1500–1800*, chapter 8.
③ [英]伯特兰·罗素:《婚姻革命》,第17页。

谊为基础的关系"①。在16—19世纪英国社会转型时期,它们成为婚姻关系的共同特征。再者,虽然在家庭关系中男子处于优越和支配地位,但这种夫妻间的权力分配并不与感情淡漠有某种必然的联系。夫妻感情的好坏更多地与夫妻两人的个性密切相关。历史学家通过个人或集体所证实的东西去观察的,从来就不是人的内心深处的感受,而那个时代的行为准则和行为方式能使别人看到什么,认为18世纪以前没有一个人是出于爱情而结婚,没有一对夫妻真正相爱过,看来是荒谬的。②

中世纪以来的宗教教义和道德说教虽然强调丈夫的权威、优越和妻子的顺从、卑下,但与此同时它们也都强调丈夫要爱护妻子。《圣经》中的教义教导人们女性是软弱的,作为强壮的男子应该敬重并爱护她们。圣保罗在致以弗所人的书信中论及丈夫和妻子的关系时虽然强调妻子要顺从丈夫,但同时指示丈夫更应该爱他的妻子,这是因为爱是向下的而义务则是向上的。③ 他强调"你们做丈夫的,要爱你们的妻子,正如基督爱教会,为教会舍己。""丈夫也当照样爱妻子,如同爱自己的身子,爱妻子便是爱自己的。""然而你们各人都当爱妻子,如同爱自己一样。妻子也当敬重她的丈夫。"④如彼得主张丈夫应该敬重他们的妻子,并要体谅她们,因为她们处于"软弱的人"这种脆弱的地位:"你们做丈夫的也要按情理和妻子同住,因她比你软弱(软弱的人),与你一同承受生命之恩,所以要敬重她,这样,便叫你们的祷告没有阻碍。"⑤如果承认《圣经》中有关丈夫权威、女性顺从的教义深入人心,那么我们没有理由不承认这种要求丈夫爱妻子的教义也同样渗入人们的精神文化领域,并体现在现实的行为方式中。如12世纪时维克多的雨果把婚姻理解为共同生活,按照他和伦巴第的彼得的观点,上

---

① Robert B. Shoemaker, *Gender in English Society*, 1650-1850, p.102.
② [法]安德烈·比尔基埃等主编:《家庭史——现代化的冲击》,第195页。
③ Ralph A. Houlbrooke, *The English Family 1450-1700*, p.102.
④ 《圣经·以弗所书》,5:25,28,33。
⑤ 《圣经·彼得前书》,3:7。

帝不是用亚当的头创造了女子,好让她是他的主人;也不是用他的脚,好让她是他的奴仆;而是用他的肋骨创造出了女子,让她在他的身边作为伴侣。①

虽然16世纪末、17世纪英国的婚姻关系还有许多不明了之处,但是有证据表明,斯通所揭示的直到17世纪末18世纪才出现的友爱婚姻其实早已存在,因此在父权制婚姻和友爱婚姻之间进行明确的划分似乎是不明智的。16世纪时,一种新型的家庭生活出现在新教关于家庭的教导中,这种新型的婚姻形式第一次以男女双方相互的尊重与爱情为基础,夫妻两人对于他们的家庭在精神和世俗上的进步享有平等的责任。② 在此时期,英国人对婚姻的看法与欧洲大陆之间最大的不同就是,英国人认为婚姻就是共同生活、互相陪伴。究其原因,主要在于英国的清教徒都非常认真地对待上帝的旨意:上帝认为,男人是不能孤独一生的,妻子必须在丈夫身边支持、帮助他。手拉着手,两个虔诚的基督徒约定要有福同享,有难同当。同时他们也在生活的道路上相互搀扶,一步一步,一生一世。③

清教提倡夫妻之爱,表现在以下几个方面:丈夫不但要保证妻子的物质利益,在各方面敬重她,不要因懒惰、奢侈、结交不好的朋友、无理的嫉妒而激怒妻子,当妻子犯了错,丈夫要耐心温柔地对她予以告诫,教给她良好的礼节,并教育她成为上帝王国中的共同继承人。清教比天主教更强调婚姻之爱是一种责任。威特雷写道:"首先,丈夫必须爱他的妻子,因为在世上的生物中,没有邻居、亲戚、朋友、父母、孩子能像妻子这么亲密和友爱。"爱不仅仅是一种责任,更是一种恩典,只有这样,夫妻双方才能履行婚姻义务。在罗伯特·皮利克(Robert Pricke)看来,爱不仅是源泉和事业,也是

---

① [德]汉斯-维尔纳·格茨:《欧洲中世纪生活》,第45页。
② Kathleen M. Davies, "Continuity and Change in Literary Advice on Marriage", in R. B. Outhwaite, ed., *Marriage and Society: Studies in the Social History of Marriage*, p.58.
③ [美]玛丽莲·亚隆:《老婆的历史》,第145页。

主宰和生活的全部职责。① 丹尼尔·罗格斯说,所有的怀孕、生育和母爱所承受的痛苦和焦虑都加在这脆弱的女性身上。机智、温柔和体贴是丈夫职责的重要组成部分。他在妻子伤心的时候安慰她,在她沮丧的时候对她耐心,试图减轻她的劳动,赞扬她的美德,纵容她的小虚荣。一个没有缺点的妻子是不可期望的,容忍妻子的缺点是丈夫应有的谨慎。② 伊丽莎白时期的牧师亨利·斯密斯(Henry Smith)强调说,除非两颗心结合在一起,把感情编织在一起,否则就不是真正的婚姻,只是徒有其表的、名义上的婚姻。③ 最重要的是,在清教徒的宣道中,丈夫必须爱他的妻子。古奇认为爱可以阻止丈夫滥用其权威于妻子,能使他容忍妻子激怒人的行为。他说:"他的眼神、他的语言、他的举止、他对待妻子的所有行动都应该充满爱。爱必须反映在他的命令中、他的斥责中、他的指示里、他的忠告中、他的权威里,也反映在他和妻子单独相处时的亲昵中,当他们一起出现在他人面前时,则反映在民事事务上和宗教事务中,总之,应该在任何时候任何事情上都反映出他的爱,就像盐自始至终都在餐桌上,调和于每一道菜中一样,爱也应该自始至终存在于丈夫的心中,融于他对妻子所做的任何事情中。"古奇强调的这种爱并不是罗曼蒂克或充满激情的爱,而是一种建立在适度而持久不变的情感基础上的热爱。④ 1705 年,弗利特伍德主教提出了一种新教义,它事实上削弱了父亲和丈夫的传统的绝对权威。婚姻被视为一个契约,夫妻之间具有相互的权利和义务。妻子的职责是"顺从其丈夫",丈夫的职责是满怀感情、忠贞地"爱护他的妻子"。⑤ 梯尔尼建议丈夫应该温柔体贴地对待他的妻子,逐渐"偷走她的个人意愿、爱好,这样两个

---

① Jean-Louis Flandrin, *Families in Former Times*, pp.166 - 167.
② Ralph A. Houlbrooke, *The English Family 1450 - 1700*, pp.97 - 98.
③ Ralph A. Houlbrooke, *The English Family 1450 - 1700*, p.102.
④ Anthony Fletcher, *Gender, Sex and Subordination in England 1500 - 1800*, pp.112 - 113.
⑤ Lawrence Stone, *The Family, Sex and Marriage in England 1500 - 1800*, p.165.

人才能同心同德"。在梯尔尼看来,婚姻应该建立在"真正的、完美的爱之上"①。因此,尽管丈夫对妻子具有权威,但这种婚姻典范也是一种仁爱的父权制,而非权威主义的统治。

世俗哲学和浪漫的文学很少受《圣经》的局限,更易于承认婚姻之爱是限制男性霸权的一种力量,甚至有时还会使得男性服从女性。在乔叟的《富兰克林的传说》(Franklin's Tale)中,阿威拉古斯(Arveragus)在结婚时对多丽根(Dorigen)发誓,他绝不会行使他的权威来违背她的意志,而会像任何一个情人应该做的那样,在任何事情上都遵从她,为了他的尊严,只在名义上保持他的权威。这个浪漫的故事告诉我们,在私密空间里,丈夫和妻子间的情感生活与外部世界中男人的统治和妇女的服从完全不同。②18世纪时,笛福不但强调以爱作为婚姻的基础,而且还将婚姻视为一种建立在平等基础上的伙伴关系,至少其中任何一方都不应从属于另一方。爱是幸福婚姻的唯一基础,没有爱的婚姻无异于"婚内卖淫"(Matrimonial Whoredom)。③

因此,尽管我们强调关于父权制的教义、学说和信仰无处不在,但也不能忽视那些强调婚姻之爱的思想观念。虽然丈夫居支配地位的夫妻关系一直是16—19世纪的主流,不同社会阶层都存在丈夫打妻子的现象,存在着父权主义的压制,但夫妻感情深厚同样体现在每个社会阶层。

由于有产阶层留下了大量的书信、日记和自传,因此可资列举的例证十分丰富。充满激情的爱的语言最早可以在15世纪的书信中找到。麦克法兰通过对这些日记和自传的研究发现,这些夫妻之间的感情十分深厚。④ 16世纪留存下来的一些书信集表明了当时夫妻之间的真挚情感,其

---

① Susan Dwyer Amussen, *An Ordered Society: Gender and Class in Early Modern England*, p.39.
② Ralph A. Houlbrooke, *The English Family 1450 - 1700*, pp.102 - 103.
③ Bridget Hill, *Eighteenth-Century Women: An Anthology*, pp.82 - 83.
④ Alan Macfarlane, *Marriage and Love in England*, pp.199 - 205.

中商人约翰逊家庭在 1542—1552 年的书信集中表明,在经历激烈和代价很大的恋爱后,约翰·约翰逊和萨宾·桑德斯(Sabine Sauders)之间的婚姻建立在相互吸引和爱慕的基础之上。结婚后,这种爱进一步加深。① 17 世纪时,夫妻间的爱与亲密在许多乡绅的通信中表露出来。布利娜·哈雷夫人(Lady Brilliana Harley)在 17 世纪 20 年代写给其丈夫的信被保留下来并出版,其中一封信的开头是"我亲爱的丈夫罗伯特·哈雷爵士(Sir Robert Harley)",这就表明了他们夫妻之间关系十分亲密。"亲爱的爵士,很高兴收到你的两封信,如果你知道接到你的信我有多么快乐,相信你绝不会让这个机会失去的。""你知道我的心思总是和你在一起,就像你拥有我的心一样,让我也拥有你的心。相信我,我从来没有像此时这样地思念着你。"落款为"你最忠实的、爱你的妻子,布利娜·哈雷"。② 1642 年 5 月在内战即将开始时,罗格·希尔(Roger Hill)从伦敦的军队中给他怀孕的妻子阿比盖尔(Abigail)写了一封情真意切的信:"在我眼里,这个世界上没有什么东西能与你具有同等的价值……如果你乐意的话,我很高兴你能立即来这里。"③ 威廉·美恩沃林格爵士(Sir William Mainwaringe)在 1645 年给妻子的一封信中这样写道:"给我的最亲和最爱,收到你的信是我唯一的喜悦。"然后他在信中劝告妻子:"我的最爱,用你最大的小心来照顾你的健康,不久我们就可以在一起了,我们的分离是我最大的痛苦和烦忧。"在信的末尾,他这样落款:"你最忠实、最忠诚、永远爱你的、你可怜的美恩沃林格。"④ 王党分子金威特(Knyvett)家庭的信件是真挚情感流露的有力证据,正如这些信件的编辑声明的那样:"他妻子对这些书信小心保存,他频繁地表达他非常急切地想回到她身边并'躺在她的臂弯里',这些书信中呈

---

① Alan Macfarlane, *Marriage and Love in England*, p.195.
② Alan Macfarlane, *Marriage and Love in England*, p.193.
③ Anthony Fletcher, *Gender, Sex and Subordination in England 1500 – 1800*, p.174.
④ Alan Macfarlane, *Marriage and Love in England*, p.192.

现的热情和激情,以及他们彼此之间的戏称、赞扬和偶尔开玩笑似的责备,他们之间那些不断变化但总是充满深情的称呼和署名,他认真地去了解时尚并精心为妻子挑选礼物,他外出旅行时妻子送给他的可口点心——这一切都是相互理解和相互爱慕的雄辩证明。"其中有封信的部分内容如下:"甜心,我被迫将我的忧愁告诉你,爱你的真实情感超越世上的一切。我希望我的生意现在能早点处理完,上帝保佑我在你察觉到之前就和你在一起了。我已经为你的床寻找毛被,并将样式送给你供你挑选,让你选出最喜欢的。……你亲爱的永远爱你的丈夫金威特。"①

这一时期夫妻之间的深厚感情也体现在丧偶的痛苦上。许多婚姻都因为伴侣一方的去世而崩溃,对这种个人悲剧的洞察可以进一步了解这种夫妻间感情深厚的程度。17世纪时牛津郡的维尼(Verney)夫妇的书信也体现了夫妻间的深情和忠诚。失去妻子对拉尔夫·维尼爵士(Sir Ralph Verney)来说是沉重的一击。这些信件的编辑这样注解:"拉尔夫失去妻子后十分悲痛,这一事实从他终生保持鳏居和他在随后的46年里对她的永恒纪念中显而易见……他信中对她的赞美十分真挚感人。"②奥利弗·海伍德(Oliver Heywood,1630—1702)的妻子去世后,他在日记中这样写道:"不论是休息还是工作我都想她,没有她我只是半个我。"几年后他又在他的日记中提及对妻子的想念。③ 而安·范肖夫人(Lady Ann Fanshaw)在给儿子的信中表达了她对丈夫的怀念:"感谢上帝的恩赐,在我们的生命中,我们同心同德、目标一致、爱憎相同。我们对彼此都非常了解,相互心有灵犀,只要看到彼此的样子,就知道对方的内心。"约翰·劳瑟爵士(Sir John Lowther)在他的备忘录中这样总结他和妻子的感情:"在22年零10天的十分幸福、和平、充满爱的共同生活中,她是一个举世无双的女子,她给了

---

① Alan Macfarlane, *Marriage and Love in England*, pp.193 - 194.
② Alan Macfarlane, *Marriage and Love in England*, p.194.
③ Anthony Fletcher, *Gender, Sex and Subordination in England 1500 - 1800*, p.175.

我所想要的幸福生活,这样一个女人对我而言是世界上最好的女人。"[1]亚当·马丁代尔的父亲因为其妻子去世而极为悲痛,导致精神失常。[2] 各个社会阶层的遗嘱也是对婚姻感情的一个很好验证。丈夫在其遗嘱中以"我心爱的妻子"或"我所爱的妻子"来称呼妻子很平常。[3] 在遗嘱中,丈夫常常通过将家中特定的房间、一小块土地或果园留给其寡居的妻子,为确保其福利和生活的舒适做了详尽的安排。[4]

关于感情深厚的夫妻关系,这里再详举几例。

佩皮斯虽然喜欢在外拈花惹草,但非常爱他的年轻法国妻子,他的妻子也很爱他,夫妻俩感情十分深厚。他关注她的衣服和发式。他对妻子的衣着和发型看得入迷,很乐意陪她去城里、教堂或剧院。最能证明这份爱的就是,除非伊丽莎白女王同意妻子和他一道去,否则他就回避女王的召见。[5] 要知道在当时,女王的私下召见不但具有重大的宗教和政治意义,也代表着一种十分亲密的行为,饱含着情爱和性的意义,但佩皮斯却因为没有妻子的同行予以拒绝,足见妻子在他心目中的分量和他们的感情之深。

18世纪的托马斯·特勒夫妇的感情也很深厚。在结婚以前,托马斯就说:"我结婚并不是为了别的,而是要使我的妻子和我自己都幸福,在一生的美德和宗教生活中彼此相互帮助和扶持。我并不是为了贪婪的野心而结婚,也不是为了色欲,除了纯洁和称心如意的友谊我别无所求。"结婚以后托马斯与他妻子的关系十分亲密,他们之间有一种深厚的友谊。这种友谊因为温柔的感情、共同的宗教信仰、共同分担责任,也因为妻子佩吉·

---

[1] Anthony Fletcher, *Gender, Sex and Subordination in England 1500 – 1800*, p.176.
[2] Rosemary O'Day, *The Family and Family Relationships, 1500 – 1900: England, France and the United States of America*, p.159.
[3] Keith Wrightson, *English Society 1580 – 1680*, pp.102 – 103.
[4] Anthony Fletcher, *Gender, Sex and Subordination in England 1500 – 1800*, p.175.
[5] Philippe Ariès and Georges Duby, eds., *A History of Private Life, Vol.3: Passions of the Renaissance*, London: Harvard University Press, 1989, pp.255 – 257.

特勒操持家务的技能而与日俱增。当佩吉去世时,托马斯用十分隆重的仪式来表达他的悲哀,高度赞扬妻子的美德,并再次哀叹自己失去了朋友。①

最具诗情画意的要算卡尔特修道院的一名牧师在18世纪六七十年代写给他拥有土地的堂兄弟的一封信,信中表达出深厚的家庭情感。牧师威廉·拉姆斯登(William Ramsden)凝视着他健壮的妻子和第一个孩子,深情地写道:"看着我妻子舒适地坐在安乐椅上,真是一种美妙的状态,哪怕是普鲁士的国王我都不会与之交换;不,我也不与英国国王乔治三世交换;我的好妻子眼中充满欢乐地注视着她的小宝贝,小宝贝看上去也非常快乐,似乎这个世界上只有他的皮奶瓶。先生,原谅我的闲谈,但这种育儿的气氛真是使人深受感染。"想到要与家人共进晚餐时,他表现出从没有过的安宁:"晚宴来了,香气扑鼻,一个微笑的妻子,谁还去做国王?"他的妻子贝茜·拉姆斯登(Bessy Ramsden),也文笔流畅地用温暖、亲密和毫不掩饰的欢快语言作诗来表达因离别而带来的相思以及即将相聚的幸福。②

英国夫妻感情深厚的特点给外国人留下了深刻的印象。1784年,年轻的法国贵族拉罗什福科游历英国后发现,英国夫妻的感情十分深厚,据他推测,"四个婚姻中有三个是建立在感情之上的"③,一旦结婚,"丈夫和妻子总是一起出入社交场合。很少有看到一个而见不到另一个的时候……在英国,如果不这样做,要比在巴黎总是和妻子在一起更荒唐,他们给人的印象是最和谐的"④。

19世纪的托马斯·布拉西(Thomas Brassey)是一个铁路承包商,他于1831年与玛丽亚(Maria)结婚。玛丽亚对丈夫充满信心,即使因为丈夫的

---

① Naomi Tadmor, *Family and Friends in Eighteenth-Century England: Household, Kinship, and Patronage*, pp.192 – 196.
② Amanda Vickery, "Golden Age to Separate Spheres? A Review of the Categories and Chronology of English Women's History", *The Historical Journal*, Vol.36, Iss.2 (1993), p.410.
③ Randolph Trumbach, *The Rise of the Egalitarian Family: Aristocratic Kinship and Domestic Relations in Eighteenth-Century England*, p.113.
④ Jean-Louis Flandrin, *Families in Former Times*, pp.167 – 168.

工作频繁搬家11次，她也总是鼓励丈夫，从不抱怨因其工作而导致的奔波，而且为他营造了一个舒适的家庭环境。1851年，他们定居伦敦，他们的儿子成为议员之后，她依然分享丈夫的兴趣，丈夫也与她讨论各种问题并十分重视她的建议。①

上述鲜活的证据表明，每一个时期都有感情深厚的夫妻。分离时他们会悲伤、焦虑、担忧，配偶间期望相互的交流并会在信件中回忆或憧憬在一起的床笫之私。在他们的信件中，有许多肉麻的称呼，如"我的甜心""我的心尖"等。在丧偶时，他们表现出来的悲痛也反映出夫妻感情的深厚。②尽管上层社会的婚姻较少由自己做主，但"一般都有好的结果""虐待和遗弃的行为并不常见"。③虽然这些书信和日记大都属于社会中上阶层，具有较大局限性，但是我们在上一章看到，正是在这些阶层中，他们的婚姻更多地处于因经济和地位方面的考虑而形成的巨大压力之下，较之中下层社会他们反而不太注重感情，因而中上阶层的资料实际上具有很大的代表性。

而贫困阶层的夫妻因为生活的窘迫更需要双方的团结协作，在这种同甘共苦的生活中容易形成深厚的感情。虽然斯通说"贫困是一种既会腐蚀人的外表美也能侵蚀情感关系的酸味剂"，认为贫困磨灭了他们婚姻生活的感情。④但事实上爱的表达形式多种多样，处于文盲状态的下层社会虽然没有留下文字证据来表明他们之间的深厚感情，但我们不能就此推断这一阶层的夫妻之间感情冷漠。正如约翰·伯纳特（John Burnett）在对1820—1920年工人阶级的自传进行研究后指出："爱没有用言语表达出来当然并不意味着没有感觉到爱的存在。"⑤豪尔布鲁克在对诺威克郡的资

---

① Stella Margetson, *Victorian People*, p.23.
② Ralph A. Houlbrooke, *The English Family 1450－1700*, pp.103－105.
③ Mary Coate, *Social Life in Stuart England*, p.25.
④ Lawrence Stone, *The Family, Sex and Marriage in England 1500－1800*, pp.140－141.
⑤ John Burnett, ed., *Destiny Obscure: Autobiographies of Childhood, Education and Family from the 1820s to 1920s*, p.257.

料进行集中研究后,发现"教会法庭的案例表明激情洋溢的爱慕是下层社会共同的经历,这种罗曼蒂克的爱的理想在很早就深深地扎根于大众文化中"[①]。

在19世纪上半叶,温暖的婚姻关系在各阶层也较为常见。当然,感情深厚的婚姻仍然大多要求妇女充当顺从的角色,虽然也会有妻子居于主导地位,比如特茜夫人就凌驾于丈夫之上,经常对他发号施令,丈夫十分敬重妻子,一看到她就发抖,当然也从不反对她的意见。[②] 那时也有很多人意识到有不少妻子在家庭中居支配地位,选举拉票者注意到有时很有必要对妻子而不是丈夫施加政治压力,因为"妻子驾驭丈夫"。不过由于父权制的影响,男性一直接受"男性是优越的,女性应该顺从"的教导,而女性也从小就被灌输应服从父亲和丈夫的观念,这种思想观念已经内化为她们生活的一部分,所以在19世纪时,绝大多数人认为,在婚姻中丈夫管治妻子儿女是理所当然的。

在承认幸福的家庭无处不在的同时,我们同样不能否认不幸的婚姻关系也非常普遍,这种关系存在于任何时期、任何阶层当中。即使在当代世界,这仍是一个不争的事实。因此,对"前工业社会是不是存在着深厚的夫妻感情"这一问题的争论难以做出肯定或否定的回答。可以确定无疑的是,在任何时期,深厚与冷漠、幸福与不幸的婚姻总是并存的。

[①] Ralph A. Houlbrooke, *The English Family 1450-1700*, p.78.
[②] Kathryn Gleadle, *British Women in the Nineteenth Century*, p.87.

六、小　结

在英国社会转型时期,大量来自教会、法律、行为手册等关于夫妻关系的建议都强调丈夫对妻子的权威和劳动的性别分工。夫妇间劳动的基本分工没有发生很大的变化:男子仍是主要的养家糊口者,妇女则兼做家务和照顾孩子。与此同时,下层社会的妇女还要从事低报酬的劳动,以维持家庭生计。中等阶层和上层社会的女性虽然不从事有偿劳动,但她们也不是无所事事的。每一阶层的夫妻间都是一种良好的合作关系,都要同心协力地为家庭的福祉而努力。

尽管如此,男尊女卑的观念并未有多少改变。在男性居支配地位的社会所支持的正式婚姻模式中,女性居于从属地位。《圣经》及其随后的基督教教义都强调女性服从的职责。尽管婚姻授产协议和"寡妇产"保护了上层已婚女性的经济权益,使她们有了讨价还价的能力,甚至一定程度上的独立,但在普通法下,妻子在法律上的地位仍是一片空白。在实际生活中,有限的资料表明尽管婚姻内的权力分配常常在很大程度上依据夫妇两个性的差异而有所不同,但在整个阶段主要仍是由丈夫来做决定。直到20世纪上半叶,这种男性居统治地位的情况并没有发生多大改变。就如格里德所说:"尽管各阶级的妇女在家庭生活中都居于中心地位,父权制的傲慢仍交织在19世纪的男性气质中,使得真正的平等关系即使到了19世纪末仍是例外而非常态。"①只要是涉及财产法、打妻、双重性道德标准、离婚或分居,男子总是居于优势地位。但另一方面,即使婚姻生活因社会阶层存在着诸多差异,但是现有文献表明,感情深厚的夫妻在所有的社会阶层都存在,呈现出较强的延续性。

---

① Kathryn Gleadle, *British Women in the Nineteenth Century*, p.189.

第五章

亲子关系

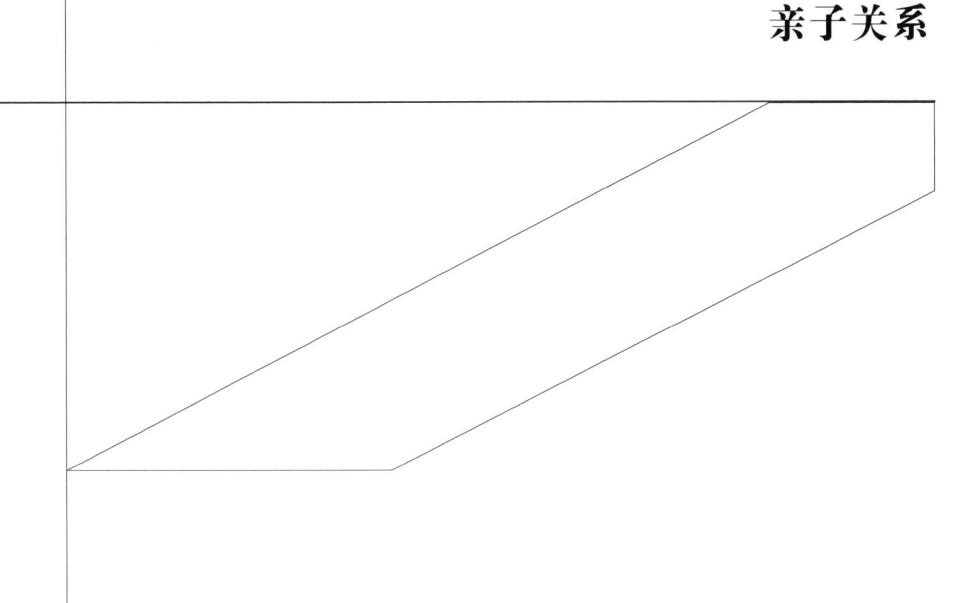

父母与子女间的关系也是核心家庭中的关键要素。年轻男女结婚成家后,没过多久就会生儿育女,而且"对于所有的人而言,生儿育女总是婚姻生活的中心"①。

在已经逝去的几百年中,家庭中的亲子关系是一种什么样的状况呢?从1960年阿里耶斯出版《儿童的世纪》一书开始,父母与孩子之间的关系尤其是孩子的命运问题就成为学者们关注的一个焦点,并由此产生了激烈的争论。一派学者认为在过去的几百年中,父母与孩子间的关系经历了一个急剧的转变,主要体现在童年观念从无到有,父母对孩子由疏远和冷漠转向亲密和关爱。斯通、阿里耶斯、肖特、德·毛斯和迪莫斯都确信在近代早期,不存在一个与成人世界相分离的童年阶段,严厉地甚至残酷地对待孩子是一种常态。另一派学者如波洛克、莱特森、豪尔布鲁克等则认为父母与孩子间的关系更多地呈延续性,亲子之间的关系没有发生什么变化,父母关心和爱护自己的子女。②

英国在从农业社会向工业社会转型的过程中,父母与子女的情感关系是不是经历了一个急剧的变迁过程,父母对孩子的关注和爱护是不是到18世纪末以后才出现?笔者认为,16—19世纪英国社会转型时期,英国父母与子女的情感关系具有极大的延续性。本章拟从历史学家产生争论的几个具体问题着手来进行分析。

---

① F. M. L. Thompson, *The Rise of Respectable Society*, p.113.
② 详见俞金尧:《西方儿童史研究四十年》,《中国学术》2001年第4期。

一、童年观念

"当代工业化国家中所知的'童年'——一段依附和天真无邪的时期——这个概念是近代在西方产生的。"① 这种"'童年'作为一个独特阶段而存在只是近代才有"的观点,并不新鲜,自 1960 年阿里耶斯《儿童的世纪》出版以来,这种观点曾一度成为家庭史学家的主流观点。阿里耶斯认为,在中世纪社会中不存在童年观念②,没有意识到孩子与成人的不同。一旦孩子到了无须父母、保姆或其他人经常性的关照而独自行动的年龄时,他们就进入成人社会。③ 他们参与成年人的各种活动,④穿着与大人同样只是比例缩小了的服装,⑤他们与成人混杂在一起,被人们当作小大人看待。中世纪文明没有发觉儿童的世界和成人的世界之间的差别,没有发现在孩子和大人之间有一个需要通过启蒙和教育的过渡期,因而也就缺乏这种过渡的概念。⑥ 但到了 16、17 世纪,家庭画像这种十分古老的风俗画开始以孩子为中心。⑦ 孩子或婴儿——至少是在上层社会——开始着与

---

① Jo Boyden, *Families: Celebration and Hope in a World of Change*, p.27.
② Philippe Ariès, *Centuries of Childhood: A Social History of Family Life*, p.128.
③ Philippe Ariès, *Centuries of Childhood: A Social History of Family Life*, p.128, 411.
④ Philippe Ariès, *Centuries of Childhood: A Social History of Family Life*, pp.62-99.
⑤ Philippe Ariès, *Centuries of Childhood: A Social History of Family Life*, pp.50-61.
⑥ Philippe Ariès, *Centuries of Childhood: A Social History of Family Life*, pp.411-412.
⑦ Philippe Ariès, *Centuries of Childhood: A Social History of Family Life*, pp.46-47.

成人相区别的特别服饰。孩子特别是小男孩的服装的特殊化,在一个穿着和外表具有重要意义的社会中意味着人们对待孩子的一般态度发生了变化,出现了一种新的儿童概念,孩子开始代表甜蜜、单纯和滑稽,成为成人快乐和放松的源泉。① 到18世纪时,现代的儿童观念出现了,"孩子成为家庭的核心"②。阿里耶斯之后的许多历史学家如斯通、肖特也持相同的观点,认为近代早期没有将童年作为一个独立于成人的阶段。

对于这种"辉格派史学"(Whig History)的研究方法,许多历史学家提出了不同的见解。古迪说,家庭以孩子为中心从很早时期开始就是基督教会宗教观念的本质。③ 沙哈尔的《中世纪的童年》的中心主题是"童年的概念存在于中世纪的中晚期(1100—1425),父母对他们的子女既投入物质资源也投入情感资源"。中世纪承认从出生到7岁这段时期为一个独立的人生阶段,留存有大量描写孩子天性和特殊需求的资料。④ 奥泽曼(Ozment)在其著作中表示,在宗教改革时期,大量的父母认为童年"只是一个高兴、快乐和娱乐的时期"⑤。波洛克则指出父母绝非不关心孩子们的特殊需求。在近代早期社会中,父母要为孩子提供食物、住所和保护。⑥ 她的研究结果与阿里耶斯等人的观点完全不同。她认为儿童的观念在16世纪就已存在,并在以后的几个世纪里变得日趋完善。16世纪的人们的确感到孩子与成人的区别,儿童的成长经历了几个可明确辨认的发展阶段。他们玩耍,他们也需要管教,接受教育,得到保护。⑦ 坎宁安也认为阿里耶斯的中世纪不存在童年观念的论断是不能成立的。强有力的证据表明,在中世

---

① Philippe Ariès, *Centuries of Childhood: A Social History of Family Life*, p.129.
② Philippe Ariès, *Centuries of Childhood: A Social History of Family Life*, p.133.
③ Jack Goody, *The Development of the Family and Marriage in Europe*, p.153.
④ Hugh Cunningham, *Children and Childhood in Western Society since 1500*, p.30, 34.
⑤ Hugh Cunningham, *Children and Childhood in Western Society since 1500*, p.48.
⑥ Rosemary O'Day, *The Family and Family Relationships, 1500 - 1900: England, France and the United States of America*, p.164.
⑦ Linda A. Pollock, *Forgotten Children: Parent-Child Relationships from 1500 to 1900*, pp.267 - 268.

纪,"童年"已被看作为个人生命历程的一个独立阶段。父母对年幼的孩子倾注爱心,父母与子女,特别是母亲和子女之间的关系十分亲密、充满爱意。①

阿里耶斯将儿童肖像画的出现和男孩子衣着上的变化作为儿童观念出现的证据遭到了许多学者的批判。在古迪看来,婴儿肖像画早在6世纪中叶就存在,之后除了绘画技艺的发展,变化并不是很大,这些绘画除了提醒我们母亲与孩子间的积极情感联系并不是现代人的创造外,并不能为家庭生活的本质提供证据。② 小孩的衣着像成人,从而认为人们缺乏童年观念的说法不可信。服装作为文化的一种表现形式,它理所当然地反映着人们的观念。尽管如此,仍不能简单地以只适合儿童穿的服装的出现来作为人们观念变迁的一个证据。在任何时期,人们的服饰变迁是广大文化变迁的一部分,在这一变迁过程中,服装的变化更多的是时尚的体现。斯通在《1500—1800的家庭、性与婚姻》中虽然强调父母与子女间的关系发生了变化,但他并不认为服装的变化是其中一个表现。男孩脱下长袍穿上裤子代表着一个重要的人生阶段,服装的变化更多地取决于当时的时尚和观念,而不是对待孩子态度这种深层心理的转变。③ 麦克法兰在《拉尔夫·乔斯林的家庭生活》中提到,男孩从7岁开始着装不同于女孩是因为需要进行性别的区分——在这之前,男孩都着女式服装。约翰·伯纳特对1820—1920年英国自传的研究发现,男孩和女孩直到五六岁时都穿罩袍的习惯直到19世纪还保留着,7岁开始男孩才开始脱下罩袍,穿起裤子。在英国北部和农村地区,男孩穿裤子是一种仪式,标志着从婴儿向少年时代的转变,仪式常常由一些亲戚和邻居来参加,就像洗礼一样。④ 直到现

---

① Hugh Cunningham, *Children and Childhood in Western Society since 1500*, p.40.
② Jack Goody, *The Development of the Family and Marriage in Europe*, p.154.
③ Lawrence Stone, *The Family, Sex and Marriage in England 1500-1800*, p.258.
④ John Burnett, ed., *Destiny Obscure: Autobiographies of Childhood, Education and Family from the 1820s to 1920s*, p.25.

在,抱在手中的孩子都穿得差不多。而且孩子的服装越来越成人化,只是比例缩小而已。因此以儿童服装和画像风格的变化来推断童年观念的变化并没有太强的说服力。事实上,童年观念至少从 16 世纪开始一直都是存在的,并没有经历一个剧烈的变化,也许它的内涵不断得以丰富,但它属于一个特定的与成人世界相分离的阶段这点却始终如一。

孩子不同于大人,这一点早已为人们所承认。阿波特在其研究著作中说:人们认识到孩子与成人的不同。那些对孩子的成长负有责任的人(父母、保姆、学校老师、雇主),有职责保护他们避免道德和身体上的危险,并要为他们在现世和来世的幸福做准备。① 婴幼儿因其脆弱更是为父母所关心。尽管可获得的 16 世纪资料很少有详细的情况介绍,且需要仔细阅读才能获得有用的信息,但仍可以发现童年观念那时就已存在。在日记中,孩子们被视作正在发育的生物体,安妮·克利夫德、约翰·迪、尼希米·沃林顿(Nehemiah Wallington)提到了断奶、长牙、首次开口讲话等。人们意识到孩子必须得到保护和照料,要给他们提供帮助和指导。这些关于儿童的概念在 17—19 世纪时十分普遍。② 17 世纪父母对于孩子的思想发育水平有较强的认知,伊芙琳(Evelyn,1620—1706)告诉她 5 岁的儿子——一本书对现在的他来说太难于理解,这表明父母并没有迫使孩子去做超出其能力的事情。父母不期望孩子的表现像成人一样,厄斯金(J. Erskine)说他 7 岁的儿子"有点淘气,正如这一年龄惯有的那样"③。

玩耍是童年的一个重要特征,波洛克的研究表明,虽然每一个时期确实都有些父母不赞成孩子玩耍,如亨利·斯林斯比(Henry Slingsby,1601—1658)、哈罗尔(Harrower,1735—?)都不赞成他们的子女玩耍,认为这会妨碍孩子的教育;但更多的资料表明,大部分的父母为孩子们的玩耍

---

① Mary Abbott, *Family Ties: English Families 1540 - 1920*, p.30.
② Linda A. Pollock, *Forgotten Children: Parent-Child Relations from 1500 to 1900*, p.97.
③ Linda A. Pollock, *Forgotten Children: Parent-Child Relations from 1500 to 1900*, p.100.

而高兴,认为童年和玩耍两者不可分离。① 格茨指出中世纪时"儿童还是受到体贴对待的,而且也允许他们有适宜于儿童的游戏"②。斯图亚特时期的特拉赫恩(Traherne)在其颂扬儿童的诗中将在街道上摸爬滚打、嬉戏玩耍的孩子们比喻成流动的珍珠。③ 拉斯莱特的研究也表明:"在前工业社会的英国,到处都是孩子;当他们很小时,他们在村庄的街道上和田野中玩耍,在农家庭院里闲逛,随心所欲,为所欲为,直到他们成长到能够做一些孩子能干的活;不管是在拥挤的教堂,还是在家中,或是围在村里的篝火旁,他(她)们总是粘在妇女身边。"④也就是说,父母承认孩子和成人不一样,承认孩子有自己独特的需求,并不以成人的标准来要求孩子。

父母不但意识到孩子不同于成人,而且意识到自己身为父母的职责,他们对自己的后代负有养育、教导、保护、规训、建议、帮助等义务,他们要对脆弱无能的小生命给予关爱,他们也的确是这么实践的,毫无怨言地尽自己最大能力来为孩子谋福祉。

---

① Linda A. Pollock, *Forgotten Children: Parent-Child Relations from 1500 to 1900*, pp.236－239.
② [德]汉斯-维尔纳·格茨:《欧洲中世纪生活》,第 59 页。
③ Mary Coate, *Social Life in Stuart England*, p.39.
④ Peter Laslett, *The World We Have Lost: Further Explored*, p.119.

二、父母之爱

许多历史学家认为近代早期童年阶段往好处说是一个"为人所容忍而非喜欢"的时期,往坏处说则是一个被虐待和被忽视的噩梦。在他们看来,儿童死亡率较高使得父母对孩子感情淡漠,随着孩子长大,父母与孩子间的距离也变大,二者之间缺乏情感交流。父母更多地强调对子女的权利而非义务。孩子发展的问题和他们的特殊需要很少被认识到,更不用说被理解。父母对孩子的规训特别严厉,在身体和精神上都对其予以压制,目标就是要粉碎孩子的意志。孩子的个性不被承认,父母对孩子的职业和婚姻的选择具有绝对的控制权。但到了18世纪,以上情况得到改变,孩子与父母间的关系越来越亲密,地位日趋平等,孩子的意志也得以体现。如肖特所说,"好母亲是现代化的产物。在传统社会中,母亲对两岁以下的婴儿的发展和幸福漠不关心。在现代社会,她们将孩子的福祉放在首位"①。

斯通在其设计的家庭情感的阶段性发展路线中更是体现了这种父母与子女关系的转变过程。他认为近代早期父母给孩子断奶迟,也不训练孩子大小便的习惯;给他们使用襁褓来减少孩子的身体活动,使孩子柔弱的身体长直不变形,但也是为了大人的方便,可以对孩子少加关注。而且在

---

① Edward Shorter, *The Making of the Modern Family*, p.168.

1540—1660年,父母特别是作为清教徒的父母总是极力打破孩子们的意志,强调孩子的服从,以便日后在职业和婚姻伴侣选择时将他们的意志强加给孩子。学校采取体罚的方式来加强规训,大学里也实行鞭笞。斯通还认为,16世纪和17世纪初孩子要对父母表示极度的谦恭,每天早上要跪在父母面前请求他们的祝福。即使他们长大成人,儿子在父母面前也得取下帽子,而女儿则仍跪着或站着。① 这一切在斯通看来都是对孩子的压制,是父母与子女关系冷漠的见证。而到了1660—1800年,养育孩子的理论、规范的养育实践、父母与子女间的情感关系都发生了变化。这种变化首先出现在社会的上层阶级。到1800年时,母性的、以儿童为中心的、多情的、宽容的教养孩子的方式在资产阶级和贵族阶级上层开始盛行。② 不过斯通否认下层社会也存在这种变化,他认为下层社会的父母依然对子女十分冷漠。

在美国心理史学家德莫斯的笔下,儿童的历史简直就是一部苦难史。他有一个著名的说法,"儿童的历史是一场恶梦,我们只是刚刚开始从恶梦中醒来。越是追溯历史,就能发现儿童受到的关爱越少。而且儿童越有可能遭到虐杀、毒打、恐吓,还有受到性虐待"③。他的长篇文章《儿童期的演进》将父母与子女间相互关系的历史分为前后相继的六种模式:弑婴模式、弃婴模式、矛盾模式、闯入模式、社交模式、帮助模式。他认为在历史的漫漫长河中父母对孩子的态度是在不断地改善、逐渐好转的,是一种直线型的进步。④

20世纪80年代以后,随着家庭史研究中延续论观点成为主导,关于

---

① Lawrence Stone, The Family, Sex and Marriage in England 1500–1800, pp.113–123; Lawrence Stone, The Crisis of the Aristocracy 1558–1641, chapter Ⅺ.
② Lawrence Stone, The Family, Sex and Marriage in England 1500–1800, p.254.
③ 俞金尧:《西方儿童史研究四十年》,《中国学术》2001年第4期,第305页。
④ 王渊明:《西方家庭史学》,《世界史研究动态》1989年第7期,第50—51页;[法]让·凯勒阿尔等:《家庭微观社会学》,顾西兰译,北京:商务印书馆,1998年,第94页。

父母与子女关系的史学观点也出现了新的变化。更多的学者发现,历史上的欧洲人有童年观念,父母对子女有强烈的感情。他们关心并满足孩子的特别需要,关注他们的成长。父母与子女间的关系并没有出现急剧的变迁,具有极大的延续性。

莱特森在其《英国社会 1580—1680》中通过很多事实表明,那种认为在 17 世纪的历史进程中,父母对子女的态度或对子女的期望发生过根本性改变的观点是没有道理的。16—17 世纪,有些变化无疑已经发生,但变化的并不是家庭内部的态度和价值观的基本模式,而是更为广阔的经济和社会背景,在此背景下,父母们想方设法地抚养和培养自己的子女,为他们创造条件,以便让他们在成人世界中立足、结婚、建立自己的家庭。所以,研究者要关心的是这些变化着的环境的性质和影响。[①] 豪尔布鲁克也指出,在历史进程中,父母与子女的关系并未出现重大转变,而是具有延续性的。[②] 波洛克在 1983 年出版的著作《被遗忘的孩子:1500—1900 年的父母—子女关系》里提供了很多 16—19 世纪期间父母对子女的态度具有高度延续性的证据。她认为,以前的研究大多局限于父母对孩子的严厉管教方面,对他们的实际生活情况所知甚少。而事实上,从 16 世纪到 19 世纪,父母的关爱和孩子的生活都没有什么变化,几乎所有的孩子都为父母所疼爱,父母对于孩子的断奶、长牙这些发育阶段都予以关注。当孩子生病或夭折时,父母们都感到焦虑和悲痛万分。大部分孩子都没有受到虐待,对孩子进行体罚则是父母管教孩子的最后一招,一般不太使用。父母与子女的关系也并不拘谨、疏远,有大量的事例表明父母与子女之间关系亲密。她强调,在历史发展中,父母与子女的关系主要是延续,变迁较少。[③] 笔者认同莱特森、波洛克等人的观点,认为在 16—19 世纪英国社会转型时期,

---

① Keith Wrightson, *English Society 1580 – 1680*, pp.104 – 118.
② Ralph A. Houlbrooke, *The English Family 1450 – 1700*, pp.127 – 156,166 – 195,254.
③ Linda A. Pollock, *Forgotten Children: Parent-Child Relations from 1500 to 1900*, passim.

英国的父母与子女间的情感关系并未发生多大变化，父母一直以来就对孩子倾注爱心，为孩子无怨无悔地付出。

1. 孩子的生育

在一个缺乏有效避孕方法的年代里，几乎所有的夫妇在婚后的一到两年内就会生出第一个孩子，这是婚姻中性结合不可避免的结果。黑尔（P. E. H. Hair）通过对剑桥郡的奥威尔（Orwell）、萨里郡的温布尔登（Wimbledon）、苏塞克斯郡的库克菲尔德（Cuckfield）、兰开郡的科卡姆（Kirkham）等几个教区新娘从结婚到第一个小孩受洗情况的研究发现，三分之一的新娘会在婚后一年内生育第一个孩子，三分之二至五分之四的新娘在婚后两年内生育第一个孩子。[①] 但是我们不能简单地认为人们有孩子是因为发生了性行为。正如麦金太尔（Macintyre）指出的，我们不能"假设一个前提即人们有孩子是因为他们已婚，或结婚就是为了要孩子；也不能认为人们有孩子是因为他们有性行为，或他们有性行为是为了生孩子"[②]。至少在某种程度上来说，人们有孩子是因为他们想要孩子。生孩子对夫妇来说意义重大——对那些受宗教教义影响的人来说，这是上帝的祈福；对那些关注其世系的人来说，孩子是家庭血脉延续的保证；对所有的人而言，孩子都是个人快乐和情感满足的源泉。

不育在英格兰并不被当作特别的耻辱，也不会成为离婚或分居的理由。不过，它确实是"一种个人的悲剧"，因为人们无疑渴望有孩子。拉尔夫·乔斯林在1640年10月结婚，1641年6月他在日记中这样幸福地写道："我开始对妻子的生育有了一些希望，这对我们来说确实是巨大的快乐和安慰。"当他的第一个女儿在1642年4月12日出生时，他特别高兴，为

---

① Keith Wrightson，*English Society 1580–1680*，p.104.
② C. C. Harris，*The Family and Industrial Society*，p.172.

孩子洗礼仪式花费 6 镑 13 先令 4 便士,这么一大笔钱足见其对孩子的喜爱。他在日记中还说,即使是在婴儿期,这个孩子对他和妻子也都是一种令人快乐的安慰。①

从 16 世纪到 19 世纪,孩子都是受欢迎的。波伊乐(Boyle,1566—1643)认为孩子是上帝给他的祝福,给他带来了快乐;沃林顿(1598—1658)的孩子出世时,他认为这是上帝的一种仁慈,他将孩子视为"一个男人的财富";克利福德(Clifford,1590—1676)的丈夫威胁要将刚出生的孩子带走时,她痛哭流涕;豪斯曼(Housman,1680—1735)在生出一个死胎后,说他们想要孩子的希望再次破灭了;马丁代尔(1623—1686)在第一个孩子出生时十分高兴,说上帝赋予他们一个勇敢的儿子;卡尔威特(Calvert,1767—1859)这样描述她第一个孩子出生的情况,"令人高兴的时刻!永远、永远也不会忘记";特伦奇(Trench,1768—1837)和她的丈夫对于第一个孩子的出生也欣喜若狂;艾文(Ewing,1814—1873)将他儿子出生的那天称为"巨大快乐和欣慰";罗素(J. Russell,1842—1876)描述他的婴儿是"一个可爱的小家伙,看着他的脸,感受到他是我和我亲爱的妻子爱的结晶真是一种巨大的幸福"②。父母对孩子的喜爱溢于言表,而非一个无可奈何的"容忍"状态。

由上可知,16—19 世纪,人们期望有孩子的心态具有极大的延续性。当代美国社会学家洛伊丝·霍夫曼列举了在当代不同文化中子女的一些价值。第一,子女能够满足成年人获得地位和得到社会认同的需要;第二,传宗接代;第三,子女通过唤醒父母从未开发的个性,帮助父母丰富自我;第四,满足人们对爱和基本情感的需求;第五,子女能增添生活的乐趣。③当我们面对前工业社会的人们对孩子的渴望时,就会发现他们的观念与当

---

① Keith Wrightson, *English Society 1580 - 1680*, p.104.
② Linda A. Pollock, *Forgotten Children: Parent-Child Relations from 1500 to 1900*, pp.204 - 208.
③ [美] J.罗斯·埃什尔曼:《家庭导论》,第 478—479 页。

代人并没有多大差别。

2. 孩子的抚养

年轻夫妇希望有孩子,孩子带来了快乐,但同时也带来了焦虑。正如社会学家所说,孩子的生存要求家庭满足其基本物质需求,否则很快就会死去,因为孩子在婴儿期完全要依赖父母。随着孩子长大,父母一方面要抚育孩子,另一方面要教导孩子。[①] 孟德斯鸠也曾说,"在动物中,通常母亲就能够履行这个义务。在人类,这个义务的幅度要宽得多了。人类的子女是有理性的,但是他们的理性却是逐渐成长的;不但要喂养他们,而且要引导他们;当他们已经能够生活的时候,他们还是不能管理自己"[②]。的确,人类与其他许多动物不同,刚出生的婴儿是无助的,要经过相当长的时间才能独立生活,在此之前他们十分脆弱,易受伤害,离不开父母。孩子的正常发展需要一定程度的保护、疼爱与训练。父母是孩子成长过程中无与伦比的照料者,他们与自己孩子间的交流是他人无法替代的。当母爱被剥夺时,孩子在身体上、智力上和社会上的成长就会滞后,在有些情况下还造成终身伤害。因此,要保证孩子的正常成长,父母之爱是必需的,这是最低限度的要求。如果成年人不照看婴儿,婴儿就无法生存,这是成人在社会化过程中从父母那儿学到的常识。

一般说来,婴儿往往都由其亲生父母照看,这是血脉相连的关键,它将个体的生存与家庭的社会制度联系起来,还将人类的生存与一代传一代的文化联系起来。文化如果无法解决人类的生存问题,也就无法传承。当孩子长大后,也会接受照看孩子的相关教育。人类的生物联系要通过文化模

---

① Robert O. Blood, *The Family*, p.405.
② [法]孟德斯鸠:《论法的精神》(下卷),第 108 页。

式的传播来加以巩固,而这种文化模式正是生存所必需的。① 倘若按照变迁论者的论调——前工业社会中的父母都对孩子十分冷漠,那么可以合理地推断,许多受到伤害的孩子将成长为有缺陷的成人。但很少有人认为过去的社会主要是由那些不称职的成人组成的。② 因此毫无疑问,几乎所有的父母都会对孩子倾注爱心,将他们抚育成人。

将孩子养大成人可不是一件容易的事。照顾婴儿就是一件很麻烦的事情。在一小部分乡绅和城镇商人中,婴儿有时交由乳母(wet nurse)来哺乳。如都铎和斯图亚特时期的夫人很少哺乳她们的孩子,如果亲自哺乳,或者是因为贫困,或者是对孩子有着不一般的关爱。科利·加迪纳(Cary Gardiner,b.1626)因为内战而失去丈夫,请不起乳母。露茜·哈金森(Lucy Hutchinson,b.1620)则认为她母亲因为对她这个在三个哥哥之后出生的虚弱女儿有着特殊的感情才亲自为她哺乳。③ 这种请乳母的行为被许多学者作为父母对孩子不关心的重要证据之一。他们把这种将孩子交由乳母哺乳的做法看成是父母摆脱婴儿的一种方法。这一提法首先由阿里耶斯在其《儿童的世纪》中提出。④ 亨特在对法国父母与子女进行研究的著作中也表示,母亲不太想哺育孩子,是因为把孩子当作贪婪的东西来看待。如果用母乳来喂养,那就意味着孩子还要从已经因生产而变得虚弱的母体中吸取宝贵的汁液。将孩子交由乳母喂养则可以避免这种情况。尽管这种育儿方式容易造成儿童的高死亡率,法国上层阶级还是大多将出生的婴儿送交乳母喂养。亨特认为,之所以如此,是因为他们有这样一种基本的观念,即孩子是可有可无的。亨特还认为,乳母对婴儿怀有敌意,这就抑制了她的乳汁分泌。对于由乳母哺乳的婴儿来说,要吃饱喝足一般是较为困

---

① [美]威廉·J.古德:《家庭》,第46页。
② Linda A. Pollock, *Forgotten Children: Parent-Child Relations from 1500 to 1900*, p.41.
③ Mary Abbott, *Family Ties: English Families 1540 - 1920*, p.48.
④ Philippe Ariès, *Centuries of Childhood: A Social History of Family Life*, pp.374 - 375.

难的。所以,由乳母哺乳的做法加强了人们的一种观念:婴儿是一个多余的人。① 斯通也认为新生儿送出去给乳母喂养,与自己的母亲没有感情,比如莎士比亚剧本《罗密欧与朱丽叶》中朱丽叶与乳母的感情就胜过与母亲的感情。②

其实这种请乳母只不过是一小部分人的行为,并不代表这是一种普遍习俗。大部分婴儿都是在家中由他们的母亲来哺乳抚养的。人文主义者和新教徒的著作都坚定地提倡母亲自己哺乳,从整个社会来看这也毫无疑问是准则。如果有例外,那也主要在上层社会,但即使在上层社会也有大量的资料记载那些自己哺乳的母亲,她们为此而感到自豪。③ 在1628年,林肯郡伯爵夫人还撰写了一本小册子激励母亲哺乳自己的孩子。④

将孩子交由乳母哺乳的原因之一就是母亲因为乳房疼痛不能亲自哺乳,比如沃林顿和乔斯林的妻子在孩子出生好几天后,因为乳房疼痛不能给孩子哺乳,只好请乳母。这对于他们来说是一件十分遗憾的事情。⑤ 有的母亲因为奶水不足,不能满足孩子的需求,只好请乳母。伊丽莎白·比肖普(Elizabeth Bishop,1751—1801)因为奶水不足,很早就给孩子断奶了;佩特·奥利弗(Pater Oliver)写道,他的妻子没有足够的奶水给他们第一个孩子吃。⑥ 还有的则是担心哺乳不能过夫妻生活,因为人们相信在哺乳期间过性生活会破坏奶水的质量,于是许多丈夫要求妻子将孩子送给乳母哺乳。尼古拉斯·布伦代尔(Nicholas Blundell,1669—1737)的日记中记载在他妻子生产满月后,孩子被送给乳母哺乳,然后他们夫妻便睡到一起;纽凯姆(1627—1695)的女儿也出于同样的原因被送给乳母哺乳。⑦ 因此,一

---

① David Hunt, *Parents and Children in History*, New York: Basic Books, 1970, p.108.
② Lawrence Stone, *The Crisis of the Aristocracy 1558 – 1641*, p.272.
③ Hugh Cunningham, *Children and Childhood in Western Society since 1500*, p.52.
④ Lawrence Stone, *The Crisis of the Aristocracy 1558 – 1641*, p.272.
⑤ Linda A. Pollock, *Forgotten Children: Parent-Child Relations from 1500 to 1900*, p.213.
⑥ Linda A. Pollock, *Forgotten Children: Parent-Child Relations from 1500 to 1900*, p.214.
⑦ Linda A. Pollock, *Forgotten Children: Parent-Child Relations from 1500 to 1900*, p.215.

小部分中上阶层将孩子送给乳母哺乳并不是对婴儿的疏忽,只不过是一种情不得已,也是当时性观念导致的一种社会习俗。而且这种习俗一直延续到 19 世纪,不独传统社会才有。在 19 世纪 40 年代汉普斯特德(Hampstead)的沃特森先生(Mr Watson)写的日记中表明这种情况仍然存在。当他得知女儿乳母的一个孩子去世时,他写道:"我们自己孩子的性命保存下来,却是以另一个婴儿的生命做代价,这真是令人悲伤。"①

再者,把孩子交给乳母哺乳本身并不能表明父母对子女的疏忽。我们知道,婴儿的成长和抵御疾病都需要获得营养。在一个缺乏卫生且富含营养的物品来代替乳汁的年代,请乳母对孩子来说应该是一种最好的选择;但这只有中上层社会才能负担得起,因而这种习俗也主要存在于中上阶层。② 这些把孩子交由乳母喂养的中上阶层父母对于乳母的挑选非常细致,不但要关注乳母的年龄、肤色、身体健康状况、奶水质量,还要关注她的性情、脾气。③ 为了找到一个好乳母,一般需要熟人的介绍或推荐,如人们常常遵从信得过的朋友或亲戚的私人建议。乳母一般都是社会地位低下的贫困妇女,因此中上层社会对于孩子的乳母总是进行严密的监督。通常情况下他们都在村庄附近寻找乳母,这样父母可以频繁地去进行探望和监督。比如布伦代尔总是定期去看望放在附近村庄乳母家里哺乳的两个女儿(分别出生于 1704 年和 1706 年)。④ 沃林顿、莫里斯(Morris,1659—1727)、莫尔(Moore,1779—1852)、特纳(Turner,1793—1873)等人也都定期去看望在外由乳母哺乳的孩子。⑤ 非常富裕的人则把乳母请到自己家中,以便于监督。⑥ 当然,我们也不否认某些乳母对孩子十分冷淡甚至残

---

① Mary Abbott, *Family Ties: English Families 1540 – 1920*, p.105.
② Jack Goody, *The Development of the Family and Marriage in Europe*, p.70.
③ Randolph Trumbach, *The Rise of the Egalitarian Family: Aristocratic Kinship and Domestic Relations in Eighteenth-Century England*, pp.199 – 201.
④ Mary Abbott, *Family Ties: English Families 1540 – 1920*, pp.48 – 49.
⑤ Linda A. Pollock, *Forgotten Children: Parent-Child Relations from 1500 to 1900*, p.216.
⑥ Ralph A. Houlbrooke, *The English Family 1450 – 1700*, p.133.

忍,她们的粗心大意有时会导致孩子死亡。如果父母觉察到了乳母的这种情况,他们就会给孩子断奶。①

那些把请乳母作为父母对孩子没有爱的证据的学者,没有考虑到社会、经济和医疗条件等方面的变化对人们行为产生的影响,只是单纯地以现代的标准来进行解释。另外,这些学者对于下层社会的母亲一直以来就自己哺乳孩子的情况熟视无睹,而只把18世纪中上层社会实行母乳喂养作为家庭中父母与子女感情深厚、父母对子女给予更多关爱的证据,因而他们提出的观点总不能令人信服,是"以我为中心"研究方法的体现。②

一些学者认为父母对子女不关心的另一个证据就是给孩子使用襁褓。肖特认为,在18世纪中叶人们抛弃使用襁褓代表着一种进步,是解放孩子。③ 但事实上,在16—19世纪期间,对婴儿的照料受一代代习俗和知识的支配。马凌诺斯基说,"每个文化对于四肢活动的自由的范围——从襁褓中几乎不能动弹的状态,到裸体婴儿的完全自由——都有所规定"④。1647年6月,拉尔夫·维尼爵士在写给妻子玛丽的信中,谈到他们刚出生的儿子时表示,接生婆和年长妇女比外科医生更懂得如何照顾婴儿。这种传承下来的生活方式企图为初生的婴儿维持一个像子宫一样的环境。这一目标因襁褓而得到发展,将孩子捆扎在一个蚕茧式的包裹中,以帮助其手足长直,防止孩子抓伤自己,或像动物一样到处乱爬。⑤ 直到18世纪中叶甚至以后,医学观念和社会习俗仍赞成使用襁褓,将之看作一种合理的行为,可以使孩子的四肢保持伸直状态,防止孩子受到伤害,还可以保暖。人们希望通过这样做来完成对其形体的某种塑造,并且担心如果不这样做,婴儿身体就会变形或者双腿会变成畸形——当时人们还未意识到佝偻

---

① Linda A. Pollock, *Forgotten Children: Parent-Child Relations from 1500 to 1900*, pp.217-218.
② 俞金尧:《西方儿童史研究四十年》,《中国学术》2001年第4期,第328—329页。
③ Edward Shorter, *The Making of the Modern Family*, p.197.
④ [英]马凌诺斯基:《文化论》,第88页。
⑤ Ralph A. Houlbrooke, *The English Family 1450-1700*, p.132.

病是因缺钙引起的。因此,使用襁褓并不能被认为是因为父母贪图方便、省心,从而忽视孩子。在坎宁安看来,时人提倡并在实际生活中使用襁褓,基本理由是"襁褓有助于孩子的骨头长直和为孩子御寒"①。波洛克则发现,裹在襁褓中的孩子需要不停的关注和照顾,因为孩子连停在自己鼻子上的蚊子都无法赶走。所以,使用襁褓更多地表示了一种关爱,而不是忽视。② 随着孩子的物质环境更加安全和医学知识的进步,人们逐渐废弃使用襁褓。因此可以看出,以前的父母总是以他们那一时代所认可的习俗和方法来抚育自己的孩子,但他们都是希望孩子能够健康地茁壮成长。

父母要共同承担对孩子的养育,但在孩子的日常照顾方面主要是妻子的责任。许多留下来的日记和书信表明,怀孕、分娩、照顾婴儿、孩子的日常管理这些都被视为是妻子而不是丈夫的事情。如果一个妇女生育很多孩子,那么作为母亲的生物性和社会性角色会使得她的生活十分繁重。就像纽卡斯尔公爵夫人(Duchess of Newcastle)所说的:她们的生活总是充满了麻烦,怀孕和分娩本身就十分繁重,一旦孩子生下来,他们的淘气、倔强、疾病、死亡都会给母亲们带来烦恼、悲伤和痛苦。③ 和现在一样,以前的母亲也担心孩子们的生命健康,要为他们的未来而焦虑,要为安排好他们的日常生活而操劳,总之,做一个好母亲是很不容易的。

母亲对孩子的照顾虽被认为是天经地义的,但母亲对孩子的养育并非垄断的,母亲的职责最主要是针对婴儿和年幼的孩子,一旦孩子尤其是男孩子长到7岁以后,母亲的照顾就逐渐减少,之后由家庭教师或父亲来教育他们。父亲在孩子的成长过程中起着重要的且不同于母亲的作用。父亲很少参与日常照顾孩子的任务,在对子女的教育中,父亲首先要确保能为孩子的成长提供经济上的支持,然后严格规范和要求孩子,并为孩子的

---

① Hugh Cunningham, *Children and Childhood in Western Society since 1500*, p.52.
② Linda A. Pollock, *Forgotten Children: Parent-Child Relations from 1500 to 1900*, p.50.
③ Anthony Fletcher, *Gender, Sex and Subordination in England 1500 – 1800*, p.184.

职业做准备。男性的作用建立在资源的供应之上:"无论在什么地方,男人都是设法为女人和孩子提供食物。"①父亲总是被别人期望同时自己也期望自己能养家糊口,如果不能这样做,他们就认为这是一种失败。② 虽说丈夫不愿进入妻子的养育领域,但影响孩子未来的一些重要决定——从孩子是请乳母还是由母亲自己哺乳到孩子的上学、职业和配偶的选择等——都掌握在他们手中。③ 在 1750 年之前,在孩子的幼儿阶段,贵族父亲总是预备用他们的权威插手他们认为关键的事情。这可能受到医生的激励,比如威廉·卡多根(William Cadogan)建议每一个父亲都要将他的孩子放在自己眼皮底下照料,要充分利用自己的理智和判断力来监督和指导孩子的养育。奥雷里公爵(Duke of Orrery)和夫人之间的书信表明公爵接受了医生的建议。1741 年 3 月的最后一个星期,奥雷里接受巴利医生(Dr. Barry)建议其女儿最好在 5 月份断奶的提议,他写信给他的妻子,要求她在来到他身边前给他们处于婴儿期的女儿吉蒂(Kitty)断奶。一个星期后,他又重复了他的请求,奥雷里夫人明确地反对,在 4 月中旬奥雷里对其妻子说他不同意她来,除非让这个孩子断奶。然后他使出了他的杀手锏:"作为一个丈夫我要见你,这一个月以来我渴望着幸福。想想这几个月以来那些流逝的时光吧。想想我只爱你。想想——哦! 除了你的服从我不要想任何事情。在结婚时你答应了我,现在我要你实现这个承诺。巴利医生将会告诉你这个女孩已经被哺乳了够长时间了。如果你不尊重我,请相信巴利医生,亲爱的,给她断奶吧。"奥雷里最终如愿以偿,他的妻子在 5 月底给孩子断了奶,但她仍然没有停止她的担心,这让奥雷里很苦恼。他在6 月份时只好这样回答她:"巴利医生很严肃地告诉我,不要给孩子哺乳太

---

① [美]弗朗西斯·福山:《大分裂:人类本性与社会秩序的重建》,刘榜离、王胜利译,北京:中国社会科学出版社,2002 年,第 130 页。
② Linda A. Pollock, *Forgotten Children: Parent-Child Relations from 1500 to 1900*, p.118.
③ Robert B. Shoemaker, *Gender in English Society*, 1650–1850, p.124.

长时间——不过如果她有一点点危险,我就取消我所说的一切。"唯恐妻子怀疑他权威中表现出来的爱,奥雷里向她保证他不可能"伤害我们的孩子"①。专家的建议、婚姻誓言和太多的劝诱使他战胜了一个母亲传统的观念和本能。

父亲虽然并不直接参与对孩子们的照顾,但他们中的许多人并未疏远他们的子女,也不是对孩子漠不关心。纳撒尼尔·培根(Nathaniel Bacon)在 1625 年写给妻子简(Jane)的信中十分关心儿子学步的进展,在 1626 年时又很关心女儿学说话的情况,他还开玩笑说要怎样才能听得懂她说的新语言。休·科姆尼(Hugh Cholmley)在其回忆录中写到他五岁大的儿子的勇敢,在 1630 年时他的儿子理查德手臂上长了一个肿块,必须动手术,理查德问父亲:"你过去是不是也这样过?"他回答说,"是的,我的宝贝,医生说必须这样"。托马斯·佩勒姆爵士(Sir Thomas Pelham)从伦敦给孩子们带回的礼物表明了他对孩子们深切的爱。② 安迪密恩·波特(Endymion Porter)是一个非常爱孩子的父亲,他的两个儿子乔治和查理出生时,他都由于公务未能在家。在他写给妻子的信中,满篇都是对孩子们的关注——孩子们长得怎么样? 有没有长牙? 最近怎么样? 并祈求上帝保佑他的孩子,施恩于孩子。他还给大儿子乔治寄去 6 个有银链的玻璃瓶,并相信这个小家伙肯定会为它们激动的。③

在 17 世纪,可能没有人比查理一世(Charles Ⅰ)更爱他的孩子,在他被处决前对孩子告别时,他感觉到无尽的痛苦。他的女儿伊丽莎白公主那时才 13 岁,他让妻子带口信给她说,"我的脑海里从未忘记她,我对她的爱到最后都将一如既往",并恳请她不要太悲伤。他对十岁大的儿子格洛斯

---

① Randolph Trumbach, *The Rise of the Egalitarian Family: Aristocratic Kinship and Domestic Relations in Eighteenth-Century England*, pp.239 - 242.
② Anthony Fletcher, *Gender, Sex and Subordination in England 1500 - 1800*, p.189.
③ Mary Coate, *Social Life in Stuart England*, p.40.

特公爵(Duke of Gloucester)则这样说:"宝贝,现在他们将砍我的头,也许会让你做国王,但请记住我的话,只要你的兄长查理和詹姆士在世,你就一定不要成为国王,因为只要他们抓住你的兄长们,他们就会砍下他俩的头,然后最终将砍掉你的头,所以我劝告你不要做国王。"① 这种对孩子生命安危的担忧与现代人又有何异? 阿尔索普勋爵(Lord Althorp)在 1781 年 3 月结婚,他的妻子 6 个月后怀孕了,并在 1782 年 5 月 30 日生了一个儿子。但是这个孩子十分虚弱,阿尔索普勋爵夫人很明显无法亲自哺乳他,阿尔索普勋爵便表示出无微不至的关心,只要一有机会,就仔细察看他,并不时地测量孩子是不是又长高了。② 更多的时候,父亲与孩子们一起玩耍,和他们一起阅读,与他们一起去散步或者进行其他外出活动。在 1624 年,托马斯·温特沃思(Thomas Wentworth)在一封信中描绘了其年幼儿子的神态,"他大笑着,张口结舌,对着一个正在吹笛子的风笛手摆出一副畏惧的样子,给旁观者,尤其是他的父亲带来了极大的欢乐和安慰"。③ 这些都表明父亲对子女也倾注爱心。

随着孩子的成长,父母总是努力使子女得到最好的给养。比如拉尔夫·乔斯林在 35—55 岁时将其全部收入的四分之一到三分之一花费在孩子身上。当 1648 年 9 月收成不好带来的经济困难削弱了他对孩子供养的预期能力时,他深为焦虑。④ 贫困家庭的父母和中等阶层的父母一样,也是为了子女的幸福尽他们最大的努力。如果说一年的收入在 10 至 15 镑之间,按照济贫法的估算,供养一个孩子的衣食一年要花费 2 镑,因而一对有多个小孩的劳动夫妇他们为孩子所负担的开销,占其一年总收入的比例比乔斯林还要大。在埃塞克斯,农业工人极端贫困,几乎不能使他们的孩

---

① Mary Coate, *Social Life in Stuart England*, pp.40-41.
② Randolph Trumbach, *The Rise of the Egalitarian Family: Aristocratic Kinship and Domestic Relations in Eighteenth-Century England*, p.219.
③ Ralph A. Houlbrooke, *The English Family 1450-1700*, p.136.
④ Keith Wrightson, *English Society 1580-1680*, pp.108-109.

子填饱肚子,但他们也总是尽力而为。纽凯姆记载了好几个母亲在极端恶劣的环境中为了供养孩子苦苦挣扎的事例:比如伯里(Bury)的凯婶婶,当1598年孩子们的营养状况不良时,她步行穿过兰开郡的沼泽地为孩子们寻找食物;同一镇上的安妮·哈尔森(Anne Halson)拼命地纺织来挣钱养活孩子们。① 在特别困难的时期,有一些父母甚至不惜冒生命危险去偷盗食物来喂养孩子。

父母对孩子身体、物质和道德幸福上的长期关注在当时的遗嘱中也得到体现。1612年诺森伯兰郡安克罗夫(Ancroft)教区的拉尔夫·丹尼斯(Ralph Dennis)在其遗嘱中吩咐其女婿要照顾和帮助他的儿子爱德蒙(当时还是个婴儿);达勒姆郡的一个自耕农威廉·斯克菲尔德(William Scurfield)在1626年请求他的两个朋友照顾他的孩子们,"教他们崇敬上帝,根据孩子们的条件为他们选择好的职业,以便孩子们长大成人时能够管理自己和父母的地产"②。许多立遗嘱人总是努力确保自己的孩子即使在发生各种不测事件后仍能过得幸福,有的甚至为尚在母亲腹中的胎儿做准备。当他们在遗嘱中给孩子们分配遗产时,立遗嘱人的主导原则总是尽力为所有的孩子考虑。他们并不拘泥于传统的继承习俗,而是非常灵活地采取有利于每一个孩子进入成人世界的最好策略。尽管英国大部分地区都实行长子继承制,但是非长子和女儿们在成年或结婚时也都能分配到家中的其他财物,而在那些最富有的家庭中,立遗嘱人会将其用有生之年积聚起来的财富购买的其他房产或小份土地遗赠给非长子们。比如,威廉·斯托特的父亲将16英亩"祖传地产"留给了他的长子约西亚(Josias),给另外四个儿子则留下了现金和特地为他们而买下的小块土地,给其女儿艾琳(Ellin)留下80英镑做嫁妆。③

---

① Keith Wrightson, *English Society 1580 - 1680*, p.109.
② Keith Wrightson, *English Society 1580 - 1680*, p.111.
③ Keith Wrightson, *English Society 1580 - 1680*, p.112.

父母与子女间财产的代际传承不只是体现在父母给孩子留下遗产这一件事上,对那些看着子女长大成人的父母来说,如果他们能负担得起,对孩子的物质付出就是个长期的过程,包括负担孩子的教育、支付结婚和学徒的费用,或为帮助孩子们独立生活而赠送物品和钱等。父母的这种供应和帮助可以延续到孩子的整个一生。尽管方法和时长会有差别,比如父母所能负担的供给程度不一样,但目的都是相同的,那就是尽可能地使每一个孩子长大成人并安置好他们。[1] S.D.阿姆森通过对诺福克郡的研究认为,父亲总是尽最大可能以他们的财产来供养尽量多的孩子,至少维持他们最基本的生活需求,如果有可能,还会使孩子们获得经济上的成功和兴旺。[2]

3. 孩子的安危

养大孩子不只是简单的物质供给,父母不但在孩子身上投入很大的财力,而且也倾注很深的感情。他们在孩子遭遇生病或意外危险时忧心忡忡。理查德·诺伍德(Richard Norwood)写道,"父母的天性就是希望孩子们都健康,不论好坏"[3]。从孩子一出生,父母就对孩子的安危密切关注。其中断奶便是孩子能否存活下来的紧要阶段。不管孩子是不是由母亲亲自哺乳,对大部分婴儿来说,断奶是一个逐渐的过程,首先经过一个或长或短的混合食物阶段,以糊糊作为母乳的补充。[4] 迪伊(Dee,1527—1608)在其日记中就注意到他的三个孩子"开始断奶";拉尔夫·乔斯林(1616—1683)也注意到他的妻子"开始给她的儿子托马斯断奶",11天后,他的妻

---

[1] Keith Wrightson, *English Society 1580–1680*, p.112.
[2] Susan Dwyer Amussen, *An Ordered Society: Gender and Class in Early Modern England*, p.91.
[3] Ralph A. Houlbrooke, *The English Family 1450–1700*, p.188.
[4] [法]安德烈·比尔基埃等主编:《家庭史——现代化的冲击》,第216页。

子"很轻松地给儿子断了奶,孩子也十分安静和满足";罗素(K. Russsell,1842－1874)的儿子也是逐渐进行断奶的,在这一过程中辅以固体食物。由于缺乏足够的合适食物来取代母乳,再加上当时医疗水平的落后,很多父母十分关心断奶对孩子产生的影响,并为此焦虑不安。① 为了使断奶顺利进行,他们采取各种办法,比如母亲或乳母把乳头涂上苦涩的糊糊让婴儿倒胃口,同时,还用各种偏方使奶水枯竭,不论怎样,断奶对婴儿从心理和生理上来说都是痛苦的,如果婴儿是由乳母在乡下养大,这个过程就更为关键,因此父母亲十分关注。

孩子长牙时也会感到不适,父母对此也深为担心,克利福德、乔斯林、博斯威尔(Boswell)、玛丽·雪莱(Mary Shelley,1797—1851)都在日记中记录了他们在孩子长新牙时的不安。② 弗朗西斯·哈顿(Frances Hatton)在 1677 年写给其丈夫的信中表达了对孩子长牙的痛苦十分担心:"可怜的小苏珊娜(Susanna)因为她的牙齿而十分疼痛。哦,我的上帝,请给这孩子特别的仁慈吧,就算是我有一万个儿子,我都没有这么爱他们。"③ 父母也为孩子的日常安危操心。保护孩子不是件简单的事,孩子所到之处,都要小心火、水井、动物等危险事物。沃林顿 3 岁 8 个月大的女儿和另一个小孩出去玩时走失了,他们为她的安危茶饭不思、寝食不安,出去到处寻找。④

当孩子生病时,做父母的总是细致入微地给予关爱。迪伊 6 个月大的儿子生病时,他观察到"亚瑟生病了,不能入睡,也不像之前那样大口吃喝"。他也注意到另外一个 8 岁大的儿子在被树枝不小心刺入左眼后睡得十分香甜。这都表明他对生病的孩子们十分关心。克利福德在其 2 岁 8 个月大的女儿生病时这样写道:"这个孩子再次打冷战,我如此担心她以致

---

① Linda A. Pollock, *Forgotten Children: Parent-Child Relations from 1500 to 1900*, pp.219－221.
② Linda A. Pollock, *Forgotten Children: Parent-Child Relations from 1500 to 1900*, p.222.
③ Anthony Fletcher, *Gender, Sex and Subordination in England 1500－1800*, p.189.
④ Rosemary O'Day, *The Family and Family Relationships, 1500－1900: England, France and the United States of America*, p.167.

整晚都不能睡觉,我恳求全能的上帝对我大发慈悲赦免她的生命。"迈尔德梅(H. Mildmay,1592—1667)在日记中不断地提到儿子查尔斯生病,他对此非常忧虑:"我可怜的查尔斯得了重病。愿上帝帮助他、安慰他,让他早日康复。"温斯罗普(Winthrope,1587—?)的儿子在大学里生病了,他的妻子给他的儿子写信说:"听到你生病了,我非常难过,我全心全意日夜祈求上帝让你早日康复,我真希望我现在和你在一起。"弗瑞克(Freke,1641—1714)听说她已长大成人的儿子病得很厉害,吓得要死,内心不得安宁。豪斯曼4岁的女儿生病时,他在日记中祈求上帝大发慈悲不要夺走他可爱的女儿,她是他们快乐的源泉。玛丽·伍德福德(Mary Woodforde,1638—1730)的儿子在学校手指被砍了一刀,生命处于危险之中,她为儿子可能即将离开她及所有的亲人而掩饰不住内心的痛苦,并祈求上帝给以特别的关照。伊莱亚斯·普勒杰(Elias Pledger,1665—?)的女儿得了肺结核,她的父母对其身体健康甚为关心。普宁格尔(Pringle,1635—1667)和里奇(Rich,1624—1678)在自传中都提到了他们的孩子生病的情况,都祈求上帝让他们康复,里奇甚至将儿子的生病归咎为自己过分溺爱孩子。当他的儿子在19岁患了天花时,他写道:"我将自己和他关在一起,为他的身体和灵魂尽我所能。"① 拉尔夫·乔斯林十分关心孩子的疾病,一旦孩子的病成功治愈,他就在日记中加以记录以备将来用作参照。② 亚当·马丁代尔尽管很实利且为人迟钝,但当他的儿子约翰生病时他忧心如焚,抛开在切斯特(Chester)的紧急生意匆匆赶回家中,却发现孩子已经死亡,他的家也因孩子的死成为"一盘散沙",需要"巨大的安慰"。同样,纽凯姆和其妻子在儿子亨利因蛔虫而生病时,他们孜孜不倦地寻找治疗方法,后来他们找到了一种方法,并推荐给曼彻斯特其他为此而焦急的父母们。而且他也和

---

① Linda A. Pollock, *Forgotten Children: Parent-Child Relations from 1500 to 1900*, pp.125-127.
② Keith Wrightson, *English Society 1580-1680*, p.109.

乔斯林一样对孩子从意外疾病或事故中死里逃生感到无比的欣慰。① 所有这一切都表明,在 16、17 世纪时大部分父母因孩子生病而忧虑和难过,婴儿的死亡率增加了父母们的担忧。

18 世纪的父母对于生病的孩子有着相同的焦虑。博斯科恩(Boscawen,1719—1805)的三个孩子同时生病,他对于孩子们的病情观察得非常仔细,而且将自己对孩子的担心描写得细致入微。博斯威尔(1740—1795)一想到他 21 岁的女儿得了麻疹,就为此忧虑且痛苦不安。玛丽·弗莱彻(Mary Fletcher,1739—1814)已成年的女儿生病时,她这样写道:"我感觉就像有一把刀扎在我心里。她是我的全部。"斯科特(W. Scott,1771—1823)的女儿生病时,他这样写道:"今天早上安妮生病了。上帝帮帮我们!如果情况十分严重,像我以前了解到的情形一样,我该到哪儿去寻找勇气和安慰?"佩特·奥利弗(1741—1823)尝试了他所能做的一切来帮助处于结核病早期的女儿早日康复。他把她带到海边,频繁地带她去洗冷水澡,还送她到乡下去疗养,因为乡村的空气被认为有利于孩子的健康。② 从这些事例中可以看出,孩子生病时,不管孩子多大,父母都给予关爱和照顾。并没有证据表明较高的死亡率减轻了父母对孩子的爱,整个 18 世纪,父母对子女都表现出更多的爱,有时甚至过分溺爱孩子。③ 19 世纪的父母对于孩子的健康同样非常关心。④

总之,在 16—19 世纪英国社会转型时期,几乎所有的父母都会因子女的生病而焦虑、不安、悲伤和痛苦,对于生病的孩子都会给予特别的关心和照顾,不管孩子的年龄有多大,他们都将照顾生病的孩子看作自己的职责。这与那种认为过去的父母对于生病的孩子漠不关心的看法完全相反。孩

---

① Keith Wrightson, *English Society 1580 - 1680*, p.110.
② Linda A. Pollock, *Forgotten Children: Parent-Child Relations from 1500 to 1900*, pp.129 - 130.
③ Bridget Hill, *Eighteenth-Century Women: An Anthology*, pp.92 - 93.
④ 详见 Linda A. Pollock, *Forgotten Children: Parent-Child Relations from 1500 to 1900*, pp.132 - 133.

子生病时做父母的都非常焦虑,这是因为任何疾病,不管多么轻微,都有可能导致死亡。当时较高的儿童死亡率"并没有导致父母的冷漠,相反他们对孩子要面对疾病和意外事故的危险表示持久的焦虑"①。正如拜罗姆(Byrom,1692—1763)写道:"我不可能不关心我孩子们的健康和行为,他们的幸福是如此触动我,他们的生命总是处于许多危险之下,无法给他们更多的关注来使他们避免危险。"②

过去的婴儿和儿童的死亡率相当高,这也被一些学者作为过去时代的父母对孩子冷漠的重要证据之一。斯通十分强调高死亡率与父母对子女的情感投入的关系。在他看来,儿童的高死亡率是父母疏忽大意、对孩子不关心的结果。16世纪中叶到18世纪中叶以前,差不多有四分之一到三分之一的英国贵族和农民的子女在15岁以前夭折,因为如此高的婴幼儿死亡率,父母不得不节制自己对孩子的心理投入,以免孩子的突然夭亡带来太大的悲伤。③ 阿里耶斯也指出,由于孩子的死亡率太高,人们不让自己与孩子太亲密,以免当失去时太痛苦。④ 肖特也表示,由于婴儿的死亡率太高,存活率太低,父母不愿意倾注太多的感情,以免遭受丧亲的锥心之痛。⑤ 然而更多的学者通过对原始资料的分析却得出了完全不同的结果,揭示出18世纪中叶以前的父母对于孩子们的疾病和死亡十分焦虑、悲痛。勒华拉杜里在《蒙塔尤》中对上阿列日地区的研究表明,孩子的死亡、疾病或骨肉分离都可能在父母心中造成极大的痛苦和悲伤,尤其对母亲更是如此。根据其所掌握的资料,勒华拉杜里批评了阿里耶斯等人关于"不近人情"的父母所做的描述。⑥ 豪尔布鲁克在其《1450—1700的英国家庭》中明

---

① Keith Wrightson, *English Society 1580-1680*, p.109.
② Linda A. Pollock, *Forgotten Children: Parent-Child Relations from 1500 to 1900*, p.101.
③ Lawrence Stone, *The Family, Sex and Marriage in England 1500-1800*, pp.55-57.
④ Philippe Ariès, *Centuries of Childhood: A Social History of Family Life*, p.38.
⑤ Edward Shorter, *The Making of the Modern Family*, p.203.
⑥ [法]埃马纽埃尔·勒华拉杜里:《蒙塔尤——1294—1324年奥克西坦尼的一个山村》,第312页。

确地表示,"有大量的证据表明在许多家庭中父母对孩子是真正的关心和爱护,孩子的夭折给父母带来了痛苦"①。

我们不否认当时的婴儿和儿童死亡率的确比较高,但这种高死亡率是由当时的医疗水平低下和外部环境恶劣造成的,其中因母亲难产导致的死亡使得孩子一出生就没了母亲,婴儿的存活机会也随之大大降低。据斯科菲尔德的统计,在近代早期的英国,母亲因生育而死亡的比例在1550—1599年为9‰,1600—1649年为12‰,1650—1699年为16‰,1700—1749年为10‰,1750—1799年为8‰,1800—1849年为6‰。② 1550—1849年英国新生儿的死亡率为50%—60%,而到19世纪晚期则只有25%—35%,婴儿死亡率与母亲死亡率之间有着紧密的联系,没有母亲的哺乳和抚育,新生儿存活的可能性就小。后来随着外部环境的改善和医疗水平的提高,英国因生育而死亡的母亲比例降低,婴儿死亡率也就相应降低。

在过去,传染病等疾病是导致婴儿死亡的重要因素,因此不能简单下结论说婴儿死亡率高是由父母对孩子漠不关心引起的。1550—1900年,英国的婴儿死亡率一直都比较高。③ 而城市的婴儿死亡率比农村要高,这主要是因为城市环境更为恶劣。男婴死亡率比女婴高,新生儿死亡率比婴幼儿死亡率高。按照一般情况,男孩总是要比女孩受到更多照顾,第一个孩子也总是要比之后的孩子受到更多的关爱,所以弑婴、疏忽这种理由好像并不能对此做出合理的解释。在对埃塞克斯郡的特林村(Terling)进行家庭重建时发现,第一个孩子1岁前夭折的比例要高于第二或第三个孩子,这可能是因为初为人母的女性缺乏经验。还有许多原因导致意外死亡,比如大人睡觉时不小心

---

① Ralph A. Houlbrooke, *The English Family 1450-1700*, p.156.
② Robert Woods, "Infant Mortality in Britain: A Survey of Current Knowledge on the Historical Trends and Variations", in Alain Bideau, et al., *Infant and Child Mortality in the Past*, Oxford: Clarendon Press, 1997, p.78.
③ Robert Woods, "Infant Mortality in Britain: A Survey of Current Knowledge on the Historical Trends and Variations", in Alain Bideau, et al., *Infant and Child Mortality in the Past*, p.86.

压着了孩子,没有足够的供暖设备,还有因楼梯、火、沸水、锋利刀具、坑、池塘、落物等导致的意外危险,其中一些在今天仍是致命因素。①

对于孩子的死亡,父母流露出无比的痛苦。婴幼儿的死亡率太高而使父母不敢轻易对孩子投入感情,这种说法听起来像是把生儿育女当作一桩生意。然而,即使最工于心计的父母似乎也不会因为婴幼儿的高死亡率而抑制自己的感情。无论如何,一个婴儿存活的机会还不至于如此微弱以使得父母对于孩子的感情投入予以理性的计算。在英国,10 岁以下的孩子死亡率从 16 世纪以来从未达到过四分之一(见表 5-1)。拉斯莱特在一篇论文中指出,19 世纪末以前英国的婴儿死亡率比人们通常想象的要低很多,每一千个婴儿中死亡人数不到 200,个别地区甚至还会低于 100,原因之一是英国大部分的母亲都亲自哺乳,而不是把婴儿丢给保姆看管。② 在此情形下,要让做父母的不对子女产生感情那是不可能的。父母有什么理由因为一小部分的孩子会夭折就对大部分存活下来的孩子采取冷漠的、无动于衷的态度呢?

表 5-1 选定的英国教区的婴儿死亡率和儿童死亡率③

年份	婴儿死亡率(0—1 岁)		儿童死亡率(1—9 岁)		10 岁时存活率	
	男	女	男	女	男	女
1550—1599 年	143‰	127‰	142‰	123‰	778‰	797‰
1600—1649 年	162‰	123‰	127‰	118‰	730‰	702‰
1650—1699 年	170‰	133‰	137‰	147‰	736‰	716‰
1700—1749 年	195‰	148‰	143‰	139‰	723‰	690‰
1750—1799 年	165‰	152‰	133‰	117‰	765‰	723‰

---

① Ralph A. Houlbrooke, *The English Family 1450-1700*, pp.138-139.
② [英]彼得·拉斯莱特:《工业化之前和工业化时期的英国人口与社会结构》,参见王觉非主编:《英国政治经济和社会现代化》,第 242 页。
③ Peter Laslett, *The World We Have Lost: Further Explored*, p.112.

再说，没有一个母亲会因为她的孩子中有的会夭折、有的会存活来区别分配她的爱。即使她对于高的死亡率有所知，她也总是认为这不会发生在自己孩子和自己家庭身上。如果夫妻俩非常喜欢孩子，即使婴儿死亡率较高，这也并不会阻碍他们温柔、亲切地对待孩子；如果不喜欢孩子，也不必以婴儿死亡率较高来作为借口和托词对孩子表示冷漠和疏忽。因此，麦克法兰指出，儿童死亡率的高低与感情的发展之间是没有关联的。没有一个研究者能够提出一种证据来证明当时的父母有意识地计算自己子女的预期寿命而相应地投放他们的感情，[①]我们不否认死亡率的变化对孩子的家庭经历会产生影响，新生儿存活下来并长大成人的可能性提高会影响到父母与子女的关系。[②] 孩子存活的时间越长，父母投入的物质和付出的感情就越多，父母与子女间的日常交流越丰富，父母与子女之间的情感纽带就越牢固，越能形成一种亲密的关系，这是人之常情，是所有时代、所有社会、所有阶层的一种共性。但只要父母爱孩子，任何年龄段的孩子去世都会使父母感到痛苦和悲伤，只是痛苦的程度可能会不一样。

对许多父母来说，子女就是"可爱的第二个自我"。一个小孩的死亡常常导致巨大的悲痛。不论什么时候，父母们都不会对婴幼儿的夭折无动于衷。威廉·布朗洛（William Brownlow，1594—1675）的好几个孩子在出生后不久都夭折了，他抱怨上帝一而再、再而三地使他痛苦、不安。沃林顿女儿的夭折给了他沉重的一击："这个孩子的死亡所带来的悲伤是如此巨大，以致我都忘记我是谁，是不是激怒了上帝；因为我毁坏了我与上帝间所有的意图、承诺和契约，我的内心痛苦不安，尽管我的朋友们不停地安慰我，但都无济于事。"[③]他们尽力将孩子的夭折看作上帝的旨意来使自己避

[①] Alan Macfarlane, "Review of Lawrence Stone, The Family, Sex and Marriage in England 1500-1800", *History and Theory*, Vol.18, Iss.1 (1979), p.107.
[②] Arlene S. Skolnick and Jerome H. Skolnick, eds., *Family in Transition: Rethinking Marriage, Sexuality, Child Rearing, and Family Organization*, pp.71-72.
[③] Linda A. Pollock, *Forgotten Children: Parent-Child Relations from 1500 to 1900*, p.134.

免太过伤心;他们说服自己相信子女到更好的地方去了,但他们的悲痛是十分明显的。① 17 世纪时,对于孩子的死亡,父母同样表现出悲痛。1625 年,差不多 3 岁大的伊丽莎白·沃林顿(Elizabeth Wallington)夭折了,她的父亲沃林顿伤心欲绝,她的母亲劝丈夫说:"想想我们省了多少烦恼和担心,想想她远离了多大的悲伤和困境,想想她进入了多大的快乐之中。你不应该如此悲伤。"②虔诚的父母坚定地相信,在理论上,孩子仅仅只是上帝借给他们的,当上帝通过死亡将他召回时,他们不能反对。尽管如此,他们发现要将他们的虔诚信仰与失去孩子的悲痛调和在一起还是非常困难,有时还不可能。如拉尔夫·乔斯林对其 8 岁大的女儿玛丽因生病而死亡十分悲痛,尽管他将这看作上帝的意志,但他仍然十分悲伤和痛苦。③ 厄斯金的三个孩子由于患麻疹,在几个星期内相继死去,他和妻子两人悲痛欲绝,接二连三的打击让他们夫妇无法承受。伊芙琳 5 岁大的儿子和 20 岁大的女儿去世带给他们的是难以形容的悲伤和痛苦。④ 这些事例都验证 16、17 世纪的父母对于孩子的死亡都表现出强烈的悲伤和痛苦,即使对婴儿的早夭,他们也十分伤心。17 世纪,本·琼森(Ben Jonson)写的一首挽诗将这种伤感情绪描述出来:

> 所有阅读这个故事的人们
>
> 请与我一同哭泣
>
> 我知道这泪水为何而滴
>
> 死亡本身真可惜
>
> 如此天真灿烂的小姑娘
>
> 世界为之繁荣的小生命⑤

---

① Hugh Cunningham, *Children and Childhood in Western Society since 1500*, p.52.
② Mary Abbott, *Family Ties: English Families 1540－1920*, p.28.
③ Alan Macfarlane, ed., *The Diary of Ralph Josselin 1616－1683*, pp.201－202.
④ Linda A. Pollock, *Forgotten Children: Parent-Child Relations from 1500 to 1900*, pp.134－136.
⑤ Mary Coate, *Social Life in Stuart England*, p.38.

当孩子夭折后,他们被埋葬在熟悉的地方。1670 年,剑桥郡的牧师艾萨克·阿彻将他 11 个月时夭折的女儿安葬在艾斯勒姆(Isleham)教堂里她祖母座席尽头的地底下;1675 年,阿彻将另一个还未受洗就夭折的孩子埋葬在距弗雷肯姆(Freckenham)教堂附近几里路的地方,因为这个教堂里有他的座席,他确信可以在孩子"刚复活时"遇见她。① 把孩子埋葬在家中的地下室或家中某块土地上也是基于相同的原因。还有的父母在孩子的墓碑上写下铭文:

> 静静地躺在这儿,如同一枝
> 曾是血肉铸就的花蕾,
> 当她正要睁开双眼时
> 却突然转入永远的沉睡。
> 撒上泥土吧,不要惊醒她,
> 让泥土轻轻地拥她入怀。②

18 世纪的父母同样因为孩子的死亡而悲痛。琼斯(Jones,1755—1821)对于他那 18 个月大的女儿的死亡极度悲痛,他的灵魂为此而"负担过重,不管多久都不能减轻"。麦克雷迪(Macready,1793—1873)年幼的女儿去世后,他沉重地哀悼:"除了这无法言说、无可救药的痛苦和折磨,我都不知道我在做什么,也不知道我自己的感觉……我的孩子死了——我可爱的、钟爱的、亲爱的孩子。"几天后他写道:"对这个可爱的、天真无邪的孩子的思念萦绕着我。"莫尔 16 岁的女儿去世时,他说他的心都要碎成两半。③ 1820 年出生的艾米莉·考埃尔(Emilie Cowell)在其日记中记录了她孩子去世的纪念日:"13 年前的今天,我们的第一个孩子——可爱的乔去世了,

---

① Mary Abbott, *Family Ties: English Families 1540 - 1920*, p.29.
② Mary Coate, *Social Life in Stuart England*, p.38.
③ Linda A. Pollock, *Forgotten Children: Parent-Child Relations from 1500 to 1900*, p.138.

他只有三岁零三个月大呀！今天，对他的纪念于我们是一种非常宝贵、非常甜蜜的悲伤，我们如此绝望地忍受着这么多年的痛苦和折磨。上帝虽给了我们许多可爱的孩子，但对于被他带走的这个我们仍然非常悲伤。"①由此可知，父母对于孩子的死亡所具有的情感并未经历剧烈的变化，至少从16世纪以来，父母们悲伤的程度都差不多。②

4. 孩子的教育

保证孩子身体上的健康成长是父母的重大职责，另外还有一项重大职责就是对孩子进行社会化的教育，以使他们适应外部世界。费孝通在其《乡土中国　生育制度》中这样说："人类的婴儿所需的哺乳期特别长，而能独立直接利用别种食料来营养的时期又特别晚。即在断乳之后，生理上虽则可以说已经长成独立的个体，但是还须要一个更长的时期去学习在社会中生活所需的一套行为方式。这是人类所特具的需要。社会知识的传递对于个人的生活是极其重要的，因为人不能个别地向自然去争取生存，而得在人群里谋生活。一个没有学得这一套行为方式的人，和生理上有欠缺一样，不能得到健全的生活；他也就没有能为人类种族绵续尽力的机会。把这套行为方式传授给孩子们的工作可以称为社会性的抚育。社会性的抚育在对于孩子的长成，新的社会分子的培养，以及种族的绵续上，和生理性的抚育有同样的重要性。"③这其实就是孩子的社会化过程，是为了适应社会的需要，而不仅仅只是自身的需要。一个社会的需要如果得不到满足，这个社会就无法生存下来。只有动员个人来满足这个需要，社会才能正常地运转下去，而家庭正是这种动员的基础。父母对孩子的教育是最早

---

① Linda A. Pollock，*Forgotten Children: Parent-Child Relations from 1500 to 1900*，pp.139－140.
② Linda A. Pollock，*Forgotten Children: Parent-Child Relations from 1500 to 1900*，p.140.
③ 费孝通:《乡土中国　生育制度》,北京:北京大学出版社,1998年,第106页。

的也是最重要的一种。正如勒华拉杜里所说,"成年是童年的囚徒,儿时的教育造就了一生"①。尽管由于文化的差异,每个孩子必须学习的特殊风俗和社会技能会依据文化不同而迥然有别。但不管怎么样,父母想让孩子懂得的是,在成年以后,他的行为举止应当符合社会的要求,从而适应竞争激烈的社会,得到最好的生活。

规训和约束是对孩子社会化抚育的中心要素。由于对其所处世界的外部环境评价很消极,如果父母对子女过度溺爱,可能会使孩子们长大成人后无法面对挫折,所以几个世纪以来,人们普遍认为,父母不应溺爱而应严格规训孩子以使他们日后能积极面对成人世界的险恶。父母越是爱他的孩子,就越要教导他、惩戒他、严厉地监督他。②尽管"17世纪英国最具吸引力的特征就是对孩子真正的爱"③,"毫无疑问,斯图亚特时期的父母特别爱他们的孩子,但却很少娇纵他们,即使是很小的孩子也常受到鞭笞"④。18世纪时,德兰尼夫人(Mrs Delany)这样说:"如果他们从来不曾遇到过挫折,当他们长大成人要对生活艰难选择时,他们怎么能够忍受他们在这个世界中必然会遇到的矛盾、失望和耻辱?"⑤密尔则说,"将一个孩子带入这个世界而不提供食物、不教化他的心智,那就是一种道德犯罪,既是对这个孩子的犯罪,也是对社会的一种犯罪"⑥。因此对孩子进行严格的规训,让他们感受生活的失意并不是对孩子意志的打击,而是为他们日后进入冷酷无情的复杂世界提供一种心理上的准备。

从16世纪以来,父母就认为规训孩子们的行为举止是做父母的基本

---

① [法]埃马纽埃尔·勒华拉杜里:《蒙塔尤——1294—1324年奥克西坦尼的一个山村》,第187页。
② Ralph A. Houlbrooke, *The English Family 1450-1700*, p.141.
③ Mary Coate, *Social Life in Stuart England*, p.37.
④ Mary Coate, *Social Life in Stuart England*, p.41.
⑤ Randolph Trumbach, *The Rise of the Egalitarian Family: Aristocratic Kinship and Domestic Relations in Eighteenth-Century England*, p.248.
⑥ Pauline G. Boss, et al., eds. *Sourcebook of Family Theories and Methods: A Contextual Approach*, p.85.

职责。这种规训在上层社会和中等阶层中最早是从"要有礼貌"的谆谆教诲开始的。在一个服侍(service)是最重要的晋升途径的社会里,其中一项最基本的技能就是使自己被尊长(superiors)接受,而这就需要有得体的行为举止,这是获得社会成功的前提。行为举止的得体自然是从孩子对父母的尊敬中培养出来的。恰当的行为包括与长辈进行交谈时要低头、屈右膝、尽量保持沉默、仔细聆听、谨慎并简洁地作答。① 如果孩子不顺从或不尊重其父母,就会受到处罚。约翰·彭利(John Penry,1563—1593)、温斯罗普、鲍威尔(Powell,1581—1656)都对孩子们严格规训,并给予一定的惩戒。② 父母与子女间的这种关系被许多儿童史学家所强调,他们据此认为,父母对孩子拥有绝对的权威。事实上,绝大部分父母并不像特朗巴赫和斯通所说的那样极力粉碎孩子们的意志,也并非如德莫斯所说的虐待孩子。从16世纪以来在惩戒与虐待之间存在着清楚的界限,父母虽然采取各种方法来惩戒孩子,但并不残忍。鞭笞只是诸多规训方法中的一种,不到万不得已一般不会使用这种方法,劝诫和理智更为普遍。③

与此同时,在17世纪时,一种宽容的教育方式被大力提倡。多萝茜·利(Dorothy Leigh)在其《母亲的祝福》(1616年)中称,不管孩子的性情如何,温柔体贴很快就能带给他们美德。哈利法克斯侯爵(Marquis of Halifax)在他的《给女儿的建议》(1688年)中,将对孩子们的爱视作孩子服从的基础。他不是寻求粉碎孩子的意志,而是建议父母尽可能地避免与孩子的冲突,将权威建立在爱而不是恐惧之上,要尽力满足孩子的愿望和要求。考德雷和古奇等新教徒认为不到万不得已,对孩子一般不采用体罚。威廉·廷代尔(William Tyndale,1494?—1536)评论说,当父母"刚愎自

---

① Ralph A. Houlbrooke, *The English Family 1450-1700*, p.147.
② Linda A. Pollock, *Forgotten Children: Parent-Child Relations from 1500 to 1900*, p.146.
③ Rosemary O'Day, *The Family and Family Relationships, 1500-1900: England, France and the United States of America*, p.165.

用、急躁暴怒、顽固不化,甚至还大声地斥责孩子,对他们咆哮",他们就会使得孩子"毫无生气、冷酷无情且一事无成"。① 约翰·洛克(John Locke)《关于教育的思想》(1693年)对人们养育孩子的方式产生了巨大影响。他不主张采用体罚的形式来教育孩子,尽管他承认在孩子倔强和反抗时可以适度用之。在洛克看来,"儿童是具有理性的动物",因此对待儿童的方法就不应是非理性的。"鞭挞与呵斥是应该避免的",因为极严酷的惩罚不但好处很少,而且害处很大。"受罚最重的儿童,长大了很少有成为最好的成人的。"洛克还列举了鞭挞的几大弊端,如认为奴隶式的管教所养成的也是奴隶式的脾气,虽可暂时治好目前任性的毛病,但是接下来的常是更恶劣更危险的颓废的毛病。这种严酷管教的结果是"丧失了一个放佚不羁的青年,换来了一个心神沮丧的家伙"。因此,洛克说:"想使儿童变成聪明、贤良、磊落的人,用鞭挞以及别种奴隶式的体罚去管教他们是不合适的。"总的来说,基于对体罚的种种弊害的认识,洛克基本上是主张不用体罚,反对体罚,不到万不得已不用之。② 洛克还认为,孩子生下来就像一张白纸,任人涂写,或者就像蜡一样任人捏塑。因此,教育在孩子未来的发展中起着特别重要的作用。他强调教育要开始得早,而且每个孩子都是独特的,没有两个孩子会一模一样,他们具有不同的秉性、不同的爱好、独特的缺点,要因材施教。当时宗教界与俗界所共同持有的这种宽容教育观应当对人们的教育观念产生了一定的作用。

18世纪的父母对于如何规训孩子也非常关心,但同样存在多样的教育方式。18世纪最著名的传道者乔纳森·爱德华兹(Jonathan Edwards)在其他方面是个很友善的人,但却认为孩子是幼小的毒蛇,甚至比毒蛇还要可恨。这种观念当然会影响到父母的行为。爱德华兹的孩子对其父母

---

① Ralph A. Houlbrooke, *The English Family 1450-1700*, pp.142-143.
② 王有亮:《洛克的学生观及其教育史价值》,《内蒙古师大学报》(哲学社会科学版)1998年第4期,第74页。

特别尊敬。当他们的父母进房时,他们都本能地从椅子上站起来,父母不就座,他们决不坐下;当他们的父母谈话时,不管有没有涉及他们,他们都保持沉默、专心倾听。① 伍兹认为对孩子应该予以规训,但既不能太严厉,也不能太溺爱,而是要适中,让孩子顺从父母。他强调不能压制孩子而是要以爱去对孩子施加影响。博斯科恩、博斯威尔、斯特德曼、斯雷尔认为在必要的时候要实施体罚。博斯科恩认为如果孩子失去控制,他会亲自诉诸或至少是威胁使用体罚来对待孩子,比如他就用鞭子恐吓 4 岁的儿子吃饭。不过他不要求完全的服从,当其年龄稍大的儿子不愿在陌生人面前跳号笛舞时,他并没有强迫儿子。斯特德曼对他 13 岁大的儿子的一些不良行为,如摘别人家的果子、浪费等予以教训,但他也不主张采用太严厉的处罚。② 另一些人则对孩子比较宽容。泰勒十分关心怎么样来规训孩子,他从《新约圣经》中寻找告诫并付诸实践:他努力保留对孩子们的爱、尊敬和爱护;从不让孩子们干重活;努力让孩子们远离邪恶;教导孩子们并让他们牢记在心。泰勒认为,不努力去教导孩子们认识什么行为是错误的,而只是对他们的不良行为予以责备并体罚他们,这样做是不明智的,是残忍的。③ 有的人则溺爱孩子,霍兰德勋爵(Lord Holland)亨利·福克斯是一个有名的自由意志论者,据说他允许他的儿子查尔斯·詹姆士·福克斯在奶油碗中洗手。当霍兰德勋爵不在家时,查尔斯把家中的一堵墙变成了废墟,霍兰德勋爵将这堵墙重修以便使儿子再次推倒它来获得快乐。④ 所以有学者说,"整个 18 世纪父母与子女关系的特点是父母对子女的宽容与溺爱"⑤。19 世纪的父母对于子女的规训比前几个世纪更强调体罚和子女的

---

① Hugh Cunningham, *Children and Childhood in Western Society since 1500*, pp.54 - 55.
② Linda A. Pollock, *Forgotten Children: Parent-Child Relations from 1500 to 1900*, pp.157 - 158.
③ Linda A. Pollock, *Forgotten Children: Parent-Child Relations from 1500 to 1900*, pp.156 - 157.
④ Mary Abbott, *Family Ties: English Families 1540 - 1920*, p.50.
⑤ Daniel C. Quinlan and Jean A. Shackelford, "Economy and English Families, 1500 - 1850", *Journal of Interdisciplinary History*, Vol.24, Iss.3 (1994), p.458.

完全服从,但同样存在着非常宽松的教育方法。①

上述资料表明:16—19世纪英国社会转型时期,每一个阶层都有严厉和宽容的父母,并不因阶层而存在差异,更多的是父母的个性所致;但不管是严厉还是宽容,父母从内心深处都是为了孩子的幸福考虑。当然,和20世纪一样,历史上肯定也存在着虐待狂,虐待孩子在现代早期确实存在,但当时的人们也认识到体罚和虐待间的差别,和今天一样,虐待被当作是不能忍受的事情。当纽凯姆知道丹尼尔和其妻子虐待他们的孩子时深为震惊,说"这对我来说是一种痛苦和耻辱",并将这个孩子带回自己家中抚养。② 尽管《防止虐待和保护儿童法》(Prevention of Cruelty to, and Protection of, Children Act)直到1889年才出现,但虐待孩子的情况既不被掩盖也不被原谅。波洛克在1785—1860年的《时报》上发现了385起有关忽视孩子和性虐待的案例,大部分都被判有罪。③ 报纸的报道应该是比较可信的资料,这些报道揭示出因虐待孩子而激起的愤怒感。法官、证人和普通民众对于父母能够如此残忍地对待他们的子女都感到震惊,甚至完全不能理解这些父母的所作所为。这种父母被认为是没有人性的,他们的残酷行为被认为是"可怕的"或"野蛮的",是一种变态。1787年12月11日的《泰晤士报》(The Times)报道了一个孩童被监护人虐待的案例,这一报道占据了报纸的好几个版面,法官和法庭认为这案子的残忍程度"十分罕见"。报道中那个3岁的孩子被虐待得十分厉害,身体因为被虐待而变形,他在法庭上的出现"使每一个人都流下了眼泪"。这个案例被描述为法庭所听证的"最野蛮的记录"之一。1810年5月28日的《泰晤士报》报道:一个母亲被指控"残暴殴打和虐待她4岁的女儿。当这个母亲被宣判后带出

---

① 详见 Linda A. Pollock, *Forgotten Children: Parent-Child Relations from 1500 to 1900*, pp.173 - 187.
② Keith Wrightson, *English Society 1580 - 1680*, p.117.
③ Rosemary O'Day, *The Family and Family Relationships, 1500 - 1900: England, France and the United States of America*, pp.164 - 165.

法庭时,她最大的困境就是无法避开外面愤怒的妇女"①。

在宗教信仰还十分虔诚的时期,接受宗教教育也是昔日孩子们生活中的重要内容;对孩子进行宗教方面的教育也是为人父母的一个重要职责。16、17世纪的父母特别关心孩子们的宗教教育,迈尔德梅(G. Mildmay,1552—1620)认为给孩子们一些宗教教导是必要的。② 豪斯曼(1680—1735)特别注意将宗教教义灌输给他的女儿,比如原罪的致命后果、她自身的原罪以及必须接受基督才能得救等。拜罗姆也很关注孩子们的宗教教育,让孩子们了解他们是上帝的孩子,上帝爱他们;同时他们也应当爱上帝、感谢上帝、做一切事情来愉悦上帝。③ 海伍德要求他的儿子们用心学习赞美诗和《圣经》中的章节,当孩子们认真按他的要求去做时他很开心。

17世纪的一个重要特征就是清教徒对于孩子们的宗教教育较为严厉。清教的基本教义认为,所有的人生来就是有罪的,因此清教徒认为孩子意识到这一点非常有必要,以铺就得救之路。如果父母信仰清教,他们就不能忽略孩子的宗教教育——如果忽略了,不但意味着他们不配做清教徒,而且他们也不配做父母,因为他们没有尽力来保证他们的孩子会成为上帝的选民。④ 对清教徒父母来说,能不能培养出虔诚的孩子,实际上是检测他们是否受到上帝的恩宠的准绳。诵读《圣经》是清教徒家庭教导的最基本内容,另一主要教导形式是教理问答(catechisms),大量印刷出版的教理问答手册,也为家庭经常进行这种活动提供了条件。家庭教理问答的最大优点在于以一种积极的、双向思维的方式开始了孩子的早期教育,它无形中培养了使孩子受惠一生的积极思考的习惯。⑤ 18、19世纪时父母对于孩子们的宗教教育有所放松,不再将自己的宗教信仰强加给孩子,而是

---

① Linda A. Pollock, *Forgotten Children: Parent-Child Relations from 1500 to 1900*, p.93.
② Linda A. Pollock, *Forgotten Children: Parent-Child Relations from 1500 to 1900*, p.249.
③ Linda A. Pollock, *Forgotten Children: Parent-Child Relations from 1500 to 1900*, p.115.
④ Linda A. Pollock, *Forgotten Children: Parent-Child Relations from 1500 to 1900*, p.251.
⑤ 陈敏敏:《16、17世纪英国清教徒对教育的态度》,《广西社会科学》2002年第1期,第190页。

让他们自己决定对宗教的态度。这并不意味着父母不关心孩子,只不过是宗教衰弱的表现之一。

父母不但以他们所处时代的要求来完成孩子的社会化过程,而且还努力让孩子接受正规的学校教育,以利于孩子长大成人后的发展。孩子的正规教育从孩子很小的时候就是父母关心的问题。正式的教育在家中或家附近的场所进行,典型的做法是在上层阶级由家庭教师或牧师来教导孩子,在出身卑微的阶层,则由教士、教区神职人员或者一个小学堂的管理者来执行这一任务。在16世纪末17世纪初新学校大量建立的"教育革命"时期,父母们逐渐接受后一种选择。[1]

16、17世纪的父母意识到接受教育对他们的子女十分有利,于是他们努力让孩子接受教育,有的父母还在家中自己教育他们的孩子。迈尔德梅在其自传中谈到了父母对子女的职责,认为父母们要将孩子抚养成人,要给予他们特别的关照,要努力使孩子们接受宗教和学术教育,使孩子们成为有益于社会的人。[2] 有经济能力的父母总是努力让儿子们接受正规的学术教育。地主的儿子们常常接受英语、拉丁文、希腊语和数学的教育。一些父母让他们的孩子在家中接受教育,不过慢慢地人们将孩子送到学校去。斯通说,在7—13岁时,最普遍的在是10岁左右,孩子们就离开家去寄宿学校接受教育。[3] 18世纪的父母对于孩子的教育也十分关心。福克斯(M. Fox,1793—1844)认为,为了确保孩子们具有更大的优势和更持久的兴趣,必须改变两个年轻孩子的教育目标,在这样重要的事情上,为孩子选一个正确的方向是他最为热心、最为关切的。特伦奇(1768—1837)作为一个母亲,也非常关心要给她的孩子们较好的教育。当然也有许多父母在

---

[1] Ralph A. Houlbrooke, *The English Family 1450 - 1700*, p.150.
[2] Linda A. Pollock, *Forgotten Children: Parent-Child Relations from 1500 to 1900*, p.113.
[3] Lawrence Stone, *The Family, Sex and Marriage in England 1500 - 1800*, p.84.

家中自己来教育子女,比如博斯科恩就自己在家中教育子女。① 虽然孩子们离开家去上学对于父母来说是一件痛苦的事情,但一些父母认为送孩子去寄宿学校对孩子有好处,因此这种别离之苦他们还是宁愿承受。17世纪时,威斯敏斯特和伊顿是有钱父母的首选;居留在牛津和剑桥是很普通的事。从17世纪30年代开始,那些富有的地主将其儿子送到欧洲大陆去游学。当大学教育成为一种时尚时,旅行,特别是到意大利游学十分流行。②

对中等阶层而言,男孩的学习启蒙常常是母亲的职责。洛克赞扬那些具有学术技能并将它们传授给年幼孩子的母亲。父亲也积极参与孩子的教育,当孩子达到该上学的年龄,父母就会送儿子去学校。而斯图亚特时期的一个教士被指控长期旷职,他辩解说他迁入莱斯特郡是为了能使他的儿子们进入免费文法学校(Free Grammar School)上学,他相信主教会接受他这个旷职的充分理由。③ 福曼(Forman,1552—1601)在8岁时被送去上学,一年后去了另一个学校,他在11—13岁时又读了另一个学校,最后在14岁时去做了学徒。在17世纪时,海伍德为了改善他儿子的教育条件准备搬到兰开郡。④ 英国作家安东尼·特洛罗普(Anthony Trollope)的父亲每天早上刮胡须时都要测试他背诵拉丁文和希腊文的情况。⑤

值得强调的是,在子女的教育中,男孩与女孩的教育不一样。儿童过去(而且至今依然)首先从家里的长辈那里学会身为男孩或女孩的意义,他们对性别差异的最早体验通常始于家庭内部。⑥ 这些家庭内部的性别差异加剧了其他领域的性别差异。"因为家庭是社会组织的最初形式,是儿

---

① Linda A. Pollock, *Forgotten Children: Parent-Child Relations from 1500 to 1900*, pp.244-245.
② Mary Abbott, *Family Ties: English Families 1540-1920*, p.51.
③ Mary Abbott, *Family Ties: English Families 1540-1920*, pp.108-109.
④ Linda A. Pollock, *Forgotten Children: Parent-Child Relations from 1500 to 1900*, p.241.
⑤ Mary Abbott, *Family Ties: English Families 1540-1920*, p.108.
⑥ [美]梅里·E.威斯纳-汉克斯:《历史中的性别》,第33页。

童接触的第一个社会组织,所以在家庭里学到的性别知识对于两性来说都是最难改变的。"① 在成长过程中,孩子们不但亲眼所见他们的父母按照性别规范行事,而且他们自己也因不同的性别而被区别对待。一旦他们成年,男孩和女孩将拥有不同的技能、特性和期望。从一出生,儿子就比女儿受欢迎,特别是在上层社会,一个男性继承人来确保家庭名声和财产的延续是非常重要的。不过这并没有导致弑女婴的习俗。从5岁开始,男孩与女孩的穿着便区别开来,男孩开始穿裤子,男孩和女孩开始接受不同的社会化训练。"7岁以后男孩与女孩的教育因为对他们理性差异的假设加上要将男孩训练为竞争和统治的角色而存在很大的差异。"② 在中上层社会,男孩更多地被送到学校,而女孩则一般待在家中由母亲来进行教育。她们尽管也学习阅读、写作、计算等基本的读写算能力,但更主要的是学习家庭主妇的必备技能。即使都上学,男孩和女孩接受的教育课程也是不同的。男孩接受的是一种职业化的技能,而女孩接受的则是非职业性的才艺,如音乐、绘画、舞蹈等。不但男孩和女孩接受的技能是不相同的,而且男孩被鼓励要自控、忍耐、勤奋、勇敢,女孩则被教导要屈从,要与骄傲自大做斗争。③

莫里斯的女儿在7岁时就被送到学校,每个星期花费6便士。9岁时她每年要花费3几尼④学习小提琴和唱歌课程。12岁时她被送到一所寄宿学校,每年花12镑,除此之外,莫里斯每个月还要为女儿的法语、舞蹈、小提琴、写作等课程的教师和她的女仆们支付费用。在13岁时她结束了除音乐课程外的其他教育。莫里斯儿子的教育则与这大不相同。他接受

---

① [美]梅里·E.威斯纳-汉克斯:《历史中的性别》,第33页。
② Randolph Trumbach, *The Rise of the Egalitarian Family: Aristocratic Kinship and Domestic Relations in Eighteenth-Century England*, p.238.
③ Robert B. Shoemaker, *Gender in English Society*, 1650-1850, p.131.
④ 几尼(Guine),1几尼=1.05英镑=21先令,最初是用几内亚的黄金铸造的,因此得名,又称畿尼。

希腊语、拉丁语、写作、数学、绘画、小提琴等课程的教育,18 岁时他上了大学。斯林斯比的日记也表明了男女教育的差异。他的女儿由他的妻子教育,在 5 岁时就能念祈祷文、回答教义问答、稍懂读和写。而他的儿子则接受非常正规的教育。[1] 只有一小部分博学的家庭中培育有学问的女儿。苏塞克斯教区长的女儿巴斯华·梅金(Bashua Makin)学习拉丁语、希腊语、希伯来语和法语。伊丽莎白·艾尔斯托伯(Elizabeth Elstob,b.1683)是牛津学术界的一员,编纂了一部盎格鲁-撒克逊语入门书。[2] 18 世纪和前面几个世纪一样,男孩和女孩的教育仍存在着相同的差异:大部分女孩不学习拉丁语和希腊语,也不继续上大学。男孩子们学习拉丁文、希腊文、算术和跳舞这样的社会才艺;女孩则学习法语、大量的历史、一些算术、舞蹈、绘画、缝制和演奏乐器。[3] 这种情况一直维持到 19 世纪。总之,孩子的社会化过程从很早的时候起直到成年就开始形成男女两性的性别角色。在这一阶段,孩子的教育过程并没有发生多大的变化,性别角色一代传一代地延续下来了。

在下层社会,正规的学校教育不太常见。但父母总是在他们的条件允许下尽力为孩子做一切对孩子教育有利的事情。让一个孩子很小就在其父母的地里或乡村工业中帮忙不一定是残酷行为。在一个就业选择机会很少,穷人又得不到什么资助的社会里,较早学习一门必备技能,对孩子而言可能是最好的事情。[4] 在下层社会,一门技艺基本上是在家中习得的。农夫的儿子、乡村织工的儿子、细木匠的儿子,一般都在父亲那里学技术,以后这也成了他们的职业。这种教育开始得很早,直到父亲去世或儿子可以独立经营土地、店铺或车间时为止。[5] 劳作的农民和工匠所需的技艺通

---

[1] Linda A. Pollock,*Forgotten Children: Parent-Child Relations from 1500 to 1900*,pp.241-242.
[2] Mary Abbott,*Family Ties: English Families 1540-1920*,p.114.
[3] Linda A. Pollock,*Forgotten Children: Parent-Child Relations from 1500 to 1900*,p.246.
[4] Linda A. Pollock,*Forgotten Children: Parent-Child Relations from 1500 to 1900*,p.64.
[5] [法]安德烈·比尔基埃等主编:《家庭史——现代化的冲击》,第 222 页。

过观察和练习而获得。命中注定从事其父亲手艺的男孩们在很小的时候就开始其非正规的训练,家庭的氛围决定这种训练的强度。在工作场地玩耍的孩子们观看和模仿成人熟练的劳作方式;工匠的儿子们很快就对他们将要承继的行业中所需的工具有了感觉。比如17世纪70年代,威廉·斯托特和他的兄弟们从文法学校退学回家帮助父亲犁地、翻晒干草、收割谷物等。而对乔治·斯图尔特(George Sturt)而言,他家修造轮子的店铺简直就像个游乐场,他那开裂的手指甲就是在操作工具时不小心被铁锤击中所致,这给他留下了终身记忆。①

不过,这条规律是有例外的。中世纪晚期至近代早期,西欧流行一种让子女从少年起到别的家庭担任仆佣和学徒的做法。为了弥补少年儿子离家造成的劳动力缺失的,他的父亲又去雇别人家的儿子来当奴仆。这些仆佣不仅指从事家务劳动的家佣(domestic servant),也包含从事农业劳动的农场佣工(farm servant)。这种做法在英国特别盛行,绝大部分中下层社会的孩子们在10—17岁离开家去当家庭仆人、苦力或学徒,而他们的父母再雇佣别人家的孩子来从事同样的工作,这些仆人或学徒都居住在其主人或师傅家中。② 拉尔夫·乔斯林就分别安排长子和2个女儿到伦敦做学徒和女仆,3个孩子离家时的年龄分别为15、14和13岁。③ 在英国贝德福德郡卡汀顿村,18世纪末有四分之一的男孩在10岁到14岁之间被送出去做家仆。④ 在16—19世纪,英国三分之一的家庭拥有仆人,近一半的农民家庭和大约四分之一的商人、手工匠的家里有同住的家仆和学徒。⑤ 这种孩子很小就从事劳作和手艺活的现象,不能被看作是父母对孩子的一种剥削,而是为孩子未来独立生活所做的一种培训和准备。17世纪的清教徒

---

① Mary Abbott, *Family Ties: English Families 1540 – 1920*, p.84.
② Lawrence Stone, *The Family, Sex and Marriage in England 1500 – 1800*, pp.83 – 84.
③ [法]安德烈·比尔基埃等主编:《家庭史——现代化的冲击》,第53页。
④ [法]安德烈·比尔基埃等主编:《家庭史——现代化的冲击》,第58页。
⑤ Lawrence Stone, *The Family, Sex and Marriage in England 1500 – 1800*, p.28, p.84.

认为,交换孩子或是把孩子送给代理父母是父母克服娇惯孩子的一种办法。孩子们在亲戚家不会受到虐待,又能受到较好的训练。英国贵族们继承了这一传统,在家中接受很多家佣与家人居住。后来英国父母将孩子送往寄宿学校的习俗恐怕也是受了这一传统的影响。① 对此,安德烈·比尔基埃做了深入分析。孩子到了少年时期,父母却将教育孩子和使孩子接触社会的义务卸到别人肩上,让他们去别人家做仆人或学徒大概也符合这样一种想法:

  当学徒学技术也好,初涉尘世也好,都需要启蒙性地、长期投入外部世界之中。他们认为强迫孩子离开家庭环境,对孩子便是适应性的考验,同时也是剥夺情感的考验,这些考验能把孩子武装起来面对人生。

  除此以外,还有一条,那就是他们相信:在抚爱孩子的年代,小孩完全承受母亲的照顾,小心翼翼的照顾,什么都可以做;这个时期一过,教育就成为一种训练,就是有权威甚至粗暴的男人的事情了。父亲可以承担这个任务,但是他的亲子之情可能会叫他尽自己那严厉义务时马马虎虎。所以他宁愿将戒尺交给一个不受父爱的情感障碍影响的人,需要时,甚至交给一个陌生人。②

在比尔基埃看来,对孩子来说,仆人身份的体验,无论对形成他的人格还是形成他对社会的看法均起很大的作用。这种教育越早,作用就越大。为了将自己的儿子或女儿安置在声望高的大户人家当佣人,父母要做艰苦的努力,并充分利用亲戚和朋友的影响。一旦他们被安置好,父母希望能定期获得有关其孩子幸福和进步的报告,特别是他们成功地取悦主人夫妇的情况。孩子离开家后,父母的支持和影响对于他们的晋升发挥着重要作

---

① [美]威廉·J.古德:《家庭》,第146页。
② [法]安德烈·比尔基埃等主编:《家庭史——现代化的冲击》,第54页。

用。① 对于那些不愿意或无法接替父亲职业的男孩来说,学手艺必须在家庭之外进行。在大部分欧洲国家,学手艺是有规矩的,必须当着公证人的面由男孩的父母与他未来的师傅签约。这未来的师父有责任对徒弟不仅进行职业教育,还要对他进行道德教育和宗教教育。②

不管父母对孩子的言行进行怎样的规范,让孩子接受什么样的教育,其最终都是为了孩子的未来生活。其中对孩子职业的选择传统上被认为是为人父母应尽的责任。虽然宗教教义和行为指导书把孩子服从父母作为他们应尽的道德义务,不过服从在实际生活中并不意味着完全按照父母的指令,而是指对父母的情感和建议应有的尊重。这在择偶自主权方面可以体现。在对孩子职业的选择方面,大部分父母也和对待孩子择偶一样考虑孩子们的意愿。在上层社会,父母总是尽力为孩子的未来前程做打算。大部分的非长子都在家庭的影响和资助下,在政府部门、专门职业或商业中寻得一条谋生之道。第四代德文郡公爵给他的两个非长子每人一年1 000 英镑进入政坛。乡绅拉尔夫·斯内德(Ralph Sneyd)给他的六个次幼子总共 1 000 英镑的资本:两个进入教会,两个进入军队,一个进入海军,一个到东印度公司任职。乡绅吉昂·艾格顿的两个次幼子则分别被送到威尼斯和荷兰跟着商人当学徒。③

对于中下阶层的青年来说,学徒经历是其经济生涯极其重要的开端。接受学徒训练,不但可以接触并学习本行业所必需的技艺,通常这些技艺都是保密的,不得随意外泄而且也是日后继续留在这一行业的基本条件,无论是受雇为帮工,还是取得师傅资格,除少数情况外一般都是如此。伦敦鞣白皮匠行会 1346 年章程便明文规定,没有在本行业当过学徒,或非本城市民的外

---

① Ralph A. Houlbrooke, *The English Family 1450 - 1700*, p.177.
② [法]安德烈·比尔基埃等主编:《家庭史——现代化的冲击》,第 222 页。
③ Harold Perkin, *The Origins of Modern English Society*, p.43.

乡人,不得涉足本行业。① 而且学徒制度不仅是一种单纯的技艺培训制度,同时还是一种社会培训制度,其目的除了造就技艺熟练的劳动者之外,还要使之成为符合当时道德标准的合格公民。所以师徒契约中对学徒的日常行为有许多限制,比较常见的是规定学徒必须忠实于师傅,承担家务劳动,不得偷窃,不得经常光顾酒店和赌场等。1405 年,诺里奇的一份契约甚至规定,如果学徒的婚姻未获师傅允许,那么他的学徒期将延长一倍。②

父母会为子女外出服佣或当学徒选择合适的去处。少小离家闯世界毕竟是子女人生道路上一个重要的转折点,父母并不是随便把他们打发出去,而是选择适合他们劳动学艺的场所,许多遗存的子女日记或自传都反映了这种情况。17 世纪 30 年代生于威尔士北部小农家庭的理查德·戴维斯回忆,14 岁时父亲打算送他到商店当学徒,为了慎重起见,父亲让他到一家店主那儿去体验,看看是否适合自己的职业兴趣,同时也观察了一下老板的为人。当他觉得情况不理想时便返回家中,随后家里又用同样方式,最终确定了一名制毯匠作为他的师傅。③ 父母的支持对于获得声望较高的手艺和行业中的学徒身份特别重要。师傅对丰厚的报酬做严格要求以此作为学徒获得技能和其他利益的回报。父母为孩子找一个好的师傅的职责被考德雷等作家所强调。父母的支持对于子女寻找短期的服佣也很重要,预期的雇主总是希望得到佣人父亲的准许和推荐。考德雷认为,孩子离开家去服佣或当学徒时,父母应该经常去看望他们,看看他们过得怎么样并给予一些好的建议。④

送子女外出学艺的过程中,父母一般尽量考虑子女本人的意愿。当时

---

① 金志霖:《英国行会史》,上海:上海社会科学院出版社,1996 年,第 110 页。
② 金志霖:《英国行会史》,第 112 页。
③ Ilaha Krausman Ben-Amos, *Adolescence and Youth in Early Modern England*, New Haven: Yale University Press, 1994, p.63.转引自陈勇:《近代早期英国家庭关系研究的新取向》,《武汉大学学报》(人文科学版)2002 年第 1 期,第 27 页。
④ Ralph A. Houlbrooke, *The English Family 1450－1700*, p.179.

的学者和宗教人士认为职业的选择应该完全以孩子的天资为基础。托马斯·培根写道,孩子应该被安排到他最喜欢、最乐意的职业中去,"因为如果违背天性,将一事无成,丧失机遇"①。珀金斯也建议父母在安置孩子之前要先考虑孩子的个人爱好,这一建议确实在现实生活中很常见。托马斯·泰伦(Thomas Tryon)的父亲希望托马斯继承他自己的职业成为一个砖瓦匠和泥水匠,但当托马斯觉得这一工作十分乏味时,他的父亲同意他按自己的意愿成为一个牧羊人。威廉·斯托特的父亲为威廉买了一个小农场,但当他发现这个孩子的性情与此不合时,他就仍让他继续去上学以便能够在另外的行业中谋发展。农场则给了小儿子伦纳德(Leonard),他对于耕地、养牛和犁地等非常喜欢并十分能干。亚当·马丁代尔 14 岁时,在一个亲戚喋喋不休的建议下,他父亲让亚当中止学习而学自己那一行,亚当尽管为此感到特别遗憾,但还是孝顺地服从了。不久,他的父亲发现他老是心不在焉,于是让亚当在维持现状和回去继续上学之间做出选择。② 有的长辈则给予孩子完全的自由,如托马斯·威索姆(Thomas Whythorne)的叔叔是一个没有孩子的牧师,他让托马斯在十分广泛的职业中做完全自由的选择;托马斯·贝弗利奇(Thomas Beveridge)的父亲也让他在家庭、学术和商业的职业中做选择,尽管他三个都不喜欢,最终他决定进入罗马的英语学院。③ 有的孩子则反对父母的意愿。兰开郡的一个姑娘琼·马丁代尔 1625 年时十分渴望到伦敦去从佣,尽管其父母和其他人努力劝阻她,她仍坚持她的计划。兰开郡一个贫困农夫的儿子爱德华·巴娄在 1656 年抛弃他父母为他安排而他并不喜欢的工作,以学徒身份到伦敦去寻找工作,最终去了海上当水手。罗宾逊·克鲁索也不顾父亲的计划

---

① Ralph A. Houlbrooke, *The English Family 1450 – 1700*, p.170.
② Keith Wrightson, *English Society 1580 – 1680*, pp.115 – 116.
③ Ralph A. Houlbrooke, *The English Family 1450 – 1700*, p.170.

而到海上去冒险。①

综上所述,至少从 16 世纪以来,父母对子女的教育和规训的目标总是要让孩子能被社会所认可,总是尽力以他们所处时代、所处社会阶层能接受的规训方法来实现对孩子的教育;虽然教育方法会因为文化和思想观念的变化而有所变化,但其内在的情感和目标却是不变的,具有延续性特征:父母总是为了孩子的最大福祉考虑,这并非当代社会独有的现象。

---

① Ralph A. Houlbrooke,*The English Family 1450 - 1700*,p.171.

三、亲子关系融洽

由前文所述可知,养儿育女是一件十分辛苦的事情,需耗费大量的时间、物力和心血,而且几乎一生都要为孩子的安危和幸福操心。尽管子女少小离家,但父母对子女的成长过程和状况依然高度关注,给予各种帮助和安慰。亲子感情非但没有被割裂,反而因亲子生活空间的分离而变得更为融洽。首先,父母给学徒服佣的子女提供各种物质帮助。伦敦印刷业学徒约翰·科克斯在日记中记录,1703 年 4 月其母前来探望他时,不仅带来了手套、鞋帽和一些书籍,还有存放在姑妈家供他平时花销的钱款。① 其次,在子女遭遇疾病时,父母会及时给予帮助或照料,子女患病,父母一般将孩子带回家中治疗,直到他们康复为止。当受到师傅的不公正待遇,父母有时甚至诉诸法律,以维护子女应有的利益。1620 年英国大法官法庭的一起诉讼案,是赫特福德郡一家长起诉其子的师傅,理由是该师傅没有善待学徒,致使父亲天天牵挂儿子的安危。② 对于他们这样做的动机,许

---

① Ilaha Krausman Ben-Amos, *Adolescence and Youth in Early Modern England*, p.162.转引自陈勇:《近代早期英国家庭关系研究的新取向》,《武汉大学学报》(人文科学版)2002 年第 1 期,第 27 页。
② Ilaha Krausman Ben-Amos, *Adolescence and Youth in Early Modern England*, p.161.转引自陈勇:《近代早期英国家庭关系研究的新取向》,《武汉大学学报》(人文科学版)2002 年第 1 期,第 28 页。

多学者认为,过去父母与子女间没有感情,父母将孩子抚育成人,并为他们的将来做出最好的准备只是为了自己老年以后有生活上的保障,只是一种工具性考虑,没有感情色彩。我们不排除这种情况的存在,但更多的事实表明,当时的父母对子女的付出虽然不排除利益方面的考虑,但更多的是出于无怨无悔的爱,与现代社会没有多大差别。

俗话说,养儿防老,这种情况不但在16—19世纪十分常见,而且在当代许多国家,特别是农村地区仍然大量存在。从经济学的角度来说,这是父母与子女间的一种互惠行为。所谓"互惠",是与"再分配"和"市场交换"相对应的一种经济交换形式。这种个体化的交换发生于以血缘和伙伴关系结成的共同体中。它多表现为以"礼物"为媒介的义务性"赠予"关系。它并不局限于物质和服务的提供,而是一种广义的互助关系。① 亲子之间最基本的交换形式就是抚养与赡养的交换:子女弱小时父母有责任和义务养育其长大成人,并帮助其成家立业,传以家业财产;而在父母年迈力衰时,子女则有义务供奉照料之,为其养老送终;代际间的这种义务和依赖是相互的。这种"互惠"是一种伦理道德价值观,而不是法律强加的结果。按照英国法律,子女对父母没有多少义务。1603年的济贫法只认可孩子在父母"贫困、年老、瞎、瘸而不能劳动时才有义务帮助他们,且这种帮助并不是基于感情而是一种责任"。一个治安法官可以签署命令来扣押那些将孩子遗弃给教区的父母的财产及土地,却不能以同样的方式来对待那些遗弃父母的孩子。② 笛福为了避免其敌人破坏他的地产,在有生之年将其财产传给儿子丹尼尔,要求儿子供养其母亲和两个未结婚的妹妹,而丹尼尔却违背诺言对其母亲和两个妹妹不闻不问。1730年,笛福的最后一封信描写了所发生的一切:"我信任他、依赖他,我将两个可爱的无供给的孩子托付给他;但他没有一点怜悯心,使其可怜的垂死的母亲和两个妹妹在他的

---

① 陈庆德:《经济人类学》,北京:人民出版社,2001年,第88页。
② Alan Macfarlane, *Marriage and Love in England*, p.82.

门口乞讨面包,渴望他兑现最神圣的诺言来供养她们,而他却将这些诺言弃之不顾,独自一人过着富裕的生活。"①

不过,虽然"孩子既不被当作潜在的劳动力,也不被认为是年老时的一种保险"②,但是当时的道德观普遍认为,子女和父母间的义务关系应该是相互的,父母将孩子养大成人,那么当父母需要孩子的帮助时,子女也应该给予扶助,如果子女做不到这一点,他的名声就会遭到破坏。③ 父母竭尽全力将子女养大成人,在他们年老体弱、生病等关键时刻,他们总是希望从子女那儿得到帮助,这不只是停留在利益上的满足这种表层和硬性的交换,更是充满人情味的美好情感的交流。这种亲情既来于自然天性和长久共同生活的基础,也是一种道德规范。以色列女历史学家本·阿莫斯认为,16—18世纪英国家庭的亲子关系并不冷漠,这种关系"更多依靠延伸到人生全过程的互惠性联系和交换来维持"④。亲子间的相互支持既有物质形式的"礼物"赠予和回报,如食品、衣物和钱款,也包括非物质性的情感交流、社会声誉、信息提供和人际关系。这种赠予与回报赋予参与者一种信赖、团结、互助的情感。父母和子女的互惠是一种双向的"礼物"交换,但两者并非对等,属于互惠类型中的"广义互惠"(generalized reciprocity),即不计较价值等量因素的互惠。⑤ 一般说来,父母的赠予总是大于子女的回报,因为"抚养一个孩子的成本包括许多要素:衣、食、住、教育方面的直接成本以及父母,尤其是母亲,抚养孩子过程中放弃的时间和收入等机会成本(opportunity cost)。子女通过父母从他们身上获得爱和亲情来偿还这些成本,或许等他们能够获得收入之后通过赡养父母来直接偿还一部分成

---

① Alan Macfarlane, *Marriage and Love in England*, p.111.
② Keith Wrightson, *English Society 1580 - 1680*, p.114.
③ Susan Dwyer Amussen, *An Ordered Society: Gender and Class in Early Modern England*, p.100.
④ Ilaha Krausman Ben-Amos, *Adolescence and Youth in Early Modern England*, p.63.转引自陈勇:《近代早期英国家庭关系研究的新取向》,《武汉大学学报》(人文科学版)2002年第1期,第27页。
⑤ 陈庆德:《经济人类学》,第264页。

本。然而抚养孩子是将资源从父母那里净价单向转让给子女,由父母通过平衡其他各种费用来支付的一种成本"①。

"不论哪一个社会,父母要生养和培育一个孩子都要投入各种资源和时间,与此同时,也都会有意识或无意识地从抚养孩子的过程中获取一定的收益。"②子女的回报尽管因为种种因素的制约而具有时间上的滞后性,但是,子女的回报在父母生涯的关键节点上起着重要作用,如当父母年迈、患病、丧偶时,他们会尽力帮助父母。从本质上看,这是一种"报之以情"(reciprocate with affection)的支持。尽管大部分成年子女另立新家,与父母并不同居一所,但是从日记、自传、法庭证词等资料中仍然可以看到子女照顾父母的频繁程度。他们中不少人在父母生病时予以照料,在双亲受到社区成员侵扰时前来保护和进行上诉,在日常劳动中给予帮助。18世纪兰开郡的自耕农詹姆士·弗雷特韦尔兄弟轮流侍候病中的父亲,陪同父亲找医生看病,为了父亲康复寻求多种治疗办法。虽然当时英国的主流家庭结构是核心家庭,但老年父母与成年子女共同生活的情况在乡村地区仍非鲜见。18世纪,埃塞克斯一个教区50岁以上的贫困妇女中,有一半人生活在与已婚女儿组成的扩展家庭里。这些女儿为陷入困境的母亲提供了一种"安全网"(safety net),犹如她们自己年轻时父母为她们提供的一样。③足见父母与子女间的感情融洽。

在每一个时代的下层社会,如果父母不能负担孩子的教育,那么他们会期望孩子在家庭经济中出一份力。每一个贫困的男人将其孩子抚养到12岁后就开始期望他们能做帮手。很多非常贫困家庭的孩子在12岁之前就已经开始劳动。大约在8岁时,孩子们就除草、捡石子、拾柴火、赶麻

---

① [美]弗朗西斯·福山:《大分裂:人类本性与社会秩序的重建》,第122页。
② 叶文振:《孩子需求论》,上海:复旦大学出版社,1998年,第7页。
③ Ilaha Krausman Ben-Amos, *Adolescence and Youth in Early Modern England*, p.63.转引自陈勇:《近代早期英国家庭关系研究的新取向》,《武汉大学学报》(人文科学版)2002年第1期,第27页。

雀、照看婴儿、牧羊、在田里抛撒种子和帮助收割谷物等。一旦孩子能做出经济贡献，父母就让孩子从学校退学。这一段时间的长短很大程度上取决于农民的财富：一个男人的财富越多，他让孩子待在学校的时间就越长。约西亚·朗代尔（Josiah Langdale）在 9 岁时他父亲去世了，他就离开了学校。此时，他已是一个强壮的男孩，学着掌耙、犁地、饲养马和牛。威廉·斯托特回忆，他和他的兄弟比他们的姐姐晚很久才开始劳作。他们的姐姐必须帮妈妈照看幼小的婴儿、编织、缝补、纺织。当他们到了 10 岁或 12 岁时，他们兄弟几个就从学校回来，特别在春夏时节，帮助牧羊、犁地、运草、制干草、剪羊毛等。①

原工业化使得乡村工业的重要性日趋增长，毫无疑问提高了孩子为家庭经济做贡献的能力。当然这并不意味着孩子们就一定在自己的家中或与自己的家庭成员一起工作。正如沃尔对 1851 年德文郡的科里顿进行研究后所说，"许多家庭并不是作为一个完整的工作单位发挥作用"②。

玛格丽特·斯普福特（Margaret Spufford）通过对大量出身卑微的非国教徒的自传进行研究发现，大部分孩子大约在 7 岁后就开始有规律地从事某一种工作，他们劳动一天可以挣得 2 或 3 便士。例如牛津郡一个工匠的儿子托马斯·特莱恩（Thomas Tryon）就是在这个年龄开始梳刷和纺织羊毛，他自豪地回忆说："我如此勤奋且变得越来越熟练，在 8 岁时我一天就能够纺 4 磅羊毛，这样一周就可挣 2 先令。"③塞缪尔·克朗普顿（Samuel Crompton）的一个儿子则回忆他"刚会走路"就开始工作：

> 我母亲总是拍打筛子上的棉花，然后把它放进一个棕色的深桶内

---

① Ralph A. Houlbrooke, *The English Family 1450 – 1700*, p.154.
② Richard Wall, "Work, Welfare and the Family: An Illustration of the Adaptive Family Economy", in Lloyd Bonfield, Richard M. Smith and Keith Wrightson, eds., *The World We Have Gained: Histories of Population and Social Structure*, pp.261 – 294, esp. 278.
③ Keith Wrightson, *English Society 1580 – 1680*, p.113.

又倒入很浓的肥皂水,然后她把我的小外衣卷起来,卷到我的腰部,把我抱进桶内,要我用脚用力把棉花踩到盆底。……这件事需要从头到尾不停地做下去,直到棉花把桶装满,再也站不住为止。这时,她拿过来一把椅子,放在旁边,让我扶着椅背。

他的另一个儿子回忆说,"我 7 岁的时候就开始站在凳子上把棉花铺在梳棉机上,作纺纱准备。我哥哥摇着轮子,把机器转动起来。"下一步的工作就是把纱绕在筒管上。到 10 岁或 11 岁时,开始纺纱,如果腿长得足够长,够得着踏板的时候,就开始织布了。①

孩子的这种收入毫无疑问对贫困的家庭是一种巨大帮助,但不能浅薄地认为父母在剥削孩子。小孩子总是随着能力和年龄的增长,才被逐步地交代工作,间或去传话、采黑莓、拾煤炭。尤其重要的是,他们是在父母的照管下在家中从事家庭劳动的。不错,18 世纪父母对待儿童的态度确实非常严厉,但他们并没有做什么通常意义上的残暴或缺乏父母慈爱的事情。在 18 世纪,儿童仍有各种游戏、跳舞和体育运动。如果儿童的时间全被限定在工厂里劳动,就不可能持续下来了。② 按照威尔特郡(Wiltshire)一个麦芽酒酿造工的儿子托马斯·查布(Thomas Chubb)的说法,孩子们只是做那些适合他们年龄和能力的活。③ 而且这种情况一直持续到 19 世纪,甚至当代社会。

父母当然并会尽可能地把他们的孩子视作劳动力的来源。在那些能负担得起孩子教育的家庭当中,在孩子们最终离开家去当学徒或服佣之前,孩子们总是在接受教育的。证据表明英国的孩子至少长到 10 岁才会去做一些非常简单的、不占用太多时间的活。④ 拉尔夫·乔斯林的孩子在

---

① [英] E.P.汤普森:《英国工人阶级的形成》(上卷),第 383 页。
② [英] E.P.汤普森:《英国工人阶级的形成》(上卷),第 383 页。
③ Keith Wrightson, *English Society 1580–1680*, p.113.
④ Hugh Cunningham, *Children and Childhood in Western Society since 1500*, p.82.

离开家之前(女孩大约是14岁半,男孩子则超过15岁)没有一个进行过经济性生产。① 东莱丁的约西亚·朗代尔一直都没干过活,直到他9岁那年父亲去世,这之后作为一个强壮的男孩,他学耕地、犁田、放牛,到13岁时他就能够单独犁地了,并成为一个经验丰富的饲养能手。一般说来,正如托马斯·威尔逊(Thomas Wilson)说诺威奇的孩子一样,"大部分对孩子劳动的期望就是他能够谋得自己的生活所需"②。如果他们的父亲有一个农场,孩子们则可减少家中所雇劳动力的费用。但孩子们的经济作用比较有限,农业工作在本质上是季节性的,很难想象有全年都为孩子提供全职工作的农业经济。事实上,除非有地方工业,农村的孩子们大都是无所事事的。孩子们直到18岁结婚年龄之前,家庭都不可能是个纯粹的获利者。父母要为孩子提供吃、穿、住,而孩子对家庭所做的贡献远远小于父母的支出。③ 而且在10多岁这一能为家庭做贡献的最佳时期,正是他们出去做学徒或服佣的时期。麦克法兰通过研究后指出,虽然很多孩子从7岁就开始离家去当仆人或学徒,直到攒足了钱而结婚,但他们当仆人的所得全部由自己支配,很少寄给父母。④ 再者,如前所述,这种工作常常是为了孩子的将来而进行的社会化抚育中必不可少的一部分。服佣和学徒一样,都是为孩子日后成年时独立生活做准备的一部分。佣人获得宝贵的工作经历,充分利用可能永不会再有的积蓄机会,当他们到20多岁时就可去寻找建立新居和结婚的机遇。他们的父母会与他们保持密切联系,他们也经常利用节假日回家探望父母。因此,父母对子女的关爱总是要大于子女对父母的回报,这在任何时期都一样。

和当代社会一样,16—19世纪的父母并不以孩子的成功失败作为他

---

① Keith Wrightson, *English Society 1580-1680*, p.113.
② Keith Wrightson, *English Society 1580-1680*, p.113.
③ Hugh Cunningham, *Children and Childhood in Western Society since 1500*, p.83.
④ Alan Macfarlane, *Marriage and Love in England*, p.83.

们爱不爱孩子的标准。不管孩子成功与否,是否听从父母,父母都对他们疼爱有加。当孩子外出学徒或服佣时,父母总不想让孩子离家太远以免失去联系,许多仆佣和学徒的住所离家不远,农业佣工离家的距离一般几里左右,城市中的学徒也大多家在城内或附近乡村。17世纪,布里斯托尔这类学徒约占全市学徒总数的一半。① 比如1595—1640年,在格洛斯特郡(Gloucestershire)招的学徒中,31%出身于这个城市,44%来自它的周边各县。② 如果父母看着孩子长大,那么他们努力将孩子抚养成人是成功还是失败便一目了然,如果孩子们未能遵从父母的希望和价值观,父母当然觉得悲哀。但即使这样,父母仍很少排斥孩子,仍对孩子温柔相待。亚当·马丁代尔的儿子违背父亲的意愿而结婚,他不敢面对他的父亲,但亚当非常欢迎儿子儿媳,给他们提供房子、衣服和食物,并帮助儿子找到工作,使他建立自己的家,为他提供家中的物品和开销。拉尔夫·乔斯林多年以来一直容忍儿子约翰的不良行为和放荡做派,希望他能迷途知返。1674年10月,在全体家庭成员面前,乔斯林承诺约翰如果他改邪归正,重新做人,就给他一笔丰厚的遗产,如果他继续他的恶习则只给他提供基本的生活保障。但约翰依然我行我素,在1675年1月24日的日记中,乔斯林这样写道:"约翰以他的不孝行为声明不是我的儿子,但如果他改过自新,我依然把他当儿子看。"事实上,乔斯林在他的有生之年一直关心着约翰,并未真的完全置他于不顾。他最后一次提及约翰是在1682年5月14日,其时约翰刚结婚,最终离开了父母的家,乔斯林写道:"约翰有了自己的家,但愿上帝给他以安宁。"③

纽凯姆对其儿子丹尼尔的操心堪称典范。在1660年12月丹尼尔8

---

① Ilaha Krausman Ben-Amos, *Adolescence and Youth in Early Modern England*, p.161.转引自陈勇:《近代早期英国家庭关系研究的新取向》,《武汉大学学报》(人文科学版)2002年第1期,第27页。
② Ralph A. Houlbrooke, *The English Family 1450 - 1700*, pp.174 - 175.
③ Keith Wrightson, *English Society 1580 - 1680*, p.117.

岁大时,纽凯姆注意到他对学习不上心,于是为他祈祷。4年后他为丹尼尔持续的不良行为而忧虑。1668年,为了让丹尼尔去伦敦一个好师傅处学徒,纽凯姆殚精竭虑。但这并没有使纽凯姆停止对丹尼尔的关心。一年后,丹尼尔从他师傅那儿跑了,这让纽凯姆伤透脑筋。1670年,纽凯姆安排丹尼尔参加了丹吉尔(Tangier,Morocco)和牙买加的商业航行,当纽凯姆听说一些英国船只被一些伊斯兰教海盗劫持时,他为此夜不能寐并焦急地打听儿子丹尼尔的消息。1672年,丹尼尔安全地回来了并住在父母家中,纽凯姆又为替他寻找新的职业而焦虑。1674年,丹尼尔在父母毫不知情的情况下与一个未成年姑娘结婚了,纽凯姆又不得不尽力帮他建立新家。但是关心并没有到此结束,这种操心仍是断断续续的——丹尼尔妻子去世、丹尼尔再婚、丹尼尔虐待女儿、丹尼尔放荡地生活、丹尼尔不能养活自己——一直持续到丹尼尔1684年31岁去世时才彻底终结。① 尽管纽凯姆对丹尼尔十分失望,但纽凯姆一再地原谅了他,为他担忧并尽力帮他,直到儿子临死之时,他还坐在儿子的床前责备自己未能更好地尽到自己的职责。如此深厚的父爱,即使是现代人也要自愧不如!

在职业的安排上,有很多儿子未听从父亲的计划,但这并不必然破坏他们彼此之间的感情。比如上文所说的爱德华·巴娄,没有听从父亲的安排,自己到伦敦去寻找工作。当爱德华动身去伦敦时,他父亲热泪盈眶地祝福他找到好工作,爱德华的母亲则孤单地站在村口,伤感地看着儿子离去,真是令人心酸。四年后,爱德华的父亲去看望他。紧接着,爱德华将他当海员辛苦存下来的钱寄回家中。在1669年的航程之后,他和父母在一起待了三个月。约翰·盖农(John Gannon)因其父亲不同意他学习而很失意,成了一个前途渺茫的农业帮工,后来他的弟弟接管了父亲的

---

① Keith Wrightson, *English Society 1580-1680*, pp.110-111.

农场,他自己则外出服佣。不过在他到埃克塞斯服佣后仍与家中保持联系。他的父亲曾两次走 100 里远的路去看望他。有一次盖农患天花,他那已 63 岁高龄的父亲听说后执意去看望他,给了盖农巨大的安慰和力量,使他从死神手中逃出来。他的父亲高兴地握着盖农的手为他祝福并为他儿子还活着而感谢上帝。① 孩子们与母亲的关系也很融洽:威廉·斯托特的母亲总是十分关心孩子,尽自己最大的努力来使孩子得到进步。海伍德在当牧师后仍继续从其母亲的感情和支持中得到力量。盖农的母亲非常难过地看着盖农离开家,1714 年她快去世时盖农回来看她,母亲高兴得流下了热泪。②

长子继承制倾向于加强父亲和长子间的关系,但这并不意味着父亲对其他子女的福祉一点也不关心。有许多男子爱其次幼子要甚于他们的继承人,最小的儿子有时特别被关爱和信任。罗伯特·波义耳伯爵(Earl Robert Boyle)最小的儿子相信,他一直是父亲的最爱,不管是因为他们在身体和精神上更相像,还是因为他不像他的兄长们那样总以不良行为让父亲失望。还有一些人相信,尽管第一个孩子得到最多的关注,是最高期望的焦点,但最小的孩子通常和他们的父母享有一种更随意的关系。③ 教士不像乡绅那样实行长子继承制,他们几乎是在所有的儿子中平均分配他们的利益和关爱。他们对孩子都比较宽容。如前述拉尔夫·乔斯林、亚当·马丁代尔和亨利·纽凯姆都原谅了儿子们的出格行为。

父亲与女儿间也存在着深厚的感情。虽然父亲很少直接介入其女儿的养育中,但父亲希望女儿能受到言谈举止的良好教育,也很关心通过服佣和婚姻来使她们得到地位的提升,父亲对女儿长得漂亮和有才艺

---

① Ralph A. Houlbrooke, *The English Family 1450 – 1700*, p.182.
② Ralph A. Houlbrooke, *The English Family 1450 – 1700*, p.184.
③ Ralph A. Houlbrooke, *The English Family 1450 – 1700*, p.184.

感到骄傲和自豪,并尽力去维护她们的名誉。女儿总是她们父亲快乐的源头,在所有孩子中,女儿也最容易被娇纵。对女儿的教育感兴趣并分享彼此对上帝的虔诚能够加强父亲与女儿间的情谊。托马斯·莫尔和其大女儿玛格丽特之间的亲密情感因为宗教的虔诚而更加强烈。共同的神圣目标加深了父亲和女儿间的感情,玛格丽特的爱帮助莫尔面对其苦难经历。在莫尔的最后一封信中,他对玛格丽特的深厚情感跃然纸上。① 兰开郡的乡绅威廉·布伦德尔与其女儿简之间也因为宗教信仰而关系亲密,情感更为浓烈。贵格教徒约翰·贝恩克斯与其女儿莎拉间的关系也因为宗教虔诚而更加密切。②

在经济上,父母对子女的期望可以说并不太高,但父母们大都希望从孩子身上得到精神上的慰藉。孩子是快乐的源泉,父母发现他们的孩子是情感满足的一种源泉。拉尔夫·乔斯林说他的第一个女儿是"令人高兴的慰藉";亚当·马丁代尔说他的小儿子"在我外出时是他可怜母亲的快乐陪伴,当我归来时令我心旷神怡"。③ 随着他们的成长,孩子们的机灵言行使他们的父母感到快乐,父母亲得到更大的满足。许多父母对孩子学走路、第一次说话等都十分开心,并密切注意和记录孩子们最近的才艺。波洛克说,孩子咿呀学语给父母带来了快乐,孩子口中发出来的声音在父母听来就像是一首首动听的歌。④

1623 年 7 月,白金汉公爵夫人给其丈夫写了一封信,详细地描述了女儿的可笑动作,并说:"我希望你能在这儿亲自看到她的举止,你会为她如此机灵的动作而开心的!"⑤拉尔夫·乔斯林在 1649 年这样描写其 6 岁大

---

① Ralph A. Houlbrooke, *The English Family 1450 - 1700*, p.185.
② Ralph A. Houlbrooke, *The English Family 1450 - 1700*, p.186.
③ Keith Wrightson, *English Society 1580 - 1680*, p.114.
④ Linda A. Pollock, *Forgotten Children: Parent-Child Relations from 1500 to 1900*, p.228.
⑤ Ralph A. Houlbrooke, *The English Family 1450 - 1700*, p.135.

的儿子托马斯:"我的儿子现在活泼可爱,精神饱满,记忆力好,聪明好学。"①莫里斯在有客人来时总希望他的女儿能显露出她在法语上的才能,并因此而产生一种喜悦和自豪。② 亚当·马丁代尔在其自传中也记录了他那死于 1663 年的儿子约翰,"他是一个漂亮的孩子,以他的年龄来说,他具有男子汉的气概,非常勇敢";然后描述了他儿子用树枝驱打小牛的事情。马丁代尔自豪地说:"我认为 100 个与他同龄的小孩中没有一个能比他做得好。"③斯林斯比则将孩子视为未来的希望,他说:"除关心灵魂的永生外,他们是我所有的希望所在。"④拜罗姆在离家外出经商时,写信给他 14 岁的儿子,说真希望能有他做伴;厄斯金则记录了他女儿给他内心带来的幸福与快乐之情。博斯威尔与 4 岁大的女儿的谈话带给他无限乐趣:"当太阳明亮地照耀时,我与我可爱的女儿坐在卧室的地板上,进行了一次令人愉悦的谈话。我向她谈及天堂的美丽、镀金的房子、挂满果实的树、美丽的鲜花和动听的音乐,我让她的心中充满快乐而不是阴暗的东西。"沃特金(Watkin,1787—1861)带着他 8 岁的儿子去参观一个城堡,孩子的活泼可爱、对城堡的兴趣、好奇都让他特别高兴。⑤ 父母总希望自己的孩子是快乐的、无忧无虑的。比如琼斯在其日记中这样写道:"希望我快乐时他们也快乐,但我哭泣时他们不要哭泣。希望他们快乐的精神永不破碎地长存!希望我痛苦的感觉引起的烦恼不要妨碍他们甜美的笑容!不要让我嫉妒他们能享有的所有幸福!"⑥奥雷里勋爵(Lord Orrery)很爱他的女儿,在他的妻子去世后,他告诉一个女士他的小女儿是他的心肝宝贝,因为自己鳏居而无法好好地照看她,但如果再婚,又担心继母会伤害到她,他为此

---

① Keith Wrightson,*English Society 1580 – 1680*,p.114.
② Linda A. Pollock,*Forgotten Children: Parent-Child Relations from 1500 to 1900*,p.100.
③ Hugh Cunningham,*Children and Childhood in Western Society since 1500*,p.54.
④ Linda A. Pollock,*Forgotten Children: Parent-Child Relations from 1500 to 1900*,p.101.
⑤ Linda A. Pollock,*Forgotten Children: Parent-Child Relations from 1500 to 1900*,pp.208 – 210.
⑥ Linda A. Pollock,*Forgotten Children: Parent-Child Relations from 1500 to 1900*,pp.104 – 105.

纠结不已。①

　　子女也对他们的父母深怀感情，即使父母与子女有冲突，子女对父母的情感也不会因这种紧张的关系而消解。贵族阶层及中等阶层人士保留下来的信件中有很多子女对父母之爱表示感激的资料。这种对父母的爱也反映在孩子们的实际行动中，1658年，亚当·马丁代尔和儿子一起给生病的父亲做祷告，祈祷父亲能早日康复。② 因为照顾孩子主要由母亲来负责，加上母亲不如父亲严厉的缘故，一般来说孩子们对母亲的感情要比对父亲的感情更深厚，那种简单地认为儿子爱母亲更多、女儿爱父亲更多的观点不成立。在很多自传中都记录有母亲负责维持家庭生计和预算、照顾孩子和家，她们为了孩子们的幸福牺牲自己的时间、快乐和健康，家庭和工作的双重负担使她们累得喘不过气来，为此这些传记作者对母亲无比地热爱。如巴罗斯夫人（Mrs Burrows）就对其母亲充满了敬爱，尽管她8岁时就不得不去当一名农业工人，每天工作14小时，但她却并没有将这一责任归咎于母亲，她说，"世上再也没有哪个妇女能像我母亲一样为了她孩子们的幸福而竭尽全力"。儿子对母亲同样无限热爱，乔治·希利（George Healey）在其自传中这样说："我感谢上帝使我拥有一个如此虔诚的母亲，她对家人非常亲切挚爱，非常尽心地训练我们走入正道……我深爱我的母亲。"③当父母亲去世之时，子女们会因丧亲而倍感痛苦。

　　因此，16世纪以来的父母总希望他们的孩子们健康幸福、享受和孩子们的情谊，并在很大程度上因为他们的孩子气而快乐。我们不否认有一些父母希望能得到孩子们的经济回报，在老年时照顾他们，但大部分都没有

---

① Randolph Trumbach, *The Rise of the Egalitarian Family: Aristocratic Kinship and Domestic Relations in Eighteenth-Century England*, pp.239-242.
② Rosemary O'Day, *The Family and Family Relationships, 1500-1900: England, France and the United States of America*, p.170.
③ John Burnett, ed., *Destiny Obscure: Autobiographies of Childhood, Education and Family from the 1820s to 1920s*, pp.228-229.

这种想法。正如莱特森研究认为的那样,父母并不期望儿女们从经济物质上回报他们,而是希望儿女们在身边,享受天伦之乐。① 麦克法兰也说,"在英国,孩子实际只是作为一种额外的生活乐趣而被渴望着"②。这种亲子关系与现代社会并无二致。总之,16—19世纪英国社会转型时期,绝大部分的父母与子女间感情非常融洽,父母对于孩子的爱大都是无私的。

---

① Keith Wrightson, *English Society 1580-1680*, pp.113-114.
② Alan Macfarlane, *Marriage and Love in England*, pp.54-61.

四、小　结

　　16—19世纪英国社会转型时期,英国政治、经济、文化发生了很大的变化,这可能使得父母养育和对待孩子的定量特征(quantitative aspects)(照顾的方式、培训的类型)发生了变化,但并没有剧烈地改变基本的范式,父母照顾的定性特征(qualitative aspects)(保护、爱、社会化)没有发生改变。① 童年观念在16世纪时就存在,在后来可能越来越完善,但16世纪的人确实意识到儿童与成人不同;也意识到儿童的生活方式不同于成人——孩子们需要玩耍,也需要父母对他们进行规训、教育和保护。在16—19世纪,与社会变迁和技术进步不同,父母的照顾和孩子们的生活很少发生变化。几乎所有的孩子都是受欢迎的。16世纪以来,不管在哪个社会阶层,大多数父母都倾注精力于子女的健康成长。父母总是尽最大的努力来抚养和安置他们的孩子,随着孩子们的成长而焦虑、快乐,不要求孩子们的经济回报。尽管在不同的社会阶层中,父母供养孩子的能力和质量差别很大,但负责任和尽其所能的态度却是相同的。养育孩子的整个体系就是使孩子能在一个高度个人主义的、竞争激烈的社会环境中立足。为了这个目的,父母们尽其所能来保护孩子、为他们的发展进行筹备、给孩子提出建议,并为孩子创造有利条件;即使他们

---

① Linda A. Pollock, *Forgotten Children: Parent-Child Relations from 1500 to 1900*, p.42.

的热切关心引起愤恨和冲突,仍有大量证据表明父母与子女之间仍维持着情感纽带。他们照料生病的孩子,为孩子的夭折而哀伤,为寻找教育子女的好方法而焦虑,为他们如何能接受最好的教育而费尽心思,为他们的未来而操心。这一切似乎印证了中国的一句老话:可怜天下父母心。

虽然人都是独特的个体,他们的生活经历在某种程度上说都是唯一的。但可以确定的是,父母对孩子的关心与爱护并不与社会阶级有直接联系——在富有阶层中也有许多疏忽、冷漠的父母,而穷人的父母也不乏满怀深情与挚爱。虽然经济资源明显地会限制父母在孩子身上的花销,但对孩子幸福的关注与因疾病和死亡而产生的痛苦,即"情感个人主义"(affective individualism)并不专属于任何一个特定的社会阶级,对孩子感情上的投入并不与经济上的投入完全对等。正如约翰·伯纳特通过对1820—1920年英国大量的传记进行研究后所发现的那样:"孩子在家中的幸福并不与富有或贫穷有直接的关系。我们不否认在那些为生存而挣扎的家庭中,经济条件的限制确实给孩子的童年生活带来了阴影。但是在那些极度贫困线之上的工人阶级家庭中,尽管没有奢侈品,也没有舒适的生活条件,孩子一样有着非常幸福的童年。"[①]

而且父母与子女作为家庭关系中一种垂直的等级关系,相对于父母,孩子总是处于一种弱势地位。莱特森认为,"老人统治主义"是英国近代早期社会中流行的理想:年长者应当拥有权力,年少者则应侍奉长者、尊敬长者。人们认为年轻人时而感情冲动,时而行事鲁莽,时而反复无常,时而放荡无度。智慧和自制力是随着年龄增长而提升的。因此,在充满传统和习俗的生活中,老者与长者是受偏爱的。[②] 这种尊敬长者的社会风气在家庭中毫无疑问

---

① John Burnett, ed., *Destiny Obscure: Autobiographies of Childhood, Education and Family from the 1820s to 1920s*, p.16.
② [英]基思·莱特森:《英国近代早期的社会等级》,参见王觉非主编:《英国政治经济和社会现代化》,第 210 页。

得到执行,父母对孩子是天然的统治者①。直到今日,童年仍然是一个独特的阶段,孩子们仍然受到父权制权威的影响,对父母的服从和尊敬依然是现状。法律变化也没有明显地改变孩子作为非法律主体的地位。比如,在离婚这样的事务中孩子就如同一种财产,父母双方为之而斗争,尽管是为了"孩子的最好利益",但在事实上更多地与成人两性之间的战争有关。社会科学尽管没有忽略孩子,但仍然将孩子描述为无能力的他者(incompetent other)。②而且直到现代社会,"棍棒下面出孝子"的古训还被一些父母奉行着,他们相信,体罚是引导孩子尊重权威的一个不可或缺的构成部分。③

因此,那种认为父母与子女关系的情感内容发生了巨大变迁的论断,其存在的根基十分脆弱。从16世纪到19世纪,家庭中的态度和价值观并未发生根本性变化,发生剧烈变迁的只是家庭所处的外部经济和社会条件。正如沙哈尔认为的,与当代的西方社会相比,中世纪社会有许多不同。但是养儿育女的实践、教育的方式以及父母与子女的关系不但是由生物性支配的,而且也是从文化上建立起来的。在任何一个特定的社会里,对它们的考察都必须放在物质文化、经济状况、医学知识水平、卫生标准、政治和社会结构、流行的信仰和价值系统等背景中去。④ 也就是说,孩子与父母之间的关系必须被放在他们所处的环境中予以看待,将他们与社会隔离开来是错误的。不要以我们现在所处的情况为标准去对历史上养儿育女的方式、方法做评判,从而认定历史上的父母对孩子不关心、不爱护,否则很容易就陷入"唯现代论"的泥潭。

---

① [英]基思·莱特森:《英国近代早期的社会等级》,参见王觉非主编:《英国政治经济和社会现代化》,第210页。
② John Hood-Williams, "Patriarchy for Children: On the Stability of Power Relations in Children's Lives", in Lynne Chisholm, Peter Buchner and Phillip Brown, eds., Childhood, Youth and Social Change: A Comparative Perspective, London: The Falmer Press, 1990, pp.156 – 157.
③ [英]安东尼·吉登斯:《亲密关系的变革——现代社会中的性、爱和爱欲》,第139页。
④ Shulamith Shahar, Childhood in the Middle Ages, London: Routledge, 1990, p.3, 转引自俞金尧:《西方儿童史研究四十年》,《中国学术》2001年第4期,第319页。

结　语

16—19 世纪是英国历史上一个十分重要的时期,其在政治、经济、文化和思想领域都发生了急剧的变化:经济上,从一个自给自足的封建农业社会转变为一个工业社会;政治上从君主专制制度转变为君主立宪制度;思想上经历文艺复兴、宗教改革和启蒙运动,思想自由而开放。在这种全面变革的大环境中,作为社会基本细胞的家庭是不是也发生了急剧的变化呢?通过本书的研究,我们至少对英国社会转型时期的人口、婚姻与家庭特征有如下基本印象。

第一,从 16 世纪到 19 世纪下半叶,英国的总人口稳定增长,在 18 世纪至 19 世纪早期人口增长速度尤为迅速,而这一切都是因为经济状况的变化,人们的结婚年龄降低,国家中单身人口减少,生育率迅速提高。与此同时,尽管存在着农村和城市的差异以及不同行业间的差异,但死亡率总体上呈下降趋势,生育率上升与死亡率下降共同作用,使得工业革命时期以来的人口迅速增加,呈"爆炸式"增长。另外,随着工业革命的初步完成,人口中不再以农业人口为主体,农村人口向城市流动,使城市化进程加速,这一切都有利于英国社会的转型。

第二,至少从 16 世纪起,小规模的核心家庭就一直是英国社会的基本细胞。也就是说,英国社会早在工业革命之前就以核心家庭为主导,这种小规模的核心家庭并不是工业化的结果。工业化不但没有破坏广阔的亲属体系,没有使家庭体系向夫妇式核心家庭体系发展,相反,在工业化的初期,亲属体系得到了进一步的强化。"工业化是现代核心家庭体系的原因"的论点与实际情况并不相符。[①] 家庭的结构与规模在社会转型时期具有极大的延续性。

第三,16 世纪至 19 世纪中叶,英国的婚姻都是建立在爱情和物质因素共同基础之上的,感情是人们在择偶时的一个前提条件,即使在最功利

---

① William Jack Goode, *World Revolution and Family Patterns*, p.xv.

的婚姻中,爱也并不必然缺乏。① 与此同时,对于现实的经济条件和其他因素也给予考虑,择偶强调在年龄、地位和财富上的"门当户对",但是财富的重要性并不特别重要,其他品质被同时代人大力强调,包括虔诚、道德、技能以及伴侣的情投意合。从择偶权来看,在法律上,在人们的观念中,进入婚姻关系中的双方的相互同意是最为重要的原则。事实上这一时期英国绝大部分人都可以自由地选择自己未来的婚姻伴侣,父母对子女的控制权不是特别大。贵族和上层乡绅的婚姻虽然常常被视作是由父母或监护人"包办"的,但大量的证据表明这种"包办"更多的是一种建议和指导,而非命令。而且许多年轻人如果准备蔑视父母的建议,他们完全可以自行其是。在中等阶层,至少从16世纪以来,浪漫的爱就是一个重要因素。而在下层社会,经济和社会地位并不具有较大的影响,这可以从逻辑上表明相互的吸引也是十分重要的。男性比女性享有更大的择偶自主权;女性特别依赖其他人的建议或同意,她的地位完全有赖于她嫁给一个合适的男人和保持性贞洁的名誉,故恋爱一般都由男子主动发起。② 也就是说,在16—19世纪,英国的婚姻具有很大的延续性,并不存在一个从完全由父母包办、只顾及物质利益向完全由自己做主、只考虑情感因素的变化过程。

同时,在这一时期,婚姻一旦缔结就是一生一世的,没有法律意义上的离婚。除非配偶一方去世,否则另一方不得再婚。但在人们的现实生活中,婚姻破裂的情况大量存在,出现许多非正式的婚姻解除方式,如遗弃、卖妻、重婚等。

第四,在夫妻关系上,夫妻之间遵循传统的男主外、女主内的角色分配模式,每一社会阶层的妻子都为家庭经济做出了贡献。然而在家庭中丈夫却处于优越和支配地位,妻子则地位低下,屈从于丈夫,几个世纪以来,这

---

① [英]F.R.艾略特:《家庭:变革还是继续?》,第61页。
② Will Coster, *Family and Kinship in England 1450 – 1800*, pp.56 – 57.

种性别化的家庭生活并没有发生多大改变。尽管16—19世纪的经济、政治、文化和宗教剧变改变着妇女的地位,对她们与世界的关系给予重新界定,①但在家庭中,她们一直处于从属地位。在父权制价值体系下,直到19世纪,一个已婚妇女在社会中的地位与奴隶无异,她本人,她的所有财产,包括动产和不动产以及所有工资收入,她的孩子,全都置于其丈夫的绝对控制之下。② 因此,女性历史学家说,接下来的婚姻革命主要是进行一个长期的战争,以摆脱这种完全的法律屈从地位。而19世纪后期兴起的女权运动正是对这种屈从的反抗。不过,夫妻权力、地位上的支配与屈从并不与夫妻间的感情完全对立;在此时期,大部分夫妻之间的感情都很深厚,生活比较幸福。夫妻间的角色分配、地位和权力关系、情感关系具有极大的延续性。

第五,至少从16世纪以来,童年作为一个独特的不同于成人的阶段的观念一直存在;孩子的抚养和教育方法虽然发生了变化,但从情感实质来看,并没有经历一个由对孩子疏忽、冷漠甚至虐待转向关注和爱护的过程,而是具有极大的延续性。父母一直为自己的孩子无怨无悔地付出:他们尽力按照他们那个时代的标准来抚育和教导孩子,为孩子的安危、健康、幸福而殚精竭虑;父母与子女之间感情融洽。家庭作为社会化的最基础组织,其抚育子女以及为成人提供心理支持的重要性,从古至今都没有发生什么变化,家庭到现在为止都是这样一个提供亲密关系的港湾,是温暖、舒适、食物及情感等各种需要得到满足的中心。③ 因此,与工业社会相比,前工业社会并不是家庭的"黄金时代",但也不是一个冷酷无情、感情淡漠的失意世界;它和现代社会一样存在着相同的矛盾和冲突,有着共同的情感经历。

古德说:"家庭机构不像军队、教会或国家那样强大,但它却是最难征

---

① Natalie Zemon Davis and Arlette Farge, eds., *A History of Women in the West*, Vol. 3, Cambridge: Harvard University Press, 1993, pp.2 - 4.
② Lawrence Stone, *Road to Divorce in England 1530 - 1987*, p.13.
③ [英] 马凌诺斯基:《文化论》,第7页。

服的,也是最难改造的。任何一个具体的家庭都可能是脆弱而不稳定的,但家庭制度就其整体而论,却是坚不可摧、富有活力的。"① 的确,从上述五个方面的基本情况,我们可以看到,在一个变化如此剧烈的时期,作为社会基本单位的家庭并没有经历同样急剧的变化过程,而是呈现出极大的延续性特征。英国家庭的形式和作用在工业时期和前工业时期之间的差异比我们曾经猜想的要小得多;其家庭体系早在工业化以前就发生了变化。假定的关于充满了个人主义、夫妻之爱和亲子感情的家庭理想在前现代时期就已经存在了。② 这一论断也适用于婚姻、双亲身份和男女角色等问题。奥茨曼说,尽管变动着的社会经济、政治和文化环境必然会给每一个时代的家庭以一副不同的大众面孔,但家庭有其明显稳定的历史。15世纪的家庭私生活与20世纪晚期的一样复杂多样。人们普遍地将"传统"家庭与"现代"家庭对立起来,但这只不过是一个虚构。而将家庭普遍地划分为前工业时代和后工业时代两类明显不同的家庭——其中一类是等级君主制式的、家长制的、没有感情的、专制主义的,另一类是共同体式的、平等的、充满感情的和民主的——这并不能告诉我们在过去5个多世纪里有关家庭演进的确实信息。这种对过去和现代的家庭所做的片面对比、概括和总结,隐瞒了一个至少从15世纪以来就一直存在的家庭生活方面不可否认的特征,那就是每个时代和文化中家庭生活的复杂性和多样性。那些坚持相反观点的人,从好的方面说,夸大了过去与现在的差别;从坏的方面说,他们实际上已经把我们的先辈妖魔化了。③

在人类的情感经历中,有些基本的特征是不会改变的。情感需求总是作为社会性动物的人的生存和发展并完善自身的一部分,因此不管家庭形

---

① [美] 威廉·J.古德:《家庭》,第1—2页。
② [英] F.R.艾略特:《家庭:变革还是继续?》,第63页。
③ Steven Ozment, Flesh and Spirit, New York: Viking, 1999, p.x. 转引自俞金尧:《西方儿童史研究四十年》,《中国学术》2001年第4期,第336页。

式如何发展,家庭成员之间、亲属之间的情感纽带总是不会割断的。过去和现在一样,家庭内夫妻之间、父母与子女间都存在着深厚的感情。当然,和现在一样,过去的家庭生活并非全然是玫瑰般光明幸福,许多婚姻是没有爱的,也并非所有的父母都关心他们的孩子。① 通过对历史上家庭关系和亲情的解读,可以看到"平凡人的历史传递的是一种认知震撼——我们发现历史人物和自己一样是人"②。

确实,在任何一个特定的社会中,今天的家庭模式和价值观与过去并不完全断裂,而是相承续的。不同工业社会之间家庭模式的差异是各工业社会对其自身历史的反映。因而既不能简单地把家庭确定为一个特殊的现代工业家庭,也不能把它看成是被城市工业造就的,而必须至少部分地把现代家庭模式看作是由它们自己的过去所塑造的。③ 16 世纪和 17 世纪的英国家庭生活是建立在核心家庭的独立存在和个人主义价值准则之上的。而一些学者对现代日本家庭的研究也表明,现代日本家庭中存在的集体主义价值观和强大的血缘关系纽带是与日本家庭的传统模式和价值观相关联的。

因此,社会学家说的从传统社会向现代社会转型导致家庭制度相应发生变化的理论在特定的历史时期并不适用。家庭关系的体系和社会结构之间的关系很少像社会学家常认为的那样简单化、直线化。④ 人类经验和制度是复杂多样的,而概括性的理论不可避免地将这些东西简单化。本书的研究表明:历史的多样性的确暗示了理论从来不能被"应用"于过去。⑤ 因此,历史学家和历史学工作者在借鉴其他社会科学的理论时,应当批判地加以吸收。其他社会科学工作者也应当借鉴和吸收历史学工作者的研

---

① Will Coster, *Family and Kinship in England 1450 - 1800*, p.15.
② [美]乔伊斯·阿普尔比、林恩·亨特、玛格丽特·雅各布:《历史的真相》,第 134 页。
③ [英]F.R.艾略特:《家庭:变革还是继续?》,第 42 页。
④ Lloyd Bonfield, "Affective Families, Open Elites and Strict Family Settlements in Early Modern England", *The Economic History Review*, New Series, Vol.39, Iss.3 (1986), pp.353 - 354.
⑤ [英]彼得·伯克:《历史学与社会理论》,姚朋、周玉鹏等译,上海:上海人民出版社,2001 年,第 207 页。

究成果,不断丰富和完善自己的理论。这样,历史学和其他社会科学的结合才有可能做到对过去和现在有更全面、更深刻的认识。本书的研究还表明,前工业时期的英国的家庭模式比人们曾经想象的更接近于当代家庭模式。和现在一样,在过去核心家庭就构成了独立的家庭和经济单位,家庭组织的原则是个人主义的。因此,有学者认为,英国15、16世纪出现的这种新的家庭模式本身就是工业化的一个促进因素,而不是相反,①即小型的核心家庭导致工业革命②。在麦克法兰看来,如果这种婚姻和家庭体系是先于工业化而不是在工业化之后出现的,那么这二者间的关系也许就完全相反,即工业化是这种家庭基本性质的结果而不是一个原因。也就是说,英国正因为家庭体系的这种独特性,所以最先实现工业化。③ 这真是英国最先崛起的原因吗？如果是,那么家庭又是怎样促进社会进展的？这是个有待深入研究的问题。正如彼得·伯克认为的那样,我们不应该寻求工业化的结果,而应该追求不同的社会文化结构和经济增长之间的"配合"或相容。④

当然,本书强调家庭的延续性特征并不是要否定家庭在这一时期所发生的变化。我们应当警惕"延续"思想的蒙蔽,不能忽视社会、经济和文化领域中所发生的那些缓慢的而且通常是极为细微的变化。在过去的几个世纪里,这些变化改变着家庭生活。特别是经济的变化对人们的家庭生活产生了很大影响:贫困化(无产化)使得许多以前依赖一小块土地自力更生的人成为出卖劳动力的挣工资者。建立在家庭关系基础上的家庭生产制度向建立在劳资双方订立合同并受市场情况支配的基础上的工厂生产制度转变。这一转变体现了家庭在社会中作用的一个根本变化:它逐渐失去

---

① William Jack Goode, *World Revolution and Family Patterns*, p.xvi.
② Sidney M. Greenfield, "Industrialization and the Family in Sociological Theory", *American Journal of Sociology*, Vol.67, Iss.3 (1961), p.322.
③ Alan Macfarlane, *The Origins of English Individualism: The Family, Property and Social Transition*, p.199.
④ [英]彼得·伯克:《历史学与社会理论》,第178页。

了经济生产的功能。这改变了家庭的生命周期,也改变了近代早期的人口模式。原工业化进一步将贫困化导致的家庭变化向前推进,家庭形式发生了新的变化,如早婚、多育、复杂家庭的增多。城市化也是对家庭生活产生重大影响的因素之一。在1500年时,只有十分之一的英格兰和威尔士人居住在3 000人以上的城镇;到1750年时,这一比例几乎翻了一番。[①] 城市化导致较高的死亡率,强化了远亲间的感情,并使大部分城市居民家庭陷入极端贫困状态。总之,一整套复杂的经济变化确实对这一时期大部分人的家庭生活产生了深刻影响,周期性服佣、晚婚和低生育体系的崩溃,人口的增长成为18世纪中叶以来英国社会的一个显著特征,而这又都是经济变化的结果。不过,这些变化并没有导致家庭性质的根本变化,它们只是在一个稳定系统内的一种简单调整。

总而言之,虽然变化了的经济环境急剧地改变了以前那种家庭作为经济单位的方式,改变了家庭与生产和消费之间的关系,但在本质上,住户的形成方式仍然未变:在绝大部分情况下,婚姻仍是由住户和新的代际关系建立的基石。人口模式虽然发生了改变,但居住的基本组织没有发生变化。最后,在情感的内容和本质方面也没有发生多大变化,只不过是对同一情感价值观的表达方式在经济和思想条件明显不同的情况下发生了改变而已。因此,在16—19世纪英国社会转型时期,尽管家庭受到巨大的经济和文化变化的影响,这些变化和影响不足以削弱家庭制度赖以存在的社会基础,从这一意义上说,家庭体系具有极大的灵活性和适应性。它如同一个弹性极强的拉力器,能够随外界的拉力大小任意拉伸,但却百折不断。我们还应明确的是,家庭作为一种机制并不是静止的。它对经济、社会、宗教和文化的变化都会有回应。家庭不只是被动地承受外部世界的变化,它也能动地对社会发展施加影响。

---

① Will Coster, *Family and Kinship in England 1450 – 1800*, p.103.

参考文献

一、英文文献

(一) 专著

1. Abbott, Mary, *Family Ties: English Families 1540‐1920*, London and New York: Routledge, 1993.
2. Alderman, Geoffrey, *Modern Britain 1700‐1983: A Domestic History*, London: Croom Helm, 1986.
3. Amussen, Susan Dwyer, *An Ordered Society: Gender and Class in Early Modern England*, Oxford: Basil Blackwell, 1988.
4. Anderson, Michael, *Approaches to the History of the Western Family, 1500‐1914*, Cambridge: Cambridge University Press, 1995.
5. Anderson, Michael, *British Population History: From the Black Death to the Present Day*, Cambridge: Cambridge University Press, 1996.
6. Ariès, Philippe, *Centuries of Childhood: A Social History of Family Life*, Translated from the French by Robert Baldick, New York: Vintage Books, 1962.
7. Ariès, Philippe and Andre Béjin, eds., *Western Sexuality: Practice and Precept in Past and Present Times*, Translated by Anthony Forster, Oxford: Basil Blackwell, 1985.
8. Ariès, Philippe and Georges Duby, eds., *A History of Private Life*, Vol.3: Passions of the Renaissance, London: Harvard University Press, 1989.
9. Barker-Benfield, G. J., *The Culture of Sensibility: Sex and Society in 18th Century*

Britain, Chicago and London: The University of Chicago Press, 1992.
10. Barker, Hannah and Elaine Chalus, eds., *Gender in Eighteenth-Century England: Roles, Representations and Responsibilities*, London and New York: Longman, 1997.
11. Berry, Helen and Elizabeth Foyster, ed., *The Family in Early Modern England*, Cambridge: Cambridge University Press, 2010.
12. Bewar, John, *Law and the Family*, London and Edinburgh: Butterworths, 1989.
13. Bideau, Alain, et al., *Infant and Child Mortality in the Past*, Oxford: Clarendon Press, 1997.
14. Blood, Robert O., *The Family*, New York: Free Press, 1972.
15. Bonfield, Lloyd, *Marriage Settlements, 1601-1740: The Adoption of the Strict Settlement*, Cambridge: Cambridge University Press, 2008.
16. Bonfield, Lloyd, Richard M. Smith and Keith Wrightson, eds., *The World We Have Gained: Histories of Population and Social Structure*, Oxford: Basil Blackwell, 1986.
17. Boss, Pauline G., et al., eds., *Sourcebook of Family Theories and Methods: A Contextual Approach*, New York and London: Plenum Press, 1993.
18. Botelho, Lynn and Pat Thane, eds., *Women and Ageing in British Society since 1500*, London: Longman, Pearson Education Limited, 2001.
19. Boyden, Jo, *Families: Celebration and Hope in a World of Change*, London: Gaia Books, 1993.
20. Brooke, Christopher N. L., *The Medieval Idea of Marriage*, Oxford: Oxford University Press, 1989.
21. Brown, Richard, *Society and Economy in Modern Britain 1700-1850*, London and New York: Routledge, 1991.
22. Buongh, Vern L., Brenda Shelton and Sarah Slavin, eds., *The Subordinated Sex: A History of Attitudes Toward Women*, Athens: University of Georgia Press, 1973.
23. Burnett, John, ed., *Destiny Obscure: Autobiographies of Childhood, Education and Family from the 1820s to 1920s*, Harmondsworth: Penguin Books, 1984.
24. Cannon, John, *Aristocratic Century: The Peerage of Eighteenth-Century England*, Cambridge: Cambridge University Press, 1984.
25. Carlson, Eric Josef, *Marriage and the English Reformation*, Oxford: Basil Blackwell, 1994.
26. Casey, James, *The History of the Family*, Oxford: Basil Blackwell, 1989.

27. Cecil, Andrew R., et al., *The Meaning of the Family in a Free Society*, Dallas: The University of Texas at Dallas, 1991.
28. Chambers, J. D., *Population, Economy, and Society in Pre-Industrial England*, Oxford: Oxford University Press, 1972.
29. Chapman, Tony, *Gender and Domestic Life: Changing Practices in Families and Households*, New York: Palgrave Macmillan, 2003.
30. Charlton, Kenneth, *Women, Religion and Education in Early Modern England*, London and New York: Routledge, 1999.
31. Chisholm, Lynne, Peter Buchner and Phillip Brown, eds., *Childhood, Youth and Social Change: A Comparative Perspective*, London: The Falmer Press, 1990.
32. Clark, J. C. D., *English Society 1660–1832*, Cambridge: Cambridge University Press, 2000.
33. Clarkson, L. A., *The Pre-Industrial Economy in England 1500–1750*, London: B. T. Batsford, 1971.
34. Clayton, Richard R., *The Family, Marriage and Social Change*, Lexington: D. C. Heath and Company, 1975.
35. Coate, Mary, *Social Life in Stuart England*, Santa Barbara: Greenwood Press, 1971.
36. Cooper, Suzanne Fagence, *The Victorian Women*, London: V and A Publications, 2001.
37. Cornish, W. R. and G. de N. Clark, *Law and Society in England 1750–1950*, London: Sweet and Maxwell, 1989.
38. Corr, Helen and Lynn Jamieson, eds., *Politics of Everyday Life: Continuity and Change in Work and the Family*, London: Macmillan, 1990.
39. Coser, Ross Laub, *The Family: Its Structures and Functions*, New York: St. Martin's Press, 1974.
40. Coster, Will, *Family and Kinship in England 1450–1800*, Harlow and New York: Longman, 2001.
41. Coward, Barry, *The Stuart Age: A History of England 1603–1714*, London and New York: Longman, 1980.
42. Coward, Barry, *Social Change and Continuity in Early Modern England, 1550–1750*, London and New York: Longman, 1988.
43. Cox, Roger, *Shaping Childhood: Themes of Uncertainty in the History of Adult-Child Relationships*, London and New York: Routledge, 1996.

44. Crouzet, Francois, *The Victorian Economy*, London: Methuen, 1982.
45. Cunningham, Hugh, *Children and Childhood in Western Society since 1500*, London and New York: Longman, 1995.
46. Davidoff, Leonore, et al., *The Family Story: Blood, Contract and Intimacy 1830 – 1960*, London and New York: Longman, 1999.
47. Davidoff, Leonore and Catherine Hall, *Family Fortunes*, London and New York: Routledge, 2002.
48. Davis, Gwynn and Mervyn Murch, *Grounds for Divorce*, Oxford: Clarendon Press, 1988.
49. Davis, Lloyd, *Sexuality and Gender in the English Renaissance*, New York and London: Garland Publishing, 1998.
50. Davis, Natalie Zemon and Arlette Farge, eds., *A History of Women in the West*, Vol.3, Cambridge: Harvard University Press, 1993.
51. Deane, Phyllis, *The First Industrial Revolution*, Cambridge: Cambridge University Press, 1979.
52. Deane, Phyllis and W. A. Cole, *British Economic Growth, 1688 – 1959: Trends and Structure*, Cambridge: Cambridge University Press, 1962.
53. Durston, Christopher, *The Family in the English Revolution*, Oxford: Basil Blackwell, 1989.
54. Earle, Peter, *The Making of the English Middle Class: Bussiness, Society and Family Life in London, 1660 – 1730*, Berkeley: University of California Press, 1989.
55. Elliot, Faith Robertson, *Gender, Family and Society*, London: Macmillan Press, 1996.
56. Eshleman, J. Ross, ed., *The Family: An Introduction*, Boston: Allyn and Bacon, 1988.
57. Eubinstein, W. D., *Wealth and Inequality in Britain*, London and Boston: Faber and Faber, 1986.
58. Finch, Janet, *Family Obligations and Social Change*, Cambridge: Polity Press, 1989.
59. Flandrin, Jean-Louis, *Families in Former Times*, Translated from the French by Richard Southern, Cambridge: Cambridge University Press, 1979.
60. Fleming, Peter, *Family and Household in Medieval England*, London: Palgrave, 2001.
61. Fletcher, Anthony, *Gender, Sex and Subordination in England 1500 – 1800*, New Haven: Yale University Press, 1995.

62. Fletcher, Anthony and John Stevenson, eds., *Order and Disorder in Early Modern England*, Cambridge: Cambridge University Press, 1985.
63. Fletcher, Ronald, *Britain in the Sixties: The Family and Marriage*, Harmondsworth: Penguin Books, 1962.
64. Flinn, M. W., *An Economic and Social History of Britain since 1700*, London: Macmillan Education Limited, 1975.
65. Folsom, Joseph Kirk, *The Family and Democratic Society*, London: Routledge, 1998.
66. Fraisse, Geneviève and Michelle Perrot, eds, *A History of Women in the West*, Vol.4, Cambridge: Harvard University Press, 1993.
67. Geldart, William, *Introduction to English Law*, Oxford: Oxford University Press, 1991.
68. George, Margaret, *Women in the First Capitalist Society*, Urbana and Chicago: University of Illinois Press, 1988.
69. Gillis, John, *For Better, For Worse: British Marriage, 1600 to the Present*, Oxford: Oxford University Press, 1985.
70. Gittins, Diana, *Fair Sex: Family Size and Structure, 1900 - 39*, London: Hutchinson, 1982.
71. Glass, D. V. and D. E. C. Eversley, ed., *Population in History: Essays in Historical Demography*, London: Edward Arnold, 1965.
72. Gleadle, Kathryn, *British Women in the Nineteenth Century*, New York: Palgrave, 2001.
73. Goode, William Jack, *World Revolution and Family Patterns*, New York: Free Press, 1963.
74. Goody, Jack, *The Development of the Family and Marriage in Europe*, Cambridge: Cambridge University Press, 1983.
75. Grassby, Richard, *Kinship and Capitalism: Marriage, Family, and Business in the English-Speaking World, 1580 - 1740*, Cambridge: Cambridge University Press, 2001.
76. Hamlett, Jane, *Material Relations: Domestic Interiors and Middle-Class Families in England, 1850 - 1910*, Manchester: Manchester University Press, 2010.
77. Harding, Alan, *A Social History of English Law*, Harmondsworth: Penguin Books, 1966.
78. Harris, C. C., *The Family: An Introduction*, New York: Praeger Publishers, 1969.

79. Harris, C. C., *The Family and Industrial Society*, London: George Allen and Unwin, 1983.
80. Harrison, J. F. C., *The Common People: A History from the Norman Conquest to the Present*, London: Fontana Press, 1984.
81. Hey, David, *Family History and Local History in England*, Oxford: Routledge, 2014.
82. Heyck, Thomas William, *The Peoples of the British Isles: A New History from 1688 to 1870*, Belmont: Wadsworth, 1992.
83. Hill, Bridget, *Eighteenth-Century Women: An Anthology*, London: George Allen and Unwin, 1984.
84. Hill, Christopher, *Society and Puritanism in Pre-Revolutionary England*, New York: Schocken Books, 1967.
85. Hitchcock, Tim, *English Sexualities, 1700 – 1800*, New York: St. Martin's Press, 1997.
86. Hopkins, Eric, *A Social History of the English Working Classes 1815 – 1945*, London: Edward Arnold, 1979.
87. Houlbrooke, Ralph A., *The English Family 1450 – 1700*, London and New York: Longman, 1984.
88. Hunt, David, *Parents and Children in History*, New York: Basic Books, 1970.
89. Klapisch-Zuber, Christiane, ed., *A History of Women in the West, Vol. 2*, Cambridge: Harvard University Press, 1992.
90. Lasch, Christopher, *Haven in a Heartless World: The Family Besieged*, New York: Basic Books, 1979.
91. Laslett, Peter, *Family Life and Illicit Love in Earlier Generations*, Cambridge: Cambridge University Press, 1977.
92. Laslett, Peter, *The World We Have Lost: Further Explored*, London: Metheun, 1983.
93. Laslett, Peter and Richard Wall, eds., *Household and Family in Past Time*, Cambridge: Cambridge University Press, 1972.
94. Lerner, Gerda, *The Creation of Patriarchy*, Oxford: Oxford University Press, 1986.
95. Levine, David, *The Family Formation in An Age of Nascent Capitalism*, New York: Academic Press, 1977.
96. Levine, David, ed., *Proletarianization and Family History*, Orlando: Academic Press, 1984.

97. Macfarlane, Alan, *The Family Life of Ralph Josselin*, *An Essay in Historical Anthropology*, Cambridge: Cambridge University Press, 1970.
98. Macfarlane, Alan, ed., *The Diary of Ralph Josselin 1616 – 1683*, Oxford: Oxford University Press, 1976.
99. Macfarlane, Alan, *The Origins of English Individualism: The Family, Property and Social Transition*, Oxford: Basil Blackwell, 1978.
100. Macfarlane, Alan, *Marriage and Love in England 1300 – 1840*, Oxford: Basil Blackwell, 1986.
101. Macfarlane, Alan, *The Culture of Capitalism*, Oxford: Basil Blackwell, 1987.
102. Malcolmson, Cristina and Mihoko Suzuki, *Debating Gender in Early Modern England, 1500 – 1700*, New York: Palgrave, 2002.
103. Margetson, Stella, *Victorian People*, London: BT Batsford, 1977.
104. Mason, Karen Oppenheim and An-Magritt Jensen, *Gender and Family Change in Industrialized Countries*, Oxford: Clarendon Press, 1995.
105. Mason, Michael, *The Making of Victorian Sexual Attitudes*, Oxford: Oxford University Press, 1994.
106. Mathias, Peter, *The First Industrial Nation: An Economic History of Britain 1700 – 1914*, London and New York: Routledge, 2001.
107. Matthews, Robert Charles Oliver, C. H. Feinstein, John C. Odling-Smee, *British Economic Growth, 1856 – 1973*, Stanford: Stanford University Press, 1982.
108. May, Trevor, *An Economic and Social History of Britain 1760 – 1970*, New York: Longman, 1987.
109. Meldrum, Tim, *Domestic Service and Gender 1660 – 1750*, New York: Longman, 2000.
110. Midwinter, E. C., *Victorian Social Reform*, London: Longman, 1968.
111. Mitchell, Sally, ed., *Victorian Britain: An Encyclopedia*, New York and London: Garland Publishing, 1988.
112. Mitterauer, Michael and Reinhard Sieder, *The European Family: Patriarchy to Partnership from the Middle Ages to the Present*, Translated by Karla Oosterveen and Manfred Horzinger, Oxford: Basil Blackwell, 1982.
113. Mokyr, Joel, *The British Industrial Revolution*, Boulder: Westview Press, 1999.
114. More, Charles, *The Industrial Age: Economy and Society in Britain 1750 – 1995*,

London and New York: Longman, 1997.
115. Morris, Lydia, and E. Stina Lyon, eds., *Gender Relation in Public and Private*, London: Palgrave Macmillan, 1996.
116. O'Day, Rosemary, *The Family and Family Relationships, 1500 to 1900: England, France and the United States of America*, London: Macmillan, 1994.
117. Outhwaite, R. B., ed., *Marriage and Society: Studies in the Social History of Marriage*, London: Europa Publications Limited, 1981.
118. Pace, P. J., *Family Law*, Massachusetts: Macdonald and Evans, 1984.
119. Perkin, Harold, *The Origins of Modern English Society*, London and New York: Routledge, 2002.
120. Pollock, Linda A., *Forgotten Children: Parent-Child Relations from 1500 to 1900*, Cambridge: Cambridge University Press, 1983.
121. Porter, Roy, *English Society in the Eighteenth Century*, Middlesex: Penguin Books, 1982.
122. Quale, G. Robina, *A History of Marriage Systems*, New York: Greenwood Press, 1988.
123. Queen, Stuart A., *The Family in Various Culture*, Philadelphia: Lippincott Company, 1974.
124. Rubinstein, W. D., *Britain's Century: A Political and Social History 1815 – 1905*, London: Arnold, 1998.
125. Skolnick, Arlene S. and Jerome H. Skolnick, eds., *Family in Transition: Rethinking Marriage, Sexuality, Child Rearing, and Family Organization*, Boston and Toronto: Little, Brown and Company, 1986.
126. Shahar, Shulamith, *Childhood in the Middle Age*, London and New York: Routledge, 1990.
127. Sharpe, J. A., *Crime in Early Modern England 1550 – 1750*, London and New York: Longman, 1984.
128. Sheehan, Michael M., *Marriage, Family, and Law in Medieval Europe: Collected Studies*, Toronto: University of Toronto Press, 1996.
129. Shoemaker, Robert B., *Gender in English Society, 1650 – 1850*, London and New York: Longman, 1998.
130. Shorter, Edward, *The Making of the Modern Family*, New York: Basic

Books, 1975.

131. Smelser, Neil J., *Social Change in the Industrial Revolution: An Application of Theory to the British Cotton Industry*, London and New York: Routledge, 2006.

132. Soloway, R. Allen, *Birth Control and the Population Question in England, 1877 - 1930*, Chapel Hill: University of North Carolina Press, 1982.

133. Sommerville, C. John, *The Rise and Fall of Childhood*, New York: Vintage Books, 1990.

134. Stone, Lawrence, *The Crisis of the Aristocracy 1558 - 1641*, Oxford: Oxford University Press, 1967.

135. Stone, Lawrence, *The Family, Sex and Marriage in England 1500 - 1800*, London: Penguin Books, 1979.

136. Stone, Lawrence, *The Past and the Present Revisited*, London and New York: Routledge and Kegan Paul, 1987.

137. Stone, Lawrence, *Road to Divorce in England 1530 - 1987*, Oxford: Oxford University Press, 1990.

138. Tadmor, Naomi, *Family and Friends in Eighteenth-Century England: Household, Kinship, and Patronage*, Cambridge: Cambridge University Press, 2001.

139. Thompsom, E. P., *Customs in Common*, London: Penguin Books, 1993.

140. Thompson, F. M. L., *The Rise of Respectable Society*, London: Fontana Press, 1988.

141. Thompson, F. M. L., ed., *The Cambridge Social History of Britain 1750 - 1950*, Vol. 1 - 3, Cambridge: Cambridge University Press, 1990.

142. Tierney, Helen, ed., *Women's Studies Encyclopedia*, Westport: Greenwood Press, 1999.

143. Tranter, N. L., *Population and Society 1750 - 1940: Contrasts in Population Growth*, London and New York: Longman, 1985.

144. Trumbach, Randolph, *The Rise of the Egalitarian Family: Aristocratic Kinship and Domestic Relations in Eighteenth-Century England*, New York: Academic Press, 1978.

145. Valenze, Deborah, *The First Industrial Women*, Oxford: Oxford University Press, 1995.

146. Vicinus, Martha, ed., *A Widening Sphere: Changing Roles of Victorian Women*, London: Indiana University Press, 1977.

147. Wall, Richard, Jean Robin and Peter Laslett, eds., *Family Forms in Historic Europe*,

Cambridge: Cambridge University Press, 1983.

148. Willcox, William B., and Walter L. Arnstein, *The Age of Aristocracy 1688 to 1830*, Lexington: D. C. Heath and Company, 1988.
149. Wilson, Charles, *England's Apprenticeship 1603 – 1763*, London: Longman, 1965.
150. Wolfe, Christopher, ed., *The Family, Civil Society, and the State*, Lanham: Rowman and Littlefield Publishers, 1998.
151. Woods, Robert, *The Population History of Britain in the Nineteenth Century*, Cambridge: Cambridge University Press, 1995.
152. Wrigley, E. A. and R. S. Schofield, *The Population History of England, 1541 – 1871: A Reconstruction*, Cambridge: Cambridge University Press, 1989.
153. Wrigley, E. A., R. S. Davies, J. E. Oeppen and R. S. Schofield, *English Population History from Family Reconstitution 1580 – 1837*, Cambridge: Cambridge University Press, 1997.
154. Wrightson, Keith, *English Society 1580 – 1680*, New Jersey: Rutgers University Press, 1984.
155. Wrightson, Keith and Levine David, *Poverty and Piety in an English Village: Terling, 1525 – 1700*, New York: Academic Press, 1979.
156. Wynn, John Charles, *Sex, Family and Society in Theological Focus*, New York: Association Press, 1966.
157. Zaretsky, Eli, *Capitalism, the Family and Personal Life*, New York: Harper and Row, 1976.

(二) 论文

1. Anderson, Michael, "The Social Position of Spinster in Mid-Victorian Britain", *Journal of Family History*, Vol.9, Iss.4 (1984).
2. Bonfield, Lloyd, "Affective Families, Open Elites and Strict Family Settlements in Early Modern England", *The Economic History Review*, New Series, Vol.39, Iss.3 (1986).
3. Chambers, J. D., "The Vale of Trent 1670 – 1800: A Regional Study of Economic Change", *The Economic History Review*, Supplement 3 (1957).
4. Clay, Christopher, "Marriage, Inheritance, and the Rise of Large Estates in England, 1660 – 1815", *The Economic History Review*, Vol.21, Iss.3 (1968).

5. Crafts, N. F. R., N. J. Ireland, "Family Limitation and the English Demographic Revolution: A Simulation Approach", *The Journal of Economic History*, Vol.36, Iss.3 (1976).
6. Cressy, David, "Kinship and Kin Interaction in Early Modern England", *Past and Present*, Vol.113, Iss.1 (1986).
7. Durston, Christopher, "Unhallowed Wedlock: the Regulation of Marriage during the English Revolution", *The Historical Journal*, Vol.31, Iss.1(1988).
8. Erickson, Amy Louise, "Common Law Versus Common Practice: the Use of Marriage Settlements in Early Modern England", *The Economic History Review*, New Series, Vol.43, Iss.1 (1990).
9. Finn, Margot, "Women, Consumption and Coverture in England, c.1760–1860", *The Historical Journal*, Vol.39, Iss.3 (1996).
10. Foyster, Elizabeth, "Parenting Was for Life, Not just for Childhood: The Role of Parents in the Married Lives of Their Children in Early Modern England", *History*, Vol.86, Iss.283 (2001).
11. Goldstone, J. A., "The Demographic Revolution in England: A Re-Examination", *Population Studies*, Vol.40, Iss.1(1986).
12. Greenfield, Sidney M., "Industrialization and the Family in Sociological Theory", *American Journal of Sociology*, Vol.67, Iss.3 (1961).
13. Habakkuk, H. J., "English Population in the Eighteenth Century", Population in History, *The Economic History Review*, Vol.6, Iss.2 (1953).
14. Hajnal, J., "Two Kinds of Preindustrial Household Formation Systems", *Population and Development Review*, Vol.8, Iss.3 (1982).
15. Hareven, Tamara K., "The History of the Family and Complexity of Social Change", *The American Historical Review*, Vol.96, Iss.1(1991).
16. Hill, Christopher, "Sex, Marriage, and the Family in England", *The Economic History Review*, New Series, Vol.31, Iss.3 (1978).
17. Honeyman, K. and J. Goodman, "Women's Work, Gender Conflict and Labour Markets in Europe, 1500–1900", *The Economic History Review*, Vol.44, Iss.4 (1991).
18. Huck, Paul, "Infant Mortality in Nine Industrial Parishes in Northern England, 1813–1836", *Population Studies*, Vol.48, Iss.4 (1994).

19. Huck, Paul, "Infant Mortality and Living Standards of English Workers during the Industrial Revolution", *The Journal of Economic History*, Vol.55, Iss.3 (1995).
20. Hufton, Olwen, "Women in History: Early Modern Europe", *Past and Present*, Vol.101, Iss.1 (1983).
21. Krause, John T., "Changes in English Fertility and Mortality, 1781–1850", *The Economic History Review*, Vol.11, Iss.1 (1958).
22. Krause, John T., "Some Implications of Recent Work in Historical Demography", *Comparative Studies in Society and History*, Vol.1, Iss.2 (1959).
23. Levine, David, "The Demographic Implications of Rural Industrialization: A Family Reconstitution Study of Shepshed, Leicestershire, 1600–1851", *Social History*, Vol.1, Iss.2 (1976).
24. Macfarlane, Alan, "Review of Lawrence Stone, The Family, Sex and Marriage in England 1500–1800", *History and Theory*, Vol.18, Iss.1 (1979).
25. Marshall, T. H. "The Population Problem during the Industrial Revolution", *The Economic Journal*, Vol.39, Supplement 1, Economic History Series, No.4 (1929).
26. Martin, J. M., "Marriage and Economic Stress in the Felden of Warwickshire during the Eighteenth Century", *Population Studies*, Vol.31, Iss.3 (1977).
27. McKeown, T. and R. G. Brown, "Medical Evidence Related to English Population Changes in the Eighteenth Century", *Population Studies*, Vol.9, Iss.2 (1955).
28. Medick, Hans, "The Proto-Industrial Family Economy: The Structural Function of Household and Family During the Transition from Peasant Society to Industrial Capitalism", *Social History*, Vol.3, Iss.3 (1976).
29. Meteyard, Belinda, "Illegitimacy and Marriage in Eighteenth-Century England", *Journal of Interdisciplinary History*, Vol.10, Iss.3 (1980).
30. Morrow, Richard B., "Family Limitation in Pre-Industrial England: A Reappraisal", *The Economic History Review*, New Series, Vol.31, Iss.3 (1978).
31. Nicholas, Stephen and Deborah Oxley, "The Living Standards of Women during the Industrial Revolution, 1795–1820", *The Economic History Review*, New Series, Vol.46, Iss.4 (1993).
32. Peterson, M. J., "No Angels in the House: The Victorian Myth and the Paget Women", *The American Historical Review*, Vol.89, Iss.3 (1984).
33. Quinlan, Daniel C. and Jean A. Shackelford, "Economy and English Families,

1500 -1850", *Journal of Interdisciplinary History*, Vol.24, Iss.3 (1994).
34. Scammell, Jean, "Freedom and Marriage in Medieval England", *The Economic History Review*, New Series, Vol.27, Iss.4 (1974).
35. Schellekens, Jona, "Courtship, the Clandestine Marriage Act, and Illegitimate Fertility in England", *Journal of Interdisciplinary History*, Vol.25, Iss.3 (1995).
36. Schofield, Roger, "English Marriage Patterns Revisited", *Journal of Family History*, Vol.10, Iss.1 (1985).
37. Scott, Joan W. and Louise A. Tilly, "Women's Work and the Family in Nineteenth-Century Europe", *Comparative Studies in Society and History*, Vol.17, Iss.1(1975).
38. Smith, R. M., "Fertility, Economy and Household Formation in England over Three Centuries", *Population and Development Review*, Vol.7, Iss.4 (1981).
39. Stone, Lawrence, "Marriage among the English Nobility in the 16th and 17th Centuries", *Comparative Studies in Society and History*, Vol.3, Iss.2(1961).
40. Vickery, Amanda, "Golden Age to Separate Spheres? A Review of the Categories and Chronology of English Women's History", *The Historical Journal*, Vol.36, Iss.2 (1993).
41. Wheaton, Robert, "Family and Kinship in Western Europe: The Problem of the Joint Family Household", *Journal of Interdisciplinary History*, Vol. 5, Iss. 4 (1975).
42. Wilson, C., "Natural Fertility in Pre-Industrial England, 1600 – 1799", *Population Studies*, Vol.38, Iss.2 (1984).
43. Woods, Robert, "Urban-Rural Mortality Differentials: An Unresolved Debate", *Population and Development Review*, Vol.29, Iss.1 (2003).
44. Woolf, D. R., "A Feminine Past? Gender, Genre, and Historical Knowledge in England, 1500 – 1800", *The American Historical Review*, Vol.102, Iss.3 (1997).
45. Wrigley, E. A. "Family Limitation in Pre-Industrial England", *The Economic History Review*, New Series, Vol.19, Iss.1 (1966).
46. Wrigley, E. A., "The Growth of Population in Eighteenth-Century England: A Conundrum Resolved", *Past and Present*, Vol.98, Iss.1 (1983).
47. Wrigley, E. A. and R. S. Schofield, "English Population History from Family Reconstitution: Summary Results 1600 – 1799", *Population Studies*, Vol.37, Iss.2 (1983).

二、中文文献

（一）专著

1. 薄洁萍：《上帝作证——中世纪基督教文化中的婚姻》，上海：学林出版社，2005年。
2. 蔡少卿主编：《再现过去：社会史的理论视野》，杭州：浙江人民出版社，1988年。
3. 陈庆德：《经济人类学》，北京：人民出版社，2001年。
4. 费孝通：《乡土中国 生育制度》，北京：北京大学出版社，1998年。
5. 何勤华主编：《英国法律发达史》，北京：法律出版社，1999年。
6. 何兆武、陈启能主编：《当代西方史学理论》，北京：中国社会科学出版社，1996年。
7. 江立华：《英国人口迁移与城市发展（1500—1750）》，北京：中国人口出版社，2002年。
8. 金志霖：《英国行会史》，上海：上海社会科学院出版社，1996年。
9. 李宝芳：《维多利亚时期英国中产阶级婚姻家庭生活研究》，北京：社会科学文献出版社，2015年。
10. 李平：《世界妇女史》，海口：海南出版社，1993年。
11. 李喜蕊：《英国家庭法历史研究》，北京：知识产权出版社，2009年。
12. 李银河：《女性权力的崛起》，北京：中国社会科学出版社，1997年。
13. 李银河主编：《妇女：最漫长的革命——当代西方女权主义理论精选》，北京：生活·读书·新知三联书店，1997年。
14. 马姮：《工业革命与英国妇女》，上海：上海社会科学院出版社，1993年。
15. 潘允康：《社会变迁中的家庭——家庭社会学》，天津：天津社会科学院出版社，2002年。
16. 潘迎华：《19世纪英国现代化与女性》，杭州：浙江人民出版社，2005年。
17. 庞卓恒主编：《西方新史学述评》，北京：高等教育出版社，1992年。
18. 钱乘旦：《第一个工业化社会》，成都：四川人民出版社，1988年。
19. 钱乘旦、陈晓律：《在传统与变革之间——英国文化模式溯源》，杭州：浙江人民出版社，1991年。
20. 钱乘旦主编：《英国通史》（六卷本），南京：江苏人民出版社，2016年。
21. 钱乘旦、许洁明：《英国通史》，上海：上海社会科学院出版社，2017年。
22. 宋佳红：《近代早期英国婚姻观念的变迁》，广州：世界图书出版公司，2015年。
23. 佟新：《人口社会学》，北京：北京大学出版社，2000年。

24. 王觉非主编:《英国政治、经济和社会现代化》,南京:南京大学出版社,1989年。
25. 王渊明:《历史视野中的人口与现代化》,杭州:浙江人民出版社,1995年。
26. 徐浩、侯建新:《当代西方史学流派》,北京:中国人民大学出版社,2009年。
27. 许万敬、刘向信主编:《家庭学》,济南:山东友谊出版社,1994年。
28. 阎照祥:《英国贵族史》,北京:人民出版社,2000年。
29. 叶文振:《孩子需求论》,上海:复旦大学出版社,1998年。
30. 裔昭印等:《西方妇女史》,北京:商务印书馆,2009年。
31. 俞金尧:《西欧婚姻、家庭与人口史研究》,北京:现代出版社,2015年。
32. 张国刚主编:《家庭史研究的新视野》,北京:生活·读书·新知三联书店,2004年。
33. 朱孝远:《近代欧洲的兴起》,上海:学林出版社,1997年。

(二) 译著

1. [英]阿萨·勃里格斯:《英国社会史》,陈叔平等译,北京:中国人民大学出版社,1991年。
2. [英]阿萨·布里格斯:《英国社会史》,陈叔平等译,北京:商务印书馆,2015年。
3. [英]艾伦·麦克法兰:《英国个人主义的起源》,管可秾译,北京:商务印书馆,2008年。
4. [德]爱德华·傅克斯:《欧洲风化史·文艺复兴时代》,侯焕闳译,沈阳:辽宁教育出版社,2000年。
5. [德]爱德华·傅克斯:《欧洲风化史·风流世纪》,侯焕闳译,沈阳:辽宁教育出版社,2000年。
6. [德]爱德华·傅克斯:《欧洲风化史·资产阶级时代》,赵永穆、许宏治译,沈阳:辽宁教育出版社,2000年。
7. [美]埃里克松:《童年与社会》,罗一静等编译,上海:学林出版社,1992年。
8. [英]霭理士:《性心理学》,潘光旦译注,北京:商务印书馆,1997年。
9. [法]埃马纽埃尔·勒华拉杜里:《蒙塔尤——1294—1324年奥克西坦尼的一个山村》,许明龙、马胜利译,北京:商务印书馆,1997年。
10. [英]艾瑞克·霍布斯鲍姆:《资本的年代》,张晓华等译,南京:江苏人民出版社,1999年。
11. [法]安德烈·比尔基埃等主编:《家庭史——遥远的世界、古老的世界》,袁树仁、姚静、肖桂译,北京:生活·读书·新知三联书店,1998年。
12. [法]安德烈·比尔基埃等主编:《家庭史——现代化的冲击》,袁树仁等译,北京:

生活·读书·新知三联书店,1998年。
13. [英]安东尼·吉登斯:《亲密关系的变革——现代社会中的性、爱和爱欲》,陈永国等译,北京:社会科学文献出版社,2001年。
14. [德]奥古斯特·倍倍尔:《妇女与社会主义》,葛斯、朱霞译,北京:中央编译出版社,1995年。
15. [英]彼得·伯克:《历史学与社会理论》,姚朋等译,上海:上海人民出版社,2001年。
16. [英]伯特兰·罗素:《婚姻革命》,靳建国译,北京:东方出版社,1988年。
17. [英]大卫·休谟:《英国史》(六卷本),刘仲敬译,长春:吉林出版集团有限公司,2012年。
18. [美]戴维·波普诺:《社会学》,李强等译,北京:中国人民大学出版社,1999年。
19. [美]戴维·罗伯兹:《英国史:1688年至今》,鲁光桓译,广州:中山大学出版社,1990年。
20. [美]道格拉斯·诺思、罗伯斯·托马斯:《西方世界的兴起》,厉以平、蔡磊译,北京:华夏出版社,1999年。
21. [英]E. P. 汤普森:《英国工人阶级的形成》(上卷),钱乘旦等译,南京:译林出版社,2001年。
22. [德]恩格斯:《家庭、私有制和国家的起源》,中共中央马克思恩格斯列宁斯大林著作编译局译,北京:人民出版社,1972年。
23. [英]F. R. 艾略特:《家庭:变革还是继续?》,何世念等译,北京:中国人民大学出版社,1992年。
24. [法]菲利浦·阿利埃斯、乔治·杜比主编:《私人生活史Ⅲ:激情——文艺复兴》,杨家勤等译,哈尔滨:北方文艺出版社,2008年。
25. [美]弗朗西斯·福山:《大分裂:人类本性与社会秩序的重建》,刘榜离、王胜利译,北京:中国社会科学出版社,2002年。
26. [法]G. 勒纳尔、G. 乌勒西:《近代欧洲的生活与劳作(从15—18世纪)》,杨军译,上海:上海三联书店,2012年。
27. [德]汉斯-维尔纳·格茨:《欧洲中世纪生活》,王亚平译,北京:东方出版社,2002年。
28. [英]J. C. D. 克拉克:《1660—1832年的英国社会》,姜德福译,北京:商务印书馆,2014年。
29. [美]J. 罗斯·埃什尔曼:《家庭导论》,潘允康等译,北京:中国社会科学出版社,

1991年。

30. ［保］基·瓦西列夫：《情爱论》，赵永穆、范国恩、陈行慧译，北京：生活·读书·新知三联书店，1984年。
31. ［法］吉尔·里波韦兹基：《第三类女性——女性地位的不变性与可变性》，田常晖、张峰译，长沙：湖南文艺出版社，2000年。
32. ［美］加里·S.贝克尔：《家庭经济分析》，彭松建译，北京：华夏出版社，1987年。
33. ［英］杰里米·帕克斯曼：《英国人》，严维明译，上海：上海译文出版社，2000年。
34. ［美］凯特·米利特：《性的政治》，钟良明译，北京：社会科学文献出版社，1999年。
35. ［奥］赖因哈德·西德尔：《家庭的社会演变》，王志乐等译，北京：商务印书馆，1996年。
36. ［英］劳伦斯·斯通：《英国的家庭、性与婚姻 1500—1800》，刁筱华译，北京：商务印书馆，2011年。
37. ［德］里夏德·范迪尔门：《欧洲近代生活：家与人》，王亚平译，北京：东方出版社，2003年。
38. ［德］里夏德·范迪尔门：《欧洲近代生活：村庄与城市》，王亚平译，北京：东方出版社，2004年。
39. ［英］琳达·科利：《英国人：国家的形成，1707—1837》，周玉鹏、刘耀辉译，北京：商务印书馆，2017年。
40. ［加］罗德里克·菲利普斯：《分道扬镳——离婚简史》，李公昭译，北京：中国对外翻译出版公司，1998年。
41. ［英］马尔萨斯：《人口原理》，朱泱等译，北京：商务印书馆，1992年。
42. ［美］马克·赫特尔：《变动中的家庭——跨文化的透视》，宋践、李茹等译，杭州：浙江人民出版社，1988年。
43. ［德］马克斯·韦伯：《新教伦理与资本主义精神》，彭强、黄晓京译，西安：陕西师范大学出版社，2002年。
44. ［美］玛丽莲·亚隆：《老婆的历史》，许德金、霍炜译，北京：华龄出版社，2002年。
45. ［英］马凌诺斯基：《文化论》，费孝通译，北京：华夏出版社，2002年。
46. ［奥］迈克尔·米特罗尔、雷因哈德·西德尔：《欧洲家庭史》，赵世玲、赵世瑜、周尚意译，北京：华夏出版社，1987年。
47. ［美］梅里·E.威斯纳-汉克斯：《历史中的性别》，何开松译，北京：东方出版社，2003年。
48. ［法］孟德斯鸠：《论法的精神》（下卷），张雁深译，北京：商务印书馆，1995年。

49. [法]米歇尔·福柯:《性经验史》,佘碧平译,上海:上海人民出版社,2000年。
50. [美]乔伊斯·阿普尔比、林恩·亨特、玛格丽特·雅各布:《历史的真相》,刘北成、薛绚译,北京:中央编译出版社,1999年。
51. [法]让·凯勒阿尔等:《家庭微观社会学》,顾西兰译,北京:商务印书馆,1998年。
52. S.肯德里克、P.斯特劳、D.麦克龙:《解释过去,了解现在——历史社会学》,王辛慧等译,上海:上海人民出版社,1999年。
53. 《圣经》。
54. [英]史蒂文·卢克斯:《个人主义》,阎克文译,南京:江苏人民出版社,2001年。
55. [英]史蒂文·夏平:《真理的社会史——17世纪英国的文明与科学》,赵万里等译,南昌:江西教育出版社,2002年。
56. [英]Susan Alice Watkins:《女性主义》,朱侃如译,广州:广州出版社,1998年。
57. [美]威廉·J.古德:《家庭》,魏章玲译,北京:社会科学文献出版社,1986年。
58. [芬兰]韦斯特马克:《人类婚姻简史》,刘小幸、李彬译,北京:商务印书馆,1992年。

(三) 论文

1. 薄洁萍:《西欧中世纪基督教会对婚姻的规范》,北京大学1999年博士学位论文。
2. 蔡骐:《论英国宗教改革和社会生活的变迁》,《湖南师范大学社会科学学报》1999年第4期。
3. 陈利今:《英国工业革命时期的人口爆炸及其社会影响》,《湖南师范大学社会科学学报》1994年第6期。
4. 陈敏敏:《16、17世纪英国清教徒对教育的态度》,《广西社会科学》2002年第1期。
5. 陈勇:《近代早期英国家庭关系研究的新取向》,《武汉大学学报》(人文科学版)2002年第1期。
6. 陈志坚:《论"家产析分契约"的性质和作用——兼评英国家庭史研究中的"变革与延续之争"》,《世界历史》2008年第8期。
7. 傅新球:《英国离婚法的演变》,《世界历史》2003年第2期。
8. 傅新球:《变迁还是延续——欧美学者关于英国社会转型时期的家庭史研究》,《世界历史》2006年第2期。
9. 傅新球:《近代早期英国家庭中的性别关系》,《史学月刊》2006年第8期。
10. 傅新球:《工业革命时期英国人口增长的几个问题》,《安徽师范大学学报》(人文社会科学版)2016年第5期。

11. 郭俊、梅雪芹:《维多利亚时代中期英国中产阶级中上层的家庭意识探究》,《世界历史》2003年第1期。
12. 黄光耀:《工业革命时期英国人口发展的特点及对社会经济的影响》,《江苏社会科学》1993年第1期。
13. 江立华:《论转型期英国人口迁移模式的变化》,《史学集刊》2001年第2期。
14. 金彩云:《近代早期英国家庭择偶探析》,《历史教学》(高校版)2009年第18期。
15. 李元坤:《近20年来国内关于转型期英国人口史研究述评》,《内蒙古师范大学学报》(哲学社会科学版)2013年第4期。
16. 刘永涛:《对英国伊丽莎白时代婚姻社会的分析和思考》,《复旦学报》(社会科学版)1994年第1期。
17. 米红、解孟源:《西方历史人口学前沿研究评述》,《国外社会科学》1997年第3期。
18. 牛文馨:《劳伦斯·斯通家庭发展"三阶段理论"刍议——评〈英国的家庭、性与婚姻:1500—1800〉》,《史学理论研究》2017年第2期。
19. 潘迎华:《19世纪英国现代化与妇女家庭法律地位的演变》,《世界历史》2007年第6期。
20. 彭卫:《西方的家庭史研究》,《史学情报》1987年第2期。
21. 沈琦:《近代早期英国商人的婚姻取向及其影响》,《史学集刊》2006年第5期。
22. 舒小昀:《变动社会中的家庭——以1778年英国韦姆沃西教区家庭为个案》,《东方论坛》(青岛大学学报)2000年第1期。
23. 舒晓昀:《英国工业革命时期的家庭类型分析》,《青海师范大学学报》(哲学社会科学版)2000年第2期。
24. 舒小昀:《英国工业革命时期的家庭生产》,《史学月刊》2000年第3期。
25. 王晋新:《人口运动与社会转型——人口史学与英国近代初期社会经济史研究》,《世界历史》1996年第3期。
26. 王勤榕:《西欧从封建社会向资本主义过渡时期婚姻形态的若干变化》,《世界历史》1996年第4期。
27. 王有亮:《洛克的学生观及其教育史价值》,《内蒙古师大学报》(哲学社会科学版)1998年第4期。
28. 王孝俊:《历史人口学定义及其学科体系问题刍议》,《河南社会科学》2012年第1期。
29. 王渊明:《西方家庭史学》,《世界史研究动态》1989年第7期。
30. 王章辉:《英国工业革命中的人口问题》,《世界历史》1986年第4期。

31. 王章辉:《论英国工业革命对人口再生产方式和分布的影响》,《史学月刊》1992年第2期。
32. 谢天冰:《近代化和英国家庭体制的变迁》,《世界历史》1994年第3期。
33. 杨杰:《家庭史学派》,《世界史研究动态》1987年第2期。
34. 杨杰:《英国农业革命与家庭农场的崛起》,《世界历史》1993年第5期。
35. 俞金尧:《从历史人口学到家庭历史学》,《历史研究》1995年第1期。
36. 俞金尧:《英国18世纪人口和发展的学术史回顾》,《史学理论研究》1995年第3期。
37. 俞金尧:《西方家庭史研究概况》,《光明日报》2000年12月15日。
38. 俞金尧:《西方儿童史研究四十年》,《中国学术》2001年第4期。
39. 俞金尧:《欧洲历史上家庭概念的演变及其特征》,《世界历史》2004年第4期。
40. 庄解忧:《英国工业革命时期人口的增长和分布的变化》,《厦门大学学报》(哲学社会科学版)1986年第3期。
41. 赵中维:《家庭重构方法与历史人口学研究》,《世界历史》2011年第2期。

译名对照

A

阿伯丁(Aberdeen)

阿尔索普勋爵(Lord Althorp)

阿里耶斯,菲利普(Philippe Ariès)

阿什福德(Ashford)

埃利斯,莎拉(Sarah Ellis)

埃尔郡(Ayrshire)

埃塞克斯(Essex)

埃文河(Avon)

爱德华兹,乔纳森(Jonathan Edwards)

爱略特博士(Dr. Elliott)

艾尔斯托伯,伊丽莎白(Elizabeth Elstob)

艾斯勒姆(Isleham)

艾维里特,阿兰(Alan Everitt)

安克罗夫(Ancroft)

安特卫普(Antwerp)

奥格兰德,约翰(John Oglander)

奥格朋(Ogburn)

奥克尼(Orkney)

奥雷里勋爵(Lord Orrery)

B

巴恩斯主教(Bishop Barnes)

巴金(Barking)

巴利医生(Dr. Barry)

巴罗斯夫人(Mrs Burrows)

巴特勒,理查德(Richard Bulter)

班克斯,詹姆士(James Bankes)

邦菲尔德,劳埃德(Lloyd Bonfield)

北安普敦郡(Northampton)

贝德福德郡(Bedfordshire)

贝克莱,凯瑟琳(Katherine Berkeley)

贝斯纳尔格林(Bethnal Green)

彼德福郡(Bidford)

边沁,杰里米(Jeremy Bentham)

珀金斯,威廉(William Perkins)

伯利勋爵(Lord Burleigh)

波义耳,罗伯特(Robert Boyle)

伯里(Bury)

波威克(Powick)

博特斯福德(Bottesford)

布莱克斯通,威廉(William Blackstone)

布里斯托尔勋爵(Lord Bristol)

C

柴郡(Cheshire)

柴斯特菲勋爵(Lord Chesterfield)

初婚年龄中位数(median age at first marriage)

城市化(urbanization)

重婚(bigamy/bigamous marriage)

出生率(birth rate)

存活率(survival rate)

粗出生率(crude birth rate)

粗死亡率(crude death rate)

D

达勒姆郡(Durham)

大饥荒(The Great Famine)

打妻(beat wife)

丹巴顿郡(Dumbartonshire)

丹吉尔(Tangier, Morocco)

德比郡(Derbyshire)

德兰尼夫人(Mrs Delany)

德文郡(Devon)

等级制的(hierarchical)

笛福,丹尼尔(Daniel Defoe)

第三产业(tertiary industry)

东安格里亚(East Anglia)

东印度(East India)

东印度群岛(East Indies)

都铎时期(Tudor)

多塞特郡(Dorsetshire)

敦迪(Dundee)

E

厄斯金(J. Erskine)

F

法夫郡(Fife)

法庭基督徒(Courts Christian)

《防止虐待和保护儿童法》(Prevention of Cruelty to, and Protection of, Children Act)

非法婚姻(illegal marriage)

菲茨赫伯特,安东尼(Anthony Fitzherbert)

菲尔丁(Fielding)

分离领域(separate sphere)

夫妇式家庭(conjugal family)

夫妻关系(conjugal relationship)

夫妻之爱(conjugal love)

福曼(Forman)

弗朗西斯(Frances)

弗雷肯姆(Freckenham)

弗利特伍德(Fleetwood)

弗利特监狱(Fleet Prison)

弗摩尔,索菲亚(Sophia Fermor)

弗瑞克(Freke)

复合家庭(joint family)

父权制(patriarchy/patriarchalism)

父权制家庭(patriarchy family)

G

盖恩斯伯勒(Gainsborough)

戈尔伯特(Golbert)

格拉摩根郡(Glamorgan)

格拉斯哥(Glasgow)

格拉梅大主教(Archbishop Granmer)

格洛斯特公爵(Duke of Gloucester)

格洛斯特郡(Gloucestershire)

工业革命(The Industrial Revolution)

《公祷书》(*Book of Common Prayer*)

公共健康(public health)

公共卫生(public hygiene)

公共领域(public sphere)

功利主义(utilitarianism)

功利主义者(utilitarian)

古德耐斯顿(Goodnestone)

古奇,威廉(William Gouge)

寡妇产(jointure)

广义互惠(generalized reciprocity)

贵格派教徒(Quakers)

国教(Anglican Church)

H

《哈德威克婚姻法》(Lord Hardwick's Marriage Act)

哈雷,罗伯特(Robert Harley)

哈利法克斯侯爵(Marquis of Halifax)

哈林顿,威廉(William Harrington)

哈罗德,爱德蒙(Edmund Harrold)

哈特兰(Hartland)

海伍德,奥利弗(Oliver Heywood)

汉普郡(Hampshire)

汉普斯特德(Hampstead)

核心家庭(nuclear family)

赫特福德郡(Hertfordshire)

和衣同眠(bundling)

黑死病(Black Death)

亨廷顿伯爵(Earl of Huntingdon)

衡平法(Equity)

辉格派史学(Whig History)

惠特理,威廉(William Whately)

婚内卖淫(Matrimonial Whoredom)

婚姻授产协议(Marriage Settlement)

《婚姻诉讼法》(Matrimonial Causes Act 1857)

婚姻无效(Annulment)

霍尔,爱德华(Edward Hall)

霍兰德勋爵(Lord Holland)

J

基林顿(Killington)

济贫法(Poor Law)

家庭类型(types of family)

家庭结构(family structure)

家庭规模(the size of family)

家庭经济(household economy)

家庭重建法(Family Reconstruction)

家庭福利(family welfare)

家庭计划(family planning)

家庭生活(domesticity)

家庭天使(Angel in the House)

家庭编织工业(domestic framework knitting industry)

家庭佣工(domestic servant)

家长制大家庭(patriarchal family)

监护人董事会(Boards of Guardians)

剑桥郡(Cambridgeshire)

教会法(Ecclesiastical Law)

教理问答(catechisms)

结婚率(marriage rate)

结婚年龄(age of marriage)

基督教(Christianity)

K

卡汀顿(Cardington)

卡多根,威廉(William Cadogan)

卡莱尔(Carlisle)

卡特莱特,乔治(George Carteret)

凯恩内斯郡(Caithness)

柯比朗斯代尔(Kirkby Lonsdale)

坎伯兰郡(Cumberland)

坎布里亚郡(Cumbria)

康斯特布尔,简(Jane Constable)

康沃尔郡(Cornish)

考德雷,罗伯特(Robert Cawdrey)

考埃尔,艾米莉(Emilie Cowell)

科卡姆(Kirkham)

科克伯爵(Earl of Cork)

科拉姆,托马斯(Thomas Coram)

克拉克曼南郡(Clackmannanshire)

克雷恩波伊勋爵(Lord Claneboye)

克雷沃思(Clayworth)

科里顿(Colyton)

克利弗,罗伯特(Robert Cleaver)

克伦威尔,奥利弗(Oliver Cromwell)

科姆尼,休(Hugh Cholmley)

肯特郡(Kent)

库克菲尔德(Cuckfield)

扩展家庭(extended family)

昆兰,丹尼尔(Daniel C. Quinlan)

L

拉本特,安娜·玛格丽塔(Anna Margaretta Larpent)

拉罗什福科(La Rochefoucauld)

拉姆斯登,威廉(William Ramsden)

拉纳克郡(Lanarkshire)

拉斯金,约翰(John Ruskin)

莱盖茨,玛琳(Marlene Legates)

莱斯特郡(Leicestershire)

兰开郡(Lancashire)

朗代尔勋爵(Lord Langdale)

劳瑟,约翰(John Lowther)

勒普莱,弗雷德里克(Frédéric Le Play)

勒普敦(Lupton)

离婚法(Divorce Law)

离婚率(rate of divorce)

利克(Leake)

利塞尔勋爵(Lord Lisle)

里士满公爵(Duke of Richmond)

年鉴学派(Annales School)

年龄结构(age structure)

年龄群体(age cohort)

年龄组(age group)

林肯郡(Lincolnshire)

落基山脉(Rocky Mountains)

罗马法(Roman Law)

罗马天主教(Roman Catholicism)

罗曼蒂克的革命(The Romantic Revolution)

洛锡安区(Lothians)

洛克,约翰(John Locke)

鲁斯勋爵(Lord Roos)

伦敦塔(Tower of London)

伦弗鲁郡(Renfrewshire)

M

马尔萨斯(Malthus)

玛森(Martham)

麦金太尔(Macintyre)

卖妻(wife-sale)

蒙特格利特勋爵(Lord Mountgarret)

梅思利(Methley)

美恩沃林格,威廉(William Mainwaringe)

蒙茅斯郡(Monmouthshire)

蒙太古勋爵(Lord Montagu)

孟德斯鸠(Montesquieu)

弥尔顿,约翰(John Milton)

米德尔塞克斯郡(Middlesex)

密尔,约翰·斯图尔特(John Stuart Mill)

秘密结婚(clandestine marriage)

免费文法学校(Free Grammar School)

《民事婚姻法》(Civil Marriage Act)

莫顿先生(Mr Modern)

N

纳普顿(Napton)

南丁格尔,弗洛伦斯(Florence Nightingale)

内婚制(Endogamy)

纽卡斯尔公爵(Duke of Newcastle)

尼科尔斯,约翰(John Nicholls)

尼门科夫(Nimkoff)

纽卡斯尔公爵夫人(Duchess of Newcastle)

纽盖特监狱(Newgate Prison)

纽凯姆,亨利(Henry Newcome)

诺丁汉郡(Nottinghamshire)

诺福克郡(Norfolk)

诺里奇(Norwich)

诺思勋爵(Lord North)

诺森伯兰郡(Northumberland)

诺森伯兰伯爵(Earl of Northumberland)

O

奥雷里公爵(Duke of Orrery)

奥特利(Otley)

奥威尔(Orwell)

欧洲大陆(Continent of Europe)

欧洲婚姻模式(European Marriage Pattern)

P

帕斯顿,玛格丽特(Margaret Paston)

佩吉特(Paget)

佩勒姆,托马斯(Thomas Pelham)

佩皮斯,塞缪尔(Samuel Pepys)

佩西,亨利(Henry Percy)

皮利克,罗伯特(Robert Pricke)

普雷斯顿(Preston)

Q

奇尔弗斯-科顿(Chilvers Coton)

切斯特(Chester)

清教(Puritanism)

清教徒(Puritan)

乔吉亚娜公爵夫人(Duchess of Georigiana)

乔斯林,拉尔夫(Ralph Josselin)

琼森,本(Ben Jonson)

圈地运动(Enclosure Movement)

R

人口普查(census)

人口转变理论(Demographic Transition Theory)

乳母(wet nurse)

S

萨里郡(Surry)

萨默塞特郡(Somerset)

桑威治勋爵(Lord Sandwich)

塞汶河(Severn)

沙克尔福德,珍(Jean A. Shackelford)

上层阶级(the upper classes)

扫帚婚(besom wedding)

设得兰群岛(Shetland)

神圣婚姻(Holy Matrimony)

圣公宗(Anglicanism)

圣三一教堂(Holy Trinity)

圣詹姆士教堂(St. James)

市政委员会(Municipal Council)

司法分居(Judicial Separation)

斯克菲尔德,威廉(William Scurfield)

斯内德,拉尔夫(Ralph Sneyd)

斯普福特,玛格丽特(Margaret Spufford)

斯塔福德郡(Stafford)

斯特拉特福(Stratford)

斯特灵郡(Stirlingshire)

斯图亚特(Stuart)

私生率(illegitimacy rate)

苏顿家族(the Suttons)

苏塞克斯(Sussex)

T

泰伦,托马斯(Thomas Tryon)

《泰晤士报》(*The Times*)

特林村(Terling)

特伦特(Trent)

特洛罗普,安东尼(Anthony Trollope)

梯尔尼,爱德蒙(Edmund Tilney)

廷代尔,威廉(William Tyndale)

同类联姻(Homogamous Marriage)

W

瓦朗格(Wrangle)

威尔特郡(Wiltshire)

威特雷,威廉(William Whatelay)

维多利亚时代(Victorian era)

维多利亚风尚(Victorianism)

维尼,拉尔夫(Ralph Verney)

温布尔登（Wimbledon）

温厄姆（Wingham）

文艺复兴（Renaissance）

沃尔特爵士（Sir Walter）

沃里克郡（Warwickshire）

沃特利，安妮（Anne Wortley）

沃特森先生（Mr Watson）

沃希湾（Wash）

乌顿（Uton）

无产阶级化（proletarianization）

伍德福德（Woodford）

伍斯特郡（Worcestershire）

X

西莱丁（West Riding）

希利，乔治（George Healey）

希罗普郡（Shropshire）

习惯法（Common Law）

下层中等阶层（lower middle classes）

现代化理论（Modernization Theory）

乡村工业（rural industry）

乡绅（squire）

萧伯纳（George Bernad Shaw）

小共和国（little Commonwealth）

谢普谢德（Shepshed）

新汉普郡（New Hampshire）

新教（Protestantism）

新教徒（Protestant）

新社会史学（New Social History）

雪莱，玛丽（Mary Shelley）

血亲家庭（consanguine family）

Y

雅茅斯(Yarmouth)
夜访(night visiting)
伊里(Ely)
伊林(Ealing)
移民问题特别委员会(Select Committee on Emigration)
《已婚妇女财产法》(*Married Women's Property Act*)
议会法案(Act of Parliament)
婴儿死亡率(infant mortality rate)
友爱婚姻(companionate marriage)
有夫之妇(coverture)
育龄妇女(fertile woman)
预期寿命(life expectancy)
原工业化(Proto-Industrialization)
约克郡(Yorkshire)
约翰逊,塞缪尔(Samuel Johnson)

Z

再婚率(rate of remarriage)
查理一世(Charles Ⅰ)
泽西岛(Jersey)
长子继承制(primogeniture)
詹纳,爱德华(Edward Jenner)
沼泽地(Fenland)
择偶标准(spouse criterion)
择偶动机(mating motive)
治安法官(Justices of the Peace)
中等阶层(middle class)
中位年龄(median age)
周期性仆从(life-cycle servants)
主干家庭(stem family)

资产阶级（bourgeoisie）

自办离婚（self-divorce）

自耕农（yeoman）

自主权（decision-making power）

宗教改革（The Reformation/Protestant Reformation）

总生育率（total fertility rate）

后 记

　　2000年秋,我非常幸运地考入南京大学历史系,师从钱乘旦教授攻读世界史博士学位。当我来到钟灵毓秀的六朝古都,开始在南京大学图书馆内浩如烟海的知识海洋中畅游时,我有几分兴奋,但更多的是惴惴不安:因为自己浅陋的学识,因为面前这片开阔的视野。在南京大学的三年博士学习期间,这种惴惴不安一直化作前行的动力,使我丝毫不敢有所懈怠。在这三年大量阅读资料和思考的过程中,我开始走入近代英国的家庭世界,试图通过家庭这个微观窗口来探究英国成为第一个现代化国家的原因与历程,并以博士论文《16—19世纪的英国家庭——关于其延续性特征的研究》顺利获得博士学位。

　　20年来,我孜孜以求地继续在英国人口、婚姻和家庭史领域进行探索,并将研究时段延伸到当代英国,以"后现代化社会中的英国家庭研究"为题获得国家社会科学基金项目,并于2018年结项。在20多年的研究中,我发现,不管是从前现代社会转向现代社会,还是从现代社会转向后现代社会,英国的家庭制度稳定而坚韧,核心家庭一直都是英国社会的基本单位,它始终发挥着重要的情感功能,是绝大部分英国人的情感归宿。

　　2016年,恩师钱乘旦教授主持了教育部人文社会科学重点研究基地重大项目"英国社会转型研究"(项目批准号:16JJD770026),将我所做的近代英国家庭研究纳入该系列之中,让我有机会对前期的研究成果进行完善和修改,补充了近代英国的人口变迁情况,并系统整理了专有名词、人名、地名和特定概念等,力图较为全面科学地展现近代英国人口、婚姻与家庭的全貌。在此特向恩师致以深深的谢意,感谢他在专业发展上一如既往的激励、扶持和生活上的无私关心。感谢南开大学世界近现代史研究中心对本课题的资助,感谢南京师范大学出版社对学术研究与出版的鼎力支持,尤其是郑海燕主任和王雅琼编辑的辛勤劳动,没有她们的无私奉献,本书的出版不可能如此顺利。

2020年,是一个特殊的年份,新冠肺炎疫情肆虐全球。有一段时间,几乎每个人都困在家中,"被迫"与最亲密的家人朝夕相处。这种"居家"的应对举措在时间和空间上给家庭成员之间的互动冲突创造了机会,平日隐匿不见的家庭矛盾和分歧可能爆发从而导致一些家庭的关系恶化,使得家庭暴力和离婚人数大幅增加;但同时"居家隔离"也让家庭关系中的积极互动得到加强,家人之间多了彼此了解、分享生活、共享天伦的机会。人们更加珍惜亲情,更多地感受到亲密关系的重要性和家庭的力量。面对疫情,家庭始终是个体积极应对困难时最温暖、最易得的支持来源,是名副其实的温馨港湾。人们开始重新审视家庭关系和人际关系:究竟谁才是我们生活中最重要的人?我们究竟需要一种怎样的亲子关系、夫妻关系和代际关系?希望本书的出版,能让我们了解第一个实现现代化的国家——英国在转型时期的人口、婚姻与家庭状况,从而更好地理解百年未有之大变局下的当代中国社会。

书中因学识所限而导致的错漏之处,敬请读者批评指正。

2020年冬,于岳麓山下二里半村